2025 이동기 영어
신경향 하루 프로젝트
공무원 영어의 시작과 끝

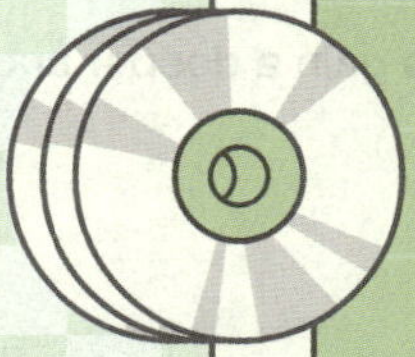

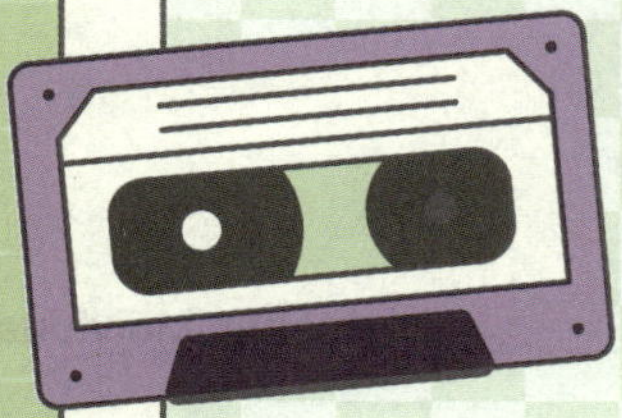

학습지

프로젝트 1. Foundation / 문법강화

DAY 01 Daily Grammar

문법 OX

※ 다음 밑줄 친 부분이 어법상 옳으면 O, 틀리면 X를 표시하고 틀린 부분을 옳게 고치세요.

1. Travelers <u>are fascinated</u> by the unique blend of history and modernity. (   )

2. They often have difficulty <u>navigate</u> unfamiliar cities without a guide. (   )

3. Visitors gain a deeper understanding of the culture of the places <u>which</u> they explore. (   )

문법 빈칸 채우기

※ 밑줄 친 부분에 들어갈 말로 가장 적절한 것을 고르세요.

1. The number of mansions located in the coastal regions _____ as wealthy individuals look for properties with stunning ocean views.

   ① has grown
   ② have grown
   ③ having grown
   ④ to have grown

2. Guided tours are led by experienced professionals, _____ possess extensive knowledge about the area's attractions.

   ① that
   ② whose
   ③ all of whom
   ④ all of who

3. Machine learning lets a computer continually _____ itself to your inputs.

   ① adapt
   ② to adapt
   ③ adapting
   ④ adapted

Answers & Keys

문법 OX

1 Travelers <u>are fascinated</u> by the unique blend of history and modernity. (O)

> 해설 타동사 fascinate의 목적어가 없고 주어 Travelers와 의미상 수동의 관계이므로 수동태가 바르게 쓰였다.
> 해석 여행객들은 역사와 현대성의 독특한 조화에 매료된다.

2 They often <u>have difficulty navigate</u> unfamiliar cities without a guide. (X)

> 해설 '~하는 데 어려움을 겪다'는 「have difficult (in) -ing」로 표현하므로 navigate를 navigating으로 고쳐야 한다.
> 해석 그들은 가이드 없이 낯선 도시에서 길을 찾는 데 종종 어려움을 겪는다.

3 Visitors gain a deeper understanding of the culture of <u>the places which</u> they explore. (O)

> 해설 explore의 목적어가 없는 불완전한 절이 왔으므로 the places를 선행사로 취하는 목적격 관계대명사가 바르게 쓰였다.
> 해석 방문객들은 그들이 탐험하는 장소들의 문화를 더 깊이 이해한다.

문법 빈칸 채우기

1 <u>The number</u> of mansions located in the coastal regions <u>has grown</u> as wealthy individuals look for properties with stunning ocean views.

> 해설 문장의 주어는 The number이고 동사가 없으므로, 단수 주어와 수 일치가 되는 동사 has grown이 답이다.
> 해석 부유한 개인들이 아름다운 바다 전망을 가진 건물을 찾기 때문에 해안 지역에 위치한 저택의 수가 증가했다.
> 정답 ①

2 Guided tours are led by <u>experienced professionals</u>, <u>all of whom</u> possess extensive knowledge about the area's attractions.

> 해설 선행사 experienced professionals 뒤에 쉼표가 있고 뒤에는 주어가 없는 불완전한 절이 왔다. 또한 전치사 of 뒤에는 목적격 관계사 whom을 써야 한다.
> 해석 가이드 투어는 노련한 전문가들에 의해 안내되는데, 그들은 모두 그 지역 명소에 대한 광범위한 지식을 가지고 있다.
> 정답 ③

3 Machine learning <u>lets</u> a computer continually <u>adapt</u> itself to your inputs.

> 해설 사역동사 let은 목적격보어에 동사 원형을 사용한다.
> 해석 기계 학습은 컴퓨터가 계속해서 여러분의 입력에 적응하도록 한다.
> 정답 ①

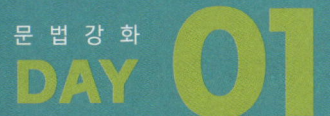

Daily VOCA & Reading

※ 주어진 단어와 의미가 가장 가까운 것을 고르시오.

1 luxurious
① abstract ② lavish ③ superficial ④ deep

2 anxious
① relaxed ② leisurely ③ distinct ④ nervous

3 rational
① insane ② unsound ③ sensible ④ idiotic

4 heedful
① discreet ② sacred ③ rash ④ tactless

5 ardent
① lukewarm ② frigid ③ keen ④ detached

6 indifferent
① interested ② apathetic ③ sophisticated ④ pervasive

※ 다음 문장에서 주어는 S, 동사는 V, 목적어는 O로 표시하고 문장을 해석하세요.
(주어 S, 동사 V, 목적어 O, 간접목적어 IO, 직접목적어 DO, 보어 C, 목적격보어 OC, 가주어 가S, 진주어 진S, 가목적어 가O, 진목적어 진O)

1 Plato advocated the strict censorship of literary materials for children, arguing that early exposure to fiction can cause children to overly identify with fictional characters.

➡ _____

2 Like in other businesses, one of the important aspects of establishing a professional reputation in an online business is to be aware of your limitations, while striving to go beyond them.

➡ _____

Answers & Keys

단어와 표현 / 의미 파악

1 ②   2 ④   3 ③   4 ①   5 ③   6 ②

1
luxurious 사치스러운 ⟷ miserly 인색한
= lavish   = stingy
  wasteful   mean
  prodigal   parsimonious

2
anxious 불안한
= apprehensive
  nervous
  worried

3
rational 분별 있는
= sensible
  reasonable
  prudent

4
heedful 신중한, 분별 있는
= discreet
  cautious
  circumspect

5
ardent 열렬한
= keen
  eager
  avid

6
indifferent 무관심한
= apathetic
  nonchalant
  aloof

구문 분석

1 Plato advocated the strict censorship of literary materials for children, // arguing // that early exposure to fiction
       S   V   O   분사구문
can cause children to overly identify with fictional characters.

플라톤은 아동용 문학 자료에 대한 엄격한 검열을 주장했다 // 주장했다 // 허구 소설을 일찍 접하는 것은 아이들이 허구적 인물과 지나치게 동일시하게 할 수 있다고.

해석 플라톤은 허구 소설을 일찍 접하는 것은 아이들이 허구적 인물과 지나치게 동일시하게 할 수 있다고 주장하면서, 아동용 문학 자료에 대한 엄격한 검열을 주장했다.

2 Like in other businesses, / one of the important aspects of establishing a professional reputation in an online
                                                                    S
business is to be aware of your limitations, // while striving to go beyond them.
    V   C   분사구문

다른 사업에서와 같이, / 온라인 업체에서 전문적인 평판을 확립하는 중요한 측면 중 하나는 자신의 한계를 인식하는 것이다 // 자신의 한계를 넘어서려 애쓰는 동안.

해석 다른 사업에서와 같이, 온라인 업체에서 전문적인 평판을 확립하는 중요한 측면 중 하나는 자신의 한계를 넘어서려 애쓰는 동안 자신의 한계를 인식하는 것이다.

DAY 02 Daily Grammar

문법 OX

※ 다음 밑줄 친 부분이 어법상 옳으면 O, 틀리면 X를 표시하고 틀린 부분을 옳게 고치세요.

1. You had better not suddenly get into a quarrel, for fear that <u>you should not</u> repent afterward. (   )

2. American government should <u>make easier</u> for illegal immigrants to become citizens. (   )

3. The people you meet at your internship may <u>affect to</u> your future career. (   )

문법 빈칸 채우기

※ 밑줄 친 부분에 들어갈 말로 가장 적절한 것을 고르세요.

1. The way you perceive the world is connected to _____.
   ① your eyes are which color
   ② which color your eyes are
   ③ which color are your eyes
   ④ are which color your eyes

2. Science has enabled us _____ an understanding of nature, and an ability to manipulate it.
   ① achieve
   ② achieving
   ③ to achieve
   ④ achieved

3. A chemical plant explosion caused water supplies for millions of people _____.
   ① cutting
   ② to cut
   ③ be cut
   ④ to be cut

Answers & Keys

문법 OX

1 You had better not suddenly get into a quarrel, for fear that you should not repent afterward. (X)

- 해설 「for fear that ~ (should)」는 '~하지 않도록'이라는 부정의 뜻이므로 부정어가 중복되지 않도록 not을 삭제해야 한다.
- 해석 나중에 후회하지 않도록 갑자기 싸우지 않는 것이 좋다.

2 American government should make easier for illegal immigrants to become citizens. (X)

- 해설 easier는 목적격보어이고 for 이하의 to부정사구가 진목적어이다. 5형식 구문에서 목적어에 to부정사가 올 경우 가목적어 it을 써서 make it easier로 고쳐야 한다.
- 해석 미국 정부는 불법 이민자들이 시민이 되는 것을 더 쉽게 만들어야 한다.

3 The people you meet at your internship may affect to your future career. (X)

- 해설 affect는 완전타동사이므로 전치사가 올 수 없다. 따라서 동사 뒤에 있는 to를 삭제해야 한다.
- 해석 인턴십에서 당신이 만나는 사람들이 향후 경력에 영향을 미칠 수 있다.

문법 빈칸 채우기

1 The way you perceive the world is connected to _which color your eyes are_.

- 해설 전치사 to의 목적어로 명사절인 간접의문문이 쓰였다. 간접의문문의 어순은 「의문사+주어+동사」가 되어야 한다.
- 해석 당신이 세상을 인식하는 방식은 당신의 눈이 어떤 색이냐와 관련이 있다.
- 정답 ②

2 Science has enabled us _to achieve_ an understanding of nature, and an ability to manipulate it.

- 해설 enable은 5형식 문장에서 목적어와 목적격보어가 능동의 관계일 때 목적격보어로 to부정사를 쓴다.
- 해석 과학은 우리가 자연에 대한 이해와 자연을 조종할 수 있는 능력을 얻을 수 있게 해주었다.
- 정답 ③

3 A chemical plant explosion caused water supplies for millions of people _to be cut_.

- 해설 cause는 5형식 문장에서 목적격보어가 수동의 관계일 때 목적격보어로 과거분사나 to be 과거분사를 쓴다.
- 해석 화학 공장 폭발은 수백만 명의 상수도가 끊기게 했다.
- 정답 ④

DAY 02 Daily VOCA & Reading

단어와 표현 (의미 파악)

※ 주어진 단어와 의미가 가장 가까운 것을 고르시오.

1. pick on
   ① coincide   ② harass   ③ fluctuate   ④ equip

2. brief
   ① garrulous   ② verbose   ③ wordy   ④ succinct

3. agreement
   ① discord   ② strife   ③ concord   ④ friction

4. adjust
   ① adapt   ② adhere   ③ hold   ④ cling

5. extinction
   ① continuance   ② prolongation   ③ eradication   ④ endurance

6. drastic
   ① minor   ② radical   ③ trivial   ④ moderate

구문 분석

※ 다음 문장에서 주어는 S, 동사는 V, 목적어는 O로 표시하고 문장을 해석하세요.
(주어 S, 동사 V, 목적어 O, 간접목적어 IO, 직접목적어 DO, 보어 C, 목적격보어 OC, 가주어 가S, 진주어 진S, 가목적어 가O, 진목적어 진O)

1. They often misunderstand what you mean and you often misunderstand what they mean.
   ➡ _____

2. Dinosaurs dominated the world 65 million years ago, until a comet 6 miles in diameter streaking 20 miles per second slammed into the Earth.
   ➡ _____

Answers & Keys

단어와 표현 | **의미 파악**

1 ②   2 ④   3 ③   4 ①   5 ③   6 ②

1

pick on ~을 괴롭히다, ~을 혹평하다
= harass
  bully

2

brief 간략한 ⟵⟶ verbose 장황한
= succinct   = wordy
  concise   garrulous
  compact

3

agreement 합의, 일치
= concord
  accord

4

adjust 적응하다, 바꾸다
= adapt   alter
  orient   rectify
             amend

5

extinction 멸종, 소멸
= eradication
  annihilation
  destruction
  abolition

6

drastic 급진적인
= radical
  revolutionary

구문 분석

1 They often misunderstand // what you mean // and you often misunderstand // what they mean.
   S1   V1   O1   S2   V2   O2

그들은 종종 오해하고 // 당신이 의도한 것을 // 당신은 종종 오해한다 // 그들이 의도한 것을.

해석 그들은 종종 당신이 의도한 것을 오해하고 당신은 그들이 의도한 것을 종종 오해한다.

2 Dinosaurs dominated the world / 65 million years ago, // until a comet 6 miles in diameter streaking 20 miles
   S   V   O   S'

per second slammed into the Earth.
            V'

공룡들이 세상을 지배했다 / 6천 5백만 년 전에, // 직경 6마일의 초속 20마일로 돌진하는 혜성이 지구에 충돌하기 전까지.

해석 6천 5백만 년 전에 직경 6마일의 초속 20마일로 돌진하는 혜성이 지구에 충돌하기 전까지 공룡들이 세상을 지배했다.

DAY 03 Daily Grammar

문법 OX

※ 다음 밑줄 친 부분이 어법상 옳으면 O, 틀리면 X를 표시하고 틀린 부분을 옳게 고치세요.

1. Officials suggested that emergency shelters be prepared to accommodate those affected. ( )

2. These policies aim improving overall quality of life. ( )

3. Government policies designed to address pressing national issues. ( )

문법 빈칸 채우기

※ 밑줄 친 부분에 들어갈 말로 가장 적절한 것을 고르세요.

1. You think it is not surprising that technological advancements continue to shape our daily lives, _____?

   ① is it
   ② don't you
   ③ isn't it
   ④ do you

2. The storm was _____ intense that it knocked out power across the entire city.

   ① too
   ② quite
   ③ so
   ④ such

3. The challenges faced by developing countries are more complex than _____ of industrialized nations.

   ① that
   ② those
   ③ it
   ④ them

Answers & Keys

문법 OX

1 Officials <u>suggested</u> that emergency shelters <u>be prepared</u> to accommodate those affected.　　　(O)

> 해설　주장, 제안, 명령의 동사가 목적어로 that절을 취하고 종속절이 당위절일 경우, 종속절에 「(should)+동사원형」을 쓴다.
> 해석　공무원들은 피해를 입은 사람들을 수용하기 위해 긴급 대피소가 준비되어야 한다고 제안했다.

2 These policies <u>aim</u> <u>improving</u> overall quality of life.　　　(X)

> 해설　aim은 to부정사를 목적어로 취하는 동사이므로 improving을 to improve로 고쳐야 한다.
> 해석　이러한 정책들은 전반적인 삶의 질을 향상시키는 것을 목표로 한다.

3 Last year, the <u>government policies</u> <u>designed</u> to address pressing national issues.　　　(X)

> 해설　문장의 동사가 없으며, 타동사 design과 주어 Government policies는 수동의 관계이므로 동사의 수동태인 were designed로 고쳐야 한다.
> 해석　정부 정책은 긴급한 국가적 문제를 다루기 위해 설계되었다.

문법 빈칸 채우기

1 <u>You</u> <u>think</u> it is not surprising that technological advancements continue to shape our daily lives, <u>don't you</u>?

> 해설　You think (that)으로 시작되는 문장은 주절인 You think에 대한 부가의문문을 만든다. think가 긍정형이므로 일반동사 think를 받는 조동사 do의 부정형인 don't와 주절의 주어를 받는 you를 써서 don't you로 써야 한다.
> 해석　여러분은 기술의 발전이 우리의 일상을 계속해서 형성하는 것이 놀라운 일이 아니라고 생각한다, 그렇지 않은가?
> 정답　②

2 The storm was <u>so</u> intense that it knocked out power across the entire city.

> 해설　'너무 ~해서 …하다'라는 말은 「so+형용사/부사+that+주어+동사」로 표현한다. 형용사나 부사만 있을 경우에는 so로 수식한다.
> 해석　그 폭풍은 너무 강렬해서 전체 도시에 전력을 차단했다.
> 정답　③

3 The <u>challenges</u> faced by developing countries are more complex than <u>those</u> of industrialized nations.

> 해설　비교대상인 복수명사 challenges를 지칭할 때는 대명사 복수형인 those를 써야 한다.
> 해석　개발도상국들이 직면하는 도전들은 선진국들의 그것들(도전들)보다 더 복잡하다.
> 정답　②

DAY 03 Daily VOCA & Reading

단어와 표현 의미 파악

※ 주어진 단어와 의미가 가장 가까운 것을 고르시오.

1. improvise
   ① meditate   ② extemporize   ③ contemplate   ④ deliberate

2. discerning
   ① careless   ② neglectful   ③ sloppy   ④ insightful

3. intense
   ① insane   ② unsound   ③ severe   ④ idiotic

4. comprehensive
   ① inclusive   ② partial   ③ imperfect   ④ periodical

5. frustration
   ① frugality   ② piety   ③ discontent   ④ nadir

6. malicious
   ① docile   ② vicious   ③ tractable   ④ compulsory

구문 분석

※ 다음 문장에서 주어는 S, 동사는 V, 목적어는 O로 표시하고 문장을 해석하세요.
(주어 S, 동사 V, 목적어 O, 간접목적어 IO, 직접목적어 DO, 보어 C, 목적격보어 OC, 가주어 가S, 진주어 진S, 가목적어 가O, 진목적어 진O)

1. In fact, it is a common saying among experienced musicians that a full measure of rest can hold more music than a full measure of blistering notes.

   ➡ _____

2. When we think of the people who make our lives miserable by spreading malicious viruses, most of us imagine an unpopular teenage boy, brilliant but geeky, venting his frustrations from the safety of a suburban bedroom

   ➡ _____

Answers & Keys

단어와 표현 | **의미 파악**

1 ② 2 ④ 3 ③ 4 ① 5 ③ 6 ②

1
improvise 즉석에서 하다, 임기응변으로 넘어가다
= extemporize
  play by ear
  ad-lib

2
discerning 분별력 있는
= insightful
  perceptive
  shrewd

3
intense 강렬한, 극심한
= severe
  fierce
  extreme

4
comprehensive 포괄적인
= inclusive
  extensive
  complete

5
frustration 불만
= discontent
  dissatisfaction
  grievance

6
malicious 사악한
= vicious
  malignant
  malevolent

구문 분석

1 In fact, / it is a common saying (among experienced musicians) / that a full measure of rest can hold more music
　　　　　가S　V　　　　　C　　　　　　　　　　　　　　　　　　　　　　　　진S
than a full measure of blistering notes.

사실, / (숙련된 음악가들 사이에) 통용되는 흔한 말이다 / 쉼표로 가득 찬 것이 맹렬한 음표들로 가득 찬 것보다 음악을 더 많이 담을 수 있다는 것은.

[해석] 사실, 쉼표로 가득 찬 것이 맹렬한 음표들로 가득 찬 것보다 음악을 더 많이 담을 수 있다는 것은 숙련된 음악가들 사이에 통용되는 흔한 말이다.

2 When we think of the people (who make our lives miserable by spreading malicious viruses), // most of us
　　　　S'　　V'　　　　O'　　　　　　　　　　　　　　　　　　　　　　　　　　　　　　　　　　　　S
imagine an unpopular teenage boy, (brilliant but geeky, / venting his frustrations from the safety of a suburban
　V　　　　　　O
bedroom).

우리는 (악성 바이러스를 퍼뜨려 우리의 생활을 비참하게 만드는) 사람들에 대해 생각할 때, // 우리 중 대부분은 (똑똑하지만 괴짜인, / 교외 침실의 안전한 곳에서 자신의 불만을 터뜨리는) 인기 없는 십 대 소년을 상상한다.

[해석] 우리는 악성 바이러스를 퍼뜨려 우리의 생활을 비참하게 만드는 사람들에 대해 생각할 때, 우리 중 대부분은 교외 침실의 안전한 곳에서 자신의 불만을 터뜨리는 똑똑하지만 괴짜인 인기 없는 십 대 소년을 상상한다.

DAY 04 Daily Grammar

문법 OX

※ 다음 밑줄 친 부분이 어법상 옳으면 O, 틀리면 X를 표시하고 틀린 부분을 옳게 고치세요.

1. I made a request that <u>there be</u> an FBI investigation regarding this matter. (   )

2. It depends on our sales achievements <u>whether we can get</u> a huge bonus or not. (   )

3. <u>When conducted</u> experiments, scientists should always be careful to avoid bias. (   )

문법 빈칸 채우기

※ 밑줄 친 부분에 들어갈 말로 가장 적절한 것을 고르세요.

1. The ancient feast _____ fresh fruits, hearty breads, and exotic spices brought by traders.

   ① was consisted   ② was consisted of
   ③ consisted   ④ consisted of

2. The investigation began after a witness saw several small buses _____ to a gas station last month in East Tyrol.

   ① pull up   ② to pull up
   ③ pulled up   ④ being pulled up

3. Science is making the future, and nations are busy _____ future scientists.

   ① make   ② made
   ③ making   ④ to make

Answers & Keys

문법 OX

1 I made a request that there be an FBI investigation regarding this matter. (O)

해설 주절에 주장, 명령, 제안 등의 동사가 있고 종속절이 당위절이면 that절의 동사는 「(should)+동사원형」의 형태로 쓴다.
해석 나는 이 문제에 관하여 FBI 조사가 필요하다고 요청했다.

2 It depends on our sales achievements whether we can get a huge bonus or not. (O)

해설 명사절 접속사 whether는 가주어 it에 대응하는 진주어 절을 이끌 수 있으므로 바르게 쓰였다.
해석 엄청난 보너스를 받을 수 있는지의 여부는 판매 성과에 달려 있다.

3 When conducted experiments, scientists should always be careful to avoid bias. (X)

해설 접속사가 있는 분사구문으로, 의미상의 주어(scientists)와 능동의 관계이고 뒤에 목적어가 있으므로 과거분사 conducted를 현재분사 conducting으로 고쳐야 한다.
해석 실험을 할 때, 과학자들은 항상 편견이 생기지 않도록 조심해야 한다.

문법 빈칸 채우기

1 The ancient feast consisted of fresh fruits, hearty breads, and exotic spices brought by traders.

해설 완전자동사: consist는 완전자동사로서 목적어를 취하려면 전치사 of를 함께 써주어야 한다. 또한 동사 뒤에 (전치사의) 목적어가 있으므로 능동태가 되어야 한다.
해석 고대의 잔치는 신선한 과일, 푸짐한 빵, 그리고 상인들이 가져온 이국적인 향신료로 구성되었다.
정답 ④

2 The investigation began after a witness saw several small buses __pull up__ to a gas station last month in East Tyrol.

해설 지각동사 see는 목적어와 목적격보어가 능동의 관계일 때 목적격보어에 동사원형 또는 현재분사(pulling up)를 쓴다.
해석 지난달 이스트 티롤에서 소형 버스 여러 대가 주유소에 차를 세우는 것을 목격자가 목격한 뒤 수사가 시작되었다.
정답 ①

3 Science is making the future, and nations are busy __making__ future scientists.

해설 '~하느라 바쁘다'라는 말은 「be busy -ing」로 나타낸다.
해석 과학은 미래를 만들고 있고, 국가들은 미래의 과학자들을 만들기에 바쁘다.
정답 ③

DAY 04 Daily VOCA & Reading

단어와 표현 의미 파악

※ 주어진 단어와 의미가 가장 가까운 것을 고르시오.

1 hostile
① hospitable ② bellicose ③ dense ④ abstruse

2 accidental
① deliberate ② elaborate ③ anonymous ④ adventitious

3 mitigate
① aggravate ② integrate ③ alleviate ④ paralyze

4 altruistic
① unselfish ② egoistic ③ reputable ④ exquisite

5 expand
① dilute ② condense ③ dilate ④ contract

6 derive
① indicate ② deduce ③ exempt ④ qualify

구문 분석

※ 다음 문장에서 주어는 S, 동사는 V, 목적어는 O로 표시하고 문장을 해석하세요.
(주어 S, 동사 V, 목적어 O, 간접목적어 IO, 직접목적어 DO, 보어 C, 목적격보어 OC, 가주어 가S, 진주어 진S, 가목적어 가O, 진목적어 진O)

1 Due to high demand, processing typically takes 3-4 weeks, after which applicants must return to the consulate to sign and collect their new passports.

➡ _____

2 Although Albert Einstein's Theory of Relativity revolutionized physics, his mathematical models were based on the erroneous assumption that the universe is static.

➡ _____

Answers & Keys

단어와 표현 / 의미 파악

1 ②   2 ④   3 ③   4 ①   5 ③   6 ②

1
hostile 적대적인 ⟷ hospitable 호의적인
= bellicose   = welcoming
   belligerent
   antagonistic

2
accidental 우연한
= adventitious
   incidental
   fortuitous

3
mitigate 완화시키다
= alleviate
   appease
   reduce
   pacify

4
altruistic 이타적인 ⟷ egoistic 이기적인
= unselfish   = selfish
   philanthropic   self-centered

5
expand 넓히다
= dilate
   augment
   magnify

6
derive 추론하다, ~에서 유래하다
= deduce   originate
   infer

구문 분석

1 Due to high demand, / processing typically takes 3-4 weeks, / after which applicants must return to the consulate to sign and collect their new passports.

수요가 많아서 / 처리는 보통 3주에서 4주가 걸리고, / 그 후 신청자들은 서명하고 새로운 여권을 수령하기 위해 영사관으로 다시 와야 한다.

[해석] 수요가 많아서 처리는 보통 3주에서 4주가 걸리고, 그 후 신청자들은 서명하고 새로운 여권을 수령하기 위해 영사관으로 다시 와야 한다.

2 Although Albert Einstein's Theory of Relativity revolutionized physics, // his mathematical models were based on the erroneous assumption / that the universe is static.
(동격절)

비록 알베르트 아인슈타인의 상대성 이론이 물리학에 대변혁을 일으켰을지라도, // 그의 수학적 모형은 잘못된 가정에 근거를 두었다 / 우주가 정적이라는.

[해석] 비록 알베르트 아인슈타인의 상대성 이론이 물리학에 대변혁을 일으켰을지라도, 그의 수학적 모형은 우주가 정적이라는 잘못된 가정에 근거를 두었다.

DAY 05 Daily Grammar

문법 OX

※ 다음 밑줄 친 부분이 어법상 옳으면 O, 틀리면 X를 표시하고 틀린 부분을 옳게 고치세요.

1. Mermaids <u>are referred to</u> mysterious and enchanting sea dwellers. (   )

2. <u>Were it not for</u> these enduring myths, much of our imagination would be different. (   )

3. Dragons, fairies, and unicorns of ancient mythologies <u>have fascinated</u> people for centuries. (   )

문법 빈칸 채우기

※ 밑줄 친 부분에 들어갈 말로 가장 적절한 것을 고르세요.

1. The drought of 1930, _____ parched the fields of 1,057 counties in 23 states with severe reactions in 1931, was the greatest calamity of its kind in the country's history.

   ① what   ② which
   ③ whose   ④ that

2. Official records and preceding traditions reveal _____ to it in extent.

   ① comparable nothing   ② comparably nothing
   ③ nothing comparable   ④ nothing comparably

3. The new neighbor appeared _____ and kind, greeting everyone with a smile and offering to help with anything they needed.

   ① friendly   ② friendliness
   ③ friendship   ④ for friendship

Answers & Keys

문법 OX

1. Mermaids are referred to mysterious and enchanting sea dwellers. (X)

   해설: refer는 「refer to A as B」의 형태로 'A를 B라 부른다'의 의미로 쓰이는데, 수동태가 되면 「A be referred to as B」의 형태가 된다. 따라서 are referred to를 are referred to as로 고쳐야 한다.

   해석: 인어는 신비하고 황홀한 바다 거주자로 불린다.

2. Were it not for these enduring myths, much of our imagination would be different. (O)

   해설: 「Were it not for ~」는 '~이 없다면'을 의미하는 가정법 과거 구문이다. 주절의 would be와 같은 가정법 과거 시제로 바르게 쓰였다.

   해석: 이 영속하는 신화가 없다면, 우리 상상력의 많은 부분이 엄청나게 다를 것이다.

3. Dragons, fairies, and unicorns of ancient mythologies have fascinated people for centuries. (O)

   해설: 「for+과거시점」은 주로 현재완료 시제와 자주 쓰이므로 for centuries와 함께 완료시제인 have fascinated가 바르게 쓰였다.

   해석: 고대 신화의 용, 요정, 그리고 유니콘은 수 세기 동안 인간을 매료시켜 왔다.

문법 빈칸 채우기

1. The drought of 1930, (__which__) parched the fields of 1,057 counties in 23 states with severe reactions in 1931, was the greatest calamity of its kind in the country's history.

   해설: 빈칸 이후의 절에 주어가 없고 문맥상 앞의 The drought of 1930를 선행사로 하는 주격 관계대명사로 ② which가 들어가야 한다. 계속적 용법이므로 that은 올 수 없다.

   해석: 1930년의 가뭄은 23개 주 1,057개 군의 밭을 바싹 마르게 해 1931년에 심각한 반발을 낳았는데 이 나라의 역사에서 이런 종류로는 가장 큰 재앙이었다.

   정답: ②

2. Official records and preceding traditions reveal nothing comparable to it in extent.

   해설: 형용사가 -thing으로 끝나는 대명사를 수식할 경우, 그 대명사의 뒤에 와야 한다. 부사는 명사를 수식할 수 없으므로 comparably는 올 수 없다. 따라서 ③ nothing comparable이 정답이다.

   해석: 공식 기록과 이전의 전해지는 말은 규모에 있어서 이것과 겨룰만한 것이 없다는 것을 드러낸다.

   정답: ③

3. The new neighbor appeared __friendly__ and kind, greeting everyone with a smile and offering to help with anything they needed.

   해설: 동사 appear의 보어가 형용사 kind와 병렬되어 들어가야 하는 자리이다. 따라서 형용사인 ① friendly가 들어가야 한다.

   해석: 그 새로운 이웃은 상냥하고 친절해 보였고, 모두에게 미소로 인사하고 그들이 필요로 하는 어떤 것이든 돕겠다고 제안했다.

   정답: ①

DAY 05 Daily VOCA & Reading

단어와 표현 (의미 파악)

※ 주어진 단어와 의미가 가장 가까운 것을 고르시오.

1 unite
① separate ② handle ③ combine ④ divide

2 divergent
① alike ② similar ③ unanimous ④ differing

3 restrict
① limit ② exceed ③ insert ④ resist

4 halt
① continue ② cease ③ start ④ exist

5 confidential
① objective ② subjective ③ secret ④ public

6 foster
① compare ② complete ③ nurture ④ conclude

구문 분석

※ 다음 문장에서 주요 문장 성분을 기호로 표시하고 문장을 해석하세요.
(주어 S, 동사 V, 목적어 O, 간접목적어 IO, 직접목적어 DO, 보어 C, 목적격보어 OC, 가주어 가S, 진주어 진S, 가목적어 가O, 진목적어 진O)

1 She argues that existing waste disposal sites should be developed before new ones are built.
→ _____

2 With the advances in recycling and new compacting technologies, our other waste sites are not in full use.
→ _____

Answers & Keys

단어와 표현 | **의미 파악**

1 ③ 2 ④ 3 ① 4 ② 5 ③ 6 ③

1
unite 결합하다, 통합하다 ⟷ split 나누다
= combine   = divide
  splice   disunite
  unify   separate

2
divergent 서로 다른 ⟷ similar 유사한
= differing   = alike
  varying   indistinguishable
  contrastive
  contradictory

3
restrict 제한하다
= restrain
  limit
  curb
  confine

4
halt 세우다, 멈추다 ⟷ start 시작하다
= cease
  stop
  end
  discontinue
  quit

5
confidential 비밀의 ⟷ public 공공연한
= secret
  personal
  intimate

6
foster 조성하다, 기르다
= encourage
  promote
  cultivate
  nurture

구문 분석

1 She argues // that existing waste disposal sites should be developed // before new ones are built.
   S   V   O

그녀는 주장한다 // 기존의 폐기물 처리장이 더욱 발전되어야 한다고 // 다른 새로운 폐기장을 짓기 전에.

해석 그녀는 다른 새로운 폐기장을 짓기 전에 기존의 폐기물 처리장이 더욱 발전되어야 한다고 주장한다.

2 With the advances in recycling and new compacting technologies, / our other waste sites are not in full use.
                                                                     S   V   C

재활용과 새로운 압축 기술의 발전으로 인해, / 우리의 다른 폐기물 처리장도 전부 사용하고 있지는 않다.

해석 재활용과 새로운 압축 기술의 발전으로 인해, 우리의 다른 폐기물 처리장도 전부 사용하고 있지는 않다.

DAY 06 Daily Grammar

문법 OX

※ 다음 밑줄 친 부분이 어법상 옳으면 O, 틀리면 X를 표시하고 틀린 부분을 옳게 고치세요.

1. The teacher suggested <u>him</u> that he take a break to alleviate stress and improve focus on studies. ( )

2. Our trained staff are the people <u>to rely on</u> when it comes to moving house. ( )

3. Please read the enclosed material <u>described</u> your rights and responsibilities. ( )

문법 빈칸 채우기

※ 밑줄 친 부분에 들어갈 말로 가장 적절한 것을 고르세요.

1. Snowbasin Resort is dealing with dozens of upset customers who had their cars _____ on Christmas Eve.

   ① towing away ② towed away
   ③ tow away ④ to tow away

2. The county sheriffs towed the _____ cars because they were blocking snowplows from clearing the roadway.

   ① illegally parked ② illegally parking
   ③ illegal parked ④ illegal parking

3. Lifestyle strategies are to keep brains healthy, _____ also might push back the onset of dementia.

   ① what ② whose
   ③ that ④ which

Answers & Keys

문법 OX

1 The teacher suggested him [that he take a break to alleviate stress and improve focus on studies]. (X)

- 해설: suggest는 3형식 동사로 4형식으로 쓸 수 없다. that절이 목적어이므로 him이 바로 올 수 없고 to him이라고 써야 한다.
- 해석: 선생님은 그에게 스트레스를 완화하고 학습에 집중력을 높이기 위해 휴식할 것을 제안했다.

2 Our trained staff are the people to rely on when it comes to moving house. (O)

- 해설: to rely on이 수식하는 people이 rely의 의미상의 목적어이다. rely는 자동사여서 알맞은 전치사 on과 함께 써야 하므로 바르게 쓰였다.
- 해석: 우리의 훈련된 직원은 이사에 관한 한 믿을 만한 사람들이다.

3 Please read the enclosed material described your rights and responsibilities. (X)

- 해설: described가 material을 수식하는 분사로 쓰였으나 material과의 관계가 능동이고, 뒤에 목적어가 있으므로 현재분사로 써야 한다. 따라서 described를 describing으로 고쳐야 한다.
- 해석: 귀하의 권리와 책임을 기술한 동봉된 자료를 읽어보십시오.

문법 빈칸 채우기

1 Snowbasin Resort is dealing with dozens of upset customers who had their cars towed away on Christmas Eve.

- 해설: 사역동사는 목적어와 목적격보어의 관계가 능동이면 목적격보어에 원형부정사(동사원형)를 쓰고 수동이면 과거분사를 쓴다. had는 사역동사로 쓰였고, 목적어(their cars)와 목적격보어(tow)가 수동의 관계이므로 과거분사 형태인 ② towed away가 들어가야 한다.
- 해석: 스노우베이진 리조트는 크리스마스이브에 차가 견인된 화가 난 수십 명의 고객을 상대하는 중이다.
- 정답: ②

2 The county sheriffs towed the illegally parked cars because they were blocking snowplows from clearing the roadway.

- 해설: '주차된 차들'을 나타내기 위해서는 park와 cars의 관계가 수동이므로 과거분사를 사용해 parked cars로 써야 한다. 분사 parked를 수식할 수 있는 것은 형용사가 아닌 부사이므로 ① illegally parked가 정답이다.
- 해석: 군의 보안관은 제설차가 도로를 청소하는 것을 막고 있었기 때문에 불법 주차된 차들을 견인했다.
- 정답: ①

3 Lifestyle strategies are to keep brains healthy, __which__ also might push back the onset of dementia.

- 해설: 관계대명사의 계속적 용법으로, 빈칸 이하에 주어가 빠진 것으로 보아 주격 관계대명사 자리이다. 선행사가 앞 문장 전체이므로 앞 문장 전체를 선행사로 받을 수 있는 주격 관계대명사 ④ which가 들어가야 한다.
- 해석: 라이프 스타일 전략은 뇌를 건강하게 유지하려는 것인데, 그것은 또한 치매의 발병을 늦출 수 있을지도 모른다.
- 정답: ④

DAY 06 Daily VOCA & Reading

단어와 표현 의미 파악

※ 주어진 단어와 의미가 가장 가까운 것을 고르시오.

1 accurate
① precise   ② inexact   ③ instant   ④ upcoming

2 temporary
① formal   ② permanent   ③ momentary   ④ lasting

3 vain
① productive   ② successful   ③ transparent   ④ futile

4 contrast
① similarity   ② opposite   ③ resemblance   ④ authority

5 isolation
① interaction   ② separation   ③ contribution   ④ efficiency

6 collapse
① build   ② force   ③ crumble   ④ afford

구문 분석

※ 다음 문장에서 주요 문장 성분을 기호로 표시하고 문장을 해석하세요.
(주어 S, 동사 V, 목적어 O, 간접목적어 IO, 직접목적어 DO, 보어 C, 목적격보어 OC, 가주어 가S, 진주어 진S, 가목적어 가O, 진목적어 진O)

1 A parent or teacher sometimes can force young children to obey rules they neither understand nor like.
➡ _____

2 "How am I doing?" almost always carries "compared to others" in parentheses.
➡ _____

Answers & Keys

단어와 표현 | **의미 파악**

1 ①　2 ③　3 ④　4 ②　5 ②　6 ③

1
accurate 정확한 ⟷ inaccurate 부정확한
= precise　　　　　= inexact
  exact
  correct

2
temporary 일시적인 ⟷ permanent 영구적인
= momentary　　　　= lasting 지속적인
  short-lived
  transitory
  fleeting
  evanescent
  provisional

3
vain 헛된 ⟷ successful 성공적인
= futile　　　　productive 생산적인
  useless
  pointless
  worthless

4
contrast 대조, 차이 ⟷ similarity 유사성
= opposite 반대　　= resemblance
  difference 차이
  disparity
  distinction

5
isolation 고립, 분리
= separation
  segregation
  seclusion

6
collapse 붕괴하다, 무너지다
= fall
  crumble
  break down

구문 분석

1 A parent or teacher sometimes can force young children to obey rules (they neither understand nor like).
　　　　　S　　　　　　　　　　　V　　　　　　O　　　　　　　　　　　OC

부모나 선생님은 어린아이들이 (그들이 이해하지도 좋아하지도 않는) 규칙에 복종하도록 때로 강요할 수 있다.

해석　부모나 선생님은 어린아이들이 그들이 이해하지도 좋아하지도 않는 규칙에 복종하도록 때로 강요할 수 있다.

2 "How am I doing?" almost always carries "compared to others" in parentheses.
　　　　　　S　　　　　　　　　　V　　　　　　O

"내가 잘하고 있는가?"는 거의 항상 괄호 속에 '다른 사람들에 비해서'라는 말을 담고 있다.

해석　"내가 잘하고 있는가?"는 거의 항상 괄호 속에 '다른 사람들에 비해서'라는 말을 담고 있다.

DAY 07 Daily Grammar

문법 OX

※ 다음 밑줄 친 부분이 어법상 옳으면 O, 틀리면 X를 표시하고 틀린 부분을 옳게 고치세요.

1. When she felt nervous, she pretended being confident by maintaining steady eye contact with those around her. ( )

2. The Grand Canyon has been a natural wonder since ancient times. ( )

3. Scientists are busy to study its geological formations to understand the Earth's history. ( )

문법 빈칸 채우기

※ 밑줄 친 부분에 들어갈 말로 가장 적절한 것을 고르세요.

1. Many visitors, _____ by its breathtaking beauty, come from all over the world to witness it firsthand.

   ① captivate
   ② captivated
   ③ captivating
   ④ to captivate

2. A mobile security researcher has uncovered a flaw that leaves _____ 95% of Android devices.

   ① as much as
   ② as many as
   ③ as little as
   ④ quite a little

3. The computer bug, _____ "Stagefright" after a vulnerable media library, may be one of the worst Android security hole discovered to date.

   ① nicknamed
   ② nicknaming
   ③ to nickname
   ④ with nicknaming

Answers & Keys

문법 OX

1 When she felt nervous, she pretended being confident by maintaining steady eye contact with those around her. (X)

- 해설 pretend는 to부정사를 목적어로 취하는 완전타동사이므로 being confident를 to be confident로 고쳐야 한다.
- 해석 긴장감이 느껴질 때 그녀는 주변 사람들과 변함없는 눈 맞춤을 유지함으로써 자신 있는 척했다.

2 The Grand Canyon has been a natural wonder since ancient times. (O)

- 해설 「since+과거시점」은 현재완료 시제와 자주 쓰이는 표현이므로 바르게 쓰였다.
- 해석 그랜드 캐니언은 고대부터 자연의 불가사의였다.

3 Scientists are busy to study its geological formations to understand the Earth's history. (X)

- 해설 「be busy (in) ~ing」는 준동사 주요 표현으로 '~하느라 바쁘다'라는 뜻이다. 따라서 to study를 동명사 형태인 studying으로 고쳐야 한다.
- 해석 과학자들은 지구의 역사를 이해하기 위해 그것의 지질학적 형성물을 연구하느라 바쁘다.

문법 빈칸 채우기

1 Many visitors, captivated by its breathtaking beauty, come from all over the world to witness it firsthand.

- 해설 동사는 come이므로 Many visitors를 의미상 주어로 하는 분사구문을 만드는 분사가 와야 한다. captivate는 타동사인데 목적어가 없고, 의미상의 주어인 Many visitors와의 관계가 수동이므로 과거분사인 ② captivated가 와야 한다.
- 해석 많은 방문객들이 그것의 숨 막히는 아름다움에 사로잡혀 그것을 직접 보기 위해 세계 도처에서 온다.
- 정답 ②

2 A mobile security researcher has uncovered a flaw that leaves as many as 95% of Android devices.

- 해설 Android devices는 가산명사이므로 가산명사를 수식할 수 있는 표현이 와야 한다. 따라서 ② as many as가 정답이다. much, little, quite a little은 불가산명사를 수식할 수 있는 양형용사이다.
- 해석 한 모바일 보안 연구원은 무려 95퍼센트나 되는 안드로이드 기기를 공격에 노출되게 만드는 결함을 알아냈다.
- 정답 ②

3 The computer bug, nicknamed "Stagefright" after a vulnerable media library, may be one of the worst Android security hole discovered to date.

- 해설 동사가 may be이므로 the computer bug를 의미상 주어로 하는 분사구문을 이루는 분사를 넣어야 한다. 타동사인 nickname은 5형식으로, 목적어와 목적격보어를 취한다. Stagefright가 목적격보어인데 목적어가 없는 상태이므로 과거분사로 써야 한다. 따라서 ① nicknamed가 정답이다.
- 해석 취약한 미디어 라이브러리의 이름을 따 별명이 'Stagefright'라 지어진 이 컴퓨터 오류는 지금까지 발견된 최악의 안드로이드 안전 취약점 중 하나일 것이다.
- 정답 ①

DAY 07 Daily VOCA & Reading

단어와 표현 의미 파악

※ 주어진 단어와 의미가 가장 가까운 것을 고르시오.

1. update
   ① modernize ② attract ③ resemble ④ alter

2. attribute
   ① feature ② insight ③ criterion ④ flaw

3. conceal
   ① expose ② achieve ③ reveal ④ hide

4. spread
   ① uncover ② diffuse ③ launch ④ drain

5. fatigue
   ① energy ② preference ③ tiredness ④ vigour

6. custom
   ① incentive ② practice ③ effect ④ aspiration

구문 분석

※ 다음 문장에서 주요 문장 성분을 기호로 표시하고 문장을 해석하세요.
(주어 S, 동사 V, 목적어 O, 간접목적어 IO, 직접목적어 DO, 보어 C, 목적격보어 OC, 가주어 가S, 진주어 진S, 가목적어 가O, 진목적어 진O)

1. Experienced travel agents of yesterday are being rapidly replaced by new ones who have less firsthand knowledge of destinations.

   ➡ _____

2. What this new breed faces is clients who do not know much about geography but have leisure time and money at their disposal.

   ➡ _____

Answers & Keys

단어와 표현 **의미 파악**

1 ① 2 ① 3 ④ 4 ② 5 ③ 6 ②

1
update 갱신하다, 최신의 것으로 만들다
= modernize
　renovate
　upgrade

2
attribute 속성, 특질
= feature
　characteristic
　trait
　quality

3
conceal 숨기다 ⟷ reveal 드러내다
= hide　　　　= expose
　veil
　dispose

4
spread 퍼뜨리다
= diffuse
　disperse
　dissipate
　disseminate
　scatter

5
fatigue 피로, 피곤 ⟷ energy 활기
= tiredness　　= vigour
　weariness
　exhaustion

6
custom 관습
= practice
　tradition
　convention

구문 분석

1 Experienced travel agents of yesterday are being rapidly replaced by new ones who have less firsthand knowledge of destinations.
　　　S　　　　　　　　　　　　　　　V

과거의 경험 많은 여행사 직원들은 빠르게 교체되고 있다 목적지에 대한 직접적 체험에 의한 지식이 더 적은 새로운 직원들로.

해석 과거의 경험 많은 여행사 직원들은 목적지에 대한 직접적 체험에 의한 지식이 더 적은 새로운 직원들로 빠르게 교체되고 있다.

2 What this new breed faces is clients (who do not know much about geography but have leisure time and money at their disposal).
　　　　S　　　　　V　　　　　C

이러한 새 유형의 사람이 직면하는 것은 (지리에 대해 많이 알지는 못하지만 여가 시간과 돈을 마음대로 사용하는) 고객들이다.

해석 이러한 새 유형의 사람이 직면하는 것은 지리에 대해 많이 알지는 못하지만 여가 시간과 돈을 마음대로 사용하는 고객들이다.

DAY 08 Daily Grammar

문법 OX

※ 다음 밑줄 친 부분이 어법상 옳으면 O, 틀리면 X를 표시하고 틀린 부분을 옳게 고치세요.

1 When she was faced with unexpected medical expenses, she regretted <u>to spend</u> all her savings on unnecessary purchases. (   )

2 Some people are very busy and do not have time to eat at home so they have no choice <u>to eat</u> while commuting. (   )

3 Many farmers were waiting for their turn, <u>some having</u> a great deal of arable land and comparatively little grass. (   )

문법 빈칸 채우기

※ 밑줄 친 부분에 들어갈 말로 가장 적절한 것을 고르세요.

1 I typed _____ that some people told me go on television shows.

① such a fast   ② so a fast
③ such fast   ④ so fast

2 Products such as appliances, furniture, and sporting goods _____ hard goods.

① referred as   ② is referred to as
③ are referred to as   ④ referred to as

3 It reinforced and extended the view of thermometry as a practice _____ depended on the cooperation of the patient.

① what   ② that
③ who   ④ whose

Answers & Keys

문법 OX

1 When she was faced with unexpected medical expenses, she regretted to spend all her savings on unnecessary purchases. (X)

- 해설 regret은 to부정사를 목적어로 취하면 미래의 일을 나타내어 '~하게 되어 유감이다'를 뜻하고, 동명사를 목적어로 취하면 '(과거에) ~한 것을 후회하다'라는 뜻이 된다. 문맥상 과거에 모든 저축한 돈을 쓴 것을 후회하는 것이므로 to spend가 아닌 spending이 와야 한다.
- 해석 그녀는 예기치 않은 의료비에 직면했을 때, 자신의 모든 저축한 돈을 불필요한 구매에 써 버린 것을 후회했다.

2 Some people are very busy and do not have time to eat at home so they have no choice to eat while commuting. (O)

- 해설 「have no choice but to부정사」는 '~하지 않을 수 없다'를 의미하는 준동사 주요 표현이다. 따라서 to eat이 바르게 쓰였다.
- 해석 어떤 사람들은 너무 바빠 집에서 밥을 먹을 시간이 없어서 그들은 통근하는 동안 밥을 먹을 수밖에 없다.

3 Many farmers were waiting for their turn, some having a great deal of arable land and comparatively little grass. (O)

- 해설 분사구문인 having의 의미상의 주어가 some으로 주절의 주어와 달라 그대로 두었다. some과 have의 관계가 의미상 능동이고, 뒤에 목적어가 있으므로 능동의 현재분사로 분사구문이 바르게 쓰였다.
- 해석 많은 농부가 차례를 기다리고 있었으며, 일부는 많은 경작에 알맞은 땅을 가지고 있었고, 비교적 풀은 거의 없었다.

문법 빈칸 채우기

1 I typed __so fast__ that some people told me go on television shows.

- 해설 「so ~ that」과 「such ~ that」은 모두 '너무 ~해서 …하다'를 의미하는 부사절 접속사이다. such는 한정사로 명사가 뒤에 나와야 하고, so는 뒤에 부사나 형용사가 온다. 여기서 fast는 부사로 쓰였기 때문에 관사(a)를 취할 수 없다. 따라서 ④ so fast가 정답이다.
- 해석 나는 매우 빨리 타자를 쳐서 어떤 사람들은 내게 텔레비전 쇼에 나가라고 말했다.
- 정답 ④

2 Products such as appliances, furniture, and sporting goods __are referred to as__ hard goods.

- 해설 「refer to A as B」는 'A를 B라고 부르다'라는 뜻이다. 의미상 '가전제품, 가구, 스포츠용품 같은 제품들이 내구 소비재라 불린다'라는 의미의 수동태로 써야 하므로 'be referred to as'의 형태로 써야 한다. 주어가 products로 복수형이므로 정답은 ③ are referred to as이다.
- 해석 가전제품, 가구, 스포츠용품 같은 제품들은 내구 소비재라 불린다.
- 정답 ③

3 It reinforced and extended the view of thermometry as a practice (__that__ depended on the cooperation of the patient).

- 해설 빈칸 이하의 절이 주어가 없이 불완전하고, 선행사(a practice)가 있으므로 주격 관계대명사가 와야 한다. 따라서 ② that이 정답이다. 선행사가 사람이 아니므로 which도 가능하지만, who는 올 수 없다.
- 해석 그것은 체온 측정을 환자의 협력에 의존하는 관행으로 보는 관점을 강화하고 확장했다.
- 정답 ②

DAY 08 Daily VOCA & Reading

단어와 표현 의미 파악

※ 주어진 단어와 의미가 가장 가까운 것을 고르시오.

1 constitute
① warn ② compose ③ restore ④ extend

2 coerce
① persuade ② exploit ③ guarantee ④ oblige

3 exacerbate
① aggravate ② split ③ calm ④ pursue

4 postpone
① maintain ② undertake ③ delay ④ commute

5 undermine
① fortify ② reinforce ③ consolidate ④ weaken

6 please
① cooperate ② apply ③ gratify ④ afford

구문 분석

※ 다음 문장에서 주요 문장 성분을 기호로 표시하고 문장을 해석하세요.
(주어 S, 동사 V, 목적어 O, 간접목적어 IO, 직접목적어 DO, 보어 C, 목적격보어 OC, 가주어 가S, 진주어 진S, 가목적어 가O, 진목적어 진O)

1 The daily tasks and routines we undertake each day may not appear to be making a contribution to the quality of our life.

➡ _____

2 The things we have to do or we choose to do will usually be a mix of routines, duties, interests and leisure pursuits.

➡ _____

Answers & Keys

단어와 표현 | **의미 파악**

1 ②   2 ④   3 ①   4 ③   5 ④   6 ③

1

constitute 이루다, 구성하다
= compose
  comprise

2

coerce 강요하다
= push
  oblige
  force
  compel

3

exacerbate 악화시키다 ⟷ calm 진정시키다
= aggravate   soothe
  make worse
  worsen

4

postpone 미루다
= defer
  suspend
  delay
  put off

5

undermine 약화시키다 ⟷ strengthen 강화하다
= weaken   = fortify
  impair   reinforce
  abate   consolidate
  attenuate
  debilitate
  enervate

6

please 기쁘게 하다 ⟷ displease 불쾌하게 만들다
= satisfy
  gratify
  make sb's day

구문 분석

1 The daily tasks and routines (we undertake each day) / may not appear to be making a contribution to the quality of our life.
  S   V   C

(우리가 매일 떠맡는) 매일의 업무와 일상은 / 우리 삶의 질에 기여하는 것처럼 보이지 않을 수도 있다.

해석 우리가 매일 떠맡는 매일의 업무와 일상은 우리 삶의 질에 기여하는 것처럼 보이지 않을 수도 있다.

2 The things (we have to do or we choose to do) will usually be a mix of routines, duties, interests and leisure pursuits.
  S   V   C

(우리가 해야 하거나 우리가 하려고 선택하는) 일들은 종종 일상, 의무, 관심사, 그리고 여가 활동의 혼합물일 것이다.

해석 우리가 하거나 또는 우리가 하려고 선택하는 일들은 종종 일상, 의무, 관심사, 그리고 여가 활동의 혼합물일 것이다.

DAY 09 Daily Grammar

문법 OX

※ 다음 밑줄 친 부분이 어법상 옳으면 O, 틀리면 X를 표시하고 틀린 부분을 옳게 고치세요.

1 Among those who attended the conference last week <u>were</u> experts in artificial intelligence.　(　　)

2 The atomic bomb turned out to be something as <u>cheap and easy</u> manufactured as a bicycle or an alarm clock.　(　　)

3 It is a rare and <u>cost</u> object as difficult to produce as a battleship.　(　　)

문법 빈칸 채우기

※ 밑줄 친 부분에 들어갈 말로 가장 적절한 것을 고르세요.

1 The lack of funding and resources prevented the public parks ＿＿＿＿＿＿ adequately, which led to overgrown vegetation and deteriorating facilities.

　① to maintain　　　　　　　　② to be maintained
　③ from maintaining　　　　　　④ from being maintained

2 They spent several days ＿＿＿＿＿＿ ideas and discussing groundbreaking research in their respective fields.

　① exchanging　　　　　　　　② to exchange
　③ exchange　　　　　　　　　④ to be exchanged

3 They immersed themselves fully in the discussions, ＿＿＿＿＿＿ they pushed the boundaries of knowledge and innovation.

　① that　　　　　　　　　　　② which
　③ what　　　　　　　　　　　④ where

Answers & Keys

문법 OX

1 Among those who attended the conference last week were experts in artificial intelligence. (O)

- 해설: 장소의 부사구가 문두로 나와 도치되었고 주어가 experts로 복수이므로 were가 바르게 쓰였다.
- 해석: 인공지능 전문가들이 지난주 회의에 참석한 사람 중에 있었다.

2 The atomic bomb turned out to be something as cheap and easy manufactured as a bicycle or an alarm clock. (X)

- 해설: 분사인 manufactured를 수식해야 하므로 형용사인 easy는 부사인 easily로 고쳐야 한다.
- 해석: 원자 폭탄은 자전거나 자명종처럼 싸고 쉽게 제조되는 무언가로 밝혀졌다.

3 It is a rare and cost object as difficult to produce as a battleship. (X)

- 해설: 명사 object를 수식해야 하므로 cost는 형용사인 costly로 고쳐야 한다.
- 해석: 그것은 전함처럼 생산하기 까다로운 귀하고 값비싼 물건이다.

문법 빈칸 채우기

1 The lack of funding and resources prevented the public parks from being maintained adequately, which led to overgrown vegetation and deteriorating facilities.

- 해설: prevent는 목적어가 하지 못하게 하는 행위를 「from -ing」 형태로 표현, the public parks와 maintain이 의미상 수동의 관계가 되어야 하므로 from being maintained가 답이다.
- 해석: 자금과 자원의 부족은 공원이 적절하게 유지되지 못하게 했고, 이는 제멋대로 자란 초목과 악화해가는 시설로 이어졌다.
- 정답: ④

2 They spent several days exchanging ideas and discussing groundbreaking research in their respective fields.

- 해설: ~하는 데 (돈/시간)을 쓰다'라는 의미를 나타내는 「spend + 시간/돈 + (in) -ing」의 구문이므로 exchanging이 답이다.
- 해석: 그들은 아이디어를 교환하고 각 분야의 획기적인 연구를 주제로 토론하면서 며칠을 보냈다.
- 정답: ①

3 They immersed themselves fully in the discussions, (where) they pushed the boundaries of knowledge and innovation.

- 해설: 선행사가 the discussions이고 밑줄 단어 뒤에 완전한 절이 왔으므로 where가 답이다.
- 해석: 그들은 토론에 완전히 몰두했으며, 토론에서 그들은 지식과 혁신의 한계를 뛰어넘었다.
- 정답: ④

DAY 09 Daily VOCA & Reading

단어와 표현 — 의미 파악

1. split
   ① break ② peel ③ hide ④ rush

2. heighten
   ① trigger ② modify ③ associate ④ enhance

3. accumulate
   ① concentrate ② gather ③ distinguish ④ restrict

4. lenient
   ① confront ② prevail ③ serene ④ indulgent

5. lethargic
   ① inert ② premature ③ evident ④ paramount

6. latent
   ① vacuum ② nocturnal ③ potential ④ intact

구문 분석

※ 다음 문장에서 주어는 S, 동사는 V, 목적어는 O로 표시하고 문장을 해석하세요.
(주어 S, 동사 V, 목적어 O, 간접목적어 IO, 직접목적어 DO, 보어 C, 목적격보어 OC, 가주어 가S, 진주어 진S, 가목적어 가O, 진목적어 진O)

1. All their inherited ways teach them the wisdom of not separating men from the nature.
   ➡ _____

2. Written records indicate that these frozen creatures were of high birth, possibly nobility.
   ➡ _____

Answers & Keys

단어와 표현 | **의미 파악**

1 ①   2 ④   3 ②   4 ④   5 ①   6 ③

1
split 나누다
= break

2
heighten 높이다
= enhance
  elevate
  boost
  improve

3
accumulate 축적하다
= gather
  collect
  amass
  assemble

4
lenient 관대한
= indulgent
  merciful
  generous

5
lethargic 기력이 없는
= inert
  inactive   torpid
  dormant   static
  stagnant   sedentary

6
latent 잠재적인
= hidden
  dormant
  potential

구문 분석

1 All their inherited ways teach them the wisdom of not separating men from the nature.
　　　　　S　　　　　　　V　　IO　　　　　　　　DO

그들이 물려받은 모든 방식은 인간과 자연을 구분하지 말라는 지혜를 그들에게 가르쳤다.

해석 　그들이 물려받은 모든 방식은 인간과 자연을 구분하지 말라는 지혜를 그들에게 가르쳤다.

2 Written records indicate // that these frozen creatures were of high birth, possibly nobility.
　　　　S　　　　　　V　　　　　　　　　　　　　O

문서화된 기록은 보여준다 // 이런 얼려진 존재가 명문 출신이거나 귀족이었을 수도 있음을.

해석 　문서화된 기록은 이런 얼려진 존재가 명문 출신이거나 귀족이었을 수도 있음을 보여준다.

DAY 10 Daily Grammar

문법 OX

※ 다음 밑줄 친 부분이 어법상 옳으면 O, 틀리면 X를 표시하고 틀린 부분을 옳게 고치세요.

1. Child Support Law stems from the legal right of every child <u>to be taken care</u> by their own parents.
   (   )

2. The more intense the headache and the longer its duration, <u>the little</u> the degree of relief the patient experienced.
   (   )

3. <u>There being</u> no further questions or comments, the special meeting was adjourned at 2:45 p.m.
   (   )

문법 빈칸 채우기

※ 밑줄 친 부분에 들어갈 말로 가장 적절한 것을 고르세요.

1. To my surprise, it only cost _____ my shoes repaired at the local shoe repair store.

   ① me 5 dollars to have
   ② 5 dollars me to have
   ③ for me with 5 dollars to have
   ④ 5 dollars to have me

2. A drone captured footage of a woman _____ by some killer whales as she was swimming off the beach.

   ① surround
   ② surrounded
   ③ to surround
   ④ surrounding

3. He told a reporter _____ was happening in the moments in detail.

   ① that
   ② which
   ③ what
   ④ where

Answers & Keys

문법 OX

1 Child Support Law stems from the legal right of every child to be taken care by their own parents. (X)

- 해설 '돌보다'는 의미는 take care of로 수동태로 전환활 때 전치사 of가 빠져서는 안 되므로 to be taken care of로 고쳐야 한다.
- 해석 자녀 양육비 지원법은 자기 부모에게 보호받을 모은 아동의 법적인 권리에서 생겨난다.

2 The more intense the headache and the longer its duration, the little the degree of relief the patient experienced. (X)

- 해설 the 비교급, the 비교급 구문으로 little의 비교급은 less이므로 little은 less로 고쳐야 한다.
- 해석 고통이 더 심해지고 지속 기간이 더 길어질수록, 환자가 경험하는 고통 경험의 정도가 더 작아진다.

3 There being no further questions or comments, the special meeting was adjourned at 2:45 p.m. (O)

- 해설 분사구문의 의미상의 주어가 주절의 주어와 다르므로 밝혀 주어야 한다. There are가 분사구문이 된 것이므로 There를 바르게 써 주었다.
- 해석 추가적인 질문이나 의견이 없었기 때문에, 그 특별 회의는 오후 2시 45분에 휴정되었다.

문법 빈칸 채우기

1 To my surprise, it only cost __me 5 dollars to have__ my shoes repaired at the local shoe repair store.

- 해설 '~가 …하는 데 시간/노력/돈이 걸리다/든다'라는 의미는 「It+take/cost+간접목적어+직접목적어(시간/노력/돈)+to부정사」이므로 me 5 dollars to have가 답이다.
- 해석 놀랍게도, 내 신발을 동네 신발 수리점에서 수리하는 데 고작 5달러밖에 들지 않았다.
- 정답 ①

2 A drone captured footage of a woman _surrounded_ (수동) by some killer whales as she was swimming off the beach.

- 해설 a woman을 수식하는 요소가 되어야 하고 뒤에 목적어가 없으므로 현재분사인 surrounded가 답이다.
- 해석 한 여성이 바닷가에서 수영하다가 몇몇 범고래에 둘러싸인 장면을 드론이 포착했다.
- 정답 ②

3 He told a reporter __what__ was happening in the moments in detail.

- 해설 수여동사 tell(told) 직접목적어 자리이며 주어가 없는 불완전한 절이 왔으므로 접속사 기능과 문장 성분의 기능을 동시에 수행하는 what이 답이다.
- 해석 그는 그 순간에 어떤 일이 벌어졌는지 자세히 기자에게 설명했다.
- 정답 ③

DAY 10 Daily VOCA & Reading

단어와 표현 의미 파악

※ 주어진 단어와 의미가 가장 가까운 것을 고르시오.

1. promotion
   ① declaration ② evolution ③ elevation ④ donation

2. exposition
   ① explanation ② meditation ③ transaction ④ preconception

3. punishment
   ① argument ② retribution ③ investigation ④ extinction

4. reinstate
   ① revolve ② condense ③ restore ④ dilute

5. abbreviate
   ① abridge ② dilate ③ decipher ④ deplete

6. retain
   ① entail ② augment ③ maintain ④ confront

구문 분석

※ 다음 문장에서 주어는 S, 동사는 V, 목적어는 O로 표시하고 문장을 해석하세요.
(주어 S, 동사 V, 목적어 O, 간접목적어 IO, 직접목적어 DO, 보어 C, 목적격보어 OC, 가주어 가S, 진주어 진S, 가목적어 가O, 진목적어 진O)

1. They can submit their work from on May 29 to celebrate Seoul's beloved characters, Hechi and Soul Friends.

   ➡ _____

2. This mainly affects the respiratory and inflammatory systems.

   ➡ _____

Answers & Keys

단어와 표현 / 의미 파악

1 ③ 2 ① 3 ② 4 ③ 5 ① 6 ③

1
promotion 승진
= elevation

2
exposition 설명
= explanation
  description

3
punishment 처벌
= retribution
  penalty,
  sentence

4
reinstate 회복시키다
= restore

5
abbreviate 줄여 쓰다
= abridge
  shorten
  recapitulate
  condense

6
retain 유지하다
= maintain
  keep

구문 분석

1 They can submit their work / from on May 29 / to celebrate Seoul's beloved characters, Hechi and Soul
    S   V   O
   Friends.

   그들은 작품을 제출할 수 있다 / 5월 29일부터 / 서울의 귀여운 캐릭터인 해치와 서울 프렌즈들을 축하하기 위해.

   [해석] 그들은 서울의 귀여운 캐릭터인 해치와 서울 프렌즈들을 축하하기 위해 5월 29일부터 작품을 제출할 수 있다.

2 This mainly affects the respiratory and inflammatory systems.
    S   V   O

   이것은 주로 호흡계와 염증 시스템에 영향을 준다.

   [해석] 이것은 주로 호흡계와 염증 시스템에 영향을 준다.

Daily Grammar

문법 OX

※ 다음 밑줄 친 부분이 어법상 옳으면 O, 틀리면 X를 표시하고 틀린 부분을 옳게 고치세요.

1. <u>Freed of</u> regular exercise, individuals may experience a decline in both physical fitness and mental well-being. (   )

2. The more varied the activities, <u>the greater</u> the benefits, as different exercises target various muscle groups. (   )

3. A rapid response time may deprive the parties concerned <u>with</u> the opportunity to solve the problems by themselves. (   )

문법 빈칸 채우기

※ 밑줄 친 부분에 들어갈 말로 가장 적절한 것을 고르세요.

1. The ancient manuscript was _____ book of all the rare volumes in the library.

   ① more precious
   ② as precious
   ③ most preciously
   ④ the most precious

2. Regular physical activity not only enhances strength and endurance but also _____ cognitive function and emotional resilience.

   ① supports
   ② supported
   ③ to support
   ④ supporting

3. UN missions have more to do with executing inadequate mandates rather than with _____ to gather forces together.

   ① it takes how long
   ② how it takes long
   ③ how long it takes
   ④ how it long takes

Answers & Keys

문법 OX

1 Freed of regular exercise, individuals may experience a decline in both physical fitness and mental well-being. (O)

- 해설 생략된 분사구문의 주어는 주절의 주어와 일치하고 분사구문의 동사와 의미상 수동의 관계이므로 과거분사인 Freed가 바르게 쓰였다.
- 해석 규칙적인 운동을 없애면, 사람들은 신체 건강과 정신적 안녕 모두에서 쇠퇴를 경험할 수 있다.

2 The more varied the activities, the greater the benefits, as different exercises target various muscle groups. (O)

- 해설 「the 비교급, the 비교급」 구문으로 the benefits의 보어로 형용사의 비교급인 the greater가 바르게 쓰였다.
- 해석 활동이 더 다양해질수록 이득은 더 커지는데, 서로 다른 운동이 다양한 근육군을 목표로 삼기 때문이다.

3 A rapid response time may deprive the parties concerned with the opportunity to solve the problems by themselves. (X)

- 해설 'A에게서 B를 제거하다'라는 의미는 「deprive, rob, free, rid A of B」의 형태로 표현한다. 따라서 with를 of로 고쳐야 한다.
- 해석 신속한 반응 시간은 관계자들로부터 문제를 스스로 해결할 기회를 빼앗는다.

문법 빈칸 채우기

1 The ancient manuscript was the most precious book of all the rare volumes in the library.

- 해설 선택지에서 명사 book을 수식할 수 있는 것은 최상급뿐이므로 the most precious가 답이다.
- 해석 그 고대의 문서는 도서관에 있는 모든 진귀한 책들 중에서도 가장 귀중한 책이었다.
- 정답 ④

2 Regular physical activity not only enhances strength and endurance but also supports cognitive function and emotional resilience.

- 해설 「not only A but also B」의 구문으로 not only 뒤에 동사의 3인칭 단수형인 enhances가 왔으므로 but also 뒤의 동사도 3인칭 단수형인 supports가 답이다.
- 해석 규칙적인 신체 활동은 근력과 지구력을 강화할 뿐 아니라 인지 기능과 정서적 회복력도 보강한다.
- 정답 ①

3 UN missions have more to do with executing inadequate mandates rather than with how long it takes to gather forces together.

- 해설 전치사 with의 목적어로 명사절, 즉 간접의문문이 와야 하므로 어순이 바른 how long it takes가 답이다.
- 해석 유엔의 임무들은 군대를 모으는 데 얼마나 걸리는지보다는 부당한 명령을 수행하는 것과 더 관련이 있다.
- 정답 ③

DAY 11 43

DAY 11 Daily VOCA & Reading

단어와 표현 의미 파악

※ 주어진 단어와 의미가 가장 가까운 것을 고르시오.

1 conceal
   ① demean   ② veil   ③ flatter   ④ reveal

2 replace
   ① disturb   ② perish   ③ settle   ④ supersede

3 endure
   ① perform   ② tolerate   ③ thrill   ④ glance

4 relieve
   ① starve   ② addict   ③ alleviate   ④ diagnose

5 replenish
   ① settle   ② designate   ③ entice   ④ refill

6 reprimand
   ① sweep   ② scold   ③ counsel   ④ celebrate

구문 분석

※ 다음 문장에서 주어는 S, 동사는 V, 목적어는 O로 표시하고 문장을 해석하세요.
(주어 S, 동사 V, 목적어 O, 간접목적어 IO, 직접목적어 DO, 보어 C, 목적격보어 OC, 가주어 가S, 진주어 진S, 가목적어 가O, 진목적어 진O)

1 You'll master milk steaming and pouring two unique latte art designs.
   ➡ _____

2 The Louvre's Website offers spectacular 360-degree panoramas of artworks like the Venus de Milo.
   ➡ _____

Answers & Keys

단어와 표현 **의미 파악**

1 ② 2 ④ 3 ② 4 ③ 5 ④ 6 ②

1
conceal 감추다 ⟷ reveal 드러내다
= hide　　　　　　= disclose
　veil　　　　　　　 divulge
　　　　　　　　　　unveil

2
replace 대체하다
= supersede
　substitute
　supplant

3
endure 견디다
= tolerate
　stand
　bear

4
relieve 완화시키다
= alleviate
　mitigate　　ease
　soothe　　　reduce
　appease　　lessen
　pacify

5
replenish 보충하다
= refill

6
reprimand 질책하다
= scold
　rebuke
　admonish

구문 분석

1 <u>You'll</u> <u>master</u> <u>milk steaming</u> / and <u>pouring two unique latte art designs.</u>
　　 S　　V　　　O1　　　　　　　　　　O2

당신은 우유를 스팀으로 데우고 두 가지 독특한 라테 아트 디자인을 (잔에) 따르는 법을 숙지할 것입니다.

해석　당신은 우유를 스팀으로 데우고 / 두 가지 독특한 라테 아트 디자인을 (잔에) 따르는 법을 숙지할 것입니다.

2 <u>The Louvre's Website</u> <u>offers</u> / <u>spectacular 360-degree panoramas of artworks like the Venus de Milo.</u>
　　 S　　　　　　　　　V　　　　　　　　　　　　　　　　　　O

루브르 박물관의 웹사이트는 제공한다 / '밀로의 비너스' 같은 예술작품의 멋진 360도 파노라마를.

해석　루브르 박물관의 웹사이트는 '밀로의 비너스' 같은 예술작품의 멋진 360도 파노라마를 제공한다.

DAY 12 Daily Grammar

문법 OX

※ 다음 밑줄 친 부분이 어법상 옳으면 O, 틀리면 X를 표시하고 틀린 부분을 옳게 고치세요.

1 We ought to pause for a moment in order to reconsider actions that could <u>be caused</u> serious consequences.   (   )

2 Generally we have more time than we usually allot <u>ourselves</u> to make decisions and draw conclusions.   (   )

3 The rescue team pulled the woman from the snowdrift <u>which she was stuck</u>.   (   )

문법 빈칸 채우기

※ 밑줄 친 부분에 들어갈 말로 가장 적절한 것을 고르세요.

1 The teacher heard the students in the playground _____ out each other's names while they were playing games and enjoying their break time.

① called   ② to be called
③ calling   ④ to call

2 Putting on the mental brakes can stop you, for example, _____ in anger to someone on the road

① from reacting   ② of reacting
③ with reacting   ④ for reacting

3 With skilled workers _____ in the workforce longer, economic productivity went up.

① remain   ② to remain
③ remaining   ④ remained

Answers & Keys

문법 OX

1 We ought to pause for a moment in order to reconsider actions that could be caused serious consequences. (X)

- 해설 타동사인 cause 뒤에 목적어인 serious consequences가 있으므로 수동태를 능동태로 고쳐야 한다.
- 해석 우리는 심각한 결과를 유발할 수 있는 행동을 재고하기 위해 잠시 멈추어야 한다.

2 Generally we have more time than we usually allot ourselves to make decisions and draw conclusions. (O)

- 해설 주어와 목적어가 동일한 대상인 경우 목적어로 재귀대명사를 사용해야 한다. 우리가 자신에게 시간을 할당한다는 의미이므로 재귀대명사가 목적어로 바르게 쓰였다.
- 해석 일반적으로 우리는 결정하고 결론을 내리기 위해 우리 자신에게 평소 할애하는 것보다 더 많은 시간을 가지고 있다.

3 The rescue team pulled the woman from the snowdrift which she was stuck. (X)

- 해설 선행사는 the snowdrift이고 which 다음에 완전한 절이 왔으므로 「전치사+which」의 형태로 써야 한다. 그 안에 끼었다는 뜻이므로 in which로 고쳐야 한다.
- 해석 구조팀은 눈더미에 끼여서 꼼짝 못 하는 여성을 거기서 끌어냈다.

문법 빈칸 채우기

1 The teacher heard the students in the playground ___calling___ out each other's names while they were playing games and enjoying their break time.

- 해설 지각동사의 목적격보어로 학생들이 서로의 이름을 크게 부른다는 능동의 의미이고 each other's names라는 목적어가 있으므로 calling이 답이다.
- 해석 선생님은 학교 운동장에서 학생들이 게임을 하고 쉬는 시간을 즐기는 동안 서로의 이름을 크게 부르는 것을 들었다.
- 정답 ③

2 Putting on the mental brakes can stop you, for example, ___from reacting___ in anger to someone on the road

- 해설 stop은 뒤에 목적어가 오고 그 목적어가 하지 못하게 하는 행위를 「from -ing」 형태로 표현하므로 from reacting이 답이다.
- 해석 예를 들면, 정신적인 브레이크를 밟는 것은 당신이 이동 중인 어떤 사람에게 화내며 반응하지 않도록 할 수 있다.
- 정답 ①

3 With skilled workers ___remaining___ in the workforce longer, economic productivity went up.

- 해설 with 분사구문의 목적격보어로 목적어와 관계가 능동이므로 현재분사 remaining이 답이다.
- 해석 숙련된 노동자가 노동 인구에 더 오래 남아있었기 때문에, 경제 생산성이 향상되었다.
- 정답 ③

DAY 12 Daily VOCA & Reading

단어와 표현 | 의미 파악

※ 주어진 단어와 의미가 가장 가까운 것을 고르시오.

1 plentiful
   ① humid   ② nomadic   ③ abundant   ④ current

2 tenacious
   ① sacred   ② catchy   ③ resilient   ④ obstinate

3 scarce
   ① polite   ② sparse   ③ primary   ④ witty

4 pose
   ① raise   ② collaborate   ③ interrupt   ④ counteract

5 appropriate
   ① elaborate   ② consistent   ③ subjective   ④ suitable

6 refrain from
   ① burst into   ② look down on   ③ abstain from   ④ keep in touch with

구문 분석

※ 다음 문장에서 주어는 S, 동사는 V, 목적어는 O로 표시하고 문장을 해석하세요.
(주어 S, 동사 V, 목적어 O, 간접목적어 IO, 직접목적어 DO, 보어 C, 목적격보어 OC, 가주어 가S, 진주어 진S, 가목적어 가O, 진목적어 진O)

1 American intelligence analysts say they have long been concerned by the notion that Al Qaeda could use computers to wage terror.

   ➡ _____

2 He cannot understand why poets trouble to write about them.

   ➡ _____

Answers & Keys

단어와 표현 / 의미 파악

1 ③   2 ④   3 ②   4 ①   5 ④   6 ③

1
plentiful 풍부한
= abundant
  ample
  bountiful
  exuberant

2
tenacious 집요한
= obstinate
  persistent
  tenacious

3
scarce 부족한
= sparse
  limited
  insufficient
  inadequate

4
pose 제기하다
= raise

5
appropriate 적절한
= suitable
  relevant
  proper
  germane
  fitting
  pertinent

6
refrain from ~을 삼가다
= abstain from

구문 분석

1 <u>American intelligence analysts</u> <u>say</u> // <u>they have long been concerned by the notion that Al Qaeda could use computers to wage terror.</u>
　　　　　S　　　　　　　　　　V　　　　　　　　　　　　　　　　　O

미국의 정보 분석가들은 말한다 // 알카에다가 테러를 벌이기 위해서 컴퓨터를 사용할 수도 있을 것이라는 생각에 오랫동안 걱정해왔다고.

해석   미국의 정보 분석가들은 알카에다가 테러를 벌이기 위해서 컴퓨터를 사용할 수도 있을 것이라는 생각에 오랫동안 걱정해왔다고 말한다.

2 <u>He</u> <u>cannot understand</u> / <u>why poets trouble to write about them.</u>
　　S　　　　V　　　　　　　　　　　　O

그는 이해하지 못한다 / 왜 시인들이 그것들에 대해 귀찮게 굳이 시를 쓰는지.

해석   그는 왜 시인들이 그것들에 대해 귀찮게 굳이 시를 쓰는지 이해하지 못한다.

Daily Grammar

문법 OX

※ 다음 밑줄 친 부분이 어법상 옳으면 O, 틀리면 X를 표시하고 틀린 부분을 옳게 고치세요.

1 Recent accidents <u>have risen</u> concerns about workplace conditions and employee welfare.   (   )

2 Hunters and gatherers are not merely primitive people <u>who</u> ways of life no longer hold any interest for us.   (   )

3 Studying their cultures <u>allow</u> us to see that more clearly.   (   )

문법 빈칸 채우기

※ 밑줄 친 부분에 들어갈 말로 가장 적절한 것을 고르세요.

1 Decades of deforestation _____ significant loss of biodiversity in forest ecosystems.

① has resulted in   ② have been resulted
③ have resulted in   ④ have been resulted in

2 Industrial activities have caused severe habitat destruction _____ at an alarming rate.

① accelerate   ② to accelerate
③ to be accelerated   ④ accelerating

3 Efforts to protect and restore forests have become more urgent _____ ever before.

① as   ② than
③ that   ④ like

Answers & Keys

문법 OX

1 Recent accidents ~~have risen~~ concerns about workplace conditions and employee welfare. (X)

- 해설 rise는 '일어나다'의 뜻을 가진 자동사이고, raise는 '불러일으키다'라는 뜻의 타동사이다. concerns라는 목적어가 있으므로 타동사인 have raised로 고쳐야 한다.
- 해석 최근 사고들은 직장 환경과 직원 복지에 대한 우려를 불러일으켰다.

2 Hunters and gatherers are not merely primitive people ~~who~~ ways of life no longer hold any interest for us. (X)

- 해설 who 이하의 절이 완전하고, 선행사인 primitive people이 ways of life를 소유하는 의미를 나타내야 하므로 who를 소유격 관계대명사 whose로 바꿔야 한다.
- 해석 사냥꾼과 채집가는 삶의 방식이 더 이상 우리의 관심을 전혀 끌지 않는 한낱 원시인들이 아니다.

3 Studying their cultures ~~allow~~ us to see that more clearly. (X)

- 해설 주어가 Studying their cultures로 동명사구이므로 단수 취급한다. 따라서 allow를 allows로 고쳐야 한다.
- 해석 그들의 문화를 연구하는 것은 그것을 우리가 더 분명히 알 수 있도록 해준다.

문법 빈칸 채우기

1 Decades of deforestation __have resulted in__ significant loss of biodiversity in forest ecosystems.

- 해설 result는 완전자동사로, 전치사 in과 함께 쓰여 '~을 야기하다'의 뜻을 갖는다. 완전자동사이므로 수동태로 나타낼 수 없다. 또한 핵심 주어는 Decades이므로 복수 취급한다. 따라서 have resulted in이 바르다.
- 해석 수십 년간의 산림 파괴는 산림 생태계에서 생물 다양성의 커다란 손실로 이어졌다.
- 정답 ③

2 Industrial activities have caused severe habitat destruction __to accelerate__ at an alarming rate.

- 해설 cause는 목적격보어로 능동형 to부정사를 취한다. 목적어 severe habitat destruction과 목적격보어의 관계가 능동이므로 to accelarate가 바르다.
- 해석 산업 활동은 환경의 심각한 서식지 파괴를 우려할 만한 속도로 가속화시켰다.
- 정답 ②

3 Efforts to protect and restore forests have become more urgent __than__ ever before.

- 해설 비교급 more urgent가 있으므로 비교급 비교 형태인 「A+형용사/부사의 비교급+than+B」를 사용해야 한다. 따라서 than이 바르다.
- 해석 산림을 보호하고 복원하려는 노력이 그 어느 때보다 더 시급해졌다.
- 정답 ②

DAY 13 Daily VOCA & Reading

단어와 표현 — 의미 파악

※ 주어진 단어와 의미가 가장 가까운 것을 고르시오.

1 suspicious
① alternative ② valid ③ superficial ④ doubtful

2 endow
① give ② confirm ③ ensure ④ receive

3 implement
① feature ② promote ③ execute ④ foster

4 generous
① merciful ② primary ③ beneficial ④ enthusiastic

5 rely on
① rest on ② run into ③ get on ④ result in

6 suspend
① reinstate ② restart ③ impose ④ halt

구문 — 분석

※ 다음 문장에서 주어는 S, 동사는 V, 목적어는 O로 표시하고 문장을 해석하세요.
(주어 S, 동사 V, 목적어 O, 간접목적어 IO, 직접목적어 DO, 보어 C, 목적격보어 OC, 가주어 가S, 진주어 진S, 가목적어 가O, 진목적어 진O)

1 Koreans have long enjoyed visa-free travel to Japan for up to 90 days.
➡ _____

2 No one has the right to decide when a life should end.
➡ _____

Answers & Keys

단어와 표현 | **의미 파악**

1 ④ 2 ① 3 ③ 4 ① 5 ① 6 ④

1
suspicious 의심하는 ⟷ trusting 신뢰하는
= doubtful   = believing
  skeptical   credulous
  incredulous   confiding
                            unsuspecting

2
endow 주다 ⟷ receive 받다
= give   = get
  bestow   obtain
  grant   acquire
                collect
                accept
                gain

3
implement 이행하다
= execute
  carry out
  perform
  fulfill

4
generous 관대한
= merciful
  indulgent
  lenient
  kind-hearted

5
rely on ~에 달려 있다
= depend on   lean on
  rest on   count on
  hinge on   fall back on
  resort to   be up to

6
suspend 중단하다
= halt
  interrupt
  postpone

구문 분석

1 Koreans have long enjoyed visa-free travel / to Japan for up to 90 days.
     S   V   O

한국인은 무비자 여행을 오랫동안 즐겨왔다 / 일본에 최대 90일간.

해석 한국인은 일본에 최대 90일간 무비자 여행을 오랫동안 즐겨왔다.

2 No one has the right (to decide when a life should end).
     S   V   O

어느 누구도 (생명이 언제 끝나야 하는지 결정할) 권리는 없다.

해석 어느 누구도 생명이 언제 끝나야 하는지 결정할 권리는 없다.

DAY 14 Daily Grammar

문법 OX

※ 다음 밑줄 친 부분이 어법상 옳으면 O, 틀리면 X를 표시하고 틀린 부분을 옳게 고치세요.

1. The fire extinguishers <u>were checked</u> every 3 months since the new safety regulations were implemented last year. (　　)

2. This award goes to a museum which contributes most directly to <u>attract audiences and satisfy</u> its visitors. (　　)

3. Since they are no longer working members of the British royal family, they've had to become <u>financial independent</u>. (　　)

문법 빈칸 채우기

※ 밑줄 친 부분에 들어갈 말로 가장 적절한 것을 고르세요.

1. His book _____ by critics for being too unrealistic considering the level of contemporary technology.

   ① was laughed
   ② was laughing
   ③ was laughed at
   ④ was laughing at

2. All developed the most creative interactive exhibitions _____ have changed the standards of quality in museums within Europe.

   ① that
   ② what
   ③ where
   ④ whether

3. The biology professor _____ what happens in the brain when they smell something.

   ① explains students
   ② explained students
   ③ explain to students
   ④ explained to students

Answers & Keys

문법 OX

1 The fire extinguishers <u>were checked</u> every 3 months since the new safety regulations were implemented last year. (X)

- 해설 「since+과거 시제」가 있으므로 현재완료로 써야 한다. 그런데 동사 check의 목적어가 없고, 주어인 The fire extinguishers와 check의 관계가 수동이므로 현재완료 수동태형인 have been checked로 고쳐야 한다.
- 해석 새 안전 규정이 작년에 시행된 이후 소화기는 3개월마다 점검을 받고 있다.

2 This award goes to a museum which contributes most directly to <u>attract audiences and satisfy</u> its visitors. (X)

- 해설 contribute to(~에 기여하다)의 to는 전치사이므로 목적어를 동명사 형태로 고쳐야 한다. 따라서 attract audiences and satisfy를 attracting audiences and satisfying으로 고쳐야 바르다.
- 해석 이 상은 관객을 끌어들이고 방문객을 만족시키는 데 가장 직접적으로 기여하는 박물관에 수여된다.

3 Since they are no longer working members of the British royal family, they've had to become <u>financial independent</u>. (X)

- 해설 형용사 independent를 수식하기 위해서는 앞에 부사가 와야 한다. 따라서 financial을 부사형인 financially로 고친 financially independent가 바르다.
- 해석 그들은 더 이상 영국의 왕실 업무 수행원이 아니기 때문에 경제적으로 독립해야 했다.

문법 빈칸 채우기

1 His book <u>was laughed at</u> by critics for being too unrealistic considering the level of contemporary technology.

- 해설 자동사 laugh는 주로 전치사 at과 함께 동사구로 사용되어 타동사와 같은 기능을 한다. 수동태로 쓸 때 at을 빠뜨리지 않아야 한다. 따라서 was laughed at이 바르다.
- 해석 그의 책은 현대 기술 수준을 고려할 때 너무 비현실적이라는 이유로 평론가들에 의해 비웃음을 받았다.
- 정답 ③

2 All developed the most creative interactive exhibitions <u>that</u> have changed the standards of quality in museums within Europe.

- 해설 that 이하에 주어가 빠진 절이 왔으므로 주격 관계대명사를 써야 하는데, 선행사가 「최상급+명사」일 때 that을 주로 쓴다.
- 해석 모두 유럽 내 박물관의 품질 기준을 변화시킨 가장 창의적인 체험형 전시회를 개발했다.
- 정답 ①

3 The biology professor <u>explained to students</u> [what happens in the brain when they smell something].

- 해설 동사 explain은 4형식으로 쓸 수 없는 동사이다. 따라서 간접목적어로 쓰인 students 앞에 전치사 to를 붙여야 한다.
- 해석 생물학 교수는 학생들이 어떤 것을 냄새 맡을 때 뇌에서 무슨 일이 일어나는지 설명했다.
- 정답 ④

DAY 14 Daily VOCA & Reading

단어와 표현 의미 파악

※ 주어진 단어와 의미가 가장 가까운 것을 고르시오.

1 stagnant
   ① sluggish ② turbulent ③ edible ④ vibrant

2 attract
   ① charm ② enhance ③ bond ④ regulate

3 eliminate
   ① outweigh ② achieve ③ precede ④ eradicate

4 affect
   ① effect ② impact ③ supplement ④ collaborate

5 avoid
   ① convey ② evade ③ comprise ④ resume

6 hold over
   ① engage ② screen ③ postpone ④ achieve

구문 분석

※ 다음 문장에서 주어는 S, 동사는 V, 목적어는 O로 표시하고 문장을 해석하세요.
(주어 S, 동사 V, 목적어 O, 간접목적어 IO, 직접목적어 DO, 보어 C, 목적격보어 OC, 가주어 가S, 진주어 진S, 가목적어 가O, 진목적어 진O)

1 Carrying capacity is the number of individuals that the local resources can sustain.
   ➡ _____

2 They had learned that nothing they could do would prevent the shock.
   ➡ _____

Answers & Keys

단어와 표현 | **의미 파악**

1 ① 2 ① 3 ④ 4 ② 5 ② 6 ③

1
stagnant 정체된
= static
  sluggish
  inactive

2
attract 끌어들이다
= charm
  tempt
  captivate
  enthral
  fascinate

3
eliminate 제거하다
= eradicate   remove
  exterminate get rid of
  wipe out   weed out
  root out

4
affect 영향을 주다
= impact
  influence

5
avoid 피하다
= evade   shun
  avert   escape
  circumvent head off
  get around steer clear of

6
hold over 연기하다
= postpone
  delay
  defer
  hold off
  put off
  suspend

구문 분석

1 <u>Carrying capacity</u> <u>is</u> the number of individuals <u>(that the local resources can sustain)</u>.
        S   V   C

   환경 수용력은 (지역 자원이 지탱할 수 있는) 개체의 수이다.

   해석 환경 수용력은 지역 자원이 지탱할 수 있는 개체의 수이다.

2 <u>They</u> <u>had learned</u> // that <u>nothing</u> <u>(they could do)</u> <u>would prevent</u> <u>the shock</u>.
      S   V   S'   V'   O'

   그들은 학습했다 // (그들이 할 수 있는) 어떤 행동도 충격을 막을 수 없을 것이라는 사실을.

   해석 그들은 그들이 할 수 있는 어떤 행동도 충격을 막을 수 없을 것이라는 사실을 학습했다.

DAY 15 Daily Grammar

문법 OX

※ 다음 밑줄 친 부분이 어법상 옳으면 O, 틀리면 X를 표시하고 틀린 부분을 옳게 고치세요.

1. The city council expected that during the winter season, there <u>would be</u> higher energy consumption due to heating demands and increased traffic congestion during snowfall. ( )

2. Climate change causes temperatures <u>to rise</u> around the world. ( )

3. It should come as no surprise <u>which</u> the warm-water coasts in the Middle East could be the first to experience brutal combinations of heat and humidity. ( )

문법 빈칸 채우기

※ 밑줄 친 부분에 들어갈 말로 가장 적절한 것을 고르세요.

1. Simply being the conditions where your potential customers hangs out _____ enough.

   ① be not
   ② is not
   ③ are not
   ④ being not

2. Marketers need to better understand _____ consumers want from them in these crowded environments.

   ① that
   ② what
   ③ which
   ④ where

3. Brands are turning up online, but many are still failing _____ the power of social media.

   ① harness
   ② harnessing
   ③ to harness
   ④ to harnessing

Answers & Keys

문법 OX

1 The city council expected that during the winter season, there <u>would be</u> higher energy consumption due to heating demands and increased traffic congestion during snowfall. (O)

- 해설 주절의 동사가 expected로 과거 시제이고, 의미상 과거에서 미래를 예상한 것이므로 과거에서 본 미래 시제를 나타내는 would를 써야 한다. 따라서 would be가 바르게 쓰였다.
- 해석 시 의회는 동절기에 난방 수요로 인한 에너지 소비가 더 많을 것과 강설 시 교통 혼잡의 증가를 예상했다.

2 Climate change causes temperatures <u>to rise</u> around the world. (O)

- 해설 동사 cause는 to부정사를 목적격보어로 취한다. 목적어 temperatures와 rise가 의미상 '기온이 오르다'이므로 to rise가 바르게 쓰였다.
- 해석 기후 변화가 전 세계의 기온을 상승시킨다.

3 It should come as no surprise <u>which</u> the warm-water coasts in the Middle East could be the first to experience brutal combinations of heat and humidity. (X)

- 해설 which 이하에 완전한 절이 왔으므로 관계대명사 which는 올 수 없다. It은 가주어이고 which 이하가 진주어이므로 which를 명사절을 이끄는 접속사 that으로 고쳐야 한다.
- 해석 중동의 수온이 높은 해안이 더위와 습도의 잔인한 조합을 경험하는 첫 번째 해안이 될 수 있다는 사실은 놀라운 일이 아니다.

문법 빈칸 채우기

1 Simply being the conditions where your potential customers hangs out ___isn't___ enough.

- 해설 주어가 being의 동명사 형태이므로 단수 동사 is가 와야 한다. 따라서 isn't가 바르다.
- 해석 단순히 잠재 고객이 몰려다니는 조건에 있는 것만으로는 충분하지 않다.
- 정답 ②

2 Marketers need to better understand [___what___ consumers want from them in these crowded environments].

- 해설 what 앞에 선행사가 없고 what 뒤가 want의 목적어가 없는 불완전한 절이므로 명사절을 이끄는 접속사 what이 바르게 쓰였다.
- 해석 마케터는 이 붐비는 환경에서 소비자들이 자신에게서 무엇을 원하는지를 더 잘 이해할 필요가 있다.
- 정답 ②

3 Brands are turning up online, but many are still failing ___to harness___ the power of social media.

- 해설 fail은 to부정사를 목적어로 취하는 동사이다. 따라서 to harness가 바르다.
- 해석 브랜드들이 온라인에 나타나고 있지만, 여전히 많은 사람들이 소셜 미디어의 힘을 이용하지 못하고 있다.
- 정답 ③

DAY 15 Daily VOCA & Reading

단어와 표현 | 의미 파악

※ 주어진 단어와 의미가 가장 가까운 것을 고르시오.

1. keen
   ① unlikely ② hesitant ③ reluctant ④ eager

2. indispensable
   ① pervasive ② disposable ③ essential ④ coherent

3. brutal
   ① lenient ② cruel ③ indulgent ④ insane

4. constant
   ① thorough ② entire ③ incessant ④ tentative

5. turn up
   ① emerge ② disappear ③ fade away ④ reject

6. take place
   ① arouse ② occur ③ replace ④ strive

구문 분석

※ 다음 문장에서 주어는 S, 동사는 V, 목적어는 O로 표시하고 문장을 해석하세요.
(주어 S, 동사 V, 목적어 O, 간접목적어 IO, 직접목적어 DO, 보어 C, 목적격보어 OC, 가주어 가S, 진주어 진S, 가목적어 가O, 진목적어 진O)

1. An example is the child who discovers that some creatures living in the ocean are not fish, and then correctly refers to a whale as a "mammal."

   ➡ _____

2. I am writing to inform you about the outcome of your recent application for the Senior Marketing Associate position.

   ➡ _____

Answers & Keys

단어와 표현 **의미 파악**

1 ④　2 ③　3 ②　4 ③　5 ①　6 ②

1
keen 열심인
= eager
　avid
　ardent
　enthusiastic
　passionate
　ardent
　avid

2
indispensable 필수적인 ⟷ dispensable 없어도 되는
= essential
　requisite
　essential
　fundamental
　vital

3
brutal 잔인한
= cruel
　savage

4
constant 지속적인 ⟷ temporary 일시적인
= incessant　　　= provisional
　ceaseless　　　　tentative
　permanent　　　momentary
　perpetual　　　　short-lived
　perennial　　　　transitory
　continual　　　　transient
　unceasing　　　　fleeting

5
turn up 나타나다
= appear
　show up
　emerge

6
take place 일어나다
= happen
　occur
　arise

구문 분석

1 An example is the child (who discovers that some creatures (living in the ocean) are not fish, // and then correctly refers to a whale as a "mammal")."
　　S　V　C　　　　　V1　　　　　　S"　　　　　　　　　　　V"　C"
　　　　　　　　　　　　　　　　　　　　　　　　　　V'2　O'2

한 예시는 (바다에 사는 일부 생물이 물고기가 아니라는 것을 발견하는 // 그리고 고래를 '포유류'라고 정확히 부르는) 아이이다.

해석　한 예시는 바다에 사는 일부 생물이 물고기가 아니라는 것을 발견하고, 고래를 '포유류'라고 정확히 부르는 아이이다.

2 I am writing / to inform you about the outcome / of your recent application for the Senior Marketing Associate
　　S　V
position.

이 글을 씁니다 / 귀하께 결과에 대해 알려드리기 위해 / 최근에 마케팅 대리 직책에 지원하신.

해석　귀하께 최근에 마케팅 대리 직책에 지원하신 결과에 대해 알려드리기 위해 이 글을 씁니다.

DAY 16 Daily Grammar

문법 OX

※ 다음 밑줄 친 부분이 어법상 옳으면 O, 틀리면 X를 표시하고 틀린 부분을 옳게 고치세요.

1. The Great Wall of China <u>was built</u> over centuries, making it one of the most impressive historical events in human civilization. ( )

2. <u>Had it not been for</u> COVID-19, this transition would have taken 10 years. ( )

3. I wasn't feeling well, <u>nor wasn't I</u> in the mood to go out. ( )

문법 빈칸 채우기

※ 밑줄 친 부분에 들어갈 말로 가장 적절한 것을 고르세요.

1. In California, where there are many foreign workers, he is _____.

   ① by far popular
   ② by far as popular
   ③ by far the more popular
   ④ by far the most popular

2. Had you taken the quality of the product into consideration, you _____ it.

   ① hadn't bought
   ② won't have bought
   ③ wouldn't buy
   ④ wouldn't have bought

3. The percentage of the dog's brain that is devoted _____ smells is actually 40 times higher than that of a human.

   ① to analyze
   ② to analyzing
   ③ to be analyzed
   ④ to being analyzed

Answers & Keys

문법 OX

1 The Great Wall of China was built over centuries, making it one of the most impressive historical events in human civilization. (O)

- 해설 주어 The Great Wall of China와 build의 관계가 수동이고 목적어가 없으므로 수동태로 써야 한다. 또한 만리장성이 지어진 것이 역사적 사건이므로 역사적 사실을 나타내는 과거 시제로 표현해야 한다. 따라서 was built가 바르게 쓰였다.
- 해석 중국의 만리장성은 수 세기에 걸쳐 건설되었으며, 이는 그것을 인류 문명에서 가장 인상적인 역사적 사건 중 하나로 만들었다.

2 Had it not been for COVID-19, this transition would have taken 10 years. (O)

- 해설 「Had it not been for ~」는 가정법 과거완료의 if가 생략된 형태로, '~이 없었다면'의 뜻이다. 주절이 「조동사의 과거+have p.p.」의 가정법 과거완료 형태이므로 바르게 쓰였다.
- 해석 코로나19가 없었더라면, 이 변화는 10년이 걸렸을 것이다.

3 I wasn't feeling well, nor wasn't I in the mood to go out. (X)

- 해설 접속사 nor는 부정(not)의 의미를 내포한 접속사이므로 다시 부정어구를 사용하면 안 된다. 따라서 nor wasn't I를 nor was I로 고쳐야 한다.
- 해석 나는 몸이 좋지 않았고, 외출할 기분도 아니었다.

문법 빈칸 채우기

1 In California, where there are many foreign workers, he is __by far the most popular__.

- 해설 by far는 최상급을 수식하는 표현으로 최상급 the most popular의 앞이나 뒤에 쓰인다.
- 해석 외국인 노동자가 많은 캘리포니아에서 그는 단연 가장 인기가 많다.
- 정답 ④

2 Had you taken the quality of the product into consideration, you __wouldn't have bought__ it.

- 해설 If가 생략된 가정법으로, if절이 「Had+주어+과거분사」의 형태이므로 가정법 과거완료이다. 따라서 주절이 「주어+조동사(과거형)+have+과거분사」의 형태인 wouldn't have bought가 바르다.
- 해석 만약 네가 제품의 질을 고려했다면, 그것을 사지 않았을 텐데.
- 정답 ④

3 The percentage of the dog's brain that is devoted to analyzing smells is actually 40 times higher than that of a human.

- 해설 '~에 집중하다'는 「be devoted to -ing」로 나타내므로 전치사 to의 목적어로 동명사가 바르게 쓰였다. 뒤에 목적어가 있으므로 능동의 동명사인 to analyzing이 바르다.
- 해석 냄새를 분석하는 데 집중하는 개의 뇌 비율은 사람의 뇌 비율보다 실제로 40배 더 높다.
- 정답 ②

DAY 16 Daily VOCA & Reading

단어와 표현 — 의미 파악

※ 주어진 단어와 의미가 가장 가까운 것을 고르시오.

1 delay
① accelerate   ② practice   ③ recognize   ④ defer

2 consolidate
① strengthen   ② accommodate   ③ elucidate   ④ undermine

3 address
① condense   ② evaporate   ③ tackle   ④ pick up

4 transaction
① discrepancy   ② dealing   ③ transparency   ④ transition

5 distorted
① twisted   ② compassionate   ③ straightforward   ④ shortened

6 trivial
① crucial   ② faulty   ③ controversial   ④ insignificant

구문 분석

※ 다음 문장에서 주어는 S, 동사는 V, 목적어는 O로 표시하고 문장을 해석하세요.
(주어 S, 동사 V, 목적어 O, 간접목적어 IO, 직접목적어 DO, 보어 C, 목적격보어 OC, 가주어 가S, 진주어 진S, 가목적어 가O, 진목적어 진O)

1 I've noticed a discrepancy suggesting an overcharge of $50 this month.
➡ _____

2 All dictionaries give a distorted view of a language because of their alphabetical organization.
➡ _____

Answers & Keys

단어와 표현 **의미 파악**

1 ④　2 ①　3 ③　4 ②　5 ①　6 ②

1
delay 지연시키다
= defer
　postpone
　suspend

2
consolidate 강화하다 ←→ weaken 약화시키다
= strengthen　　　　= enervate
　reinforce　　　　　 debilitate
　intensify　　　　　 undermine
　beef up　　　　　　 abate
　　　　　　　　　　　 attenuate

3
address 처리하다
= deal with
　see to
　tackle
　grapple with

4
transaction 거래
= dealing
　business
　trade

5
distorted 왜곡된
= warped
　twisted
　crooked
　biased
　prejudiced

6
trivial 사소한
= insignificant
　negligible
　petty
　frivolous
　trifling
　unimportant

구문 분석

1 I've noticed a discrepancy (suggesting an overcharge of $50 this month).
　　　S　 V　　　　　　　O

나는 (이번 달에 50달러가 초과 청구가 되었다는 것을 암시하는) 불일치를 발견했다.

해석 나는 이번 달에 50달러가 초과 청구가 되었다는 것을 암시하는 불일치를 발견했다.

2 All dictionaries give a distorted view (of a language) / because of their alphabetical organization.
　　　　S　　　　V　　　O

모든 사전은 (언어에 대한) 왜곡된 시각을 제공한다 / 알파벳 순의 구성으로 인해.

해석 모든 사전은 알파벳 순의 구성으로 인해 언어에 대한 왜곡된 시각을 제공한다.

DAY 17 Daily Grammar

문법 OX

※ 다음 밑줄 친 부분이 어법상 옳으면 O, 틀리면 X를 표시하고 틀린 부분을 옳게 고치세요.

1. No sooner <u>the rain had stopped</u> than the sun emerged. ( )

2. The tranquility of the moment was <u>even</u> more profound than expected. ( )

3. They thought of a use for a weak adhesive which, <u>provided</u> it did not get dirty, could be reused. ( )

문법 빈칸 채우기

※ 밑줄 친 부분에 들어갈 말로 가장 적절한 것을 고르세요.

1. As soon as the environmental impact assessment _____, the government will begin the construction of the new park in the city center.

   ① completes
   ② will complete
   ③ is completed
   ④ will be completed

2. Despite earlier threats of storms, the scene now radiated a serenity, as if the weather _____ peaceful.

   ① was
   ② were
   ③ has been
   ④ had been

3. The colleague made his comments on the paper _____ to the report and returned the report. The idea for Post-it Notes was born.

   ① attach
   ② attaching
   ③ attached
   ④ to attach

Answers & Keys

문법 OX

1 (No sooner) the rain had stopped than the sun emerged. (X)

- 해설: 부정 부사(구)가 문두에 오면 주어와 동사가 도치된다. 따라서 had the rain stopped로 고쳐야 한다.
- 해석: 비가 그치자마자 해가 나왔다.

2 The tranquility of the moment was even more profound than expected. (O)

- 해설: 비교급을 수식할 수 있는 부사에는 even, still, much, a lot, far 등이 있다. even이 비교급인 more profound를 바르게 수식하고 있다.
- 해석: 그 순간의 평온함은 예상보다 훨씬 더 깊었다.

3 They thought of a use for a weak adhesive which, provided it did not get dirty, could be reused. (O)
(S/V 표시: provided = S, did not get = V)

- 해설: provided는 if의 대용어로 사용하는 접속사로 '만약 ~라면'의 의미이며, 조건의 부사절로 바르게 쓰였다.
- 해석: 그들은 더러워지지 않는다면 재사용될 수 있는 약한 접착제의 용도를 생각해 보았다.

문법 빈칸 채우기

1 As soon as the environmental impact assessment __is completed__, the government will begin the construction of the new park in the city center.

- 해설: as soon as는 시간의 부사절 접속사이므로 미래 시제를 표현할 때 will을 사용하지 않고, 현재 시제를 사용해야 한다. 주어인 assessment와 동사 complete는 의미상 수동의 관계이므로 수동태가 적절하다.
- 해석: 환경 영향 평가가 완료되자마자 정부는 도심 내 새로운 공원 공사를 시작할 것이다.
- 정답: ③

2 Despite earlier threats of storms, the scene now radiated a serenity, as if the weather __had been__ peaceful.

- 해설: 주절의 시제가 과거이고 as if 뒤에 과거 상황의 반대를 가정한 내용이 왔으므로 가정법 과거 완료가 바르게 쓰였다.
- 해석: 이전의 폭풍 징조에도 불구하고, 자연 자체가 평화를 찾은 것처럼 풍경은 이제 고요함을 발했다.
- 정답: ④

3 The colleague made his comments on the paper __attached__ to the report and returned the report. The idea for Post-it Notes was born.

- 해설: 수식을 받는 명사 the paper와 수식하는 분사의 관계가 의미상 수동이므로 과거분사인 attached를 써야 한다.
- 해석: 동료는 보고서에 부착된 종이에 자신의 의견을 적어서 그 보고서를 돌려주었다.
- 정답: ③

DAY 17 Daily VOCA & Reading

단어와 표현 | 의미 파악

※ 주어진 단어와 의미가 가장 가까운 것을 고르시오.

1 lucrative
① abstract ② profitable ③ superficial ④ deep

2 imminent
① dormant ② incurable ③ distinct ④ pressing

3 voluntary
① adolescent ② receptive ③ spontaneous ④ latent

4 hazard
① jeopardy ② starvation ③ sobriety ④ charity

5 tranquility
① welfare ② abandonment ③ placidity ④ longevity

6 foster
① compensate ② nurture ③ adopt ④ secure

구문 | 분석

※ 다음 문장에서 주어는 S, 동사는 V, 목적어는 O로 표시하고 문장을 해석하세요.
(주어 S, 동사 V, 목적어 O, 간접목적어 IO, 직접목적어 DO, 보어 C, 목적격보어 OC, 가주어 가S, 진주어 진S, 가목적어 가O, 진목적어 진O)

1 The Internet has turned into a new platform for art, with hundreds of sites offering works that range from original paintings and sculptures to prints of movie stars.

➡ _____

2 One reason most dogs are much happier than most people is that dogs are not affected by external circumstances the way people are.

➡ _____

Answers & Keys

단어와 표현 · 의미 파악

1 ②　2 ④　3 ③　4 ①　5 ③　6 ②

1
lucrative 수익성이 좋은
= profitable
  productive

2
imminent 긴급한
= urgent
  pressing
  emergent

3
voluntary 자발적인
= spontaneous
  impromptu

4
hazard 위험
= jeopardy
  peril
  risk

5
tranquility 평온함
= placidity
  serenity
  quiet

6
foster 조성하다
= nurture
  nurse
  raise
  bring up

구문 분석

1 The Internet has turned into a new platform for art, // with hundreds of sites offering works (that range from original paintings and sculptures / to prints of movie stars).
　　S　　　V　　분사구문

인터넷은 예술을 위한 새로운 플랫폼으로 변해왔다, // 수많은 사이트가 (원본 그림이나 조각에서부터 / 영화배우 사진에 이르는) 작품들을 제공하면서.

해석　수많은 사이트가 원본 그림이나 조각에서부터 영화배우 사진에 이르는 작품들을 제공하면서, 인터넷은 예술을 위한 새로운 플랫폼으로 변해왔다.

2 One reason (most dogs are much happier than most people) is // that dogs are not affected by external circumstances // the way people are.
　　　　　　　　　　　　　　S　　　　　　　　　　　　　　　　V　　S'　　　V'

(대부분의 개가 대부분의 사람보다 훨씬 더 행복한) 한 가지 이유는 // 개들이 외부 환경에 영향을 받지 않기 때문이다 // 사람들처럼.

해석　대부분의 개가 대부분의 사람보다 훨씬 더 행복한 한 가지 이유는 개들이 사람들처럼 외부 환경에 영향을 받지 않기 때문이다.

DAY 18 Daily Grammar

문법 OX

※ 다음 밑줄 친 부분이 어법상 옳으면 O, 틀리면 X를 표시하고 틀린 부분을 옳게 고치세요.

1. One of the most unhealthy habits professionals have today is bragging about how little sleep they get. (   )

2. I convinced that taking up gardening would be a relaxing hobby. (   )

3. Overworked professionals tend to be less productive than their peers. (   )

문법 빈칸 채우기

※ 밑줄 친 부분에 들어갈 말로 가장 적절한 것을 고르세요.

1. To reduce energy consumption and promote sustainability, solar panels _____ on the roof of the building next month.

   ① were installed   ② are installed
   ③ will be installed   ④ will install

2. I am hopeful that I _____ a beautiful garden by the end of the summer.

   ① grew   ② grow
   ③ have grown   ④ will have grown

3. Workers _____ consistently burn the midnight oil burn out.

   ① who   ② whom
   ③ which   ④ whose

Answers & Keys

문법 OX

1 One of the most unhealthy habits professionals have today is bragging about how little sleep they get. (O)

- 해설 전치사 about의 목적어 역할을 하는 의문사절이다. 의문사절(간접의문문)의 어순은 「의문사+주어+동사」이다.
- 해석 오늘날 전문가들이 가지고 있는 가장 건강에 좋지 않은 습관 중 하나는 그들이 얼마나 적은 잠을 자는지에 대해 자랑하는 것이다.

2 I convinced that taking up gardening would be a relaxing hobby. (X)

- 해설 convince는 '~을 확신시키다'라는 의미의 타동사이므로 주어가 '확신하다'라는 의미가 되게 하려면 수동태인 was convinced로 고쳐야 한다.
- 해석 나는 정원 가꾸기를 시작하는 것이 마음을 느긋하게 해주는 취미가 될 것이라고 확신했다.

3 Overworked professionals tend to be less productive than their peers. (O)

- 해설 overworked professors와 their peers를 비교한 열등비교급 구문이 「less+형/부+than」의 형태로 바르게 쓰였다. be동사의 보어 자리이므로 형용사인 productive도 바르게 쓰였다.
- 해석 혹사당하는 전문가들은 동료들보다 덜 생산적인 경향이 있다.

문법 빈칸 채우기

1 To reduce energy consumption and promote sustainability, solar panels __will be installed__ on the roof of the building next month.

- 해설 주어 solar panels와 동사 install은 '설치되다'라는 수동의 관계이고 next month라는 미래 표현이 있으므로 will be installed가 정답이다.
- 해석 에너지 소비를 줄이고 지속 가능성을 촉진하기 위해 다음 달 건물 옥상에 태양광 패널이 설치될 것이다.
- 정답 ③

2 I am hopeful that I __will have grown__ a beautiful garden by the end of the summer.

- 해설 미래의 어느 시점까지 완료되는 행위를 나타낼 때 미래완료 시제가 사용된다. by the end of the summer라는 미래의 시점을 나타내므로, 미래완료 시제를 쓴다.
- 해석 나는 여름이 끝날 때쯤 아름다운 정원을 가꾸었기를 희망한다.
- 정답 ④

3 Workers (__who__ consistently burn the midnight oil) burn out.

- 해설 빈칸부터 oil까지는 workers를 수식하는 관계대명사절이며 동사는 burn out이다. 선행사가 Workers로 사람이고 빈칸 뒤에 주어가 없으므로 주격 관계대명사 who가 쓰여야 한다.
- 해석 계속해서 밤을 새우는 노동자들은 탈진한다.
- 정답 ①

DAY 18 Daily VOCA & Reading

단어와 표현 [의미 파악]

※ 주어진 단어와 의미가 가장 가까운 것을 고르시오.

1 eloquent
① hesitant ② fluent ③ inarticulate ④ curt

2 clumsy
① dexterous ② adept ③ adroit ④ awkward

3 greedy
① frugal ② ruthless ③ insatiable ④ modest

4 brag
① boast ② adhere ③ persist ④ ridicule

5 insist
① counsel ② worship ③ allege ④ resort

6 enormous
① minor ② tremendous ③ strict ④ vigorous

구문 [분석]

※ 다음 문장에서 주어는 S, 동사는 V, 목적어는 O로 표시하고 문장을 해석하세요.
(주어 S, 동사 V, 목적어 O, 간접목적어 IO, 직접목적어 DO, 보어 C, 목적격보어 OC, 가주어 가S, 진주어 진S, 가목적어 가O, 진목적어 진O)

1 It wasn't the first time, or the last, that the president's physical condition was kept secret.

➡ _____

2 Television coverage provides only one of many possible sets of images and narratives related to an event, and there are many images and messages that audiences do not receive.

➡ _____

Answers & Keys

단어와 표현 / 의미 파악

1 ② 2 ④ 3 ③ 4 ① 5 ③ 6 ②

1
eloquent 유창한
= fluent

2
clumsy 서투른
= awkward
  inept
  unskilled

3
greedy 탐욕스러운
= insatiable
  unquenchable

4
brag 자랑하다, 과시하다
= boast
  show off

5
insist 주장하다
= allege
  claim
  argue

6
enormous 어마어마한
= tremendous
  colossal
  immense

구문 분석

1 It wasn't the first time, or the last, / that the president's physical condition was kept secret.
   가S V   C   진S

처음도 마지막도 아니었다, / 대통령의 신체 상태가 비밀로 지켜진 것은.

해석 대통령의 신체 상태가 비밀로 지켜진 것은 처음도 마지막도 아니었다.

2 Television coverage provides only one of many possible sets of images and narratives (related to an event), //
        S1   V1   O1

and there are many images and messages (that audiences do not receive).
         V2   S2

텔레비전을 통한 보도는 (어떠한 행사와 관련된) 여러 가지 가능한 일련의 이미지와 이야기 중에 오직 하나만 제공하며, // (시청자들이 전달받지 못하는) 많은 이미지와 메시지가 있다.

해석 텔레비전을 통한 보도는 어떠한 행사와 관련된 여러 가지 가능한 일련의 이미지와 이야기 중에 오직 하나만 제공하며, 시청자들이 전달받지 못하는 많은 이미지와 메시지가 있다.

DAY 19 Daily Grammar

문법 OX

※ 다음 밑줄 친 부분이 어법상 옳으면 O, 틀리면 X를 표시하고 틀린 부분을 옳게 고치세요.

1. His plan would expand healthcare options through both the VA system <u>and</u> outside healthcare providers. ( )

2. They are those who cannot get an appointment within 30 days or those <u>live</u> 40 miles or more from a VA health facility. ( )

3. 56% of dogs <u>exhibited</u> aggression towards other dogs could be together after treatment. ( )

문법 빈칸 채우기

※ 밑줄 친 부분에 들어갈 말로 가장 적절한 것을 고르세요.

1. Nelson Mandela _____ people worldwide for his unwavering commitment to justice and reconciliation in South Africa.

   ① is looked up to by ② is looked up by
   ③ is looked by ④ is looked up to

2. The existing system only allows only some people _____ outside care.

   ① receive ② to receive
   ③ receiving ④ received

3. Cases of household aggression in which the attacking dog was younger than its target were less likely to improve than _____ in which these situations did not occur.

   ① this ② these
   ③ that ④ those

Answers & Keys

문법 OX

1 His plan would expand healthcare options through both the VA system and outside healthcare providers. (O)

- 해설: 전치사 through의 목적어로 두 개의 명사가 등위상관접속사 「both A and B」에 의해 바르게 연결되었다.
- 해석: 그의 계획은 재향군인 업무 제도와 외부 의료 제공자들 모두를 통한 의료 선택의 폭을 확대하는 것이다.

2 They are those who cannot get an appointment within 30 days or those live 40 miles or more from a VA health facility. (X)

- 해설: those who cannot ~과 and로 연결되어 병렬 구조를 이루어야 하므로 those 뒤에 (who are) living이 와야 한다.
- 해석: 그들은 30일 이내에 약속을 잡지 못하거나 재향군인 보건시설에서 40마일 이상 멀리 거주하는 사람들이다.

3 56% of dogs exhibited aggression towards other dogs could be together after treatment. (X)

- 해설: dogs를 수식하는 분사가 와야 하는데, 뒤에 목적어가 있고 dogs와 의미상 능동의 관계이므로 현재분사 exhibiting을 써야 한다.
- 해석: 다른 개들에게 공격성을 보이는 개들의 56%가 치료 후 함께 있을 수 있었다.

문법 빈칸 채우기

1 Nelson Mandela is looked up to by people worldwide for his unwavering commitment to justice and reconciliation in South Africa.

- 해설: 'A가 B를 존경하다'라는 의미는 「A look up to B」로 표현한다. 'B가 A에 의해 존경받다'라는 수동태로 표현할 때는 「B is looked up to by A」라고 한다.
- 해석: 넬슨 만델라는 남아프리카 공화국의 정의와 화해에 대한 그의 변함없는 헌신 때문에 전 세계인에게 존경받았다.
- 정답: ①

2 The existing system only allows some people to receive outside care.

- 해설: 5형식 동사로 사용된 allow는 목적격보어에 to부정사를 사용한다.
- 해석: 기존 제도는 오직 일부 사람만 외부 진료를 받을 수 있게 한다.
- 정답: ②

3 Cases of household aggression in which the attacking dog was younger than its target were less likely to improve than ___those___ in which these situations did not occur.

- 해설: 비교대상인 복수명사 challenges를 지칭할 때는 대명사 복수형인 those를 써야 한다.
- 해석: 공격하는 개가 목표물보다 어린 가정 내 공격 사례들은 이러한 상황이 발생하지 않았던 경우보다 개선될 가능성이 작았다.
- 정답: ④

DAY 19 Daily VOCA & Reading

단어와 표현 (의미 파악)

※ 주어진 단어와 의미가 가장 가까운 것을 고르시오.

1. surpass
   ① migrate   ② exceed   ③ flee   ④ inflate

2. momentary
   ① imperishable   ② immortal   ③ tranquil   ④ temporary

3. look up to
   ① despise   ② scrutinize   ③ esteem   ④ transmit

4. aggressive
   ① hostile   ② meek   ③ submissive   ④ amicable

5. meticulously
   ① infinitely   ② magnificently   ③ scrupulously   ④ simultaneously

6. monetary
   ① artificial   ② pecuniary   ③ aesthetic   ④ perfunctory

구문 분석

※ 다음 문장에서 주어는 S, 동사는 V, 목적어는 O로 표시하고 문장을 해석하세요.
(주어 S, 동사 V, 목적어 O, 간접목적어 IO, 직접목적어 DO, 보어 C, 목적격보어 OC, 가주어 가S, 진주어 진S, 가목적어 가O, 진목적어 진O)

1. The belief is widespread that the more schooling people have, the more money they will earn when they leave school.

   ➡ _____

2. As you will see, its value lies in its ability to provide you with a new and useful way of thinking about the world in which you live.

   ➡ _____

Answers & Keys

단어와 표현 / 의미 파악

1 ②   2 ④   3 ③   4 ①   5 ③   6 ②

1
surpass 능가하다
= exceed
  excel
  outdo
  transcend

2
momentary 순간적인
= temporary
  transitory
  fleeting
  evanescent

3
look up to ~을 존경하다
= esteem
  admire
  respect
  honor

4
aggressive 공격적인
= hostile
  offensive
  warlike

5
meticulously 세심하게
= scrupulously
  fastidiously
  carefully
  thoroughly

6
monetary 금전상의
= pecuniary
  financial
  fiscal

구문 분석

1 The belief is widespread / that the more schooling people have, // the more money they will earn // when they
    S   V   C   동격절
  leave school.

  믿음이 널리 퍼져 있다 / 사람들이 더 많은 학교 교육을 받을수록, // 더 많은 돈을 벌 것이라는 // 그들이 학교를 졸업할 때.

  해석 사람들이 더 많은 학교 교육을 받을수록, 그들이 학교를 졸업할 때 더 많은 돈을 벌 것이라는 믿음이 널리 퍼져 있다.

2 As you will see, // its value lies in its ability (to provide you with a new and useful way of thinking (about the
     S' V'   S   V
  world (in which you live))).

  여러분이 보게 되겠지만, // 그 가치는 (((여러분이 살고 있는) 세상에 대해) 새롭고 유용한 사고방식을 당신에게 제공하는) 그것의 능력에 있다.

  해석 여러분이 보게 되겠지만, 그 가치는 여러분이 살고 있는 세상에 대해 새롭고 유용한 사고방식을 당신에게 제공하는 그것의 능력에 있다.

DAY 20 Daily Grammar

문법 OX

※ 다음 밑줄 친 부분이 어법상 옳으면 O, 틀리면 X를 표시하고 틀린 부분을 옳게 고치세요.

1. It cost me over $1500 <u>getting my files back</u>. ( )

2. The files were not organized in a way <u>that</u> made sense to me. ( )

3. There <u>was</u> quite a few that were still corrupted and unusable. ( )

문법 빈칸 채우기

※ 밑줄 친 부분에 들어갈 말로 가장 적절한 것을 고르세요.

1. When the project deadline arrived, he was made _____ all the necessary data and information to complete the task.

   ① collect
   ② to collect
   ③ collected
   ④ collecting

2. With the computer _____, children are more likely to engage in physical activities.

   ① turn off
   ② turning off
   ③ to turn off
   ④ turned off

3. He engages in physical activities like running, jumping, and exploring, _____ essential for his development.

   ① which is
   ② which are
   ③ that is
   ④ that are

Answers & Keys

문법 OX

1 It cost me over $1500 getting my files back. (X)

- 해설: '~하는 데 …의 비용이 들다'는 「It cost + (간접목적어) + 직접목적어 + to부정사」로 표현하므로 getting을 to get으로 고쳐야 한다.
- 해석: 내 파일을 되찾는 데 1,500달러가 넘는 비용이 들었다.

2 The files were not organized in a way (that made sense to me). (O)

- 해설: 선행사는 a way이고, 관계대명사 뒤에 주어가 없고 바로 동사 made가 왔으므로 주격 관계대명사 that이 바르게 쓰였다.
- 해석: 파일들은 내게 이해하기 쉬운 방식으로 정리되어 있지 않았다.

3 There was quite a few that were still corrupted and unusable. (X)

- 해설: 「there + be동사」 구문에서 주어는 be동사 뒤에 온다. 복수 대명사인 a few가 왔으므로 복수형 be동사인 were를 써야 한다.
- 해석: 여전히 손상되어 사용할 수 없는 파일들이 꽤 있었다.

문법 빈칸 채우기

1 When the project deadline arrived, he was made __to collect__ all the necessary data and information to complete the task.

- 해설: 사역동사의 5형식 구문에서 능동태의 목적격보어로는 동사원형이 쓰이지만, 수동태에서는 동사원형을 to부정사로 바꿔야 한다.
- 해석: 프로젝트 마감일이 도래하자, 그는 임무를 완수하기 위해 모든 필요한 데이터와 정보를 수집해야 했다.
- 정답: ②

2 With the computer __turned off__, children are more likely to engage in physical activities.

- 해설: 「with + 명사 + 분사/형용사」는 부대상황을 나타내는 분사구문이다. 명사 computer와 turn off의 관계는 컴퓨터가 꺼지는 수동의 관계이므로 과거분사인 turned off를 써야 한다.
- 해석: 컴퓨터가 꺼져 있는 상태에서, 아이들은 신체적인 활동에 참여할 가능성이 더 크다.
- 정답: ④

3 He engages in physical activities like running, jumping, and exploring, (__which are__ essential for their development).

- 해설: 선행사가 physical activities로 복수형이므로 be동사 역시 복수형으로 써야 하고, 쉼표가 있는 계속적 용법이므로 관계대명사 that은 쓸 수 없다.
- 해석: 그는 자신의 발달에 필수적인 달리기, 뛰기, 그리고 탐험과 같은 신체적인 활동에 참여한다.
- 정답: ②

DAY 20 Daily VOCA & Reading

단어와 표현 | 의미 파악

※ 주어진 단어와 의미가 가장 가까운 것을 고르시오.

1. skeptical
   ① exorbitant   ② suspicious   ③ confident   ④ determined

2. earnest
   ① anxious   ② assumed   ③ anonymous   ④ sincere

3. emulate
   ① depress   ② generate   ③ imitate   ④ originate

4. eject
   ① evict   ② emigrate   ③ evade   ④ evaluate

5. go over
   ① conjecture   ② condense   ③ examine   ④ exacerbate

6. versatile
   ① all-inclusive   ② all-round   ③ one-sided   ④ narrow-minded

구문 분석

※ 다음 문장에서 주어는 S, 동사는 V, 목적어는 O로 표시하고 문장을 해석하세요.
(주어 S, 동사 V, 목적어 O, 간접목적어 IO, 직접목적어 DO, 보어 C, 목적격보어 OC, 가주어 가S, 진주어 진S, 가목적어 가O, 진목적어 진O)

1. What at first appeared to be a routine soccer match turned out to be an extraordinary game.
   ➡ _____

2. Now we stand at the edge of a turning point as we face a coming wave of technology that includes both advanced AI and biotechnology.
   ➡ _____

Answers & Keys

단어와 표현 / 의미 파악

1 ② 2 ④ 3 ③ 4 ① 5 ③ 6 ②

1
skeptical 회의적인
= suspicious
 doubtful
 incredulous

2
earnest 진심 어린
= sincere
 serious

3
emulate 모방하다
= imitate
 mimic
 mock
 copy

4
eject 쫓아내다
= evict
 expel

5
go over ~을 검토하다, 조사하다
= examine
 scrutinize
 inspect
 probe into
 pore over

6
versatile 다용도의, 다재다능한
= all-round
 all-purpose
 adaptable
 flexible

구문 분석

1 What at first appeared to be a routine soccer match / turned out to be an extraordinary game.
　　　　　　　　S　　　　　　　　　　　　　　　V　　　　　　　C

처음에는 일상적인 축구 시합처럼 보였던 것이 / 놀라운 시합으로 드러났다.

해석　처음에는 일상적인 축구 시합처럼 보였던 것이 놀라운 시합으로 드러났다.

2 Now / we stand at the edge of a turning point // as we face a coming wave of technology (that includes both
　　　　S　V　　　　　　　　　　　　　　　　　　　　　S'　V'　　　　　　　　O'　　　　　　　V"

advanced AI and biotechnology).
　　　　O"

이제 / 전환점의 가장자리에 서 있다 // 우리는 첨단 인공지능과 생명공학을 둘 다 포함하는 다가오는 기술의 물결에 직면하면서.

해석　이제 우리는 첨단 인공지능과 생명공학을 둘 다 포함하는 다가오는 기술의 물결에 직면하면서 전환점의 가장자리에 서 있다.

DAY 21 Daily Grammar

문법 OX

※ 다음 밑줄 친 부분이 어법상 옳으면 O, 틀리면 X를 표시하고 틀린 부분을 옳게 고치세요.

1. He urged that the new government <u>offers</u> the halal meat and halal products export sector level playing field. (   )

2. Halal food is consumed not only by 1.5 billion Muslims but also <u>by</u> at least 500 million non-Muslims. (   )

3. It is essential that the new employees <u>must undergo</u> comprehensive orientation. (   )

문법 빈칸 채우기

※ 밑줄 친 부분에 들어갈 말로 가장 적절한 것을 고르세요.

1. The new government wants to win a prominent place in the _____ dollars of international market.

   ① billion of   ② billions of
   ③ billion in   ④ billions in

2. The portion of Americans with diabetes was still more than double _____ it was in the early 1990s.

   ① that   ② which
   ③ whose   ④ what

3. The change has not been statistically significant for blacks or Hispanics, _____ both show a downward trend.

   ① despite   ② with
   ③ though   ④ for

Answers & Keys

문법 OX

1 He urged that the new government offers the halal meat and halal products export sector level playing field. (X)

- 해설 urge는 명령동사로, 목적어로 that절이 오면 that절의 동사는 「(should)+동사원형」의 형태가 되어야 한다. 따라서 offer로 고쳐야 한다.
- 해석 그는 새 정부가 할랄 육류와 할랄 제품의 수출 분야에 공평한 경쟁의 장을 제공해야 한다고 강력히 권고했다.

2 Halal food is consumed not only by 1.5 billion Muslims but also by at least 500 million non-Muslims. (O)

- 해설 등위상관접속사 「not only A but also B」로 연결되는 두 개의 by 전치사구가 같은 형태로 바르게 쓰였다.
- 해석 할랄 식품은 15억 이슬람교도들뿐 아니라 적어도 5억 비이슬람교인들에 의해서도 소비된다.

3 It is essential that the new employees must undergo comprehensive orientation. (X)

- 해설 essential, necessary 등의 판단의 형용사가 보어로 쓰인 진주어 that절의 동사는 「(should)+동사원형」의 형태가 되어야 한다. 따라서 undergo로 고쳐야 한다.
- 해석 신입 사원은 종합적인 예비 교육을 받는 것이 필수적이다.

문법 빈칸 채우기

1 The new government wants to win a prominent place in the __billions of__ dollars of international market.

- 해설 billion은 수 단위 명사로 수 단위 명사가 막연하게 큰 수를 나타낼 때는 복수형으로 써야 한다. 뒤의 전치사는 of를 사용하며, billions of는 '수십억'을 의미한다.
- 해석 새 정부는 수십억 달러의 국제시장에서 중요한 자리를 얻고 싶어 한다.
- 정답 ②

2 The portion of Americans with diabetes was still more than double __what__ it was in the early 1990s.

- 해설 「배수사+명사(구, 절)」 구문으로, '~의 두 배'를 의미하며, 빈칸 뒤에 it was의 보어가 없는 불완전한 절이 왔으므로 명사절 접속사 what이 들어가야 한다.
- 해석 당뇨병에 걸린 미국인의 비율은 여전히 1990년대 초반의 두 배 이상이다.
- 정답 ④

3 The change has not been statistically significant for blacks or Hispanics, __though__ both show a downward trend.

- 해설 both가 주어이고 show가 동사이므로 절을 이끄는 접속사 though가 와야 한다.
- 해석 흑인이나 히스패닉계 둘 다 하락세를 보임에도 불구하고, 그 변화는 통계적으로 그들에게 유의미하지 않았다.
- 정답 ③

DAY 21 Daily VOCA & Reading

단어와 표현 (의미 파악)

※ 주어진 단어와 의미가 가장 가까운 것을 고르시오.

1 anticipate
① expect ② celebrate ③ impress ④ familiarize

2 show off
① invalidate ② boast ③ caution ④ consume

3 forbid
① permit ② consent ③ export ④ inhibit

4 withdraw
① take out ② convert ③ reduce ④ contribute

5 put off
① accelerate ② toss ③ defer ④ hasten

6 call off
① suppose ② cancel ③ mature ④ occur

구문 분석

※ 다음 문장에서 주어는 S, 동사는 V, 목적어는 O로 표시하고 문장을 해석하세요.
(주어 S, 동사 V, 목적어 O, 간접목적어 IO, 직접목적어 DO, 보어 C, 목적격보어 OC, 가주어 가S, 진주어 진S, 가목적어 가O, 진목적어 진O)

1 Then you owe me $8.50.
➡ _____

2 All this makes him feel small and unimportant by comparison.
➡ _____

Answers & Keys

단어와 표현 **의미 파악**

1 ① 2 ② 3 ④ 4 ① 5 ③ 6 ②

1
anticipate 기대하다, 예상하다
= expect
  predict
  foresee
  forecast

2
show off 과시하다, 자랑하다
= brag
  boast

3
forbid 금하다 ⟷ permit 허락하다
= bar   = allow
  ban   consent
  prohibit   let
  inhibit
  proscribe
  prevent

4
withdraw 인출하다, 철회하다, 철수하다
= take out 인출하다
  annul, repeal, revoke, rescind, recall 철회하다
  retreat, pull out 철수하다

5
put off   ⟷ hasten
~을 연기하다, 미루다   서둘러 하다
= postpone   = hurry
  delay   accelerate
  defer
  suspend
  hold off
  hold over

6
call off ~을 취소하다
= cancel
  revoke
  rescind
  repeal

구문 분석

1 Then you owe me $8.50.
      S   V   IO   DO
그렇다면 당신은 나에게 8.5달러를 지불할 의무가 있다.

해석 그렇다면 당신은 나에게 8.5달러를 지불할 의무가 있다.

2 All this makes him feel small and unimportant by comparison.
      S   V   O   OC
이 모든 것은 그에 비해 그를 작고 하찮게 느끼게 만든다.

해석 이 모든 것은 그에 비해 그를 작고 하찮게 느끼게 만든다.

DAY 22 Daily Grammar

문법 OX

※ 다음 밑줄 친 부분이 어법상 옳으면 O, 틀리면 X를 표시하고 틀린 부분을 옳게 고치세요.

1. Researching <u>a great deal of</u> information before making a decision can lead to more informed and thoughtful choices. ( )

2. Many take <u>some</u> for granted that success comes effortlessly. ( )

3. Those who have dedicated themselves <u>mastering</u> their craft understand the persistence and resilience necessary for excellence. ( )

문법 빈칸 채우기

※ 밑줄 친 부분에 들어갈 말로 가장 적절한 것을 고르세요.

1. The new currency, _____ into being on January 1st 1999, has defied early critics, who thought it doomed to failure.

   ① brings ② bringing
   ③ brought ④ has bring

2. If Europe's single currency is to survive a global slowdown or another crisis, it will require a remodelling that politicians seem unwilling or unable _____.

   ① push ahead with ② pushed ahead with
   ③ pushing ahead with ④ to push ahead with

3. The path to mastery _____ with countless hours of practice, setbacks, and continuous learning.

   ① paved ② has paved
   ③ is paved ④ is paving

Answers & Keys

문법 OX

1 Researching **a great deal of** information before making a decision can lead to more informed and thoughtful choices. (O)

> 해설 information은 불가산명사이므로 양을 수식하는 a great deal of가 바르게 쓰였다.
> 해석 결정을 내리기 전에 다량의 정보를 조사하는 것은 더 정보에 근거하고 사려 깊은 선택으로 이어질 수 있다.

2 Many take **some** for granted **that success comes effortlessly.** (X)

> 해설 5형식 구문으로, that ~ effortlessly가 진목적어이고, 밑줄 친 부분에는 가목적어가 와야 한다. 따라서 some을 가목적어가 될 수 있는 인칭대명사 it으로 고쳐야 한다.
> 해석 많은 사람들은 성공이 노력하지 않고 온다는 것을 당연시한다.

3 Those who have **dedicated** themselves **mastering** their craft understand the persistence and resilience necessary for excellence. (X)

> 해설 「dedicate oneself to」는 '~에 헌신하다'라는 의미로, to는 전치사이다. 전치사의 목적어로는 명사(구)나 동명사가 와야 한다. 따라서 mastering을 to mastering으로 고쳐야 한다.
> 해석 자신의 기술을 완전히 익히기 위해 헌신한 사람들은 탁월함에 필요한 끈기와 회복력을 안다.

문법 빈칸 채우기

1 The new currency, **brought** into being on January 1st 1999, has defied early critics, who thought it doomed to failure.

> 해설 주어가 The new currency, 동사는 has defied이므로 빈칸은 분사구문을 만드는 분사가 와야 한다. 분사구문의 의미상의 주어 The new currency와 분사의 관계가 수동이고, bring의 목적어가 없으므로 과거분사 brought가 와야 한다.
> 해석 1999년 1월 1일 출현된 이 새로운 통화는 그것이 실패라는 불행한 운명을 맞이할 것이라고 생각했던 초기의 비평가들을 견뎌냈다.
> 정답 ③

2 If Europe's single currency is to survive a global slowdown or another crisis, it will require a remodelling that politicians seem unwilling or unable **to push ahead with**.

> 해설 병렬된 unwilling과 unable은 보통 뒤에 to부정사를 취하는 형용사이므로, to부정사의 부사적 용법으로 써야 한다. '~하기 꺼리거나 불가능한'의 뜻이다. 따라서 정답은 ④ to push ahead with이다. 참고로 push ahead with는 '~을 밀고 나아가다'라는 뜻으로, with의 목적어는 관계대명사 that이므로 목적어 없이 써야 한다.
> 해석 만일 유럽의 단일 통화가 세계적인 경기 침체나 또 다른 위기에서 살아남으려면 정치인들이 밀고 나아가기를 꺼리거나 불가능해 보이는 리모델링이 필요할 것이다.
> 정답 ④

3 The path to mastery **is paved** with countless hours of practice, setbacks, and continuous learning.

> 해설 주어 The path to mastery와 pave의 관계가 수동이고, 타동사 pave의 목적어가 없으므로 수동태로 써야 한다. 따라서 정답은 ③ is paved이다.
> 해석 통달로 가는 길은 헤아릴 수 없는 시간의 연습과 퇴보, 그리고 계속적인 학습으로 길이 놓인다.
> 정답 ③

DAY 22 Daily VOCA & Reading

단어와 표현 의미 파악

※ 주어진 단어와 의미가 가장 가까운 것을 고르시오.

1 launch
① appreciate ② initiate ③ shape ④ emerge

2 unintentional
① inadvertent ② deliberate ③ complex ④ accessible

3 withhold
① suppress ② attend ③ complain ④ mention

4 ruin
① convince ② improve ③ propagate ④ spoil

5 interrupt
① press ② impede ③ alleviate ④ progress

6 irreplaceable
① fundamental ② current ③ invaluable ④ thoughtful

구문 분석

※ 다음 문장에서 주어는 S, 동사는 V, 목적어는 O로 표시하고 문장을 해석하세요.
(주어 S, 동사 V, 목적어 O, 간접목적어 IO, 직접목적어 DO, 보어 C, 목적격보어 OC, 가주어 가S, 진주어 진S, 가목적어 가O, 진목적어 진O)

1 Some waves are more localized than others, and so it is useful to distinguish two broad classes.

➡ _____

2 I urge the City Traffic Department to consider the installation of more charging stations across our city's parking facilities.

➡ _____

Answers & Keys

단어와 표현 **의미 파악**

1 ② 2 ① 3 ① 4 ④ 5 ② 6 ③

1
launch 시작하다, 출시하다
= start
  begin
  initiate

2
unintentional ⟷ intentional
고의가 아닌   고의로 한, 의도적인
= unintended   = deliberate
  accidental
  inadvertent
  involuntary

3
withhold 억누르다, 억제하다
= suppress
  repress
  hold back
  control
  keep in check

4
ruin 망치다, 파멸시키다
= spoil
  mess up
  destroy
  demolish
  wreck
  devastate

5
interrupt 가로막다
= impede
  hinder
  hamper
  deter
  thwart
  disturb
  prevent
  obstruct

6
irreplaceable ⟷ replaceable
대체할 수 없는   대체할 수 있는
= unique
  incomparable
  unparalleled
  invaluable

구문 분석

1 Some waves are more localized than others, // and so it is useful to distinguish two broad classes.
   S1   V1   가S V2 C   진S

몇몇 파동들은 다른 것들보다 더 국한된다 // 그러므로 두 가지 넓은 부류로 구별하는 것이 유용하다.

해석 몇몇 파동들은 다른 것들보다 더 국한되므로 두 가지 넓은 부류로 구별하는 것이 유용하다.

2 I urge the City Traffic Department to consider the installation of more charging stations across our city's
   S V   O   OC

parking facilities.

저는 시 교통부가 우리 시의 주차 시설들에 더 많은 충전소의 설치를 고려할 것을 촉구합니다.

해석 저는 시 교통부가 우리 시의 주차 시설들에 더 많은 충전소의 설치를 고려할 것을 촉구합니다.

DAY 23 Daily Grammar

문법 OX

※ 다음 밑줄 친 부분이 어법상 옳으면 O, 틀리면 X를 표시하고 틀린 부분을 옳게 고치세요.

1. His colleagues found it natural <u>him to take</u> on leadership roles due to his strong communication skills and ability to inspire others. (   )

2. One example <u>provides</u> by the campaign begun in 1978 by Somerset Importers for Johnnie Walker Red Scotch. (   )

3. Since TV commercials became common, symbols <u>have become</u> important elements in the language of advertising. (   )

문법 빈칸 채우기

※ 밑줄 친 부분에 들어갈 말로 가장 적절한 것을 고르세요.

1. The study authors figure that writing down future tasks _____ the thoughts.

   ① unload
   ② unloads
   ③ unloading
   ④ is unloaded

2. The more tasks and _____ the to-do lists were, the faster the writers fell asleep.

   ① the most specific
   ② the most specifically
   ③ the more specific
   ④ the more specifically

3. Symbols became important elements, not so much because they carry meanings of their own, _____ we bring meaning to them.

   ① because
   ② or because
   ③ in because
   ④ as because

Answers & Keys

문법 OX

1 His colleagues found it natural him to take on leadership roles due to his strong communication skills and ability to inspire others. (X)

> 해설 5형식 동사 find의 목적어로 가목적어 it, 목적격보어 natural이 왔으므로 진목적어가 들어가야 하는 자리이다. 진목적어로 to부정사가 잘 쓰였지만, to부정사의 의미상 주어는 보통 「for+목적격」으로 나타내므로 him to take를 for him to take로 고쳐야 한다.
> 해석 그의 동료들은 그의 강한 의사소통 기술과 다른 사람들을 고무시키는 능력으로 그가 지도자의 역할을 맡는 것을 당연하다고 여겼다.

2 One example provides by the campaign begun in 1978 by Somerset Importers for Johnnie Walker Red Scotch. (X)

> 해설 문장의 동사는 begun이므로 One example을 수식하는 분사가 와야 한다. provide는 타동사인데 목적어가 없으며, One example과 provide의 관계가 수동이므로 수동태로 써야 한다. 따라서 provides를 is provided로 고쳐야 한다.
> 해석 한 예는 1978년에 서머셋 수입업자들이 조니워커 레드 스카치를 위해 시작한 캠페인에 의해 제공된다.

3 Since TV commercials became common, symbols have become important elements in the language of advertising. (O)

> 해설 「since+과거 시점」은 현재완료와 자주 쓰이는 표현이므로 현재완료 have become이 바르게 쓰였다.
> 해석 텔레비전 상업 광고가 흔해진 이후로, 상징은 광고 언어의 중요한 요소가 되었다.

문법 빈칸 채우기

1 The study authors figure that writing down future tasks __unloads__ the thoughts.

> 해설 that절의 주어는 writing down future tasks인데 동사가 없다. 주어가 동명사이므로 단수 취급하며, 빈칸 뒤에 the thoughts라는 목적어가 있으므로 능동태로 써야 한다. 따라서 정답은 ② unloads이다.
> 해석 그 연구의 저자들은 미래의 과업을 적으면 생각을 덜게 된다고 생각한다.
> 정답 ②

2 The more tasks and __the more specific__ the to-do lists were, the faster the writers fell asleep.

> 해설 「The 비교급, the 비교급」 구문으로, the more가 수식하는 것은 were의 보어가 될 수 있는 형용사 specific이 되어야 한다. 따라서 ③ the more specific이 정답이다.
> 해석 과업이 더 많고 해야 할 일의 목록이 더 구체적일수록, 글을 쓴 사람들은 더 빨리 잠들었다.
> 정답 ③

3 Symbols became important elements, not so much because they carry meanings of their own, __as because__ we bring meaning to them.

> 해설 「not so much A as B」는 'A라기보다는 오히려 B이다'라는 의미의 비교 사용 표현이다. 따라서 ④ as because가 정답이다. A와 B에 두 개의 because절을 사용했다.
> 해석 상징은 중요한 요소가 되었는데, 그것은 상징이 그 자체로 의미를 가지고 있기 때문이라기보다, 우리가 그것에 의미를 부여하기 때문이다.
> 정답 ④

DAY 23 Daily VOCA & Reading

단어와 표현 — 의미 파악

※ 주어진 단어와 의미가 가장 가까운 것을 고르시오.

1. reasonable
   ① rational   ② specific   ③ exact   ④ abstract

2. suppress
   ① enroll   ② quell   ③ assess   ④ measure

3. voluntary
   ① compulsory   ② responsible   ③ spontaneous   ④ conscious

4. relieve
   ① detect   ② exacerbate   ③ aggravate   ④ alleviate

5. fortify
   ① weaken   ② judge   ③ consolidate   ④ struggle

6. encourage
   ① evaluate   ② hearten   ③ integrate   ④ hinder

구문 분석

※ 다음 문장에서 주어는 S, 동사는 V, 목적어는 O로 표시하고 문장을 해석하세요.
(주어 S, 동사 V, 목적어 O, 간접목적어 IO, 직접목적어 DO, 보어 C, 목적격보어 OC, 가주어 가S, 진주어 진S, 가목적어 가O, 진목적어 진O)

1. Being a bad mood increased judges' skepticism toward the targets and improved their accuracy in detecting deceptive communications.

   ➡ _____

2. Feeling happy can decrease, and feeling bad can increase, our accuracy as eyewitnesses, our ability to communicate strategically, and our likelihood to avoid errors in judgment.

   ➡ _____

Answers & Keys

단어와 표현 | 의미 파악

1 ①　2 ②　3 ③　4 ④　5 ③　6 ②

1
reasonable 합리적인 ⟷ unreasonable 불합리한
= rational
　sensible

2
suppress 진압하다, 억압하다
= repress　　　control
　quell　　　　put down
　keep down

3
voluntary ⟷ involuntary
자발적인　　본의 아닌
= spontaneous　= compulsory 강제적인

4
relieve (고통 등을) ⟷ aggravate
없애 주다, 완화시키다　　악화시키다
= alleviate 완화하다　= exacerbate
　mitigate　　　　　　worsen
　soothe　　　　　　　make worse
　appease　ease
　reduce　　lessen
　pacify

5
fortify 강하게 하다, ⟷ weaken
요새화하다　　　　　약화시키다
= strengthen 강하게 하다
　consolidate
　reinforce
　intensify
　beef up

6
encourage ⟷ discourage
용기를 북돋우다　의욕을 꺾다
= hearten　　　= hinder 못하게 하다
　용기를 북돋우다
　cheer
　uplift

구문 분석

1 <u>Being a bad mood</u> <u>increased</u> <u>judges' skepticism</u> toward the targets / and <u>improved</u> <u>their accuracy</u> in detecting
　　　S　　　　　　　V1　　　　O2　　　　　　　　　　　　　　　　V2　　　O2

deceptive communications.

나쁜 기분에 있는 것은 목표에 대한 판단자의 회의감을 증가시켰고 / 기만적인 의사소통을 탐지하는 데 있어서의 정확성을 증가시켰다.

> 해석　나쁜 기분에 있는 것은 목표에 대한 판단자의 회의감을 증가시켰고 기만적인 의사소통을 탐지하는 데 있어서의 정확성을 증가시켰다.

2 <u>Feeling happy</u> <u>can decrease</u>, / and <u>feeling bad</u> <u>can increase</u>, / <u>our accuracy as eyewitnesses, our ability to</u>
　　　S1　　　　　　V1　　　　　　　　S2　　　　　　V2　　　　　　　　　　O

<u>communicate strategically, and our likelihood to avoid errors in judgment.</u>

행복한 기분은 감소시킬 수 있고 / 나쁜 기분은 증가시킬 수 있다 / 목격자로서의 우리의 정확성, 전략적으로 의사소통하는 우리의 능력, 그리고 판단에서의 실수를 피할 우리의 가능성을.

> 해석　목격자로서의 우리의 정확성, 전략적으로 의사소통하는 우리의 능력, 그리고 판단에서의 실수를 피할 우리의 가능성을, 행복한 기분은 감소시킬 수 있고, 나쁜 기분은 증가시킬 수 있다.

DAY 24 Daily Grammar

문법 OX

※ 다음 밑줄 친 부분이 어법상 옳으면 O, 틀리면 X를 표시하고 틀린 부분을 옳게 고치세요.

1. The study group meets <u>every two month</u> because it gives members ample time to prepare and review materials before each session. (   )

2. A number of challenges facing environmental sustainability <u>await</u> urgent attention from global leaders. (   )

3. Addressing climate change, biodiversity loss, and resource depletion among <u>other issue</u> demands immediate action. (   )

문법 빈칸 채우기

※ 밑줄 친 부분에 들어갈 말로 가장 적절한 것을 고르세요.

1. The time when nations can delay impactful measures to mitigate these threats _____.

   ① is being run out
   ② are being run out
   ③ is running out
   ④ are running out

2. No matter _____, he/she should not be graded down.

   ① how rude this person is
   ② what rude this person is
   ③ how this rude person is
   ④ what is this rude person

3. A student in a course _____ one of the learning goals is the ability to work and create knowledge in collaboration with other students, might be graded on his/her ability to collaborate.

   ① which
   ② what
   ③ where
   ④ who

Answers & Keys

문법 OX

1 The study group meets every two month because it gives members ample time to prepare and review materials before each session. (X)

- 해설 '매 ~마다'를 표현하기 위해서는 「every+기수+복수명사」 혹은 「every+서수+단수명사」의 형태로 쓰인다. 그리고 격일, 격월, 격년 등을 의미할 때는 other를 써서 every other day, every other month, every other year처럼 쓸 수 있다. 따라서 every two month를 every other month, every two months 또는 every second month로 고쳐야 한다.
- 해석 스터디 그룹은 매 활동 전에 구성원들에게 자료를 준비하고 검토할 충분한 시간을 주기 때문에 격월로 만난다.

2 A number of challenges facing environmental sustainability await urgent attention from global leaders. (O)

- 해설 await은 완전타동사로 전치사 없이 바로 목적어를 취할 수 있으므로 바르게 쓰였다.
- 해석 환경의 지속 가능성에 직면한 수많은 난제들이 전 세계 지도자들의 긴급한 관심을 기다리고 있다.

3 Addressing climate change, biodiversity loss, and resource depletion among other issue demands immediate action. (X)

- 해설 전치사 among 뒤에는 항상 복수명사가 와야 한다. 또한 other가 형용사적으로 쓰일 때 뒤에는 가산명사의 복수형이 온다. 따라서 단수 issue를 복수 issues로 고쳐야 한다.
- 해석 다른 문제 중에서 기후변화, 생물 다양성 손실, 자원 고갈을 다루는 것은 즉각적인 행동을 요구한다.

문법 빈칸 채우기

1 The time when nations can delay impactful measures to mitigate these threats __is running out__.

- 해설 주어가 The time으로 단수형이므로 동사도 단수형인 is로 써야 하고, run out은 자동사이므로 수동태로 쓸 수 없다. 따라서 ③ is running out이 정답이다.
- 해석 국가들이 이러한 위협을 완화시킬 매우 효과적인 조치를 미룰 수 있는 시간은 다 되어간다.
- 정답 ③

2 No matter __how rude this person is__, he/she should not be graded down.

- 해설 '아무리 ~할지라도'는 「No matter how+형용사/부사+주어+동사」로 나타낸다. what을 사용할 때는 「No matter what+주어+동사」의 어순으로 쓰인다. 따라서 정답은 ① how rude this person is이다.
- 해석 아무리 이 사람이 무례한 사람이라 해도 그/그녀는 점수가 깎여서는 안 된다.
- 정답 ①

3 A student in a course (__where__ one of the learning goals is the ability to work and create knowledge in collaboration with other students), might be graded on his/her ability to collaborate.

- 해설 빈칸 이하의 문장이 완전하고 선행사가 a course이므로 상황, 영역 등에 어울리는 관계부사 ③ where가 와야 한다.
- 해석 학습 목표 중 하나가 다른 학생들과 협력하여 일하고 지식을 창조하는 강의를 듣는 학생은 그/그녀의 협동하는 능력으로 점수가 매겨질 수 있다.
- 정답 ③

DAY 24 Daily VOCA & Reading

단어와 표현 의미 파악

※ 주어진 단어와 의미가 가장 가까운 것을 고르시오.

1 utilize
① interact ② prioritize ③ assume ④ exploit

2 make up to
① flatter ② obtain ③ exert ④ conduct

3 suspend
① postpone ② establish ③ register ④ motivate

4 inhibit
① encourage ② consume ③ impede ④ produce

5 steer clear of
① give up ② head off ③ run into ④ cut down on

6 come up with
① collaborate ② suggest ③ compete ④ impose

구문 분석

※ 다음 문장에서 주어는 S, 동사는 V, 목적어는 O로 표시하고 문장을 해석하세요.
(주어 S, 동사 V, 목적어 O, 간접목적어 IO, 직접목적어 DO, 보어 C, 목적격보어 OC, 가주어 가S, 진주어 진S, 가목적어 가O, 진목적어 진O)

1 The view of humanity that prevailed in psychology was that of a species barely keeping its aggressive tendencies in check.

➡ _____

2 They inadvertently designed research studies that supported their own presuppositions.

➡ _____

Answers & Keys

단어와 표현 | **의미 파악**

1 ④　2 ①　3 ①　4 ③　5 ②　6 ②

1
utilize 이용하다, 활용하다
= use
　exploit
　capitalize

2
make up to ~에게 아첨하다
= flatter
　play up to
　butter up
　praise

3
suspend (일시) 중지하다, 연기하다, 매달다
= postpone 연기하다
　delay
　defer
　hold off
　hold over
　put off

4
inhibit 억제하다, ⟵⟶ encourage 권장하다
방해하다
= impede
　hinder
　discourage

5
steer clear of ~을 피하다
= avoid
　head off
　get around

6
come up with ~을 제안하다
= suggest

구문 | **분석**

1　The view of humanity (that prevailed in psychology) was that of a species barely keeping its aggressive
　　　　　S　　　　　　　　　　　　　　　　　　　　　V　　　　　　　　　　　　　C
tendencies in check.

(심리학에서 우세한) 인류에 대한 관점은 그것의 공격적 성향을 가까스로 억제하는 종이라는 관점이다.

[해석] 심리학에서 우세한 인류에 대한 관점은 그것의 공격적 성향을 가까스로 억제하는 종이라는 관점이다.

2　They inadvertently designed research studies (that supported their own presuppositions).
　　　S　　　　　　　　　　V　　　　　　O

그들은 (자신들의 전제를 뒷받침하는) 조사 연구를 설계했다.

[해석] 자신들의 전제를 뒷받침하는 조사 연구를 설계했다.

DAY 25 Daily Grammar

문법 OX

※ 다음 밑줄 친 부분이 어법상 옳으면 O, 틀리면 X를 표시하고 틀린 부분을 옳게 고치세요.

1. It is important to have trustworthy friends relying on when you face adversity or seek support in times of need. (　　)

2. The data suggests that a little planning ahead and turning off the TV while we eat could ultimately be good for our eating habits. (　　)

3. In addition to consider specific food choices, it also may be important to consider the context of mealtimes in developing dietary messaging and guidelines. (　　)

문법 빈칸 채우기

※ 밑줄 친 부분에 들어갈 말로 가장 적절한 것을 고르세요.

1. The President of Eritrea told crowds he _____ the Nobel Peace Prize, recently awarded to the Ethiopian Prime Minister, claiming he deserved it more.

   ① robbed of   ② was robbed
   ③ has been robbed   ④ was robbed of

2. The Prime Minister _____ the Nobel Peace Prize for his efforts in ending a border conflict with Eritrea in 2018.

   ① awarded   ② has awarded
   ③ was awarded   ④ was awarded for

3. Before a peace deal between the two _____, thousands of lives were lost, families were separated for over twenty years, and trade on the border was frozen.

   ① signed   ② have signed
   ③ signing   ④ was signed

Answers & Keys

문법 OX

1 It is important to have trustworthy friends relying on when you face adversity or seek support in times of need. (X)

- 해설 의미상 '의지할 믿음직한 친구'이므로 '~할'을 의미하는 to부정사가 와야 하고, trustworthy friends가 의미상 to부정사의 목적어에 해당하는데, rely는 자동사이므로 전치사 on과 함께 사용되어야 한다. 따라서 to rely on으로 고쳐야 한다.
- 해석 당신이 역경에 직면하거나 어려운 시기에 도움을 구할 때 의지할 믿음직한 친구들이 있는 것은 중요하다.

2 The data suggests that a little planning ahead and turning off the TV while we eat could ultimately be good for our eating habits. (O)

- 해설 suggest가 제안을 의미할 때는 that절의 동사로 「(should)+동사원형」의 형태가 와야 하지만, 이 문장처럼 단순 사실만을 전달할 때는 문맥에 맞는 시제와 동사가 사용될 수 있다. 따라서 가능성을 나타내는 조동사 could가 바르게 쓰였다.
- 해석 우리가 음식을 먹는 동안 약간의 사전 계획과 TV 끄기는 우리의 식습관에 궁극적으로 좋을 수 있다고 데이터는 시사한다.

3 In addition to consider specific food choices, it also may be important to consider the context of mealtimes in developing dietary messaging and guidelines. (X)

- 해설 in addition to는 '~ 외에도'라는 의미이다. to는 전치사이므로 뒤에 동사원형이 올 수 없고, 동명사가 와야 한다.
- 해석 식생활에 관한 메시지와 지침을 고안할 때는 특정한 음식 선택을 고려하는 것 외에도 식사 시간의 전후 상황을 고려하는 것 또한 중요할 수 있다.

문법 빈칸 채우기

1 The President of Eritrea told crowds he was robbed of 〔목(X)〕 the Nobel Peace Prize, recently awarded to the Ethiopian Prime Minister, claiming he deserved it more.

- 해설 전치사와 함께 사용되는 타동사의 경우 수동태 전환 시 전치사가 빠지지 않도록 해야 한다. 「rob A of B」가 수동태가 되면 「A be robbed of B」의 형태가 되므로 동사 뒤에 of를 써줘야 한다.
- 해석 대통령은 자신이 에티오피아 총리에게 최근 수여된 노벨 평화상을 강탈당했다고 군중에게 말했고, 자신이 더 받을 자격이 있다고 주장했다.
- 정답 ④

2 The Prime Minister was awarded 〔간목(X)〕 the Nobel Peace Prize for his efforts in ending a border conflict with Eritrea in 2018.

- 해설 award는 수여동사로 두 개의 목적어가 있으므로 동사의 뒤에 목적어가 하나 있어도 수동태일 수 있다. 간접목적어인 The Prime Minister가 주어인 수동태 문장이 바르게 쓰였다
- 해석 총리는 2018년 에리트레아와의 국경 분쟁을 종식시키기 위해 노력한 공로로 노벨 평화상을 받았다.
- 정답 ③

3 Before a peace deal between the two was signed 〔목(X)〕, thousands of lives were lost, families were separated for over twenty years, and trade on the border was frozen.

- 해설 a peace deal이 주어로, 맥락상 이것이 체결되었다는 수동의 의미이다. 또한 sign 뒤에 목적어가 없으므로 동사는 수동태가 되어야 한다.
- 해석 두 국가 사이에서 평화 협정이 체결되기 전까지 수천 명이 목숨을 잃었고, 가족들은 20년 넘게 헤어져 있었으며, 국경에서의 무역은 얼어붙었다.
- 정답 ④

DAY 25 Daily VOCA & Reading

단어와 표현 의미 파악

※ 주어진 단어와 의미가 가장 가까운 것을 고르시오.

1 suppress
   ① quell   ② devise   ③ conquer   ④ suspend

2 reserved
   ① introverted ② careful   ③ loquacious   ④ wordy

3 rely on
   ① hit upon   ② turn on   ③ hold on   ④ depend on

4 suggest
   ① reflect   ② reveal   ③ imply   ④ inhibit

5 objective
   ① objection   ② direction   ③ goal   ④ magnitude

6 wipe out
   ① inherit   ② counteract   ③ mediate   ④ eliminate

구문 분석

※ 다음 문장에서 주어는 S, 동사는 V, 목적어는 O로 표시하고 문장을 해석하세요.
(주어 S, 동사 V, 목적어 O, 간접목적어 IO, 직접목적어 DO, 보어 C, 목적격보어 OC, 가주어 가S, 진주어 진S, 가목적어 가O, 진목적어 진O)

1 As viruses can be transmitted through aerosols, the need for contactless delivery for last-mile delivery has gradually increased, thus accelerating the use of unmanned logistics to some extent.

   ➡ _____

2 "All science is either physics or stamp collecting," he once said, in a line that has been used many times since.

   ➡ _____

Answers & Keys

단어와 표현 **의미 파악**

1 ①   2 ①   3 ④   4 ③   5 ③   6 ④

1
suppress 억압하다
= repress   control
  quell   put down
  keep down

2
reserved 내성적인
= introverted
  reticent
  silent
  uncommunicative

3
rely on ~에 의지하다
= depend on   turn to
  resort to   lean on
  rest on   count on
  hinge on   fall back on
  look to   be up to

4
suggest 암시하다
= imply
  indicate

5
objective 목표
= object
  goal

6
wipe out 완전히 파괴하다
= get rid of   eradicate
  exterminate   eliminate
  remove   root out

구문 분석

1 As viruses can be transmitted through aerosols, / the need (for contactless delivery for last-mile delivery) has
      S'   V'   S
   gradually increased, // thus accelerating the use of unmanned logistics to some extent.
              V

   바이러스는 에어로졸을 통해 전파될 수 있으므로, / (최종 단계 배송에서 비접촉식 배송의) 필요성이 점차 증가했으므로, // 무인 물류의 사용을 다소 촉진했다.

   [해석] 바이러스는 에어로졸을 통해 전파될 수 있으므로, 최종 단계 배송에서 비접촉식 배송의 필요성이 점차 증가했으므로, 무인 물류의 사용을 다소 촉진했다.

2 "All science is either physics or stamp collecting," // he once said, / in a line (that has been used many times since).
        S'   V'   C'1   C'2   S   V

   "모든 과학은 물리학이 아니면 우표 수집이다"라고 / 그는 한때 말했다. / (이후로 여러 번 사용된) 글에서.

   [해석] "모든 과학은 물리학이 아니면 우표 수집이다"라고 그는 이후로 여러 번 사용된 글에서 말했다.

DAY 26 Daily Grammar

문법 OX

※ 다음 밑줄 친 부분이 어법상 옳으면 O, 틀리면 X를 표시하고 틀린 부분을 옳게 고치세요.

1. The historic building, <u>found</u> in the early 1800s, remains a symbol of the town's rich architectural heritage and cultural significance. ( )

2. Merely possessing talent without diligent effort often proves <u>of no use</u>. ( )

3. Many individuals aiming for greatness push <u>themselves</u> hard. ( )

문법 빈칸 채우기

※ 밑줄 친 부분에 들어갈 말로 가장 적절한 것을 고르세요.

1. Considering that those who persevere despite challenges are more likely to achieve their goals, such individuals will _____ their peers for their determination and achievements.

   ① look up to
   ② look up to by
   ③ be looked up to
   ④ be looked up to by

2. Anyone who wishes to develop his or her ability has many options to choose from; however, the best results _____ when we are with like-minded people.

   ① always occur
   ② always occurred
   ③ always occurring
   ④ are always occurred

3. Learning any type of new skills or improving upon existing ones _____ always very daunting and requires that we work outside our comfort zones.

   ① seem
   ② seems
   ③ seeming
   ④ to seem

Answers & Keys

문법 OX

1 The historic building, <u>found</u> in the early 1800s, remains a symbol of the town's rich architectural heritage and cultural significance. (X)

- 해설: 부사절에서 접속사를 생략하고 주절의 주어와 중복되는 주어를 생략한 분사구문이다. 주어와 의미상 수동의 관계이므로 '설립하다'라는 의미의 동사 found의 과거분사인 founded를 써야 한다. '발견하다'라는 의미의 find와 구분해서 알아두어야 한다.
- 해석: 1800년대 초반에 세워진 그 역사적인 건물은 여전히 그 마을의 풍부한 건축 유산과 문화적 중요성의 상징이다.

2 Merely possessing talent without diligent effort often proves <u>of no use</u>. (O)

- 해설: 전치사 of 뒤에 추상명사가 오면 형용사 역할을 한다. 여기서 of no use는 '소용없는'이라는 뜻으로 불완전자동사 proves의 보어로 바르게 쓰였다. 참고로 prove는 불완전자동사일 때 「(to be) 형용사/명사」를 보어로 취한다.
- 해석: 부지런한 노력 없이 단지 재능을 가지고만 있는 것은 소용없는 일로 종종 판명된다.

3 Many individuals aiming for greatness push <u>themselves</u> hard. (O)

- 해설: 주어와 목적어가 동일한 대상인 경우 목적어로 재귀대명사를 사용해야 한다. 주어인 Many individuals가 자신을 push한다는 뜻이므로 재귀대명사가 목적어로 바르게 쓰였다.
- 해석: 위대함을 목표로 삼는 많은 사람들은 자신을 열심히 채찍질한다.

문법 빈칸 채우기

1 Considering that those who persevere despite challenges are more likely to achieve their goals, such individuals will <u>be looked up to by</u> [목(X)] their peers for their determination and achievements.

- 해설: look up to는 「자동사+전치사」의 형태로 수동태가 가능하지만, 동사의 수동형 뒤에 their peers가 목적어처럼 바로 쓰여 바르지 않다. 주어인 such individuals와 동사는 의미상 수동의 관계이고 peers는 의미상 행위의 주체로 보이므로, 동사와 peers 사이에 전치사 by를 써줘야 한다.
- 해석: 시련에도 불구하고 버티는 사람들이 자기 목표를 성취할 가능성이 더 높다는 점을 고려하면, 그런 사람들은 결단력과 업적으로 동료들에게 존경받을 것이다.
- 정답: ④

2 Anyone who wishes to develop his or her ability has many options to choose from; however, the best results <u>always occur</u> when we are with like-minded people.

- 해설: occur는 완전자동사로 목적어를 취하지 않으므로 수동태로 쓸 수 없다. 또한 일반적인 사실에 관한 것이므로 현재시제로 써야 한다.
- 해석: 자기 능력을 개발하기를 바라는 사람은 누구나 고를 수 있는 많은 선택지가 있다; 하지만 우리가 생각이 비슷한 사람들과 있을 때 최선의 결과가 항상 발생한다.
- 정답: ①

3 <u>Learning</u> any type of new skills or improving upon existing ones <u>seems</u> always very daunting and requires that we work outside our comfort zones.

- 해설: 주어는 Learning ~ or improving ~이다. A or B의 형태가 주어일 경우 B에 수 일치하는데 동명사는 단수 취급하므로 단수형인 seems가 바르다.
- 해석: 어떤 유형의 새로운 기술을 배우거나 기존의 기술을 개선하는 것은 언제나 대단히 벅찬 일이고 우리에게 익숙한 곳을 벗어나서 노력하라고 요구한다.
- 정답: ②

DAY 26 Daily VOCA & Reading

단어와 표현 의미 파악

※ 주어진 단어와 의미가 가장 가까운 것을 고르시오.

1 frugal
① economical   ② luxurious   ③ worthy   ④ impolite

2 substantial
① considerate   ② considerable   ③ subsequent   ④ subjective

3 alleviate
① muddle   ② magnify   ③ relieve   ④ exacerbate

4 significance
① maturity   ② importance   ③ contempt   ④ triviality

5 look up to
① consolidate   ② overestimate   ③ esteem   ④ despise

6 affluent
① destitute   ② frail   ③ amiable   ④ opulent

구문 분석

※ 다음 문장에서 주어는 S, 동사는 V, 목적어는 O로 표시하고 문장을 해석하세요.
(주어 S, 동사 V, 목적어 O, 간접목적어 IO, 직접목적어 DO, 보어 C, 목적격보어 OC, 가주어 가S, 진주어 진S, 가목적어 가O, 진목적어 진O)

1 Subway Korea offers transfer details, fare information, and estimated travel times, further improving user convenience.

➡ _____

2 Conditioning occurs indirectly, which adds to its impact on us.

➡ _____

Answers & Keys

단어와 표현 **의미 파악**

1 ① 2 ② 3 ③ 4 ② 5 ③ 6 ④

1

frugal 절약하는 ⟷ wasteful 낭비하는
= thrifty   = prodigal
  plain   extravagant
  economical   lavish

2

substantial ⟷ insubstantial
상당한   대단찮음
= considerable

3

alleviate 완화하다 ⟷ aggravate 악화시키다
= relieve   = make worse
  relax   worsen
  assuage   exacerbate
  allay   mollify
  palliate   pacify
  placate   ease
  soothe   mitigate

4

significance ⟷ insignificance
중요성   하찮음
= importance   = smallness
  import   triviality
  consequence   littleness
                      worthlessness

5

look up to ⟷ look down on
~을 존경하다   ~를 무시하다
= respect   = despise
  admire   ignore
  esteem   belittle
  honor
  revere

6

affluent 부유한 ⟷ poor 가난한
= wealthy   = needy
  opulent   impoverished
  prosperous   destitute
  rich   indigent
  well off

구문 분석

1 <u>Subway Korea</u> <u>offers</u> / <u>transfer details, fare information, and estimated travel times</u>, // further improving user
     S   V   O

convenience.

Subway Korea는 제공한다 / 환승 세부 사항, 요금 정보, 그리고 예상 이동 시간을, // 더 나아가 이용자의 편의를 개선하면서.

해석 Subway Korea는 환승 세부 사항, 요금 정보, 그리고 예상 이동 시간을 제공하고, 더 나아가 이용자의 편의를 개선한다.

2 <u>Conditioning</u> <u>occurs</u> indirectly, // which adds to its impact on us.
     S   V

조건 형성은 간접적으로 일어난다, // 그것은 우리에게 미치는 영향력을 증가시킨다.

해석 조건 형성은 간접적으로 일어나고, 그것은 우리에게 미치는 영향력을 증가시킨다.

DAY 27 Daily Grammar

문법 OX

※ 다음 밑줄 친 부분이 어법상 옳으면 O, 틀리면 X를 표시하고 틀린 부분을 옳게 고치세요.

1. The renowned author's latest novel left her readers <u>disappointing</u> with its predictable storyline and shallow character development. (   )

2. Among other popular courses is learning how to write and <u>deliver</u> a speech. (   )

3. Among other popular courses is honing the skill to get the audience <u>fully engaged</u>. (   )

문법 빈칸 채우기

※ 밑줄 친 부분에 들어갈 말로 가장 적절한 것을 고르세요.

1. The heiress of Korea's largest flagship carrier unnecessarily delayed a flight, while _____ and shoving its crew.

   ① insulting   ② insulted
   ③ being insulted   ④ having insulted

2. Some people doubted _____ she put the plane in real danger or tried to change its route.

   ① if   ② whether
   ③ where   ④ what

3. The disgraced executive's younger sister had vowed to "take revenge" against _____ helped to throw her big sister into the crisis, through a posting on the company website.

   ① who   ② whoever
   ③ whom   ④ whomever

Answers & Keys

문법 OX

1 The renowned author's latest novel left her readers <u>disappointing</u> with its predictable storyline and shallow character development. (X)

> 해설 leave는 목적어와 목적격보어가 능동의 관계이면 목적격보어로 현재분사를, 수동의 관계이면 목적격보어로 과거분사를 사용한다. 이때 감정유발동사인 disappoint는 실망의 감정을 유발할 때는 현재분사로, 실망을 느끼는 감정의 경우는 과거분사를 써야 한다. 따라서 '그녀의 독자들이 실망을 느낀다'라는 수동의 의미를 나타내야 하므로 disappointed로 고쳐야 한다.
>
> 해석 그 유명한 작가의 최신 소설은 너무 뻔한 줄거리와 얕팍한 인물 설정으로 그녀의 독자들이 실망하게 했다.

2 Among other popular courses is learning how to write and <u>deliver</u> a speech. (O)

> 해설 의문사 how 뒤에 두 개의 to부정사 to write과 (to) deliver가 and로 연결된 구조이다. and 뒤의 to부정사는 to를 생략할 수 있다.
>
> 해석 연설문을 작성하고 연설하는 방법을 배우는 것은 다른 인기 강좌들에 속한다.

3 Among other popular courses is honing the skill to get the audience <u>fully engaged</u>. (X)

> 해설 불완전타동사 get의 목적격보어는 목적어와 능동의 관계일 때는 동사원형으로, 목적어와 수동의 관계일 때는 과거분사로 써야 한다. 목적어인 the audience가 몰두하게 된다는 수동의 의미이므로 과거분사가 바르게 쓰였다.
>
> 해석 청중이 완전히 몰두하게 만드는 기술을 연마하는 것은 다른 인기 강좌에 속한다.

문법 빈칸 채우기

1 The heiress of Korea's largest flagship carrier unnecessarily delayed a flight, while ___insulting___ and shoving its crew.

> 해설 접속사가 남아있는 분사구문으로, 의미상 주어는 주절의 주어와 같아서 생략되었다. 타동사 insult(insulting) 뒤에 목적어인 its crew가 있고 의미상 주어인 The heiress와 분사구문의 동사가 능동의 관계이므로 insulting이 바르다.
>
> 해석 한국의 가장 큰 대표 항공사의 여성 상속인이 승무원을 모욕하고 밀치면서 비행기를 불필요하게 지연시켰다.
>
> 정답 ①

2 Some people doubted ___whether___ she put the plane in real danger or tried to change its route.

> 해설 접속사 뒤에 완전한 절이 왔고 동사 doubt이 '확신하지 못하다'라는 뜻이므로 확정되지 않은 내용을 이끄는 명사절 접속사 whether가 바르다. 같은 의미의 명사절 접속사 if도 있으나 「A or B」의 구조에서는 쓸 수 없다.
>
> 해석 일부 사람들은 그녀가 비행기를 실질적인 위험에 빠뜨렸거나 항로를 변경시키려고 시도했는지 확신하지 못했다.
>
> 정답 ②

3 The disgraced executive's younger sister had vowed to "take revenge" against [___whoever___ helped to throw her big sister into the crisis, through a posting on the company website].

> 해설 전치사 against의 목적어 역할을 하려면 명사절이 되어야 한다. 선행사 없이 쓸 수 있는 복합관계대명사절이 와야 하며 복합관계대명사 뒤에 주어가 빠진 불완전한 절이 왔으므로 주격인 whoever를 써야 한다. who는 선행사가 없이 쓸 수 없다.
>
> 해석 그 망신을 당한 이사의 여동생이 회사 웹사이트의 게시물을 통해 자기 언니를 위기에 빠뜨리도록 도운 사람이 누구이든 '복수를 하겠다'라고 단언했었다
>
> 정답 ②

DAY 27 Daily VOCA & Reading

단어와 표현 의미 파악

※ 주어진 단어와 의미가 가장 가까운 것을 고르시오.

1 mediocre
① ordinary   ② exceptional   ③ miserly   ④ evil

2 well-off
① impoverished   ② lenient   ③ latent   ④ prosperous

3 stingy
① prodigal   ② miserly   ③ generous   ④ extraneous

4 amazement
① admiration   ② arrangement   ③ discrepancy   ④ coherence

5 revenge
① amenity   ② pardon   ③ punishment   ④ retaliation

6 fundamental
① comprehensive   ② functional   ③ rudimentary   ④ massive

구문 분석

※ 다음 문장에서 주어는 S, 동사는 V, 목적어는 O로 표시하고 문장을 해석하세요.
(주어 S, 동사 V, 목적어 O, 간접목적어 IO, 직접목적어 DO, 보어 C, 목적격보어 OC, 가주어 가S, 진주어 진S, 가목적어 가O, 진목적어 진O)

1 Perhaps the single most important change during the last two decades is the shift in power from marketers to consumers.

➡ _____

2 Most scientists believe, for example, that all matter is composed of curious particles called quarks.

➡ _____

Answers & Keys

단어와 표현 / 의미 파악

1 ① 2 ④ 3 ② 4 ① 5 ④ 6 ③

1
mediocre ⟷ extraordinary
평범한, 보통의   비범한
= moderate   = unusual
  ordinary   unique
  run-of-the-mill exceptional
  banal

2
well-off 유복한
= wealthy
  prosperous
  opulent

3
stingy 인색한
= mean
  parsimonious
  penny-pinching
  miserly

4
amazement 깜짝 놀람
= astonishment
  admiration
  wonderment
  wonder

5
revenge 복수
= avenge
  retaliation
  retribution

6
fundamental 근본적인
= elementary
  rudimentary
  basic

구문 분석

1 Perhaps the single most important change (during the last two decades) / is the shift in power / from marketers to consumers.
　　　　　　　　　　　S　　　　　　　　　　　　　　　　　　　V　　　　　　　C

어쩌면 (지난 20년 동안) 가장 중요한 단 하나의 변화는 / 권력 이동이다 / 판매회사로부터 소비자에게로의.

해석 어쩌면 지난 20년 동안 가장 중요한 단 하나의 변화는 판매회사로부터 소비자에게로의 권력 이동이다.

2 Most scientists believe, (for example,) // that all matter is composed of curious particles (called quarks).
　　　S　　　　V　　　　　　　　　　　　　　　　S'　　　　　　V'

대부분의 과학자들은, (예를 들면,) 믿는다 // 모든 물질은 (쿼크라고 불리는) 흥미로운 입자로 구성되어 있다고.

해석 대부분의 과학자들은, 예를 들면, 모든 물질은 쿼크라고 불리는 흥미로운 입자로 구성되어 있다고 믿는다.

DAY 28 Daily Grammar

문법 OX

※ 다음 밑줄 친 부분이 어법상 옳으면 O, 틀리면 X를 표시하고 틀린 부분을 옳게 고치세요.

1. The latest smartphone model is <u>very popular</u> than its predecessors due to its innovative features and improved performance. (　　)

2. Miaoli County's Liu Cheng-hung, No. 3 in the local leader approval rankings, <u>has adopted</u> a result-oriented governing style. (　　)

3. A scholar who <u>used to working</u> side by side with Liu compares him with the ancient Chinese General Cao Cao. (　　)

문법 빈칸 채우기

※ 밑줄 친 부분에 들어갈 말로 가장 적절한 것을 고르세요.

1. _____ to describe their favorite travel destination, many people choose places like Paris, Rome, or Tokyo.

   ① Asking　　　　　　　　② Ask
   ③ Asked　　　　　　　　 ④ Having asked

2. These cities have captivated tourists since the beginning of modern tourism in the late 16th century, _____ a blend of old-world charm and contemporary allure.

   ① offer　　　　　　　　　② offering
   ③ offered　　　　　　　　④ to offer

3. The ancient Chinese General Cao Cao was believed to reward his soldiers according to their performance and _____ clear goals.

   ① set　　　　　　　　　　② was set
   ③ setting　　　　　　　　④ to set

Answers & Keys

문법 OX

1 The latest smartphone model is <u>very popular</u> than its predecessors due to its innovative features and improved performance. (X)

- 해설 빈칸 뒤에 비교급 비교 표현에서 사용하는 접속사 than이 있으므로 빈칸에는 비교급인 more popular가 들어가야 한다. 또한 very와 too는 원급 형용사나 부사를 수식하는 부사로 비교급을 수식하는 부사는 much이므로 much more popular로 고쳐야 한다.
- 해석 최신 스마트폰 모델은 그 혁신적인 특징과 개선된 성능 덕분에 이전 모델들보다 훨씬 더 인기가 있다.

2 Miaoli County's Liu Cheng-hung, No. 3 in the local leader approval rankings, <u>has adopted</u> a result-oriented governing style. (O)

- 해설 문장의 주어가 Miaoli County's Liu Cheng-hung으로 단수이므로 동사 역시 단수형으로 바르게 쓰였다.
- 해석 지역 지도자 지지 순위 3위를 기록한 먀오이 현의 Liu Cheng-hung은 성과 지향적인 정무 방식을 채택했다.

3 A scholar who <u>used to working</u> side by side with Liu compares him with the ancient Chinese General Cao Cao. (X)

- 해설 '~하곤 했다'라는 과거의 습관이나 사실을 나타낼 때는 「used to + 동사원형」으로 표현하므로 동명사 working을 동사원형 work로 고쳐야 한다.
- 해석 Liu와 함께 일했던 한 학자는 그를 고대 중국 장군 조조와 비교했다.

문법 빈칸 채우기

1 <u>Asked</u> to describe their favorite travel destination, many people choose places like Paris, Rome, or Tokyo.

- 해설 분사구문의 의미상 주어는 주절의 주어와 동일하며 분사구문의 동사와 수동의 관계이므로 과거분사 Asked가 되어야 한다.
- 해석 좋아하는 여행지를 설명해달라는 요청을 받으면, 많은 사람들은 파리, 로마, 혹은 도쿄 같은 장소를 선택한다.
- 정답 ③

2 These cities have captivated tourists since the beginning of modern tourism in the late 16th century, <u>offering</u> a blend of old-world charm and contemporary allure.

- 해설 분사구문의 의미상 주어는 주절의 주어와 동일한 These cities이고, 분사구문의 동사와 능동의 관계이므로 현재분사 offering이 와야 한다.
- 해석 이런 도시들은 16세기 후반에 근대 관광이 시작된 이래로 관광객들의 마음을 사로잡아왔고, 구세계의 매력과 동시대 매력의 혼합을 제공했다.
- 정답 ②

3 The ancient Chinese General Cao Cao was believed <u>to reward</u> his soldiers according to their performance and <u>to set</u> clear goals.

- 해설 수동태 동사 was believed 뒤에 두 개의 to부정사구가 and에 의해 병렬 연결되어 있다. 따라서 to reward ~와 함께 to set ~이 와야 한다.
- 해석 고대 중국 장군 조조는 병사들을 성과에 따라 보상을 주고 명확한 목표를 설정한 것으로 믿어졌다.
- 정답 ④

DAY 28 Daily VOCA & Reading

단어와 표현 의미 파악

※ 주어진 단어와 의미가 가장 가까운 것을 고르시오.

1. surrender
   ① deprive ② enervate ③ hand over ④ convey

2. extinguish
   ① quench ② thrive ③ withdraw ④ capture

3. meticulous
   ① industrious ② careful ③ indolent ④ resilient

4. hostile
   ① metabolic ② invincible ③ cordial ④ inimical

5. adjacent
   ① remedial ② innovative ③ neighbouring ④ disruptive

6. captivate
   ① subordinate ② fascinate ③ mediate ④ inhibit

구문 분석

※ 다음 문장에서 주어는 S, 동사는 V, 목적어는 O로 표시하고 문장을 해석하세요.
(주어 S, 동사 V, 목적어 O, 간접목적어 IO, 직접목적어 DO, 보어 C, 목적격보어 OC, 가주어 가S, 진주어 진S, 가목적어 가O, 진목적어 진O)

1. The use of AI in certain jobs has impacted many roles traditionally held by women.

   ➡ _____

2. Air pollution levels in Thailand's Bangkok have risen for the last few weeks in the rankings of Asia's most polluted cities.

   ➡ _____

Answers & Keys

단어와 표현 / 의미 파악

1 ③ 2 ① 3 ② 4 ④ 5 ③ 6 ②

1
surrender (권리 등을) 포기하다
= hand over
　cede
　yield
　relinquish

2
extinguish 끄다
= put out
　quench

3
meticulous 세심한
= careful
　thorough
　scrupulous
　fastidious
　punctilious

4
hostile 적대적인 ⟷ hospitable 호의적인
= bellicose　　　　= welcoming
　belligerent　　　 friendly
　antagonistic　　 amiable
　inimical　　　　 amicable
　unfriendly　　　 affable
　war-like　　　　 agreeable
　　　　　　　　　 cordial

5
adjacent 인접한
= nearby
　adjoining
　neighbouring

6
captivate ~의 마음을 사로잡다
= capture
　fascinate
　enthrall
　enchant

구문 분석

1 The use of AI (in certain jobs) / has impacted many roles (traditionally held by women).
　　　　S　　　　　　　　　　　V　　　　　O

특정 직업에서 인공지능의 사용은 / (여성이 전통적으로 담당한) 수많은 역할에 영향을 미쳤다.

해석　특정 직업에서 인공지능의 사용은 여성이 전통적으로 담당한 수많은 역할에 영향을 미쳤다.

2 Air pollution levels (in Thailand's Bangkok) / have risen / for the last few weeks / in the rankings of Asia's most
　　　　　　　S　　　　　　　　　　　　　　　　　V

polluted cities.

(태국 방콕의) 대기 오염 수준은 / 상승했다. / 지난 몇 주 동안 / 아시아의 가장 오염된 도시 순위에서.

해석　지난 몇 주 동안 태국 방콕의 대기 오염 수준은 아시아의 가장 오염된 도시 순위에서 상승했다.

DAY 29 Daily Grammar

문법 OX

※ 다음 밑줄 친 부분이 어법상 옳으면 O, 틀리면 X를 표시하고 틀린 부분을 옳게 고치세요.

1 Football remains much more <u>dangerously</u> than soccer when it comes to head injuries. (   )

2 Everyone has duties to the community <u>which</u> the free and full development of his personality is possible. (   )

3 In no case may these rights and freedoms <u>be exercised</u> contrary to the purposes and principles of the United Nations. (   )

문법 빈칸 채우기

※ 밑줄 친 부분에 들어갈 말로 가장 적절한 것을 고르세요.

1 The harder you work on your studies, _____ achieve your academic goals.

   ① the more likely you are to
   ② the more you are likely to
   ③ the more likely to you are
   ④ the more you are to likely

2 The project aimed _____ the natural environment and cultural heritage of the area.

   ① restore
   ② to restore
   ③ restoring
   ④ restored

3 School physical education programs should offer a balanced variety of activities that allow young people _____ ability in lifetime activities

   ① develop
   ② to develop
   ③ developing
   ④ developed

Answers & Keys

문법 OX

1 Football <u>remains</u> much more <u>dangerously</u> than soccer when it comes to head injuries.   (X)

- 해설 remain은 불완전자동사로, 보어 자리에 부사를 취할 수 없으므로 dangerous로 고쳐야 한다.
- 해석 머리 부상에 관한 한 미식축구는 축구보다 여전히 훨씬 더 위험하다.

2 Everyone has duties to the community (<u>which</u> the free and full development of his personality is possible).   (X)

- 해설 which 이하에 완전한 절이 왔고 선행사가 의미상 장소나 범위가 될 수 있으므로 which를 관계부사 where로 고쳐야 한다.
- 해석 모든 사람은 자신의 인격의 자유롭고 완전한 발전이 가능한 지역 사회에 대한 의무가 있다.

3 <u>In no case</u> <u>may</u> these rights and freedoms <u>be exercised</u> contrary to the purposes and principles of the United Nations.   (O)

- 해설 부정부사구 In no case가 맨 앞으로 강조되어 나와 도치가 발생했다. 조동사 may가 오고 주어가 왔으므로 동사원형 be가 바르게 쓰였다.
- 해석 어떤 경우에도 이러한 권리와 자유는 유엔의 목적과 원칙에 반하여 행사될 수 없다.

문법 빈칸 채우기

1 The harder you work on your studies, <u>the more likely you are to</u> achieve your academic goals.

- 해설 'S'가 V'하면 할수록, S는 더욱 V하다'는 「The 비교급 S'+V', the 비교급 S+V」의 형식으로 나타내므로 the more likely you are to가 정답이다.
- 해석 당신이 열심히 공부할수록 학업 목표를 달성할 가능성이 더 커진다.
- 정답 ①

2 The project aimed <u>to restore</u> the natural environment and cultural heritage of the area.

- 해설 aim은 to부정사를 목적어로 취하는 동사이므로 to restore가 정답이다.
- 해석 그 사업은 그 지역의 자연환경과 문화유산을 복원하는 것을 목표로 했다.
- 정답 ②

3 School physical education programs should offer a balanced variety of activities that <u>allow</u> young people <u>to develop</u> ability in lifetime activities

- 해설 빈칸은 타동사 allow의 목적격보어 자리로 목적어와 목적격보어의 관계가 능동이므로 to develop가 정답이다.
- 해석 학교 체육 프로그램은 평생 활동에서 능력을 개발할 수 있게 하는 균형 잡힌 다양한 활동을 제공해야 한다.
- 정답 ②

DAY 29 Daily VOCA & Reading

단어와 표현 의미 파악

※ 주어진 단어와 의미가 가장 가까운 것을 고르시오.

1 resume
   ① restart   ② discuss   ③ remain   ④ achieve

2 prescribe
   ① rush   ② determine   ③ exercise   ④ specify

3 investigate
   ① apology   ② examine   ③ report   ④ support

4 discontinue
   ① settle   ② restore   ③ complete   ④ quit

5 put out
   ① extinguish   ② mature   ③ destroy   ④ strengthen

6 hold off
   ① dominate   ② convict   ③ postpone   ④ refuse

구문 분석

※ 다음 문장에서 주어는 S, 동사는 V, 목적어는 O로 표시하고 문장을 해석하세요.
(주어 S, 동사 V, 목적어 O, 간접목적어 IO, 직접목적어 DO, 보어 C, 목적격보어 OC, 가주어 가S, 진주어 진S, 가목적어 가O, 진목적어 진O)

1 Rosa Parks kept both her mien and her seat.
   ➡ _____

2 The restoration has also improved air quality and reduced urban heat island effects.
   ➡ _____

Answers & Keys

단어와 표현 | **의미 파악**

1 ① 2 ④ 3 ② 4 ④ 5 ① 6 ③

1
resume 재개하다
= restart
  pick up
  start over

2
prescribe 규정하다
= specify
  stipulate
  direct

3
investigate 조사하다
= examine   look into
  scrutinize   delve into
  inspect   probe into
  pore over   go over

4
discontinue 중단하다
= stop
  end
  halt
  quit

5
put out 불을 끄다
= extinguish

6
hold off 연기하다
= postpone

구문 | **분석**

1 <u>Rosa Parks</u> kept both <u>her mien</u> and <u>her seat</u>.
    S   V   O1   O2

  Rosa Parks는 자신의 태도와 자리 모두를 지켰다.

  해석 Rosa Parks는 자신의 태도와 자리 모두를 지켰다.

2 <u>The restoration</u> has also improved <u>air quality</u> and reduced <u>urban heat island effects</u>.
         S   V1   O1   V2   O2

  그 복원은 또한 공기의 질을 개선하고 도시 열섬 효과를 감소시켰다.

  해석 그 복원은 또한 공기의 질을 개선하고 도시 열섬 효과를 감소시켰다.

DAY 30 Daily Grammar

문법 OX

※ 다음 밑줄 친 부분이 어법상 옳으면 O, 틀리면 X를 표시하고 틀린 부분을 옳게 고치세요.

1 He had spent years <u>poring over</u> old documents and aerial photographs from the region. (   )

2 Pretty and well-educated <u>as she does</u>, she shoulders all the household chores. (   )

3 Kim, a teenage girl from a relatively lower-class family, <u>embodies</u> the ideal of with the Confucian protocol. (   )

문법 빈칸 채우기

※ 밑줄 친 부분에 들어갈 말로 가장 적절한 것을 고르세요.

1 Based on the project's requirements, the team leader can either approve the submitted proposal or _____ further revisions.

① request
② requested
③ to request
④ requesting

2 The more denim was washed, _____ it would get

① the more soft
② the softest
③ the most soft
④ the softer

3 _____ is more revered than Sigmund Freud.

① No one
② Any one
③ Anybody
④ Some one

Answers & Keys

문법 OX

1 He had spent years poring over old documents and aerial photographs from the region. (O)

> 해설 '~하는 데 (돈/시간)을 쓰다/낭비하다'는 「spend 시간/돈 (in) -ing」로 나타낸다. 따라서 poring over가 동명사 형태로 바르게 쓰였다.
> 해석 그는 그곳의 오래된 문서와 항공 사진을 수년간 자세히 보았다.

2 Pretty and well-educated as she does, she shoulders all the household chores. (X)

> 해설 '비록 ~이지만'의 의미인 「형용사+as+주어+동사」 구문으로, 형용사가 동사의 보어 역할을 한다. 따라서 do동사가 아니라 be동사가 되어야 한다.
> 해석 그녀는 예쁘고 교육을 잘 받았음에도 불구하고 집안일을 모두 떠맡았다.

3 Kim, a teenage girl from a relatively lower-class family, embodies the ideal of the Confucian protocol. (O)

> 해설 주어 Kim 바로 뒤에 동격의 명사구가 삽입된 구조이므로 Kim에 수를 일치시킨 단수형 동사 embodies가 올바르게 쓰였다.
> 해석 Kim은 비교적 하류 계층 가정의 십 대 소녀로, 유교적 의식의 이상을 구현한다.

문법 빈칸 채우기

1 Based on the project's requirements, the team leader can either approve the submitted proposal or __request__ further revisions.

> 해설 'A 혹은 B'를 의미하는 'either A or B'는 등위상관접속사로, 연결되는 두 요소 A와 B가 반드시 문법적으로 같은 구조이어야 한다. 빈칸은 approve와 병렬된 요소이므로 request가 답이다.
> 해석 그 프로젝트의 필요에 기반하여 팀의 리더는 그 제안을 승인할 수도 있고, 추가 수정을 요청할 수도 있다.
> 정답 ①

2 The more denim was washed, __the softer__ it would get

> 해설 'The 비교급, the 비교급' 구문이므로 빈칸에는 the와 soft의 비교급이 들어가야 한다. soft의 비교급이 softer이므로 the softer가 답이다.
> 해석 데님 바지는 세탁될수록 더 부드러워진다.
> 정답 ④

3 __No one__ is more revered than Sigmund Freud.

> 해설 비교급을 이용한 최상급 표현이다. 이때 주어는 부정주어가 되어야 하므로 No one이 답이다.
> 해석 지그문트 프로이트보다 존경받는 사람은 없다.
> 정답 ①

DAY 30 Daily VOCA & Reading

단어와 표현 — 의미 파악

※ 주어진 단어와 의미가 가장 가까운 것을 고르시오.

1 inherent
① inadequate ② intrinsic ③ domestic ④ upcoming

2 contradictory
① conflicting ② prominent ③ eminent ④ neutral

3 alien
① redundant ② heterogeneous ③ versatile ④ worn-in

4 ancillary
① ephemeral ② solemn ③ additional ④ cynical

5 deteriorate
① worsen ② blur ③ utter ④ neutralize

6 ensure
① justify ② bestow ③ guarantee ④ detach

구문 분석

※ 다음 문장에서 주어는 S, 동사는 V, 목적어는 O로 표시하고 문장을 해석하세요.
(주어 S, 동사 V, 목적어 O, 간접목적어 IO, 직접목적어 DO, 보어 C, 목적격보어 OC, 가주어 가S, 진주어 진S, 가목적어 가O, 진목적어 진O)

1 The study of the human mind and behavior has had many prominent practitioners.
➡ _____

2 Most research has suggested that marital satisfaction follows the U-shaped configuration.
➡ _____

Answers & Keys

단어와 표현 · 의미 파악

1 ② 2 ① 3 ② 4 ③ 5 ① 6 ③

1
inherent 내재하는
= intrinsic
  natural
  innate
  inborn

2
contradictory 모순되는
= conflicting

3
alien 이질적인
= heterogeneous

4
ancillary 부수적인
= additional
  auxiliary
  supplementary
  secondary
  subsidiary

5
deteriorate 악화시키다
= worsen
  degenerate

6
ensure 보장하다
= guarantee

구문 분석

1 The study of the human mind and behavior has had many prominent practitioners.
　　　　　　　S　　　　　　　　　　　　　V　　　　　　O

인간의 정신과 행동에 관한 연구는 많은 유명한 전문가가 있었다

해석 　인간의 정신과 행동에 관한 연구는 많은 유명한 전문가가 있었다.

2 Most research has suggested that marital satisfaction follows the U-shaped configuration.
　　　　　S　　　　　V　　　　　　　　　　　　O

대부분의 연구는 결혼 만족도가 U자형 배열 형태를 따른다고 제시한다.

해석 　대부분의 연구는 결혼 만족도가 U자형 배열 형태를 따른다고 제시한다.

DAY 31 Daily Grammar

문법 OX

※ 다음 밑줄 친 부분이 어법상 옳으면 O, 틀리면 X를 표시하고 틀린 부분을 옳게 고치세요.

1. The subjectivity of what we perceive will inevitably evolve as long as human perspectives and experiences will continue to diversify. ( )

2. In our modern age, we are inundated with vast amounts of information that influences our perceptions and decisions daily. ( )

3. With the nation cut back on commodities and imports, countries that depend on Chinese consumption are bracing for impact. ( )

문법 빈칸 채우기

※ 밑줄 친 부분에 들어갈 말로 가장 적절한 것을 고르세요.

1. I didn't know _____ I should do when the deadline was coming close yesterday.
   ① what   ② that
   ③ and   ④ which

2. It's often said _____ the digital revolution has been both a blessing and a curse.
   ① what   ② that
   ③ and   ④ which

3. For a generation of Chinese accustomed to torrid growth, the new normal is _____ to behold.
   ① frighten   ② frightening
   ③ frightened   ④ to frighten

Answers & Keys

문법 OX

1 The subjectivity of what we perceive will inevitably evolve as long as human perspectives and experiences will continue to diversify. (X)

- 해설 조건의 부사절 as long as 때문에 미래의 will은 현재 시제로 써야 한다.
- 해석 인간의 관점과 경험이 계속 다양해지는 한 우리가 지각하는 것의 주관성은 필연적으로 진화할 것이다.

2 In our modern age, we are inundated with vast amounts of information that influences our perceptions and decisions daily. (O)

- 해설 information은 셀 수 없는 명사이므로 양형용사인 amounts of가 information을 바르게 수식하고 있다.
- 해석 현대에서 우리는 우리의 인식과 결정에 매일 영향을 미치는 방대한 정보의 양에 잠긴다.

3 With the nation cut back on commodities and imports, countries that depend on Chinese consumption are bracing for impact. (X)

- 해설 with 분사구문으로 목적어와 목적격보어의 관계가 능동이면 목적격보어는 현재분사로 써야 한다. the nation과 cut back의 관계가 능동이므로 cut을 현재분사 cutting으로 고쳐야 바르다.
- 해석 중국이 원자재와 수입을 줄이는 가운데, 중국 소비에 의존하는 국가들은 영향에 대비하고 있다.

문법 빈칸 채우기

1 I didn't know [___what___ I should do] when the deadline was coming close yesterday.

- 해설 빈칸 뒤에 주어와 동사가 있고 동사 know의 목적어가 없으므로 명사절로 목적어가 되어야 함을 알 수 있다. 빈칸 뒤의 절이 불완전하므로 what이 정답이다.
- 해석 어제 마감 시간이 다가올 때 나는 무엇을 해야할지 몰랐다.
- 정답 ①

2 It's often said [___that___ the digital revolution has been both a blessing and a curse].

- 해설 that 이하에 완전한 절이 왔고, 문맥상 It은 가주어이므로 진주어 절을 이끄는 명사절 접속사 that이 정답이다.
- 해석 디지털 혁명은 축복이자 저주라고 흔히 말한다.
- 정답 ②

3 For a generation of Chinese accustomed to torrid growth, the new normal is ___frightening___ to behold.

- 해설 감정유발동사는 주체가 감정을 일으키면 현재분사로, 감정의 대상이 되면 과거분사로 쓴다. 뉴노멀이 두려움을 일으키는 의미이므로 frightening이 정답이다.
- 해석 격렬한 성장에 익숙한 한 세대의 중국인들에게 뉴 노멀은 보기가 무섭다.
- 정답 ①

DAY 31 Daily VOCA & Reading

단어와 표현 | 의미 파악

※ 주어진 단어와 의미가 가장 가까운 것을 고르시오.

1 obstinate
① stubborn ② numerous ③ endangered ④ vast

2 flexible
① brief ② minimum ③ cultural ④ pliable

3 cooperative
① passive ② collaborative ③ critical ④ bewildering

4 compliant
① essential ② pictorial ③ obedient ④ gallant

5 vanish
① neglect ② intervene ③ sustain ④ disappear

6 prosper
① produce ② flourish ③ venture ④ advertise

구문 분석

※ 다음 문장에서 주어는 S, 동사는 V, 목적어는 O로 표시하고 문장을 해석하세요.
(주어 S, 동사 V, 목적어 O, 간접목적어 IO, 직접목적어 DO, 보어 C, 목적격보어 OC, 가주어 가S, 진주어 진S, 가목적어 가O, 진목적어 진O)

1 We had an instinctive awareness of what foods and how much food our body needed.
➡ _____

2 We do know that not all screen time is experienced in the same way.
➡ _____

Answers & Keys

단어와 표현 · 의미 파악

1 ①　2 ④　3 ②　4 ③　5 ④　6 ②

1
obstinate 완강한
= stubborn　　headstrong
　tenacious　　inflexible
　persistent　　intractable
　unadaptable

2
flexible 유연한
= pliable

3
cooperative 협력하는
= collaborative
　stand
　bear

4
compliant 순응하는
= obedient

5
vanish 사라지다
= disappear
　evaporate

6
prosper 번영하다
= flourish
　thrive
　bloom

구문 분석

1 <u>We</u> <u>had</u> <u>an instinctive awareness of what foods and how much food our body needed.</u>
　　S　V　　O

우리는 몸이 어떤 음식을 얼마나 필요로 하는지에 관한 본능적인 의식을 가지고 있었다.

> 해석　우리는 몸이 어떤 음식을 얼마나 필요로 하는지에 관한 본능적인 의식을 가지고 있었다.

2 <u>We</u> <u>do know</u> <u>that not all screen time is experienced in the same way.</u>
　　S　　V　　　O

모든 스크린 타임이 같은 방식으로 경험되는 것은 아니라는 사실을 정말로 알고 있다.

> 해석　모든 스크린 타임이 같은 방식으로 경험되는 것은 아니라는 사실을 정말로 알고 있다.

DAY 32 Daily Grammar

문법 OX

※ 다음 밑줄 친 부분이 어법상 옳으면 O, 틀리면 X를 표시하고 틀린 부분을 옳게 고치세요.

1 Not only <u>it kills</u> 99 percent of germs on contact, but it's also the only product of its kind that coats your skin with a barrier that lasts 24 hours.   (   )

2 If you're the type of person who almost always <u>has</u> hand sanitizer on you, you're going to love this Nano Pure protectant spray.   (   )

3 Download speed <u>is mattered</u> most when it comes to enjoy what you might consider "passive" content, like streaming TV.   (   )

문법 빈칸 채우기

※ 밑줄 친 부분에 들어갈 말로 가장 적절한 것을 고르세요.

1 It is because of their unwavering support _____ I have been able to pursue my dreams with confidence.

① that
② whose
③ how
④ for

2 The faster your download rate is, _____.

① you can utilize the more data
② the more you can utilize data
③ you can utilize more data
④ the more data you can utilize

3 For a more thorough understanding of mindfulness' benefits and risks, long-term and rigorously controlled studies _____.

① need
② needed
③ are needing
④ are needed

Answers & Keys

문법 OX

1 <u>Not only it kills</u> 99 percent of germs on contact, but it's also the only product of its kind that coats your skin with a barrier that lasts 24 hours. (X)

- 해설 부정부사 Not only가 문두에 온 구문이므로, 「부정부사+동사+주어」의 형태로 고쳐야 한다.
- 해석 그것은 접촉 시 99퍼센트의 세균을 죽일 뿐만 아니라 24시간 동안 지속되는 장벽으로 당신의 피부를 덮는 유형으로는 유일한 제품이다.

2 If you're <u>the type of person</u> who almost always <u>has</u> hand sanitizer on you, you're going to love this Nano Pure protectant spray. (O)

- 해설 주격 관계대명사 who가 사용된 관계사절 내의 동사이다. 관계사절 내의 동사는 선행사에 수 일치를 해야 하므로 선행사 the type of person에 수 일치한 단수형 동사 has가 바르게 쓰였다.
- 해석 만약 당신이 항상 손 세정제를 가지고 다니는 유형의 사람이라면, 당신은 이 Nano Pure 보호제 스프레이를 사랑할 것이다.

3 Download speed <u>is mattered</u> most when it comes to enjoy what you might consider "passive" content, like streaming TV. (X)

- 해설 matter는 자동사이므로 수동태로 쓸 수 없다. 따라서 is mattered를 matters로 고쳐야 한다.
- 해석 다운로드 속도는 스트리밍 TV 같은 '수동적' 콘텐츠로 여기는 것을 즐기는 것에 관한 한 가장 중요하다.

문법 빈칸 채우기

1 <u>It</u> is because of their unwavering support <u>that</u> I have been able to pursue my dreams with confidence.

- 해설 빈칸 이하에 완전한 절이 왔고, 주어 It과 빈칸 사이에 강조 대상으로 부사구(전치사구)가 들어간 강조 구문이므로 that이 정답이다.
- 해석 내가 자신 있게 꿈을 좇을 수 있었던 것은 그들의 변함없는 지지 때문이다.
- 정답 ①

2 The <u>faster</u> your download rate is, <u>the more data you can utilize</u>.

- 해설 The faster가 있어 「The 비교급 S'+V', the 비교급 S+V」의 구문임을 알 수 있으므로 the more data you can utilize가 정답이다.
- 해석 당신의 다운로드 속도가 빠를수록 당신은 더 많은 데이터를 활용할 수 있다.
- 정답 ④

3 For a more thorough understanding of mindfulness' benefits and risks, long-term and rigorously controlled <u>studies</u> <u>are needed</u>.

- 해설 long-term and rigorously controlled studies가 주어이며 이들이 필요하다는 수동의 의미이므로 수동태인 are needed가 정답이다.
- 해석 마음 챙김의 이점과 위험에 관한 더 철저한 이해를 위해, 장기적이고 엄격하게 통제된 연구가 필요하다.
- 정답 ④

DAY 32 Daily VOCA & Reading

단어와 표현 의미 파악

※ 주어진 단어와 의미가 가장 가까운 것을 고르시오.

1 collaborate
① incur ② pursue ③ cooperate ④ utilize

2 compete
① update ② enhance ③ appreciate ④ contest

3 sensible
① rational ② necessary ③ accessible ④ effective

4 genuine
① financial ② authentic ③ complex ④ myriad

5 contemporary
① skeptical ② unfortunate ③ urgent ④ modern

6 obsolete
① systemic ② universal ③ outdated ④ widespread

구문 분석

※ 다음 문장에서 주어는 S, 동사는 V, 목적어는 O로 표시하고 문장을 해석하세요.
(주어 S, 동사 V, 목적어 O, 간접목적어 IO, 직접목적어 DO, 보어 C, 목적격보어 OC, 가주어 가S, 진주어 진S, 가목적어 가O, 진목적어 진O)

1 Critics argue the rapid adoption of mindfulness by organizations and educational systems may inappropriately shift societal issues to individuals.

➡ _____

2 A recent conference at a top British university brought together leading AI researchers and humanities scholars to discuss AI's philosophical questions

➡ _____

Answers & Keys

단어와 표현 / 의미 파악

1 ③ 2 ④ 3 ① 4 ② 5 ④ 6 ③

1
collaborate 협업하다
= cooperate
  team up

2
compete 경쟁하다
= contest

3
sensible 분별 있는
= rational
  reasonable
  prudent
  judicious
  sagacious
  wise

4
genuine 진짜의
= real
  authentic

5
contemporary 현대의
= modern
  present

6
obsolete 구식의
= outdated
  antiquated
  old-fashioned
  outmoded

구문 분석

1 Critics argue the rapid adoption of mindfulness by organizations and educational systems may inappropriately shift societal issues to individuals.
  S   V   O

비평가들은 조직과 교육 시스템에서 마음 챙김의 급속한 채택이 사회적 문제를 개인에게 부적절하게 전가할 수 있다고 주장한다.

[해석] 비평가들은 조직과 교육 시스템에서 마음 챙김의 급속한 채택이 사회적 문제를 개인에게 부적절하게 전가할 수 있다고 주장한다.

2 A recent conference at a top British university brought together leading AI researchers and humanities scholars to discuss AI's philosophical questions
          S   V   O

영국의 최고 대학에서 열린 최근의 학회는 인공지능의 철학적인 문제를 논의하기 위해 선도적인 인공지능 연구자들과 인문학자들을 한데 모았다.

[해석] 영국의 최고 대학에서 열린 최근의 학회는 인공지능의 철학적인 문제를 논의하기 위해 선도적인 인공지능 연구자들과 인문학자들을 한데 모았다.

틀리고 또 틀리는 너에게 꼭 필요한 오답노트!

학습날짜	____년 ____월 ____일	
출처	교재 _____	페이지/문제번호 _____

문제

확인 사항

1 오답

2 학습 Point

3 모르는 어휘 / 구문 정리

4 틀린 이유 & 정답 도출 과정

학습날짜	____년 ____월 ____일

틀리고 또 틀리는 너에게 꼭 필요한 오답노트!

학습날짜	_____년 _____월 _____일		
출 처	교재 _____	페이지/문제번호 _____	

문제

확인 사항

1 오답

2 학습 Point

3 모르는 어휘 / 구문 정리

4 틀린 이유 & 정답 도출 과정

틀리고 또 틀리는 너에게 꼭 필요한 **오답노트!**

학습날짜	_____ 년 _____ 월 _____ 일
출　처	교재 _____　　페이지/문제번호 _____

문제

확인 사항

1 오답

2 학습 Point

3 모르는 어휘 / 구문 정리

4 틀린 이유 & 정답 도출 과정

틀리고 또 틀리는 너에게 꼭 필요한 오답노트!

| 학습날짜 | _____ 년 _____ 월 _____ 일 |
| 출 처 | 교재 _____ 페이지/문제번호 _____ |

문제

확인 사항

1 오답

2 학습 Point

3 모르는 어휘 / 구문 정리

4 틀린 이유 & 정답 도출 과정

| 학습날짜 | _____ 년 _____ 월 _____ 일 |
| 출 처 | |

틀리고 또 틀리는 너에게 꼭 필요한 오답노트!

학습날짜 _____년 _____월 _____일

출처 교재 _____ 페이지/문제번호 _____

문제

확인 사항

1 오답

2 학습 Point

3 모르는 어휘 / 구문 정리

4 틀린 이유 & 정답 도출 과정

학습날짜 _____년 _____월 _____일

출처

틀리고 또 틀리는 너에게 꼭 필요한 오답노트!

| 학습날짜 | _____ 년 _____ 월 _____ 일 |
| 출   처 | 교재 _____ 페이지/문제번호 _____ |

문제

확인 사항

1 오답

2 학습 Point

3 모르는 어휘 / 구문 정리

4 틀린 이유 & 정답 도출 과정

| 학습날짜 | _____ 년 _____ 월 _____ 일 |
| 출   처 | 교재 _____ 페이지/문제번호 _____ |

문제

확인 사항

틀리고 또 틀리는 너에게 꼭 필요한 오답노트!

| 학습날짜 | _____ 년 _____ 월 _____ 일 |
| 출 처 | 교재 _____ 페이지/문제번호 _____ |

문제

확인 사항

1 오답

2 학습 Point

3 모르는 어휘 / 구문 정리

4 틀린 이유 & 정답 도출 과정

DAY 01

2025 이동기 영어 하루 프로젝트

| 01 | ① | 02 | ③ | 03 | ① | 04 | ② | 05 | ② |
| 06 | ④ | 07 | ③ | 08 | ② | 09 | ③ | 10 | ④ |

[1~3] 밑줄 친 부분에 들어갈 말로 가장 적절한 것을 고르시오.

1

> The _____ ruins provide valuable insights into the architecture and culture of early civilizations.

① ancient
② luxurious
③ anxious
④ rational

어휘

ruins (*pl.*) 유적   provide 제공하다   valuable 귀중한   insight 통찰력
architecture 건축   civilization 문명   ancient 고대의
luxurious 사치스러운   anxious 열망하는   rational 분별 있는

해석

고대의 유적은 초기 문명의 건축과 문화에 대한 귀중한 통찰력을 제공한다.

정답 ①

2

> Our democracy could falter because citizens are not exercising their right to vote and they are becoming more _____ to elections.

① heedful
② ardent
③ indifferent
④ unequaled

어휘

democracy 민주주의   falter 흔들리다   citizen 시민   exercise 행사하다
right 권리   vote 투표하다   election 선거   heedful 신중한
ardent 열렬한   indifferent 무관심한   unequaled 타의 추종을 불허하는

해석

시민들이 선거권을 행사하지 않고 있고, 선거에 더욱 <u>무관심</u>해지고 있기 때문에 우리의 민주주의가 흔들릴 수 있다.

정답 ③

3

> The number of mansions located in the coastal regions _____ as wealthy individuals look for properties with stunning ocean views.

① has grown
② have grown
③ having grown
④ to have grown

어휘

mansion 저택   located in ~에 위치한   coastal 해안의   region 지역
wealthy 부유한   individual 개인   look for ~을 찾다   property 건물
stunning 아름다운   ocean 바다의   view 전망

해석

부유한 개인들이 아름다운 바다 전망을 가진 건물을 찾기 때문에 해안 지역에 위치한 저택의 수가 증가했다.

해설

[문법포인트] 문장의 구성 / 주어 – 동사 수 일치   as가 부사절 접속사로 쓰였고, as 앞이 주절이다. 문장의 주어는 있지만 동사는 없는 상태이다. 따라서 동사이면서 단수 주어 The number와 수 일치가 되어야 하므로 ① has grown이 정답이다.

정답 ①

4

밑줄 친 부분 중 어법상 옳지 <u>않은</u> 것은?

> Travelers and locals alike are ① <u>fascinated</u> by the unique blend of history and modernity that popular destinations offer. But travelers often have difficulty ② <u>navigate</u> unfamiliar cities without a guide. Guided tours are usually led by experienced professionals, ③ <u>all of whom</u> possess extensive knowledge about the area's attractions. As a result, visitors can gain a deeper understanding and appreciation of the culture and history of the places ④ <u>which</u> they explore.

어휘

local 현지인   alike 모두   fascinate 매료시키다   unique 독특한
blend 조화   modernity 현대성   destination 여행지
navigate ~에서 길을 찾다   unfamiliar 낯선   experienced 노련한
professional 전문가   possess 소유하다   extensive 광범위한
attraction 명소   as a result 그 결과   understanding 이해
appreciation 감상   explore 탐험하다

해석

여행객들과 현지인들 모두 인기 있는 여행지들이 제공하는 역사와 현대성의 독특한 조화에 매료된다. 그러나 여행객들은 가이드 없이 낯선 도시에서 길을 찾는 데 종종 어려움을 겪는다. 가이드 투어는 보통 노련한 전문가들에 의해 안내되는데, 그들은 모두 그 지역의 명소에 대해 광범위한 지식을 가지고 있다. 그 결과, 방문객들은 그들이 탐험하는 장소들의 문화와 역사에 대해 더 깊이 이해하고 감상할 수 있다.

해설

② [문법포인트] 준동사 주요 표현   '~하는 데 어려움을 겪다'는 「have

difficulty (in) -ing」로 표현할 수 있다. 따라서 동사원형 navigate를 동명사형인 navigating으로 고쳐야 한다. (navigate → navigating)
① [문법포인트] **능동태 vs. 수동태 구분** 타동사 fascinate의 목적어가 없고, 주어 Travelers and locals와 동사가 의미상 수동의 관계이므로 동사의 수동태를 나타내기 위해 과거분사가 바르게 쓰였다.
③ [문법포인트] **관계대명사의 선택** 선행사 experienced professionals가 사람이며 전치사 of 뒤에 왔으므로 목적격 관계대명사 whom이 바르게 쓰였다. 「all of + (대)명사」는 '모든 ~'를 의미한다.
④ [문법포인트] **관계대명사의 선택** explore의 목적어가 없는 불완전한 절이 왔으므로 목적격 관계대명사가 필요하다. 선행사가 places이므로 which가 바르게 쓰였다.

정답 ②

5

밑줄 친 부분 중 어법상 옳지 않은 것은?

> Machine learning lets a computer continually (A) to adapt itself to your inputs so (B) it can keep improving its results. Another excellent example of this is found in Apple's new iPhone operating system. (C) Engineering with what Apple bills as more "proactive" intelligence, iOS 9 pushes apps (D) that you often use in certain situations to your lock screen for your easy access. So if you tend to listen to podcasts on your commute to work, it might suggest you (E) open Stitcher every morning around the time you leave home.

① (B), (D) ② (A), (C)
③ (B), (C), (D) ④ (A), (C), (E)

어휘

machine learning 기계 학습 continually 계속해서 adapt 적응시키다 input 입력 operating system 운영 체제 engineer 설계해서 제작하다 bill A as B A를 B로 홍보하다 proactive 적극적인 intelligence 지능 push (특정 알림을) ~에 표시하다 commute 통근 suggest 제안하다 Stitcher (듣고, 다운로드하고, 스트리밍할 수 있는) 팟캐스트 앱의 일종

해석

기계 학습은 컴퓨터가 계속해서 여러분의 입력에 적응하도록 하여 컴퓨터가 결과를 향상시킬 수 있도록 해준다. 이것의 또 다른 훌륭한 예는 애플의 새로운 아이폰 운영 체제에서 찾을 수 있다. 애플이 더 '적극적인' 지능이라고 홍보하는 것으로 제작된 iOS 9는 당신이 쉽게 접근할 수 있도록 특정 상황에서 자주 사용하는 앱을 잠금 화면에 표시한다. 그러므로 만약 여러분이 회사에 통근하면서 팟캐스트를 듣는 경향이 있다면, iOS 9는 여러분이 매일 아침 집을 떠날 때쯤 스티처를 열라고 제안할지도 모른다.

해설

(A) [문법포인트] **불완전타동사와 동작의 목적격보어** 사역동사 let은 목적격보어에 동사원형을 사용한다. 따라서 to adapt를 adapt로 고쳐야 한다. (to adapt → adapt)
(B) [문법포인트] **인칭대명사** 단수 명사인 Machine learning을 3인칭 단수 대명사 it으로 받았으므로 쓰임이 바르다.
(C) [문법포인트] **분사구문** 주절 앞에 분사구문이 쓰였는데 주어 iOS 9와 동사 engineer의 관계는 수동이다. 따라서 현재분사를 과거분사로 고쳐야 한다. 분사구문은 부사절로는 'As iOS 9 was engineered with ~'의 의미이다. (Engineering with → Engineered with)
(D) [문법포인트] **관계대명사의 선택** 선행사가 apps이고 use의 목적어 역할을 하는 목적격 관계대명사 that이 바르게 쓰였다.
(E) [문법포인트] **당위의 조동사 should** 제안, 명령, 주장 등의 동사가 주절에 오고 목적어로 that절이 오고 that절이 당위절일 경우, that절의 동사는 「(should) + 동사원형」을 써야 한다. 따라서 (should) open이 올바른 형태이다.

정답 ②

6

밑줄 친 부분에 들어갈 말로 가장 적절한 것은?

> A: Why are you late? We were supposed to start 10 minutes ago.
> B: I met a foreigner on the way, and he asked me how to get to Seoul Station.
> A: That shouldn't have taken so long.
> B: He couldn't speak English, so I ended up taking him there myself.
> A: _____.
> B: What's that?
> A: It changes languages for you.
> B: Oh, really? That means I can communicate with people even if I don't know their language.

① He must be very grateful that you took him there
② It took longer than you usually expected
③ You should have studied other languages harder
④ Next time, try using a translation app

어휘

be supposed to ~하기로 하다 foreigner 외국인 on the way 도중에 end up -ing 결국 ~하다 communicate 의사소통하다 grateful 감사한 translation 번역

해설

A: 왜 늦었어? 10분 전에 출발하기로 했잖아.
B: 도중에 외국인을 만났는데, 나한테 서울역까지 어떻게 가는지 물어보더라고.
A: 그게 그렇게 오래 걸리지는 않았어야 했는데.
B: 그분이 영어를 못해서서 결국 내가 직접 거기에 모셔다드렸어.
A: 다음에는 번역 앱을 사용해 봐.
B: 그게 뭐야?
A: 너를 위해 언어를 바꿔줘.
B: 아, 그래? 내가 언어를 몰라도 사람들과 의사소통을 할 수 있다는 뜻이구나.

① 그는 네가 그곳에 데려다준 것에 정말 감사할 거야
② 네가 평소에 예상했던 것보다 오래 걸렸어
③ 너는 다른 언어를 더 열심히 공부했어야 했어

정답 ④

7

K-Food Festival Nuknuk에 관한 다음 글의 내용과 일치하지 않는 것은?

> **K-Food Festival Nuknuk**
>
> Seoul City is excited to announce the launch of the "K-Food Festival Nuknuk" at Sejong-ro Park, a fun event showcasing a wide variety of delicious Korean dishes. Formerly known as the "Han River Moonlight Market," this revamped festival offers a chance for locals and tourists to enjoy tasty food from sixteen handpicked food trucks. With its friendly name, "Nuknuk" invites everyone to experience the welcoming atmosphere of Seoul while trying out different Korean foods. The festival is also a great opportunity for visitors from other countries to discover and enjoy Korean cuisine. With easy payment options and simple kiosk services for ordering, "K-Food Festival Nuknuk" promises a fun and hassle-free dining experience for everyone.

① It is held at Sejong-ro Park.
② It was previously titled the Han River Moonlight Market.
③ It exclusively targets foreign tourists, excluding local residents.
④ It offers convenient payment methods and user-friendly kiosk services.

어휘

festival 축제 announce 알리다 launch 시작 event 행사
showcase 보여주다 a wide variety of 아주 다양한 dish 요리
formerly 이전에 revamp 개편하다 local 현지인 tasty 맛있는
handpick 엄선하다 welcoming 따뜻한 atmosphere 분위기
try out ~을 먹어보다 cuisine 요리 payment 결제
kiosk 키오스크: 매점에 설치된 판매 단말기 hassle-free 번거롭지 않은
dining 식사 previously 이전에 exclusively 오로지 target 목표로 하다
excluding ~을 제외하고 convenient 편리한
user-friendly 사용하기 쉬운

해석

K-푸드 축제 넉넉

서울시는 세종로 공원에서 아주 다양하고 맛있는 한국 음식을 보여주는 재미있는 행사인 'K-푸드 축제 넉넉'의 시작을 알리게 되어 기쁩니다. 이전에 '한강 달빛 시장'으로 알려진 이 개편된 축제는 현지인들과 관광객들이 열여섯 대의 엄선된 푸드 트럭에서 맛있는 음식을 즐길 수 있는 기회를 제공합니다. 친근한 이름인 '넉넉'은 다양한 한국 음식을 먹어보는 동안 모든 사람들이 서울의 따뜻한 분위기를 경험하도록 초대합니다. 그 축제는 또한 다른 나라에서 온 방문객들이 한국 음식을 발견하고 즐길 수 있는 좋은 기회입니다. 쉬운 결제 방식과 간단한 키오스크 주문 서비스로, 'K-푸드 축제 넉넉'은 모두에게 재미있고 번거롭지 않은 식사 경험을 약속합니다.

① 이것은 세종로 공원에서 열린다.
② 이것은 이전에 한강 달빛 시장으로 이름 붙여져 있었다.
③ 이것은 지역 주민을 제외하고 오로지 외국인 관광객만을 대상으로 한다.
④ 이것은 편리한 결제 방식과 사용하기 쉬운 키오스크 서비스를 제공한다.

해설

③ 두 번째 문장에서 지역 주민과 관광객들 모두가 음식을 즐길 수 있다고 하므로 글의 내용과 일치하지 않는다.
① 첫 번째 문장에서 축제는 세종로 공원에서 열린다고 하므로 글의 내용과 일치한다.
② 두 번째 문장에서 이전에 한강 달빛 시장으로 알려져 있었다고 하므로 글의 내용과 일치한다.
④ 마지막 문장에서 쉬운 결제 방식과 간단한 키오스크 주문 서비스를 제공한다고 하므로 글의 내용과 일치한다.

정답 ③

8

다음 글의 제목으로 가장 적절한 것은?

> One of Socrates' students, the Greek philosopher Plato, became a leading advocate for censorship after his teacher's death. In his philosophical treatise *The Republic*, Plato advocated the strict censorship of literary materials for children, arguing that early exposure to fiction can cause children to overly identify with fictional characters and subsequently imitate their worst characteristics. Thus, Plato contended that it was society's moral obligation to exercise control over everything children see, hear, or read. This theme of guardianship over the innocence of youth is one that has been repeatedly supported by advocates of censorship even up to the modern day.

① Pros and Cons of Censorship
② Why Was Plato for Censorship?
③ Censorship Affects the Educational System
④ Socrates' Influence on Plato's View of Censorship

어휘

Greek 그리스의 advocate 옹호자; 주장하다 censorship 검열
treatise 논문 strict 엄격한 literary 문학의 material 자료
argue 주장하다 exposure 노출 overly 지나치게
identify with ~와 동일시하다 subsequently 그 후에 imitate 모방하다
characteristic 특징 contend 주장하다 moral 도덕적인
obligation 의무 exercise 행사하다 theme 주제 guardianship 보호
innocence 천진함 repeatedly 끊임없이 pros and cons 찬반양론
for ~을 찬성하는 affect 영향을 주다 view 견해

해석

소크라테스 제자 중 한 명인 그리스의 철학자 플라톤은 스승의 사후에 선도적인 검열 옹호자가 되었다. 플라톤은 자신의 철학 논문인 <국가론>에서 허구 소설을 일찍 접하는 것은 아이들이 허구적 인물과 지나치게 동일시하게 하고, 나중에 그들의 가장 나쁜 특징을 모방하게 할 수 있다고 주장하면서, 아동용 문학 자료에 대한 엄격한 검열을 주장했다. 그래서 플라톤은 아이들이 보고, 듣고, 읽는 모든 것에 대해 통제를 하는 것이 사회의 도덕적 책무라고 주장했다. 이러한 어린 시절의 천진함에 대한 보호라는 주제는 심지어 오늘날까지 검열 옹호자들에 의해 끊임없이 지지되고 있는 것이다.

① 검열에 대한 찬반양론
② 왜 플라톤은 검열을 찬성할까?
③ 교육제도에 영향을 미치는 검열
④ 소크라테스가 플라톤의 검열에 대한 관점에 미친 영향

해설

글의 중심 소재는 플라톤의 검열 옹호이고 플라톤이 선도적 검열 옹호자라고 한 첫 번째 문장이 주제문이며 이후 글에서 그가 왜 검열을 옹호하는지를 구체적으로 기술하고 있다. 따라서 글의 제목으로 가장 적절한 것은 ② '왜 플라톤은 검열을 찬성할까?'이다.

정답 ②

9

밑줄 친 부분에 들어갈 말로 가장 적절한 것은?

> Like in other businesses, one of the important aspects of establishing a professional reputation in an online business is to _____.
> For example, a contents writer may have an interest in project management (a common career move for many contents writers); however, that does not necessarily mean that this person has the skills and experience to take on a huge content management project right off the bat. There is a huge difference between writing or editing content and managing a team of writers, developers, and others in order to get that content to users. Perhaps this writer needs to learn from an already experienced project manager, taking on some of the less important tasks while learning the ins and outs of project management. There is nothing wrong about admitting that you should learn more — in fact, it is a trait that many employers often look for.

① meet people directly as well as to meet them online
② work independently rather than as a part of a team
③ be aware of your limitations, while striving to go beyond them
④ put your polished skills into practice when put on a task

어휘

aspect 측면   establish 확립하다   reputation 평판   management 관리
career move 직업전환   necessarily 반드시   take on ~을 맡다
right off the bat 즉시   edit 편집하다   experienced 경험이 있는
ins and outs 구석구석   admit 인정하다   trait 특성   look for ~을 찾다
independently 독립하여   limitation 한계   strive 애쓰다
go beyond ~을 넘어서다   put ~ into practice ~을 실행하다
polished 능숙한

해설

다른 사업에서와 같이, 온라인 업체에서 전문적인 평판을 확립하는 중요한 측면 중 하나는 자신의 한계를 넘어서려 애쓰는 동안 자신의 한계를 인식하는 것이다. 예를 들어, 콘텐츠 작가가 프로젝트 관리에 관심이 있다고 해보자 (많은 콘텐츠 작가에게 흔한 직업전환이다);. 그러나 그것은 이 사람이 즉시 큰 콘텐츠 관리 프로젝트를

맡을 기술과 경험이 있다는 것을 반드시 의미하는 것은 아니다. 콘텐츠를 쓰거나 편집하는 것과 그 콘텐츠를 사용자들에게 제공하기 위해 작가, 개발자와 다른 사람들로 이루어진 팀을 관리하는 것 사이에는 엄청난 차이가 있다. 아마 이 작가는 이미 경험이 있는 프로젝트 관리자로부터 배우면서 덜 중요한 과업 일부를 맡아 프로젝트 관리를 구석구석 배워야 할 것이다. 자신이 더 배워야 한다는 것을 인정하는 것은 잘못된 것이 아니다 — 사실, 그것은 많은 고용주들이 종종 찾는 특성이기도 하다.

① 사람들을 온라인에서 만나는 것뿐만 아니라 직접 만나는
② 팀의 일원으로서보다는 독립적으로 일하는
④ 업무에 투입되면 당신의 능숙한 기술을 실행하는

해설

중심 소재는 배움의 중요성이고 첫 문장이 주제문이다. 빈칸이 주제문에 있으므로 이후 예시 글에서 빈칸의 근거를 찾아야 한다. 콘텐츠 작가 일과 프로젝트 관리를 예로 들면서 이 둘은 매우 다른 분야이기 때문에 그 분야에 관해 잘 모른다면 작은 일부터 맡거나 배워 나가야 한다고 한다. 이때 자신이 더 배워야 하는 것을 인정해야 한다고 하는데, 이는 곧 자신의 한계를 인식한다는 말과 같다. 따라서 빈칸에는 ③ '자신의 한계를 넘어서려 애쓰는 동안 자신의 한계를 인식하는'이 가장 적절하다.

정답 ③

10

주어진 문장이 들어갈 위치로 가장 적절한 것은?

> On the other hand, a marine mammal trainer may study and utilize knowledge from marine biology like anatomy, physiology or behavior.

> We often hear people say, "I want to be a marine biologist so I can train dolphins." (①) While it is true that some marine biologists do train dolphins, the job descriptions for a marine biologist and a marine mammal trainer are really quite different. (②) A marine biologist is someone who studies, observes, or protects marine organisms. (③) Generally, very few of these scientists train living marine mammal species themselves. (④) A marine mammal trainer is actually taught to specialize in each of these fields.

어휘

marine 해양의   mammal 포유류   utilize 활용하다   biology 생물학
anatomy 해부학   physiology 생리학   job description 직무 내용
organism 유기체   specialize in ~을 전문적으로 하다

해설

우리는 사람들이 "나는 돌고래를 훈련시킬 수 있게 해양 생물학자가 되고 싶어."라고 말하는 것을 종종 듣는다. (①) 일부 해양 생물학자들이 돌고래를 훈련하는 것이 사실이긴 하지만 해양 생물학자와 해양 포유류 훈련사의 직무 내용은 꽤 많이 다르다. (②) 해양 생물학자는 해양 생물을 연구하고, 관찰하거나 보호하는 사람이다. (③) 일반적으로 이러한 과학자 중 극히 소수만이 살아 있는 해양 포유류를 직접 훈련시킨다. (④) 반면에, 해양 포유류 훈련사는 해부학, 생리학 또는 행동학과 같은 해양 생물학의 지식을 공부하여 활용할 수 있다. 해양 포유류 훈련사는 실

제로 이런 분야의 각각에 전문화되도록 교육을 받는다.

해설

해양 생물학자와 해양 포유류 훈련사에 대한 일반적인 혼동에 대해 이야기하고 있다. 주어진 문장이 '반면에'라고 시작하고 해양 포유류 훈련사의 특징을 이야기한다. 따라서 해양 생물학자의 설명이 나오다가 해양 포유류 훈련사 이야기로 전환되는 부분에 들어가는 것이 자연스럽다. ④의 앞에서는 해양 생물학자에 대한 이야기가 나오고, 뒤에서는 해양 포유류 훈련사에 대한 내용이 나온다. 또한 ④의 these fields는 주어진 문장의 anatomy, physiology or behavior를 의미한다. 따라서 정답은 ④이다.

정답 ④

DAY 02

2025 이동기 영어 하루 프로젝트

| 01 | ① | 02 | ② | 03 | ② | 04 | ④ | 05 | ① |
| 06 | ③ | 07 | ② | 08 | ② | 09 | ④ | 10 | ② |

[1~3] 밑줄 친 부분에 들어갈 말로 가장 적절한 것을 고르시오.

1

> Under certain circumstances, it may be necessary to _____ sensitive information such as social security numbers or medical records to protect individual privacy.

① omit   ② insert
③ locate   ④ confuse

어휘

circumstances (*pl.*) 상황   sensitive 민감한   social security 사회보장
protect 보호하다   individual 개인의   privacy 사생활   omit 생략하다
insert 삽입하다   locate (위치를) 찾다   confuse 혼동시키다

해석

특정 상황에서는 개인의 사생활 보호를 위해 사회보장 번호나 의무기록 등 민감한 정보를 생략할 필요가 있을지도 모른다.

정답 ①

2

> He struggled early in his life and was _____ in school by other students because of his foreign accents. This caused him to plunge into depression, and by the time he was eight years old, he decided to stand up for himself.

① egged on   ② picked on
③ turned on   ④ ripped off

어휘

struggle 고군분투하다   foreign 외국의   accent 억양
plunge into ~에 빠지다   depression 우울증
stand up for oneself 남에게 좌우되지 않다   egg on ~을 부추기다
pick on ~을 괴롭히다   turn on ~을 켜다   rip off 바가지를 씌우다

해석

그는 인생 초기에 고군분투했고 그의 외국 억양 때문에 학교에서 다른 학생들에게 괴롭힘을 당했다. 이것이 그를 우울증에 빠지게 만들었고, 그가 8살이 되었을 때, 그는 남에게 좌우되지 않기로 결심했다.

정답 ②

3

> The way you perceive the world is connected to _____, as different eye colors can affect light sensitivity and visual clarity.

① your eyes are which color
② which color your eyes are
③ which color are your eyes
④ are which color your eyes

어휘

perceive 인식하다   connect 관련시키다   light 빛   sensitivity 민감성
visual 시각적인   clarity 선명도

해석

서로 다른 눈 색깔이 빛 민감도와 시각적 선명도에 영향을 미칠 수 있기 때문에 당신이 세상을 인식하는 방식은 당신의 눈이 어떤 색이냐와 관련이 있다.

해설

[문법포인트] **의문문의 어순** 전치사 to의 목적어가 될 수 있는 명사절이 와야 한다. 의문사가 있으므로 간접의문문의 어순인 「의문사+주어+동사」로 되어 있는 ② which color your eyes are가 바르다.

정답 ②

4

밑줄 친 부분 중 어법상 옳은 것은?
① American government should <u>make easier</u> for illegal immigrants to become citizens.
② Even if you are not hired permanently, the people you meet at your internship may <u>affect to</u> your future career.
③ You had better not suddenly get into a quarrel, for fear that <u>you should not</u> repent afterward.
④ Science has enabled us <u>to achieve</u> an understanding of nature and an ability to manipulate it.

어휘

illegal 불법의   immigrant 이민자   citizen 시민
hire permanently 정규직으로 채용하다   affect 영향을 미치다
suddenly 갑자기   get into a quarrel 싸우다   repent 후회하다
afterward 나중에   achieve 얻다   understanding 이해
manipulate 다루다

해석

① 미국 정부는 불법 이민자들이 시민이 되는 것을 더 쉽게 만들어야 한다.
② 정규직으로 채용되지 않더라도 인턴십에서 당신이 만나는 사람들이 향후 경력에 영향을 미칠 수 있다.
③ 나중에 후회하지 않도록 갑자기 싸우지 않는 것이 좋다.
④ 과학은 우리가 자연에 대한 이해와 자연을 다룰 수 있는 능력을 얻을 수 있게 해 주었다.

해설

④ [문법포인트] **불완전타동사와 동작의 목적격보어** 「enable A to B」는 'A가 B하는 것을 가능하게 하다'라는 뜻으로 enable은 5형식 문장에서 목적격보어에 to부정사를 쓰므로 바르게 사용되었다.

① [문법포인트] **인칭대명사** easier는 목적격보어이고 for 이하의 to부정사구가 진목적어이다. 5형식 구문에서 목적어에 to부정사가 올 경우 가목적어를 써야 한다. (make easier → make it easier)
② [문법포인트] **완전타동사** affect는 완전타동사이므로 뒤에 전치사가 올 수 없다. 따라서 to를 삭제해야 한다. (affect to → affect)
③ [문법포인트] **부사절 접속사의 선택** 「for fear that ~ (should)」는 '~하지 않도록'이라는 부정의 뜻이므로 다시 부정어를 넣을 수 없으므로 not을 삭제해야 한다. (you should not → you should)

정답 ④

5

밑줄 친 부분 중 어법상 옳지 않은 것은?

> A chemical plant explosion that ① <u>occurring</u> on November 13 in the northwest province of Jilin has severely polluted one of China's ② <u>biggest</u> rivers, causing water supplies for millions of people ③ <u>to be cut</u> and pollution fears ④ <u>to spread</u> not only in the city but also in neighboring Russia.

어휘

chemical 화학의   plant 공장   explosion 폭발   province (중국) 성
severely 심하게   pollute 오염시키다   water supply 상수도
pollution 오염   spread 확산되다   neighboring 인근의

해석

11월 13일 북서쪽 지린성에서 발생한 화학 공장 폭발로 중국 최대 강 중에 한 곳이 심하게 오염돼 수백만 명의 상수도가 끊겼고 도시 내에서 뿐 아니라 인근 러시아에서도 오염 공포가 확산되고 있다.

해설

① [문법포인트] **문장의 구성** 주격 관계대명사 that절의 동사 자리이므로 현재분사를 동사로 고쳐야 한다. 과거에 발생된 일이므로 occurring을 과거시제 occurred로 고쳐야 한다. 참고로, 문장의 주어는 A chemical plant explosion이고 동사는 has polluted이다. (occurring on → occurred on)
② [문법포인트] **비교 구문** 소유격 뒤에 형용사 big의 최상급인 biggest가 명사 rivers 앞에 바르게 쓰였다.
③ [문법포인트] **불완전타동사와 동작의 목적격보어** cause는 5형식 구문에서 목적격보어에 to부정사를 쓴다. 목적어와 목적격보어가 수동의 관계이므로 수동형 부정사인 to be cut이 바르게 쓰였다.
④ [문법포인트] **불완전타동사와 동작의 목적격보어 / 등위접속사의 병렬 구조** cause의 목적어와 목적격보어가 등위접속사 and에 의해 병렬 연결되었으므로 목적격보어 자리에 to부정사인 to spread가 바르게 사용되었다.

정답 ①

6

밑줄 친 부분에 들어갈 말로 가장 적절한 것은?

> A: I hear that *Batman* is supposed to be good. Do you want to go see it tomorrow?
> B: I'd like to, but I have a previous engagement with family tomorrow.
> A: We can watch the late show. I think it starts after 9.
> B: Isn't that too late? I go to bed at 10 every day.
> A: _____
> B: What do you mean by that?
> A: You seem to want to refuse everything I say.

① I forgot the storyline of Batman.
② Then I will buy tickets in advance.
③ Since when do you sleep that early?
④ When would be convenient for you?

어휘

be supposed to ~하다고들 하다   previous engagement 선약
refuse 거절하다   storyline 줄거리   in advance 미리   convenient 편리한

해설

A: <배트맨>이 괜찮다고들 하던데 내일 보러 갈래?
B: 그러고 싶은데, 내일은 가족들과 선약이 있어서.
A: 심야 영화는 볼 수 있어. 9시 이후에 시작하는 것 같아.
B: 너무 늦은 거 아니야? 나는 매일 10시에 자.
A: 네가 언제부터 그렇게 일찍 잤어?
B: 그게 무슨 뜻이야?
A: 너는 내가 하는 말을 다 거절하고 싶어하는 것 같아.

① 배트맨의 줄거리를 잊어버렸어.
② 그럼 미리 티켓을 구매할게.
④ 언제가 편해?

정답 ③

7

다음 글의 제목으로 가장 적절한 것은?

> Many children with dyslexia lose confidence and suffer from low self-esteem at school because they find learning in class slow and difficult. They may think of themselves as stupid. They can lose their motivation to learn, and fall behind their peers. When this happens, some students misbehave to avoid showing that they can't do the work. They are often making more effort than other students when reading and writing, even if this doesn't show in their work. So be careful not to label students as lazy. By reacting in the wrong way to students' problems, teachers may make things worse. It's important to be clear with students that dyslexia doesn't mean people can't succeed at school or in life. Dyslexia is not linked to low intelligence. Many people with dyslexia have great strengths — they can be effective verbal communicators, visually talented, or able to think more creatively than others.
>
> * dyslexia: 난독증

① The Pros and Cons of Dyslexia
② Dyslexic Children: Learning Challenges and Strengths
③ Dyslexia and the Need for Teacher Training
④ Dyslexia Is Just an Excuse for Laziness

어휘

confidence 자신감   self-esteem 자존감   motivation 동기
fall behind 뒤처지다   peer 또래   misbehave 비행을 저지르다
label A as B A에게 B라는 꼬리표를 붙이다   lazy 게으른   react 반응하다
intelligence 지능   effective 효과적인   verbal 언어의
visually 시각적으로   talented 재능 있는   creatively 창의적으로
pros and cons 장단점   excuse 변명   laziness 게으름

해설

많은 난독증 어린이들은 수업 시간에 배우는 것이 느리고 어렵다고 생각하기 때문에 학교에서 자신감을 잃고 낮은 자존감으로 고통을 받는다. 그들은 자신을 바보라고 생각할지도 모른다. 그들은 배울 동기를 잃고, 또래들에게 뒤처질 수 있다. 이런 일이 일어나면, 어떤 학생들은 그 일을 할 수 없다는 것을 보여주는 것을 피하기 위해 비행을 저지른다. 그들은 비록 이것이 그들의 학업에 나타나지 않더라도, 읽고 쓸 때 종종 다른 학생들보다 더 많은 노력을 한다. 그러므로 학생들에게 게으르다는 꼬리표를 붙이지 않도록 주의하라. 학생들의 문제에 잘못된 방식으로 반응함으로써, 선생님들은 상황을 더 나쁘게 만들지도 모른다. 난독증이 학교나 인생에서 사람들이 성공할 수 없다는 것을 의미하지 않는다는 것을 학생들에게 분명히 말하는 것은 중요하다. 난독증은 낮은 지능과 관련이 없다. 난독증을 가진 많은 사람들은 큰 강점을 가지고 있는데 — 그들은 효과적인 언어적 의사소통을 할 수 있고, 시각적으로 재능이 있거나, 다른 사람들보다 더 창의적으로 생각할 수 있다.

① 난독증의 장단점
② 난독증 어린이: 학습의 어려움과 강점
③ 난독증과 교사 양성의 필요성
④ 난독증은 게으름의 핑계일 뿐이다

해설

글의 중심 소재는 난독증이고, 특별한 주제문 없이 난독증에 대한 올바른 이해를 위해 먼저 난독증 학생의 여러 불리한 점을 말한 다음, 난독증이 지능과 관련이 없으며 난독증 학생도 여러 강점이 있을 수 있다고 한다. 따라서 글의 제목으로 가장 적절한 것은 ② '난독증 어린이: 학습의 어려움과 강점'이다.

정답 ②

8

Nature Photography Contest에 관한 다음 글의 내용과 일치하지 않는 것은?

> **Announcing the Nature Photography Contest!**
>
> Celebrate the beauty of nature through the lens of your camera with our photography competition!
>
> **Competition Details**
> - Theme: Capturing Nature's Splendor
> - Deadline: June 30
> - Eligibility: Open to all photography enthusiasts aged 18 and above.
> - Photography Workshop: All participants will have the chance to attend a workshop led by renowned nature photographers.
>
> **How to Participate**
> - Capture stunning images inspired by the theme.
> - Submit your entries via email to submissions@naturephotocontest.org.
> - Include your name, contact information, and a brief description of each photo.
>
> Don't miss this chance to showcase your talent and immerse yourself in the beauty of the natural world!

① 자연의 아름다움을 사진으로 찍는 대회이다.
② 나이와 상관없이 누구나 참여할 수 있다.
③ 참가자는 누구나 유명 사진작가의 워크숍에 참여할 수 있다.
④ 이메일로 사진을 제출하면 된다.

announce 알리다   photography 사진(술)   contest 공모전
celebrate 찬미하다   competition 대회   theme 주제   capture 담아내다
splendor 장관   deadline 기한   eligibility 자격   enthusiast 애호가
participant 참가자   renowned 유명한   photographer 사진작가
stunning 아름다운   submit 제출하다   entry 출품작
contact information 연락처   brief 간략한   description 설명
showcase 보여주다   immerse oneself in ~에 몰입하다

해석

자연 사진 공모전을 알립니다!

사진 대회와 함께 여러분의 카메라 렌즈를 통해 자연의 아름다움을 찬미하세요!

대회 세부 정보
- 주제: 자연의 장관을 담아내기
- 기한: 6월 30일
- 자격: 18세 이상 사진 애호가가 누구나 참여 가능.
- 사진 워크숍: 모든 참가자들은 유명한 자연 사진작가들이 이끄는 워크숍에 참석할 수 있는 기회를 갖게 된다.

참여 방법
- 주제에서 영감을 받은 아름다운 이미지를 담아보세요.
- 이메일을 통해 submissions@naturephotocontest.org로 출품작을 제출하세요.

- 이름과 연락처, 그리고 각 사진에 대한 간략한 설명을 포함하세요.

자신의 재능을 보여주고 자연계의 아름다움에 몰입할 수 있는 이 기회를 놓치지 마세요!

해설

② <대회 세부 정보>의 '자격'에서 18세 이상 참여 가능하다고 했으므로 글의 내용과 일치하지 않는다.
① <대회 세부 정보>의 '주제'에서 자연의 장관을 담아내는 것이 주제이고 마지막 문장에서도 자연계의 아름다움에 몰입할 수 있다고 했으므로 글의 내용과 일치한다.
③ <대회 세부 정보>의 '사진 워크숍'에서 참가자는 누구나 유명 사진작가의 워크숍에 참여할 수 있다고 하므로 글의 내용과 일치한다.
④ <참여 방법>에서 이메일로 출품작을 제출하려고 하므로 글의 내용과 일치한다.

정답 ②

9

글의 흐름상 가장 어색한 것은?

> A basic fact about negotiation is that you are dealing not with abstract representatives of the "other side," but with human beings. They have emotions, deeply held values, and different backgrounds and viewpoints; and they are unpredictable. So are you. This human aspect of negotiation can be either helpful or disastrous. ① The process of working out an agreement may produce a psychological commitment to a mutually satisfactory outcome. ② A working relationship where trust, understanding, respect, and friendship are built up over time can make each new negotiation smoother and more efficient. ③ On the other hand, people have egos that are easily threatened. ④ When someone channels ego into developing a stronger sense of self, it's quite empowering. They see the world from their own personal vantage point, and they frequently confuse their perceptions with reality. They often misunderstand what you mean and you often misunderstand what they mean.

negotiation 협상   deal with ~을 다루다   abstract 추상적인
representative 대표   value 가치   background 배경   viewpoint 관점
unpredictable 예측할 수 없는   aspect 측면   disastrous 재앙의
process 과정   agreement 합의   psychological 심리적인
commitment 약속   mutually 서로   satisfactory 만족스러운
outcome 결과   respect 존중   build up 쌓다
over time 시간이 지나면서   efficient 효율적인   ego 자아
threaten 위협하다   channel A into B A를 B에 돌리다
empowering 힘이 되는   vantage point 유리한 관점   frequently 종종
confuse 혼동하다   perception 인식   mean ~을 의도하다

해석

협상에 관한 기본적인 사실은 당신이 '상대방'의 추상적인 대표자들을 상대하는 것

이 아니라 인간을 상대한다는 것이다. 그들은 감정, 깊이 간직된 가치관, 그리고 서로 다른 배경과 관점을 가지고 있다; 그리고 그들은 예측할 수 없다. 당신도 그렇다. 협상의 이러한 인간적인 측면은 도움이 될 수도 있고, 재앙이 될 수도 있다. ① 합의를 도출하는 과정은 상호간에 만족스러운 결과에 대한 심리적인 약속을 만들어 낼 수 있다. ② 시간이 지나면서 신뢰, 이해, 존중, 그리고 우정이 쌓이는 직업적 관계는 각각의 새로운 협상을 더 부드럽고 효율적으로 만들 수 있다. ③ 반면에, 사람들은 쉽게 위협받는 자아를 가지고 있다. ④ 누군가가 자아를 더 강한 자아감을 기르는 데 돌릴 때, 그것은 상당히 힘이 될 것이다. 그들은 자신의 개인적으로 유리한 관점에서 세상을 보고, 종종 그들의 인식을 현실과 혼동한다. 일상적으로, 그들은 종종 당신이 의도한 것을 오해하고 당신은 그들이 의도한 것을 종종 오해한다.

해설
글의 중심 소재는 협상의 인간적 측면이고, 주제문은 네 번째 문장으로 협상의 인간적인 측면은 도움이 될 수도 있고 재앙이 될 수도 있다고 한다. ①과 ②는 협상이 도움이 되는 측면을 얘기하고 있고, ③은 재앙이 될 수 있는 측면에 대해 말한다. 즉 모두 주제와 관련된 문장들이지만 ④는 주제와 상관없이 자아의 긍정적인 활용 방안을 다루고 있으므로 글의 흐름상 어색하다.

정답 ④

10

주어진 글 다음에 이어질 글의 순서로 가장 적절한 것은?

Dinosaurs dominated the world 65 million years ago, until a comet 6 miles in diameter streaking 20 miles per second slammed into the Earth. The catastrophic collision instantaneously plunged the world into a very dark and cold nuclear winter that lasted for 12 months.

(A) Their flexibility allowed them to survive the Armageddon caused by the comet, and when the dust finally settled, the early mammals crawled out of their burrows, squinted at the warm sun, and evolved to become the dominant creatures of the Earth.
(B) They, though large and powerful, were cold-blooded and hairless, and proved incapable of adjusting to the radical climate changes including a sudden and sharp drop in temperature, and thus quickly died off in a mass extinction.
(C) In contrast, a group of small, furry, warm-blooded creatures (early mammals and our distant ancestors) proved to be superbly adjustable to the drastic changes.

① (B) - (A) - (C) ② (B) - (C) - (A)
③ (C) - (A) - (B) ④ (C) - (B) - (A)

어휘
dominate 지배하다   comet 혜성   diameter 지름   streak 돌진하다
slam into ~에 (쾅 하고) 충돌하다   catastrophic 파멸의   collision 충돌
instantaneously 즉각   plunge A into B A를 B에 빠뜨리다
flexibility 적응성   Armageddon 아마겟돈: 지구 종말 대전쟁
mammal 포유류   crawl 기어가다   burrow (짐승의) 굴
squint at 실눈을 뜨고 ~을 보다   dominant 지배적인   creature 생명체
cold-blooded 냉혈동물의   hairless 털이 없는
incapable of ~할 능력이 없는   adjust to ~에 적응하다   radical 급진적인
mass extinction 대멸종   in contrast 그에 반해서   furry 털로 덮인
warm-blooded 온혈동물의   distant 먼   ancestor 조상
superbly 아주 잘   drastic 급격한

해석
6천 5백만 년 전에 초속 20마일로 돌진하는 직경 6마일의 혜성이 지구에 충돌하기 전까지 공룡들이 세상을 지배했다. 이 파멸적인 충돌은 세계를 12개월간 지속된 몹시 어둡고 추운 핵겨울로 그 즉시 몰아넣었다. (B) 그들은 비록 덩치가 크고 강력했지만, 냉혈동물인 데다가 털이 없어 기온의 갑작스럽고 급격한 하락을 포함한 급진적인 기후 변화에 적응할 수 없었다고 밝혀졌으며, 그리하여 빠르게 죽어 대멸종에 이르게 되었다. (C) 그에 반해서, 덩치가 작고, 털로 덮인 온혈동물(초기의 포유류와 우리의 먼 조상들) 무리는 급격한 변화에 아주 잘 적응할 수 있었다고 밝혀졌다. (A) 그들의 적응성은 그들이 혜성에 의해 초래된 아마겟돈에서 생존할 수 있도록 해주었고, 마침내 먼지가 가라앉았을 때, 초기 포유류들은 그들의 굴에서 기어나와 실눈을 뜨고 따뜻한 태양을 바라보았으며, 진화하여 지구의 지배적인 생명체가 되었다.

해설
주어진 문장은 혜성이 지구에 충돌하여 공룡들이 위기에 처한 상황을 설명하므로 공룡의 멸종을 설명하는 (B)로 바로 이어지는 것이 자연스럽다. (B)의 They는 Dinosaurs를 지칭한다. (C)에서는 In contrast로 공룡의 상황과 대조되는 '포유류'의 상황을 언급하고 있다. (A)에서 Their는 포유류(a group of small, furry, warm-blooded creatures)를 지칭하며 이러한 포유류가 혜성 충돌을 잘 극복하고 살아남은 것에 대해 부연 설명하고 있어서 자연스럽다. 따라서 ② (B) - (C) - (A)의 순서가 가장 적절하다.

정답 ②

DAY 03

| 01 | ③ | 02 | ③ | 03 | ② | 04 | ② | 05 | ③ |
| 06 | ④ | 07 | ① | 08 | ③ | 09 | ① | 10 | ① |

[1~3] 밑줄 친 부분에 들어갈 말로 가장 적절한 것을 고르시오.

1

> Even if you cannot get into the room prior to the interview, you can at least become familiar with the building and its surroundings. The more you _____ yourself with the setting, the less novel it will be, and the more at ease you should feel.

① wander ② invigorate
③ acquaint ④ improvise

어휘

prior to ~전에   familiar 익숙한   surroundings (pl.) 주변 환경
setting 환경   novel 새로운   at ease 마음이 편안한   wander 헤매다
invigorate 기운 나게 하다   acquaint oneself with ~을 알다
improvise 즉석에서 하다

해석

인터뷰 전에 인터뷰실에 들어가지는 못하더라도 최소한 건물과 주변 환경에 익숙해질 수 있다. 환경을 더 알게 될수록 환경이 덜 새로워질 것이고 마음이 더 편해질 것이다.

정답 ③

2

> The sudden price increase was attributed to a _____ rise in production costs for the company's latest product.

① monotonous ② grateful
③ steep ④ discerning

어휘

increase 인상   be attributed to ~에 기인하다   rise 상승
production 생산   latest 최신의   product 제품   monotonous 단조로운
grateful 감사하는   steep 가파른   discerning 분별력 있는

해석

갑작스러운 가격 인상은 회사의 최신 제품에 대한 생산비의 가파른 상승에서 기인했다.

정답 ③

3

> You think it is not surprising that technological advancements continue to shape our daily lives _____?

① is it ② don't you
③ isn't it ④ do you

어휘

technological 기술의   advancement 발전   shape 형성하다

해석

여러분은 기술의 발전이 우리의 일상을 계속해서 형성하는 것이 놀라운 일이 아니라고 생각한다, 그렇지 않은가?

해설

[문법포인트] 의문문의 어순 You think (that)으로 시작되는 문장은 주절인 You think에 대한 부가의문문을 만든다. think가 긍정형이므로 일반동사 think를 받는 조동사 do의 부정형인 don't와 주절의 주어를 받는 you를 써서 don't you로 써야 한다.

정답 ②

[4~5] 밑줄 친 부분 중 어법상 옳은 것을 고르시오.

4

> Government policies ① designed to address pressing national issues such as healthcare, education, and economic stability. With the nation's leaders ② prioritizing sustainable development and social welfare, these policies aim ③ improving overall quality of life. The challenges faced by developing countries are often more complex and multifaceted than ④ that of industrialized nations. Effective solutions require comprehensive strategies and collaborative efforts from various sectors of society.

어휘

policy 정책   design 설계하다   address 다루다   pressing 긴급한
healthcare 의료   stability 안정   prioritize 우선시하다
sustainable 지속 가능한   social welfare 사회 복지   overall 전반적인
developing country 개발도상국   multifaceted 다각적인
industrialized nation 선진국   effective 효과적인
comprehensive 포괄적인   strategy 전략   collaborative 공동의
various 다양한   sector 부문

해석

정부 정책은 의료, 교육, 경제적 안정과 같은 긴급한 국가적 문제를 다루기 위해 설계되었다. 국가의 지도자들이 지속 가능한 개발과 사회 복지에 우선순위를 두면서, 이러한 정책들은 전반적인 삶의 질을 향상시키는 것을 목표로 한다. 개발도상국들이 직면하는 문제들은 종종 선진국들의 그것들(문제들)보다 더 복잡하고 다각적이다. 효과적인 해결책들은 포괄적인 전략과 사회의 다양한 부문들로부터의 공동의 노력을 필요로 한다.

해설

② [문법포인트] **분사구문** with 분사구문에서 목적어인 the nations's leaders 와 목적격보어의 관계가 의미상 능동이고, prioritizing 뒤에 목적어가 있으므로 현재분사가 바르게 쓰였다.

① [문법포인트] **문장의 구성** 문장의 동사가 없으며, 타동사 design과 주어 Government policies는 수동의 관계이므로 동사의 수동태가 와야 한다. 따라서 designed to를 수동형인 are designed to로 고쳐야 한다. (designed to → are designed to)

③ [문법포인트] **완전타동사와 동작의 목적어** aim은 to부정사를 목적어로 취하는 동사이므로 동명사 improving을 to부정사인 to improve로 고쳐야 한다. (improving → to improve)

④ [문법포인트] **비교 대상의 일치** 비교급에서 앞에서 언급된 비교대상을 다시 지칭할 때, 단수명사는 that으로, 복수명사는 those로 받아야 한다. challenges가 복수형이므로 that을 those로 고쳐야 한다. (that → those)

 ②

5

The storm was ① such intense that it knocked out power across the entire city. Unless the utility companies ② doesn't work quickly, residents will be without electricity for several days. Officials suggested that emergency shelters ③ be prepared to accommodate those ④ affecting. The community rallied together to support each other during this challenging time.

어휘

storm 폭풍 intense 강렬한 knock out ~을 차단하다 power 전력
entire 전체의 utility 공익사업 (전기, 가스, 수도 따위) resident 주민
electricity 전기 official 공무원 suggest 제안하다
emergency shelter 긴급 대피소 accommodate 수용하다
affect 피해를 끼치다 rally (원조·지지를 위해) 결집하다
challenging 어려운

해석

그 폭풍은 너무 강렬해서 전체 도시에 전력을 차단했다. 그 공익 기업들이 빨리 작업하지 않는다면, 주민들은 며칠 동안 전기 없이 지내야 할 것이다. 공무원들은 피해를 입은 사람들을 수용하기 위해 긴급 대피소가 준비되어야 한다고 제안했다. 그 지역 사회는 이 어려운 시기 동안 서로를 지원하기 위해 결집했다.

해설

③ [문법포인트] **당위의 조동사 should** 주장, 제안, 명령의 동사가 목적어로 that절을 취하고 종속절이 당위절일 경우, 종속절에 「(should)+동사원형」을 쓴다. should가 생략되어 바르게 쓰였다.

① [문법포인트] **관사의 위치** '너무 ~해서 …하다'라는 말은 「so+형용사/부사+that+주어+동사」로 표현한다. 형용사나 부사만 있을 경우에는 so로 수식하므로 such를 so로 고쳐야 한다. (such → so)

② [문법포인트] **부사절 접속사의 선택** unless는 부정의 뜻을 포함하는 접속사라서 부정어를 중복해서 쓰지 않아야 하므로 doesn't work를 work로 고쳐야 한다. (doesn't work → work)

④ [문법포인트] **현재분사 vs. 과거분사** those와 타동사 affect는 '피해를 입은'이라는 수동의 관계이므로 과거분사를 써야 한다. (affecting → affected)

 ③

6

밑줄 친 부분에 들어갈 말로 가장 적절한 것은?

> Customer: Hi, I'm trying to order the new sneakers, but something seems to be wrong.
> Service Center: Hi there! It looks like those sneakers are sold out, which is why your order isn't going through.
> Customer: Oh, I see. _____?
> Service Center: We're not sure about the exact date, but we can send you a text message as soon as we restock. Does that sound good?
> Customer: Yes, that would be perfect. Thank you!
> Service Center: Great! We'll notify you as soon as they're available again. Have a good day!
> Customer: Thanks, you too!

① Could you notify me if the sneakers are ordered already
② Will you text me if they are sold out or not
③ Do you have another model available in a different color
④ Do you know when you'll have more in stock

어휘

sneakers 운동화 sold out 매진된 go through 이루어지다
restock 재입고되다 notify 알려주다 text 문자를 보내다
have ~ in stock (재고로) ~을 가지고 있다

해석

고객: 안녕하세요, 새 운동화를 주문하려고 하는데 뭔가 잘못된 것 같아요.
서비스 센터: 안녕하세요! 그 운동화는 매진된 것 같은데, 그래서 주문이 이루어지지 않고 있어요.
고객: 아, 그렇군요. 언제 재고가 더 들어올지 아시나요?
서비스 센터: 정확한 날짜는 알 수 없지만, 재입고 되는 대로 문자를 보내드릴 수 있어요. 괜찮으신가요?
고객: 네, 딱 좋겠네요. 감사합니다!
서비스 센터: 좋습니다! 운동화가 주문 가능한 대로 저희가 고객님께 알려드리겠습니다. 좋은 하루 되세요!
손님: 고마워요, 당신도요!

① 운동화가 이미 주문되었는지 알려주실 수 있나요
② 품절 여부를 문자로 보내주실래요
③ 주문 가능한 다른 색상의 다른 모델이 있나요

 ④

7

다음 글의 목적으로 가장 적절한 것은?

> To: John Bradley
> From: Michael Anderson
> Date: August 3
> Subject: Changes in Rental Contract
>
> Dear John and Jane,
>
> I am writing to inform you about an important update regarding your rental agreement. As you know, I strive to maintain a fair and competitive rental rate while ensuring the property is well-maintained and comfortable for you.
>
> Starting August 1, there will be a 5% increase in the monthly rental fee for the apartment at 123 Elm Street. This adjustment is necessary due to increased maintenance costs and recent property improvements, which are essential to keeping the living environment up to standard.
>
> I understand that any increase in expenses can be challenging, and I appreciate your understanding and cooperation in this matter. If you have any questions or would like to discuss this further, please do not hesitate to reach out. Thank you for your continued tenancy and for being such valued residents.
>
> Best regards,
> Michael Anderson

① 임대료의 인상을 통보하려고
② 아파트의 임대 만기를 연장하려고
③ 건물 보수 공사 일정을 알리려고
④ 임대 계약 해지를 요청하려고

어휘

rental 임대의   contract 계약   inform 알려주다   regarding ~에 관하여
agreement 계약   strive 애쓰다   maintain 유지 관리하다   fair 공정한
competitive 경쟁력 있는   rental rate 임대료   property 부동산
adjustment 조정   maintenance 유지관리   improvement 개량
expense 비용   challenging 어려운   appreciate 감사하다
cooperation 협조   hesitate 주저하다   reach out 연락하다
tenancy 임차 기간   resident 주민

해설

수신인: John Bradley
발신인: Michael Anderson
날짜: 8월 3일
제목: 임대차 계약 변경

John과 Jane에게,

임대 계약과 관련된 중요한 새 소식을 알려드리기 위해 이 글을 씁니다. 아시다시피 저는 공정하고 경쟁력 있는 임대료를 유지하면서 부동산이 잘 관리되면서 편안하도록 애쓰고 있습니다.

8월 1일부터 엘름가 123번지 아파트의 월 임대료가 5% 인상될 것입니다. 이러한 조정은 주거환경을 표준에 맞게 유지하기 위해 필수적인 유지관리 비용 증가와 최근의 부동산 개량으로 인해 필요합니다.

비용 증가가 어려울 수 있음을 이해하며, 이 문제에 대한 이해와 협조에 감사드립니다. 질문이 있거나 이에 대해 더 논의하고자 하는 경우 주저하지 말고 연락해 주십시오. 계속해서 입주해 주시고, 소중한 주민이 되어 주셔서 감사합니다.

감사합니다.
Michael Anderson

이메일의 제목이 임대차 계약 변경이고 두 번째 단락의 첫 문장에서 구체적으로 아파트 월 임대료가 5% 인상된다고 알리고 있다. 따라서 이 글은 아파트 주인이 세입자에게 임대료 인상을 알리는 글임을 알 수 있다. 따라서 정답은 ① '임대료의 인상을 통보하려고'이다.

정답 ①

8

주어진 문장이 들어갈 위치로 가장 적절한 것은?

> These freedoms are, on the other hand, somewhat illusory, since in a capitalist society it is difficult to survive without paid work and little choice of work or employer may be available.

> Wage labor is both free and unfree. (①) Unlike slaves, who are forced to work by their owners, wage laborers can decide where they work and for whom. (②) Unlike the serfs in feudal society, who were tied to their lord's land, they can move freely and seek work whenever they choose. (③) Wage laborers are also subject to tight control by the employer and, as we saw in the cotton mills, capitalist production meant a new kind of disciplined and continuous work. (④) Workers had become 'wage slaves'.

어휘

somewhat 다소   illusory 환상의   capitalist 자본주의적인
paid work 유급 노동   available 가능한   wage 임금   labor 노동
slave 노예   laborer 노동자   serf 농노   feudal 봉건 제도의
lord 봉건 군주   seek 구하다   be subject to ~을 당하다   tight 엄격한
cotton mill 면직 공장   capitalist 자본주의적인   disciplined 훈련된
continuous 지속적인

해설

임금노동은 자유롭기도 하고 자유롭지 않기도 하다. (①) 주인에 의해 강제로 일하는 노예와 달리 임금노동자는 어디에서 누구를 위해 일할지를 결정할 수 있다. (②) 영주의 땅에 얽매여 있던 봉건사회의 농노와 달리 그들(임금노동자들)은 언제든지 자유롭게 이동하며 일을 구할 수 있다. (③) 다른 한편으로는, 이러한 자유는 자본주의 사회에서 유급 노동 없이는 생존이 어렵고 노동이나 고용주에 대한 선택권이 거의 없을 수도 있기 때문에 다소 환상적이다. 임금노동자도 고용주의 엄격한 통제를 당하며, 면직 공장에서 보았듯이 자본주의적 생산은 새로운 종류의 훈련

된 지속적인 노동을 의미했다. (④) 노동자는 '임금 노예'가 된 것이다.

해설

글의 중심 소재는 임금 노동자이고 첫 번째 문장이 주제문이다. 주어진 문장에서는 대조의 연결사 on the other hand로 자본주의 사회 사회에서 임금 노동자가 처한 부정적 상황을 언급하고 있으므로, 주어진 글 앞에서는 임금 노동자의 긍정적인 점이 언급되고, 뒤에서는 부정적인 상황에 대한 부연 설명이 올 것으로 예측된다. ③의 앞에서는 노예나 농노와 달리 임금노동자의 좋은 점을 언급하고, 뒤에는 자본주의 사회의 노동의 부정적인 면을 설명하고 있다. 따라서 주어진 글이 들어가기에 가장 적절한 위치는 ③이다.

정답 ③

9

밑줄 친 부분에 들어갈 말로 가장 적절한 것은?

> It is a common misconception among many musicians and non-musicians alike that _____. This is not surprising as it is natural to associate music with the sounds that create the melody, rather than with the quiet spaces between the notes. Because rests are silent, people often misinterpret these empty spaces as unimportant. But, imagine what would happen if a song was made up of only notes, and no rests. Aside from the point that the power and effect it has fade away, there would be a wall of sound with no reference point or discernible backbone to the music. This is because the spaces between the sounds provide a baseline and contrast for the piece, and give music structure and texture. In fact, it is a common saying among experienced musicians that a full measure of rest can hold more music than a full measure of blistering notes.

① notes are more important than rests
② rests provide a direct reference point to music
③ silence is no less meaningful than sound in music
④ melody is nothing more than a collection of sounds

어휘

misconception 오해   alike 똑같이   associate 연상하다   note 음표
rest 쉼표   misinterpret 잘못 해석하다   aside from ~외에
fade away 사라지다   reference point 기준   discernible 뚜렷한
backbone 중추   baseline 기준점   contrast 대조   piece 작품
structure 구조   texture 조화   hold 담다   experienced 능숙한
a measure of 꽤 많은 양의   blistering 맹렬한

해석

음표가 쉼표보다 더 중요하다는 것은 많은 음악가들과 비음악가들 사이에서 똑같이 흔한 오해이다. 이것은 놀랍지 않은데, 왜냐하면 음악을 음표 사이의 빈 공간이라고 연상하는 것보다 멜로디를 만들어내는 소리라고 연상하는 것이 자연스럽기 때문이다. 쉼표는 소리가 없기 때문에, 사람들은 종종 이 텅 빈 공간이 중요하지 않다고 잘못 해석한다. 하지만, 노래가 쉼표 없이 오직 음표로만 만들어지면 무슨 일이 일어날지 상상해보라. 노래가 가지고 있는 힘과 효과가 사라져 버린다는 점 외

에도, 음악에 대한 기준점이나 뚜렷한 중추가 없는 소리의 벽이 생길 것이다. 이것은 소리 사이의 공간이 작품의 기준점과 대조를 제공하고, 음악에 구조와 조화를 주기 때문이다. 사실, 쉼표로 가득 찬 것이 맹렬한 음표들로 가득 찬 것보다 음악을 더 많이 담을 수 있다는 것은 숙련된 음악가들 사이에 통용되는 흔한 말이다.

② 쉼표는 음악에 대한 직접적인 기준점을 제공한다
③ 침묵은 음악에서 소리만큼 의미가 있다
④ 멜로디는 소리의 모음에 지나지 않는다

해설

글의 중심 소재는 음악의 쉼표이고 첫 번째 문장이 주제문인 주제문 완성형 문제이다. 빈칸 이후에서 근거를 찾을 수 있다. 글 전반부에 음표에 비해 쉼표가 중요하지 않다고 하는 통념이 잘못되었다고 얘기하고, 네 번째 문장에서 쉼표의 역할과 중요성에 관해 말하며 음악이 음표로만 이루어질 수 없다고 말한다. 따라서 빈칸에는 음표와 쉼표에 관련된 통념이 들어가야 하므로 ① '음표들이 쉼표들보다 더 중요하다'가 정답이다. ②와 ③은 통념이 아니라 사실이라 답이 될 수 없다.

정답 ①

10

다음 글의 제목으로 가장 적절한 것은?

> When we think of the people who make our lives miserable by spreading malicious viruses, most of us imagine an unpopular teenage boy, brilliant but geeky, venting his frustrations from the safety of a suburban bedroom. Actually, these stereotypes are just that — stereotypes — according to Sarah Gordon, an expert in computer viruses and security technology. Since 1992, Gordon has studied the psychology of virus writers. "A virus writer is just as likely to be the guy next door to you," she says. The virus writers Gordon has come to know have varied backgrounds; while predominantly male, some are female. Some are deeply involved in academic activities, while others athletic. Many have friendships with members of the opposite sex, good relationships with their parents and families; most are popular with their peers. They don't spend all their time in the basement. One virus writer volunteers in his local library, working with elderly people. One of them is a poet and a musician, another is an electrical engineer, and others work for a university quantum physics department.

① Unmasking Virus Writers
② Virus Writers: Gender and Class
③ Underground Virus Writers
④ Mysterious Activities by Virus Writers

어휘

miserable 비참한   malicious 악성의   geeky 괴짜의
vent (감정·분통을) 터뜨리다   frustration 불만   suburban 교외의
stereotype 고정관념   psychology 심리   virus writer 바이러스 개발자
varied 다양한   predominantly 대부분   academic 학문의

athletic 운동을 좋아하는 volunteer 자원봉사를 하다
electrical engineer 전기 기술자 quantum physics 양자 물리학
unmask 정체를 밝히다 underground 지하의

해석

우리는 악성 바이러스를 퍼뜨려 우리의 생활을 비참하게 만드는 사람들에 대해 생각할 때, 우리 중 대부분은 교외 침실의 안전한 곳에서 자신의 불만을 터뜨리는 똑똑하지만 괴짜인 인기 없는 십 대 소년을 상상한다. 컴퓨터 바이러스와 보안 기술 전문가인 Sarah Gordon에 따르면 실제로 이런 고정관념은 단지 그것 — 고정관념 — 일 뿐이다. 1992년부터 Gordon은 바이러스 개발자들의 심리를 연구해 왔다. "바이러스 개발자는 단지 당신의 이웃에 사는 남자와 꼭 같을 가능성이 있다."라고 그녀는 말한다. Gordon이 알게 된 바이러스 개발자들은 다양한 배경을 가지고 있다; 대부분이 남성이지만 일부는 여성이다. 일부는 학문 활동에 깊이 관여되어 있고, 반면에 몇몇 사람들은 운동을 좋아한다. 많은 사람들이 이성과 친구 관계를 맺고 있고, 그들의 부모 및 가족과 좋은 관계를 유지하고 있다; 대부분은 자신들의 또래들에게 인기가 있다. 그들이 항상 지하실에서 시간을 보내는 것은 아니다. 한 바이러스 개발자는 자신이 사는 지역 도서관에서 나이 든 사람과 일하며 자원봉사를 한다. 그들 중 한 명은 시인이며 음악가이고, 또 다른 사람은 전기 기술자이고, 다른 사람들은 대학의 양자 물리학과에서 일한다.

① 바이러스 개발자들의 정체 밝히기
② 바이러스 개발자: 성별과 계층
③ 지하의 바이러스 개발자들
④ 바이러스 개발자들에 의한 신비한 행동

해설

중심 소재는 바이러스 개발자이고, 글의 전반부에서 우리가 일반적으로 추측하는 바이러스 개발자의 유형에 대해 언급한 후 사실 그런 유형은 고정관념일 뿐, 실제 바이러스 개발자는 이웃집 남자처럼 평범하고 다양한 배경을 가지고 있다고 저자는 말한다. 따라서 바이러스 개발자들이 과연 어떤 사람인지 그 정체를 밝히는 글이라 볼 수 있다. ② 역시 바이러스 개발자들이 어떤 사람인지에 대한 내용이므로 헷갈릴 수 있으나, 이 글은 바이러스 개발자들의 성별과 계층에 초점을 맞추지 않았으며, 단순하게 다양한 배경을 가진 바이러스 개발자들을 폭넓게 언급하고 있다. 따라서 가장 적절한 제목은 ① '바이러스 개발자들의 정체 밝히기'이다.

정답 ①

DAY 04

2025 이동기 영어 하루 프로젝트

| 01 | ① | 02 | ④ | 03 | ③ | 04 | ④ | 05 | ③ |
| 06 | ② | 07 | ④ | 08 | ② | 09 | ③ | 10 | ④ |

[1~3] 밑줄 친 부분에 들어갈 말로 가장 적절한 것을 고르시오.

1

Despite the objections, the team leader continued to _____ on adhering to the original project timeline.

① insist   ② move
③ admit   ④ blame

어휘

objection 반대 team leader 팀장 adhere to ~을 지키다
timeline 일정 insist 고집하다 move 이동하다 admit 인정하다
blame 비난하다

해석

반대에도 불구하고 팀장은 원래의 프로젝트 일정을 지키는 것을 계속 고집했다.

정답 ①

2

He seems to invest heavily in a relationship, at least in the beginning, in the name of helping the other but it always turns out that this is not so _____ because he is looking for a strong return on his emotional investment.

① hostile   ② accidental
③ mitigating   ④ altruistic

어휘

invest 투자하다 in the name of ~라는 명목으로 turn out ~으로 드러나다
return 수익 investment 투자 hostile 적대적인 accidental 우연의
mitigate 경감시키다 altruistic 이타적인

해석

그는, 적어도 초기에는, 상대방을 도와준다는 명목으로 관계에 많은 투자를 하는 것처럼 보이지만, 그가 감정적 투자에 대한 확실한 수익을 기대하기 때문에 항상 이것은 그다지 이타적이지 않은 것으로 드러난다.

정답 ④

3

The ancient feast _____ a variety of roasted meats, fresh fruits, hearty breads, and exotic spices brought by traders.

① was consisted ② was consisted of
③ consisted of ④ consisted

어휘

ancient 고대의 feast 잔치 a variety of 다양한 roast 굽다
hearty 푸짐한 exotic 이국적인 spice 향료 trader 상인
consist of ~로 구성되다

해석

고대의 잔치는 다양한 구운 고기, 신선한 과일, 푸짐한 빵, 그리고 상인들이 가져온 이국적인 향료로 구성되었다.

해설

[문법포인트] 완전자동사 consist는 완전자동사로서 목적어를 취하려면 전치사 of를 함께 써주어야 한다. 또한 자동사이므로 수동태로 쓸 수 없다. 따라서 답은 ③ consisted of이다.

정답 ③

4

밑줄 친 부분에 들어갈 가장 적절한 것은?

A: I am dropping off my prescription to get it filled.
B: You can come back in twenty minutes, and it will be ready.
A: If I couldn't wait, could the prescription be mailed to me?
B: Yes, you can have it delivered or filled at any location.
A: When should I take this medication?
B: You need to take it at bedtime.
A: What are the side effects of this medication?
B: _____.

① Don't mix alcohol with this medication
② You can take it with or without food
③ I believe the 45-day effective date is reasonable
④ You might feel a little dizzy at first, but it should pass

어휘

drop off ~을 전달하다 prescription 처방전, 처방약
fill a prescription 처방약을 조제하다 mail 우편으로 보내다 location 장소
medication 약 at bedtime 취침 시간에 side effect 부작용
effective date 유효일 reasonable 합리적인 dizzy 어지러운

해석

A: 약을 조제 받기 위한 제 처방전을 전달합니다.
B: 20분 후에 오시면 준비가 되어 있을 겁니다.
A: 기다릴 수 없다면 처방약을 우편으로 보내주실 수 있나요?
B: 네, 어느 장소에서든 배송받거나 조제 받을 수 있습니다.
A: 이 약은 언제 먹으면 되나요?
B: 취침 시간에 드셔야 합니다.
A: 이 약의 부작용은 무엇인가요?
B: 처음에는 약간 어지러울 수 있지만 지나갈 겁니다.

① 이 약에 알코올을 섞지 마세요
② 음식과 함께 복용하거나 음식 없이 복용할 수 있습니다
③ 45일의 유예일이 합리적이라고 생각합니다

정답 ④

5

밑줄 친 부분 중 어법상 옳지 않은 것은?

① I made a request that <u>there be</u> an FBI investigation regarding this matter.
② It depends on our sales achievements <u>whether we can get</u> a huge bonus or not.
③ <u>When conducted</u> experiments, scientists should always be careful to avoid bias.
④ Science is making the future, and nations are busy <u>making future scientists</u>.

어휘

make a request 요청하다 investigation 조사 regarding ~에 관하여
matter 문제 depend on ~에 달려 있다 achievement 성과
huge 엄청난 conduct ~을 하다 experiment 실험 avoid 피하다
bias 편견

해석

① 나는 이 문제에 관하여 FBI 조사가 필요하다고 요청했다.
② 엄청난 보너스를 받을 수 있는지의 여부는 판매 성과에 달려 있다.
③ 실험을 할 때, 과학자들은 항상 편견이 생기지 않도록 조심해야 한다.
④ 과학은 미래를 만들고 있고, 국가들은 미래의 과학자들을 만들기에 바쁘다.

해설

③ **[문법포인트] 분사구문** 접속사가 있는 분사구문이다. 분사의 의미상의 주어가 주절의 scientists로 conduct와 능동 관계이고, 분사 뒤에 목적어가 있으므로 현재분사가 와야 한다. 따라서 conducted를 conducting으로 고쳐야 한다. (When conducted → When conducting)

① **[문법포인트] 당위의 조동사 should** 주절에 주장, 명령, 제안 등의 동사가 있고 종속절이 당위절이면 that절의 동사는 「(should)+동사원형」의 형태가 되어야 한다. that절에서 should가 생략되고 동사원형 be가 왔으므로 바르다.

② **[문법포인트] 명사절 접속사의 선택** 명사절 접속사 whether는 가주어 it의 진주어 절을 이끌 수 있으므로 바르게 쓰였다.

④ **[문법포인트] 준동사 주요 표현** '~하느라 바쁘다'라는 말은 「be busy -ing」로 나타내므로 바르게 쓰였다.

정답 ③

6

밑줄 친 부분 중 어법상 옳은 것은?

> The authorities said the investigation began after a witness saw several small buses ① to pull up to a gas station last month in East Tyrol, Austria, and ② dispose of a large cardboard box containing syringes and other ③ medical equipments, as well as handwritten records ④ detailed doping regimens.

어휘

authorities (*pl.*) 당국   investigation 수사   witness 목격자
pull up 차를 세우다   gas station 주유소   dispose of ~을 없애다
cardboard 판지   syringe 주사기   equipment 장비
handwritten 수기의   detail 자세히 적다   doping regimen 도핑 투약 방식

해석

당국은 지난달 오스트리아 이스트 티롤에서 소형 버스 여러 대가 주유소에 차를 세우고 주사기와 다른 의료 장비가 담긴 대형 판지 상자와 도핑 투약 방식을 상세히 적은 수기 기록을 없애는 장면을 목격자가 목격한 뒤 수사가 시작됐다고 밝혔다.

해설

② [문법포인트] 등위접속사의 병렬 구조 / 불완전타동사와 동작의 목적격보어
지각동사 see는 목적격보어에 동사원형 또는 현재분사를 쓴다. saw의 목적격보어로 pull up과 함께 dispose of가 등위접속사 and에 의해 병렬로 연결된 구조이다.

① [문법포인트] 불완전타동사와 동작의 목적격보어   지각동사 see는 5형식에서 목적격보어에 동사원형 또는 현재분사를 쓴다. 따라서 to pull up을 동사원형인 pull up으로 고쳐야 한다. (to pull up → pull up)

③ [문법포인트] 명사의 이해   other는 복수 가산명사나 불가산명사 앞에 모두 올 수 있다. equipment는 절대 불가산명사에 속하므로, 단수 형태가 와야 한다. (medical equipments → medical equipment)

④ [문법포인트] 현재분사 vs. 과거분사   handwritten records가 detail의 의미상 주어이며, doping regimens를 목적어로 취하고 있으므로 능동의 현재분사가 와야 한다. (detailed → detailing)

정답 ②

7

Passport Service of Consulate General of Korea in Atlanta에 관한 다음 글의 내용과 일치하지 않는 것은?

> **Passport Service of Consulate General of Korea in Atlanta**
>
> The Republic of Korea has recently implemented an upgraded electronic passport (e-passport) system aimed at enhancing security measures. Starting from July 2008, all newly issued and renewed passports will be e-passports, incorporating advanced features to safeguard personal information and facilitate smoother international travel. To apply for an e-passport, applicants must personally visit the consulate to complete an application form and undergo fingerprinting. Required documents include the original passport along with a photocopy of the photo page, two Korean-standard passport photos measuring 3.5cm x 4.5cm and a processing fee of $53.00 in cash. Due to high demand, processing typically takes 3-4 weeks, after which applicants must return to the consulate to sign and collect their new passports. Alternatively, applicants may opt to receive their passports by mail, provided they provide a postage-paid Express mail envelope.
>
> * consulate general: 총영사관

① The republic of Korea begins to issue e-passports in July 2008.
② Applicants must visit the consulate for fingerprinting and application.
③ Processing time for e-passports is typically 3-4 weeks.
④ As mail service is unavailable, e-passports must be collected in person.

어휘

passport 여권   implement 시행하다   upgraded 개선된
electronic 전자의   aimed at ~을 위한   enhance 강화하다
security 보안   measure 조치   renewed 갱신되는   incorporate 포함하다
advanced 고급의   feature 기능   safeguard 보호하다
facilitate 용이하게 하다   applicant 신청자   consulate 영사관
complete 작성하다   undergo 받다   fingerprinting 지문 채취
required 필수적인   along with ~와 더불어   photocopy 사본
measure (치수, 크기가) ~이다   processing 처리   demand 수요
alternatively 대안으로   opt 선택하다   provided ~ 한다면
postage-paid 우편요금 지급필   Express mail 속달 우편   issue 발행하다

해석

주애틀랜타 한국 총영사관 여권 서비스

대한민국은 보안 조치를 강화하기 위해 개선된 전자 여권 제도를 최근에 시행했다. 2008년 7월부터 새로 발급되고 갱신되는 모든 여권은 개인 정보를 보호하고 더 원활한 해외여행을 용이하게 하기 위한 고급 기능을 포함하는 전자 여권이 될 것이다. 전자 여권을 신청하기 위해, 신청자들은 신청서를 작성하고 지문 채취를 받기 위해 영사관을 직접 방문해야 한다. 필수 서류에는 사진 페이지의 사본과 더불어 원본 여권, 3.5cm x 4.5cm 크기의 한국 표준 여권 사진 두 장, 그리고 현금 53.00달러의 처리 비용이 포함된다. 수요가 많아서 처리는 보통 3주에서 4주가 걸리고, 그 후 신청자들은 서명하고 새로운 여권을 수령하기 위해 영사관으로 다시 와야 한다. 대안으로, 만일 신청자가 우편요금 지급필의 속달 우편 봉투를 제출한다면, 우편으로 여권을 받는 것을 선택할 수 있다.

① 대한민국은 2008년 7월부터 전자 여권을 발행하기 시작한다.
② 신청자는 영사관을 방문하여 지문 채취 및 신청을 해야 한다.
③ 전자 여권의 처리 시간은 일반적으로 3주에서 4주다.
④ 우편 서비스를 이용할 수 없으므로, 전자 여권은 직접 수령해야 한다.

해설

④ 마지막 문장에서 우편 서비스를 선택할 수 있다고 하므로 글의 내용과 일치하지 않는다.

① 두 번째 문장에서 대한민국은 2008년 7월부터 모든 여권을 전자 여권으로 발행한다고 하였으므로 글의 내용과 일치한다.
② 세 번째 문장에서 신청자는 지문 채취 및 신청을 위해 영사관을 직접 방문해야 한다고 하므로 글의 내용과 일치한다.
③ 다섯 번째 문장에서 전자 여권의 처리 시간은 일반적으로 3주에서 4주라고 하므로 글의 내용과 일치한다.

정답 ④

8
밑줄 친 (A), (B)에 들어갈 말로 가장 적절한 것은?

> When plants were first grouped together, it was merely for convenience. Even today, plants may be categorized together in unnatural groupings in order to make them easier to identify. ___(A)___, some wildflower books arrange together all white-flowered species or all yellow-flowered species. However, such groupings do not reflect natural relationships and make it difficult to recognize family characteristics. We don't infer that all persons with red hair are more closely related to each other than they are to those with dark hair; likewise, all long-haired dogs are not more closely related to each other than they are to short-haired dogs. Modern botanists, ___(B)___, try to group plants according to their natural relationships.

	(A)	(B)
①	For example	moreover
②	For example	therefore
③	In contrast	however
④	In contrast	therefore

어휘
group 분류하다 merely 단지 convenience 편리함
categorize 분류하다 grouping 분류 identify 식별하다
wildflower 야생화 arrange 배열하다 species 종 reflect 반영하다
recognize 알아보다 family (동식물 분류상의) 과(科) characteristic 특성
infer 추론하다 relate 관련시키다 likewise 마찬가지로
botanist 식물학자 moreover 더욱이 in contrast 대조적으로

해석
처음에 식물이 분류되었을 때는 단지 편리함을 위해서였다. 오늘날에도 식물은 식별하기 더 쉽게 하기 위해 부자연스러운 묶음으로 분류될 수 있다. (A) 예를 들면, 어떤 야생화 책에서는 흰 꽃이 피는 모든 종이나 노란 꽃이 피는 모든 종을 함께 배열한다. 그러나 그러한 분류는 자연적인 관계를 반영하지 않으며 과(科)의 특성을 알아보기 어렵게 만든다. 우리는 붉은 털을 가진 모든 사람이 검은 털을 가진 사람보다 서로 더 밀접한 관계가 있다고 추론하지 않는다; 마찬가지로 털이 긴 모든 개가 털이 짧은 개보다 서로 더 밀접한 관계가 있지 않다. (B) 따라서 현대 식물학자들은 식물을 자연적인 관계에 따라 분류하려고 노력한다.

	(A)	(B)
①	예를 들면	더욱이
③	대조적으로	그러나

④ 대조적으로 그러므로

해설
글의 중심 소재는 식물의 분류이다. (A)의 앞에서는 식물을 부자연스러운 묶음으로 분류한다고 하였고, 뒤에서는 자연적인 특성을 고려하지 않고 분류하는 예를 보여 준다. 따라서 빈칸 (A)에는 예시의 연결사인 '예를 들면'이 적절하다. (B)의 앞에서는 두 가지 털의 색이나 길이끼리 묶는 상황을 제시하며 이런 것들은 서로 밀접한 관련성이 없는 것들이라고 말하고, 뒤에서는 현대 식물학자들이 식물을 자연적인 관계에 따라 분류하려고 노력한다는 말이 나온다. 따라서 빈칸 (B)에는 결과의 연결사인 '그러므로'가 적절하다. 이 두 가지를 모두 충족하는 ②가 정답이다.

정답 ②

9
주어진 글 다음에 이어질 글의 순서로 가장 적절한 것은?

> Usually three or four weeks before Valentine's Day, you begin to see too many reminders of this only-for-lovers holiday almost everywhere.

> (A) Shops want you to buy a gift for your Valentine, and restaurants hope that you will treat yourself and your Valentine to an expensive dinner.
> (B) Another example of Valentine's Day reminders is seeing the commercials on TV.
> (C) For example, you see red hearts and cupids in every shop and restaurant.

① (A) – (B) – (C)   ② (A) – (C) – (B)
③ (C) – (A) – (B)   ④ (C) – (B) – (A)

어휘
valentine 애인 reminder 떠올리게 하는 것 treat oneself to ~을 즐기다
commercial 광고

해석
보통 밸런타인데이 3주에서 4주 전에 당신은 거의 모든 곳에서 이 연인만을 위한 축제일을 떠올리게 하는 것을 너무나 많이 보기 시작할 것이다. (C) 예를 들면, 당신은 모든 상점과 음식점에서 빨간 하트와 큐피드를 본다. (A) 상점은 당신이 당신의 애인을 위한 선물을 사기를 원하고, 음식점은 당신이 애인과 값비싼 저녁 식사를 즐기기를 희망한다. (B) 밸런타인데이를 떠올리게 하는 또 다른 예는 텔레비전에서 광고를 보는 것이다.

해설
주어진 글은 밸런타인데이를 떠올리게 하는 많은 것들이 있다고 한다. 이 many reminders의 예시로 하트와 큐피드를 언급한 (C)가 그다음에 와야 자연스럽다. (C)에 언급한 shop과 restaurant에 대한 부연 설명이 (A)에 나온 후, 또 다른 reminder의 예가 나온 (B)가 그 뒤에 이어지는 것이 자연스럽다. 따라서 글의 순서로 가장 적절한 것은 ③ (C) – (A) – (B)이다.

정답 ③

10

다음 글의 요지로 적절한 것은?

Although Albert Einstein's Theory of Relativity revolutionized physics, his mathematical models were based on the erroneous assumption that the universe is static — all the components are fixed in time and space. In order to maintain this view, when Einstein's equations predicted a universe in flux, he invented the "cosmological constant" to maintain the supposed constancy of the universe. Within ten years, the astronomer Edwin Hubble discovered that the universe was expanding, causing Einstein to abandon the idea of the cosmological constant. Almost a century later, physicists have discovered that some unknown force is apparently pushing the universe apart, leading some scientists to conclude that Einstein's "cosmological constant" may in fact exist.

* cosmological constant: 우주 상수(常數)

① The observations of Hubble severely damaged the Theory of Relativity.
② One of Einstein's most significant discoveries was the cosmological constant.
③ Einstein's Theory of Relativity is fundamentally flawed.
④ The cosmological constant, while erroneously derived, may actually play a part in describing the universe.

어휘

relativity 상대성 revolutionize 대변혁을 일으키다 physics 물리학
erroneous 잘못된 assumption 가정 static 정적인 component 요소
maintain 유지하다 equation 방정식 in flux 유동적인 supposed 소위
constancy 불변성 astronomer 천문학자 expand 팽창하다
abandon 포기하다 physicist 물리학자 apparently 분명히
conclude 결론을 내리다 exist 존재하다 observation 관찰
severely 심하게 fundamentally 근본적으로 flawed 결함이 있는
derive 유도하다 describe 설명하다

해석

비록 알베르트 아인슈타인의 상대성 이론이 물리학에 대변혁을 일으켰을지라도, 그의 수학적 모형은 우주가 정적이라는 잘못된 가정에 근거를 두었는데 — 모든 구성 요소가 시간과 공간 속에 고정되어 있다는 것이다. 이러한 관점을 유지하기 위해 아인슈타인의 방정식이 유동 상태에 있는 우주를 예견했을 때, 그는 소위 우주의 불변성이라는 것을 유지하기 위해 '우주 상수'라는 것을 고안했다. 10년 이내에 천문학자 에드윈 허블은 우주가 팽창하고 있음을 발견했고, 이는 아인슈타인이 우주 상수라는 개념을 포기하도록 만들었다. 거의 100년 후 물리학자들은 어떤 알 수 없는 힘이 분명 우주가 서로 떨어지도록 밀어내고 있음을 발견했고, 이것은 몇몇 과학자들이 아인슈타인의 '우주 상수'가 실제로 존재할지도 모른다는 결론을 내리게 했다.

① 허블의 관측은 상대성 이론을 심하게 훼손시켰다.
② 아인슈타인의 가장 중요한 발견들 가운데 하나는 우주 상수였다.
③ 아인슈타인의 상대성 이론은 근본적으로 결함을 가지고 있다.
④ 우주 상수는 잘못 유도되긴 했지만 우주를 설명하는 데 실제로 일조할지 모른다.

해설

글의 중심 소재는 우주 상수이고 마지막 문장에 결론이 제시되며, 시간의 흐름에 따라 우주 상수의 진위가 어떻게 판단되었는지 설명하고 있다. 전반부에서 아인슈타인이 상대성 이론을 설명할 때 우주의 불변성을 유지하기 위해 '우주 상수'라는 개념을 고안했으나 천문학자 허블이 우주가 팽창하고 있음을 발견하자 이 개념은 폐기되었다가 글의 마지막 문장에서 거의 한 세기가 지난 후 아인슈타인이 주장했던 우주 상수가 실제로 존재할지 모른다고 일부 과학자들이 결론을 내리게 되었다고 한다. 따라서 ④ '우주 상수는 잘못 유도되긴 했지만 우주를 설명하는 데 실제로 일조할지 모른다.'가 글의 요지로 가장 적절하다.

정답 ④

DAY 05

| 01 | ② | 02 | ④ | 03 | ① | 04 | ① | 05 | ② |
| 06 | ④ | 07 | ④ | 08 | ③ | 09 | ② | 10 | ② |

[1~3] 밑줄 친 부분에 들어갈 말로 가장 적절한 것을 고르시오.

1

> The community's strength lies in its ability to _____ the diverse talents and perspectives of its members, fostering a spirit of collaboration and innovation.

① disgrace ② unite
③ restrict ④ halt

어휘
lie 있다 strength 강점 diverse 다양한 talent 재능 perspective 관점 foster 조성하다 spirit 정신 collaboration 협동 innovation 혁신 disgrace 명예를 더럽히다 unite 통합하다 restrict 제한하다 halt 세우다

해석
공동체의 강점은 협동과 혁신 정신을 조성하며 구성원들의 다양한 재능과 관점을 통합하는 능력에 있다.

정답 ②

2

> In a sustained opinion ecosystem, a healthy exchange of opinions takes place. In fact, _____ opinions are often a hallmark of a healthy opinion ecosystem. Such environments encourage individuals to express their true opinions as part of a healthy and open debate.

① unanimous ② exclusive
③ confidential ④ divergent

어휘
sustained 일관된 ecosystem 생태계 healthy 건전한 exchange 교환 take place 발생하다 hallmark 특징 ecosystem 생태계 environment 환경 encourage 권장하다 express 표현하다 debate 토론 unanimous 만장일치의 exclusive 독점적인 confidential 비밀의 divergent 서로 다른

해석
일관된 의견 생태계에서, 건전한 의견의 교환이 발생한다. 사실 서로 다른 의견은 종종 건전한 의견 생태계의 특징이 된다. 이런 환경은 건전하고 공개된 토론의 부분으로서 개개인에게 자신의 진정한 의견을 표현하도록 권장한다.

 ④

3

> The new neighbor appeared friendly and _____, greeting everyone with a smile and offering to help with anything they needed.

① kind ② kindly
③ kindness ④ for kindness

어휘
neighbor 이웃 friendly 상냥한 greet 인사하다 offer 제공하다

해석
그 새로운 이웃은 상냥하고 친절해 보였고, 모두에게 미소로 인사하고 그들이 필요로 하는 어떤 것이든 돕겠다고 제안했다.

해설
[문법포인트] 불완전자동사의 보어 동사 appear의 보어가 형용사 friendly와 병렬되어 들어가야 하는 자리이다. 따라서 형용사인 ① kind가 들어가야 한다.

 ①

4

밑줄 친 부분에 들어갈 말로 가장 적절한 것은?

> A: Rachel, I heard you got your gym membership card renewed.
> B: Yes, I lost my old card, so I went to the gym and got a replacement.
> A: Actually, I lost mine too, so I need to do the same.
> B: Oh, _____.
> A: But I heard they'll take a new one for you at the gym.
> B: Not anymore. So be sure to bring one before you go.
> A: Thanks for letting me know.

① you should bring a photo for a new membership card
② to get a replacement, you have to pay for it
③ you had better be careful not to lose it again
④ you can use mine if you need to go the gym

어휘
renew 갱신하다 replacement 대체물

해석
A: Rachel, 네가 헬스클럽 회원증을 갱신했다고 들었어.
B: 응, 예전 카드를 잃어버려서 헬스클럽에 가서 대체 회원증을 받았어.
A: 사실 나도 내 회원증을 잃어버려서 같은 일을 해야 해.
B: 아, 새 회원증에 붙일 사진을 가져가야 해.
A: 그런데 헬스클럽에서 새 사진을 찍어준다고 들었어.
B: 더 이상은 아니야. 그러니 가기 전에 반드시 한 장을 가져가.
A: 알려줘서 고마워.

② 대체 회원증을 받으려면 돈을 내야 해
③ 다시 그걸 잃어버리지 않게 주의하는 것이 좋을 거야
④ 헬스클럽에 가야 한다면 내 걸 이용해도 돼

 ①

[5~6] 밑줄 친 부분 중 어법상 옳지 않은 것을 고르시오.

5

Dragons, fairies, giants, mermaids, and unicorns of ancient mythologies ① have fascinated people for centuries. These legendary beings, which populate many cultural tales, embody humanity's deepest fears and aspirations. Mermaids, in particular, ② are often referred to mysterious and enchanting sea dwellers. ③ If it were not for these enduring myths, much of our cultural heritage and imagination would be ④ vastly different.

어휘

fairy 요정 mermaid 인어 mythology 신화 fascinate 매료시키다
legendary 전설의 populate 살다 embody 상징하다 humanity 인류
aspiration 열망 mysterious 신비한 enchanting 황홀한
dweller 거주자 enduring 영속하는 heritage 유산 vastly 엄청나게

해석

고대 신화의 용, 요정, 거인, 인어, 유니콘은 수 세기 동안 인간을 매료시켜 왔다. 많은 문화적 이야기 속에 사는 이 전설의 존재들은 인류의 가장 깊은 두려움과 열망을 상징한다. 특히 인어는 종종 신비하고 황홀한 바다 거주자로 불린다. 이 영속하는 신화가 없다면, 우리 문화유산과 상상력의 많은 부분이 엄청나게 다를 것이다.

해설

② [문법포인트] **동사의 유형별 수동태** refer는 「refer to A as B」의 형태로 'A를 B라 부른다'의 의미로 쓰이는 데 수동태가 되면 A be referred to as B의 형태가 된다. 이때 전치사인 as가 누락되지 않아야 한다. (are often referred to → are often referred to as)
① [문법포인트] **완료시제** 「for+과거시점」은 주로 현재완료 시제와 자주 쓰이므로 for centuries와 함께 완료시제인 have fascinated가 바르게 쓰였다.
③ [문법포인트] **기타 가정법** 「If it were not for ~」는 '~이 없다면'을 의미하는 가정법 과거 구문이다. 주절의 would be와 같은 가정법 과거 시제로 바르게 쓰였다.
④ [문법포인트] **형용사 vs. 부사** 부사는 형용사, 부사, 동사를 수식할 수 있다. 부사 vastly가 형용사 different를 바르게 수식하고 있다.

정답 ②

6

The drought of 1930, ① which parched the fields of 1,057 counties in twenty-three states with severe reactions in the early months of 1931, was ② the greatest calamity of its kind in the country's history. Official records and ③ preceding traditions reveal ④ comparable nothing to it in extent. It brought famine to the doors of millions and created a national emergency.

어휘

drought 가뭄 parch 바싹 마르게 하다 county 군 severe 심각한
reaction 반발 calamity 재앙 precede 앞서다 tradition 전해지는 말
reveal 드러나다 extent 규모 famine 기근
national emergency 국가 비상사태

해석

1930년의 가뭄은 23개 주 1,057개 군의 밭을 바싹 마르게 하여 1931년의 초기 몇 달간 심각한 반발을 낳았는데 이 나라의 역사에서 이런 종류로는 가장 큰 재앙이었다. 공식 기록과 이전의 전해지는 말은 규모에 있어서 이것과 겨룰만한 것이 없다는 것을 드러낸다. 이것은 수백만 명의 문 앞에 기근을 가져와서 국가 비상사태를 만들었다.

해설

④ [문법포인트] **형용사 vs. 부사** 형용사가 -thing으로 끝나는 대명사를 수식할 때는 뒤에서 수식해야 한다. 따라서 comparable nothing을 nothing comparable로 고쳐야 한다. (comparable nothing → nothing comparable)
① [문법포인트] **관계대명사의 선택** which가 이후의 절에 주어가 없고 문맥상 앞의 drought를 선행사로 하는 주격 관계대명사로 바르게 쓰였다.
② [문법포인트] **비교 구문** 최상급은 「The+형용사/부사의 최상급」의 형태로 나타낸다. the greatest가 최상급 형태로 calamity를 바르게 수식하고 있다.
③ [문법포인트] **현재분사 vs. 과거분사** precede는 '앞서다'의 의미이며 현재분사 형태로 명사인 tradition을 수식하고 있다. 현재분사로 '앞서는, 이전의'라는 뜻으로 쓰이므로 현재분사로 바르게 쓰였다.

정답 ④

7

Stirring Cup User's Manual에 관한 다음 글의 내용과 일치하지 않는 것은?

Stirring Cup User's Manual

USAGE INSTRUCTIONS

1. INSERTING BATTERIES:
- Open the battery compartment located at the bottom of the cup.
- Insert two AAA batteries, ensuring they are inserted in the correct polarity (+/-).
- Close the battery compartment securely.

2. ACTIVATING THE STIRRING FUNCTION:
- Press the power button located on the handle to turn on the stirring function.
- The stirring mechanism will start automatically, stirring your beverage evenly.

3. SETTING THE TIMER:
- To set the timer for automatic stirring, press the timer button and use the arrow buttons to adjust the desired stirring duration.
- Press the timer button again to confirm the setting.

4. USING THE CUP:
- Pour your beverage into the cup, ensuring it does not exceed the maximum fill line.
- Press the power button to activate the stirring function as needed.

CAUTION: Do not use abrasive cleaners or immerse the cup in water.

① 두 개의 AAA의 배터리가 필요하다.
② 음료를 섞으려면 손잡이에 있는 버튼을 누르면 된다.
③ 자동 젓기를 할 경우, 원하는 젓기 시간 조정이 가능하다.
④ 방수 기능이 있어 컵을 물에 담가 두어도 된다.

어휘

stir 젓다 user's manual 사용 설명서 usage 사용 instruction 지침
insert 삽입하다 compartment 칸 ensure 확실히 하다 polarity 극성
securely 확실히 activate 활성화하다 handle 손잡이 function 기능
mechanism 작용 automatically 자동으로 beverage 음료
evenly 고르게 arrow 화살표 adjust 조정하다 duration 지속 시간
confirm 확정하다 exceed 넘다 maximum 최대의 caution 주의
abrasive 연마제의 immerse 담그다

해석

젓는 컵 사용 설명서

사용 지침

1. 배터리 삽입:
- 컵 바닥에 있는 배터리 칸을 열어라.
- 배터리들이 올바른 극성(+/−)으로 삽입되었는지 확인하며 두 개의 AAA 배터리를 삽입하라.
- 배터리 칸을 확실하게 닫아라.

2. 젓기 기능 활성화:
- 젓기 기능을 켜기 위해서 손잡이에 있는 전원 버튼을 눌러라.
- 젓기 작용은 자동으로 시작될 것이며, 당신의 음료를 고르게 젓는다.

3. 타이머 설정하기:
- 자동 젓기를 위한 타이머를 설정하기 위해서는, 타이머 버튼을 누르고 화살표 버튼을 이용해 원하는 젓기 지속 시간을 조정하라.
- 설정을 확정하기 위해 타이머 버튼을 다시 눌러라.

4. 컵 사용하기:
- 최대 용량 선을 넘지 않는 것을 확인하면서 음료를 컵에 부어라.
- 필요에 따라 전원 버튼을 눌러 젓기 기능을 활성화하라.

주의: 연마제가 든 세제를 사용하거나 컵을 물에 담그지 말라.

해설

④ <주의>에서 물에 담그지 말라고 하므로 글의 내용과 일치하지 않는다.
① <배터리 삽입>에서 두 개의 AAA 배터리를 넣으라고 하므로 글의 내용과 일치한다.
② <젓기 기능 활성화>에서 젓는 기능을 켜기 위해서 손잡이에 있는 전원 버튼을 누르라고 하므로 글의 내용과 일치한다.
③ <타이머 설정>에서 원하는 젓는 시간을 조정하라고 하므로 글의 내용과 일치한다.

 ④

8

다음 글의 주제로 가장 적절한 것은?

The state of California plans to build a nuclear waste disposal site in the California desert. This proposed plan is being met with challenges on all sides. Economist Lisa Shue thinks the site is unnecessary. "With the advances in recycling and new compacting technologies, our other waste sites are not even in full use." Shue argues that existing sites should be developed before new ones are built. Furthermore, environmentalists are asking that all waste sites be tested for leaks and other safety tests be carried out. Developers in the California desert also resist the plans for the site. Most builders in the area would prefer to have the land developed for homes.

① environmental dangers of nuclear waste disposal sites
② economic growth in the California desert
③ opposition to a planned nuclear waste disposal site
④ technological advancements in recycling and compacting

어휘

state 정부 waste disposal site 폐기물 처리장 propose 제안하다
challenge 저항 advance 발전 recycling 재활용 compact 압축하다
argue 주장하다 existing 기존의 furthermore 게다가
environmentalist 환경 보호론자 leak 누출 safety 안전
carry out 실시하다 resist 반대하다 prefer 선호하다
environmental 환경의 opposition 반대 advancement 발전

해석

캘리포니아주 정부는 캘리포니아 사막에 핵폐기물 처리장을 짓는 것을 계획한다. 이 제안된 계획에 대해 각계각층의 저항에 직면하고 있다. 경제학자 Lisa Shue는 이 폐기장이 불필요하다고 생각한다. "재활용과 새로운 압축 기술의 발전으로 인해, 우리의 다른 폐기물 처리장도 전부 사용하고 있지는 않습니다." Shue는 다른 새로운 폐기장을 짓기 전에 기존의 폐기장이 더욱 발전되어야 한다고 주장한다. 더 나아가 환경 보호론자들은 모든 폐기물 처리장이 누출 검사를 받아야 하며 여타의 안전 검사도 실시되어야 한다고 요구하고 있다. 캘리포니아 사막의 개발업자들도 폐기장 계획에 반대한다. 이 지역의 대부분의 건축업자들은 이 땅이 주거용으로 개발되는 것을 선호할 것이다.

① 핵폐기물 처리장의 환경적 위험
② 캘리포니아 사막의 경제적 성장
③ 계획된 핵폐기물 처리장에 대한 반대
④ 재활용과 압축에 있어서의 기술적 발전

해설

중심 소재는 핵폐기물 처리장으로 첫 문장에서 캘리포니아주 정부의 핵폐기물 처리장 건립 계획이 있다고 말한다. 이 계획에 대해 각계각층에서의 이의에 직면하고 있다고 한 두 번째 문장이 주제문이다. 이후 경제학자, 환경 보호론자, 개발업자 등이 반대한다는 내용이 이어진다. 따라서 글의 주제로 가장 적절한 것은 ③ '계획된 핵폐기물 처리장에 대한 반대'이다.

 ③

9

밑줄 친 부분에 들어갈 말로 가장 적절한 것은?

In one experiment researchers had people sit at computers and review two online articles describing opposing theories of learning. One article laid out an argument that "knowledge is objective"; the other made the case that "knowledge is relative." Each article was set up in the same way, with similar headings, and each had links to the other article, allowing a reader to jump quickly between the two to compare the theories. The researchers hypothesized that people who used the links would gain a richer understanding of the two theories and their differences than would people who read the pages sequentially, completing one before going on to the other. They were wrong. The test subjects who read the pages linearly actually scored considerably higher on a subsequent comprehension test than those who clicked back and forth between the pages. _____, the researchers concluded.

① The links helped to organize information
② Using the links got in the way of learning
③ Attitude was more important than knowledge
④ The more links, the higher level of popularity

어휘
review 살펴보다   article 기사   describe 설명하다
opposing 서로 대립되는   theory 이론   lay out ~을 제시하다
argument 주장   objective 객관적인   make a case 주장하다
relative 상대적인   set up 마련하다   heading 제목   compare 비교하다
hypothesize 가설을 세우다   sequentially 순차적으로
complete 완료하다   subject 피실험자   linearly 순차적으로
considerably 상당히   subsequent 그 이후의   comprehension 이해
back and forth 왔다갔다   conclude 결론을 내리다   organize 체계화하다
get in the way of ~을 방해하다   attitude 태도   popularity 인기

해석
한 실험에서 연구자들은 사람들이 컴퓨터 앞에 앉아서 서로 대립되는 학습 이론을 설명하고 있는 두 개의 온라인 기사를 살펴보도록 했다. 한 기사는 "지식은 객관적이다."라는 주장을 제시했고; 다른 기사는 "지식은 상대적이다."라고 주장했다. 각각의 기사는 비슷한 제목을 가지고 같은 방식으로 마련되었고, 각각에는 이론을 비교하기 위해 독자가 두 이론 사이를 빠르게 옮겨 다닐 수 있도록 해 주는, 다른 하나의 기사로 연결해 주는 링크가 있었다. 연구자들은 링크를 이용한 사람들이 다른 기사로 이동하기 전에 한 기사를 다 읽으면서 순차적으로 페이지를 읽은 사람들보다 두 이론과 그것들의 차이점을 더 풍부하게 이해할 것이라는 가설을 세웠다. 그들은 틀렸다. 순차적으로 페이지를 읽었던 피실험자들이 페이지들 사이를 왔다갔다 클릭했던 사람들보다 이후 이해력 평가에서 실제로 상당히 더 높은 점수를 얻었다. <u>링크를 사용한 것이 학습을 방해했다</u>고 연구자들은 결론지었다.

① 링크가 정보를 체계화하는 데에 도움을 주었다
③ 지식보다 태도가 더 중요했다
④ 링크가 많을수록 인기의 수준이 더 높았다

해설
실험의 내용과 진행 과정을 설명하고 마지막에 그 결과를 도출하는 형식의 글이다. 두 그룹의 사람들에게 서로 다른 기사를 읽도록 한 후 두 기사에 대한 이해도를 측정한 실험이다. 한 그룹은 두 기사에 링크를 연결하여 중간중간 원할 때 다른 기사의 글을 볼 수 있게 했고, 다른 그룹은 한 기사를 다 읽고 다음 기사를 읽게 했다. 그러면서 링크를 가진 실험자 집단의 이해도가 더 높을 것이라는 가정을 세웠지만 틀렸다고 말하며 순차적으로 기사를 읽은 집단이 이해도가 더 높았다고 한다. 따라서 빈칸에는 ② '링크를 사용한 것이 학습을 방해했다'가 들어가야 한다.

 ②

10

주어진 글 다음에 이어질 글의 순서로 가장 적절한 것은?

"Begin with the End in Mind" is based on the principle that all things are created twice. There's a mental or first creation, and a physical or second creation to all things.

(A) If you want a family-centered home, you plan a family room where it would be a natural gathering place. You plan sliding doors and a patio for children to play outside. You work with ideas. You work with your mind until you get a clear image of what you want to build.

(B) Take the construction of a home, for example. You design it in every detail before you ever hammer the first nail into place. You try to get a very clear sense of what kind of house you want.

(C) Then you reduce it to blueprint and develop construction plans. All of this is done before the earth is touched. If not, then in the second creation, the physical creation, you will have to make expensive changes that may double the cost of your home.

① (A) - (C) - (B)   ② (B) - (A) - (C)
③ (B) - (C) - (A)   ④ (C) - (B) - (A)

어휘
principle 원리   create 창조하다   creation 창조   physical 물질적인
room 공간   gather 모이다   sliding door 미닫이문   patio 테라스
clear 선명한   take (예를) 들다   construction 건축   hammer 망치로 치다
nail 못   into place 정확한 위치에   reduce (간단하게) 정리하다
blueprint 청사진   expensive 값비싼   double 두 배로 늘리다

해설
"마음에서 끝내고 시작하라"는 모든 사물이 두 번 창조된다는 원리에 근거한다. 모든 사물에는 정신적인 첫 번째 창조와 물질적인 두 번째 창조가 있다. (B) 집의 건축을 예로 들어보자. 당신은 첫 번째 못을 정확한 위치에 망치로 치기 전에 이것을 세세하게 디자인한다. 당신은 당신이 어떠한 종류의 집을 원하는지에 대해 매우 선명한 감을 가지려 애쓴다. (A) 만일 당신이 가족 중심의 집을 원한다면, 당신은 자연스럽게 모이는 장소가 될 수 있는 가족의 공간을 구상한다. 당신은 어린이들이 밖에서 놀 수 있게 미닫이문과 테라스를 구상한다. 당신은 생각으로 작업을 한다.

당신은 당신이 짓기를 원하는 것에 대한 선명한 이미지를 얻을 때까지 마음으로 작업한다. (C) 그다음 그것을 청사진으로 정리하고 건축 설계도로 진전시킨다. 이 모든 것은 땅이 건드려지기 전에 마무리된다. 그렇지 않으면, 그때 물질적 창조인 두 번째 창조에서 당신은 집의 비용을 두 배로 늘릴 수도 있는 값비싼 변경을 해야만 할 것이다.

해설
주어진 문장은 모든 사물은 첫 번째 정신적인 창조와 두 번째 물질적 창조가 있다고 한다. 추상적인 내용이 나왔으므로 뒤에는 구체적인 예시가 나와야 한다. (B)는 집을 짓는 것을 예로 들어 주어진 글을 설명하고 있다. (B)에서 어떤 종류의 집을 지을지 감을 잡으려고 한다고 하므로 뒤에는 가족 중심의 집으로 좁혀서 첫 번째 단계인 마음으로 집을 짓는 것을 언급하고 있는 (A)가 오는 것이 적절하다. (C)는 마음속 집을 청사진과 설계도로 정리해서 두 번째 단계인 물질적으로 집을 짓는 것에 대해 설명하고 있다. 따라서 ② (B) − (A) − (C)의 흐름이 가장 자연스럽다.

정답 ②

DAY 06

2025 이동기 영어 하루 프로젝트

| 01 | ④ | 02 | ① | 03 | ② | 04 | ① | 05 | ② |
| 06 | ② | 07 | ① | 08 | ② | 09 | ④ | 10 | ③ |

[1~2] 밑줄 친 부분에 들어갈 말로 가장 적절한 것을 고르시오.

1

> The scientist conducted multiple experiments to ensure the results were _____ and reliable for the research study.

① portable ② temporary
③ vain ④ accurate

어휘
conduct 수행하다 multiple 많은 experiment 실험
ensure 확실히 하다 reliable 믿을 수 있는 portable 휴대하기 쉬운
temporary 일시적인 vain 헛된 accurate 정확한

해석
그 과학자는 연구 조사에 그 결과가 정확하고 믿을 수 있다는 것을 확실히 하기 위해 많은 실험을 수행했다.

정답 ④

2

> The _____ between her lively personality, which filled the room with energy, and his reserved manner, was evident in every interaction they had.

① contrast ② likeness
③ isolation ④ collapse

어휘
lively 생기발랄한 personality 성격 reserved 내성적인 manner 태도
evident 뚜렷한 interaction 상호작용 contrast 대조 likeness 유사성
isolation 고립 collapse 붕괴

해석
방 안을 에너지로 가득 채운 그녀의 생기발랄한 성격과 그의 내성적인 태도의 대조는 그들이 한 모든 상호작용에서 뚜렷했다.

정답 ①

3

밑줄 친 (A), (B)에 들어갈 말로 가장 적절한 것은?

> The teacher suggested ___(A)___ that he ___(B)___ a break to alleviate stress and improve focus on studies.

	(A)	(B)
①	him	take
②	to him	take
③	him	takes
④	to him	takes

어휘

suggest 제안하다 break 휴식 alleviate 완화하다

해석

선생님은 스트레스를 완화하고 학습에 집중력을 높이기 위해 그에게 휴식할 것을 제안했다.

해설

[문법포인트] 완전타동사 / 당위의 조동사 should

(A) suggest는 3형식 동사로 4형식으로 쓰지 못한다. that절이 목적어이므로 him 이 바로 올 수 없고 to him으로 와야 한다.

(B) suggest가 제안의 의미이고 목적어가 that절일 때, that절의 동사는 당위의 조동사를 써서 「(should) + 동사원형」의 형태가 되어야 한다. 이때 should는 거의 생략되므로 동사원형인 take가 들어가야 한다.

따라서 이 둘을 만족시키는 ②가 정답이다.

정답 ②

4

밑줄 친 부분에 들어갈 말로 가장 적절한 것은?

> A: We have to finish the project by Friday. We'd better move quickly.
> B: _____? Didn't you hear that the presentation was cancelled, did you?
> A: What? I didn't know that. Who did you hear it from?
> B: Tom told me about it.

① What's the rush
② What are friends for
③ Are you here on business
④ How are you getting along

어휘

presentation 발표 cancel 취소하다
What's the rush? 왜 이렇게 서둘러?
What are friends for? 친구 좋다는 게 뭐야.
How are you getting along? 어떻게 지내?

해석

A: 우린 이 프로젝트를 금요일까지 마쳐야 해. 빨리 움직이는 것이 좋겠어.
B: 왜 이렇게 서둘러? 그 발표가 취소되었다는 걸 못 들었지, 그렇지?
A: 뭐라고? 난 듣지 못했어. 넌 누구한테 들었어?
B: Tom이 말해줬어.

② 친구 좋다는 게 뭐야
③ 여기 사업차 온 거야
④ 어떻게 지내

정답 ①

[5~6] 밑줄 친 부분 중 어법상 옳은 것을 고르시오.

5

① Our trained staff are the people to rely when it comes to moving house.
② Lifestyle strategies are to keep brains healthy, which also might push back the onset of dementia.
③ While a candy bar may give you an instant burst of energy, it usually leaves you feel tired quite quickly.
④ Before using your card, please read the enclosed material described your rights and responsibilities.

어휘

staff 직원 rely on ~을 믿다 when it comes to ~에 관한 한
move house 이사하다 strategy 전략 push back 늦추다 onset 발병
dementia 치매 instant 즉각적인 burst 분출 enclosed 동봉된
material 자료 describe 기술하다 right 권리 responsibility 책임

해석

① 훈련 받은 우리의 직원은 이사에 관한 한 믿을 만한 사람들이다.
② 라이프 스타일 전략은 뇌를 건강하게 유지하려는 것인데, 그것은 또한 치매의 발병을 늦출 수 있을지도 모른다.
③ 막대 사탕이 당신에게 즉각적인 에너지의 분출을 가져다줄지 모르지만, 그것은 보통 당신이 꽤나 빨리 다시 피곤함을 느끼게 한다.
④ 카드를 사용하기 전에 귀하의 권리와 책임을 기술한 동봉된 자료를 읽어보십시오.

해설

② [문법포인트] 관계대명사의 선택 관계대명사의 계속적 용법으로, 선행사는 앞 문장 전체이고, which 이하에 주어가 빠진 것으로 보아 주격 관계대명사 자리이다. 따라서 앞 문장 전체를 선행사로 받을 수 있고, 계속적 용법으로 쓸 수 있는 관계대명사 which가 바르게 쓰였다.

① [문법포인트] to부정사의 역할 to rely가 수식하는 people이 rely의 의미상의 목적어이다. 이때 to부정사의 동사가 자동사이면 알맞은 전치사와 함께 써야 한다. 자동사 rely는 on과 같이 쓰이므로 to rely를 to rely on으로 고쳐야 한다. (to rely → to rely on)

③ [문법포인트] 불완전타동사와 동작의 목적격보어 leave는 목적어와 목적격보어의 관계가 능동이면 현재분사를 목적격보어로 취한다. you와 feel은 능동의 관계이므로 feel을 feeling으로 고쳐야 한다. (feel → feeling)

④ [문법포인트] 현재분사 vs. 과거분사 described가 material을 수식하는 분사로 쓰였으나 material이 기술하고 있는 능동의 의미이므로 현재분사로 써야 한다. 또 뒤에 목적어가 있으므로 과거분사는 쓸 수 없고 현재분사만 쓸 수 있다. (described → describing)

정답 ②

6

Snowbasin Resort is dealing with ① dozen of upset customers who had their cars ② towed away on Christmas Eve. The county sheriffs towed the ③ illegal parked cars ④ because of they were blocking snowplows from clearing the roadway.

어휘

deal with ~을 상대하다   dozen 수십 명   upset 화가 난   tow 견인하다
county 군   sheriff 보안관   block 막다   snowplow 제설차
roadway 도로

해석

스노우베이진 리조트는 크리스마스이브에 차가 견인된 화가 난 수십 명의 고객을 상대하는 중이다. 군 보안관은 제설차가 도로를 청소하는 것을 막고 있었기 때문에 불법 주차된 차들을 견인했다.

해설

② [문법포인트] **불완전타동사와 동작의 목적격보어** 사역동사는 목적어와 목적격보어의 관계가 능동이면 목적격보어로 원형부정사(동사원형)를 쓰고 수동이면 과거분사를 쓴다. had가 사역동사이고 목적어인 their cars와 목적격보어인 tow의 관계가 수동이므로 과거분사 towed가 목적격보어로 바르게 쓰였다.

① [문법포인트] **주의할 형용사와 부사** 수 단위명사는 특정 숫자와 함께 쓰일 때는 단수, 막연하게 큰 수를 의미할 때는 복수로 쓴다. 막연히 '수십 명'이라는 의미가 되어야 하므로 dozen은 dozens로 써야 한다. (dozen of → dozens of)

③ [문법포인트] **형용사 vs. 부사** 문맥상 illegal이 뒤의 parked를 수식하는데, parked는 분사이므로 분사를 수식하는 부사의 형태가 되어야 한다. (illegal → illegally)

④ [문법포인트] **부사절 접속사의 선택** because of는 전치사이므로 뒤에 명사구가 와야 한다. 그런데 동사가 있는 절이 왔으므로 접속사인 because로 고쳐야 한다. (because of → because)

정답 ②

7

다음 글의 목적으로 가장 적절한 것은?

To: Dr. Anna Green
From: Emily Roberts
Date: June 3
Subject: Invitation to Speak at Our Community Event on Sustainable Living

Dear Dr. Green,

I hope you're doing well. I am writing to extend an invitation for you to speak at an upcoming event we are hosting for our residents. In our ongoing efforts to enhance the living experience within our community, we are committed to providing opportunities for learning and enrichment.

We would be honored to have you as our guest speaker for an event focused on sustainable living. The event is scheduled for June 15, at 6:00 PM and will take place in our community hall. Given your expertise and contributions to the field of environmental sustainability, we believe your insights and practical tips on how to live more sustainably would greatly benefit our residents.

We hope you can join us for this special event. Please let us know if you are available and if there are any specific arrangements or requirements you might need. We look forward to the possibility of welcoming you to our community.

Best regards,
Emily Roberts

① 특별 강연을 해줄 것을 요청하려고
② 아파트의 주민 행사를 알리려고
③ 아파트 정책 변경을 공지하려고
④ 행사의 자원봉사 참여를 부탁하려고

어휘

invitation 초청   sustainable living 지속가능한 생활
extend an invitation 초청하다   upcoming 다가오는   host 주최하다
resident 주민   ongoing 계속되는   be committed to ~에 전념하다
enrichment 계발   take place 개최하다   community hall 주민회관
expertise 전문지식   contribution 공헌
environmental sustainability 환경적 지속성   insight 통찰력
practical 실천적인   sustainably 지속가능하게   benefit 유익하다
arrangement 준비물   requirement 필요한 것   welcome 맞이하다

해석

수신인: Anna Green 박사
발신인: Emily Roberts
날짜: 6월 3일
제목: 지속가능한 생활에 대한 우리 지역 사회 행사에 연사로 초청

Green 박사님께,

안녕하세요. 저는 주민들을 위해 우리가 주최하는 다가오는 행사에서 박사님이 연설해 주시도록 초청하기 위해 글을 쓰고 있습니다. 우리 지역 사회 안에서 삶의 경험을 향상시키려는 계속적인 노력으로 우리는 학습과 계발에 대한 기회를 제공하려고 전념하고 있습니다.

지속 가능한 생활에 중점을 둔 행사에 박사님을 우리의 초대 연사로 맞이하게 되면 우리는 대단히 영예로울 것입니다. 이 행사는 6월 15일 오후 6시로 예정되어 있고 우리 주민회관에서 개최될 것입니다. 환경의 지속 가능성 분야에서의 박사님의 전문지식과 공헌을 고려해 보면, 어떻게 더 지속가능하게 살 수 있는가에 대한 박사님의 통찰력과 실천적인 요령은 우리 주민들에게 정말 유익할 것이라고 우리는 믿습니다.

이 특별한 행사에 박사님이 우리와 함께하기를 희망합니다. 가능하신지, 그리고 박사님이 필요한 특별한 준비물이나 요구사항이 있다면 저희에게 알려주시기 바랍니다. 우리 지역 사회에 박사님을 맞이할 수 있기를 기대합니다.

안부 인사 드립니다.

Emily Roberts

해설
이메일 글에서 목적은 제목과 본문을 통해 알 수 있다. 우선 제목이 행사에 연사로 초청한다는 내용이고, 두 번째 문단의 첫 번째 문장에서 행사에 당신을 우리의 초대 연사로 맞이하게 되면 대단히 영예로울 것이라고 하므로 이글의 목적은 ① '특별 강연을 해줄 것을 요청하려고'이다.

정답 ①

8
다음 글의 요지로 가장 적절한 것은?

Whereas family relationships usually constitute a child's first experience of group life, peer-group interactions soon begin to make their powerful socializing effects felt. From playgroup to teenage clique, the peer group affords young people many significant learning experiences such as how to achieve status in a circle of friends. Peers are equals in a way parents and their children or teachers and their students are not. A parent or teacher sometimes can force young children to obey rules they neither understand nor like, but peers do not have formal authority to do this; thus the true meaning of exchange, cooperation, and equity can be learned more easily in the peer setting. Peer groups increase in importance as the child grows up and reach maximum influence in adolescence, by which time they sometimes dictate much of a young person's behavior both in and out of school.

① Children learn about cooperation in their peer groups.
② Peer groups have powerful influences on children's lives.
③ Parents can force children to do things that a peer group cannot.
④ Parents have greater influences on children than their teachers do.

어휘
whereas ~에 반하여   constitute 구성하다   peer group 또래 집단
interaction 상호작용   socialize 사회화하다   effect 효과
playgroup 놀이 학교: 취학 전 아동들이 놀이를 통해 학습하는 곳   clique 파벌
afford 제공하다   significant 중요한   achieve 성취하다   status 지위
equal 동등한 사람(것)   force 강요하다   obey 복종하다   formal 공식적인
authority 권한   exchange 교환   cooperation 협동   equity 공평
setting 환경   adolescence 청소년기   dictate 좌우하다

해석
가족 간의 관계가 대개 아이의 첫 번째 단체 생활의 경험을 구성하는 것에 반하여 또래 집단 상호작용은 곧 그들의 강한 사회화 효과를 느껴지게 만들기 시작한다. 놀이 학교에서부터 10대의 파벌까지, 또래 집단은 청소년들에게 친구 집단에서 지위를 성취하는 방법과 같은 많은 중요한 학습 경험을 제공한다. 또래들은 부모와 그들의 자녀 또는 선생님과 그들의 학생들이 그렇지 않은 방식으로 동등하다. 부모나 선생님은 어린아이들이 그들이 이해하지도 좋아하지도 않는 규칙에 복종하도록 때로 강요할 수 있지만, 또래는 이것을 시킬 공식적인 권한이 없다; 따라서 교환, 협동, 그리고 공정의 진정한 의미는 또래의 환경에서 더 쉽게 학습될 수 있다. 또래 그룹은 아이들이 성장함에 따라 중요성이 증가하고 청소년기에 최대의 영향력에 도달하는데, 이 시기쯤 그들은 학교 안팎에서 청소년의 행동 중 많은 부분을 때때로 좌우한다.

① 아이들은 자신들의 또래 집단에서 협동에 대해 배운다.
② 또래 집단은 아이들의 삶에 강력한 영향을 미친다.
③ 부모들은 또래 집단이 강요할 수 없는 일을 아이에게 강요할 수 있다.
④ 부모들은 아이들에게 그들의 선생님보다 더 큰 영향을 미친다.

해설
중심 소재는 또래 집단이고, 주제문은 첫 번째 문장의 후반부이다. 즉 또래 집단 상호작용은 아이들에게 사회화를 느껴지게 한다고 말한다. 이후 이에 관하여 부연 설명된다. 따라서 글의 요지로 가장 적절한 것은 ② '또래 집단은 아이들의 삶에 강력한 영향력을 가진다.'이다. ①, ③은 지엽적인 언급이고 ④는 언급되지 않았고 또래 집단에 대한 설명이 아니라 답이 될 수 없다.

정답 ②

9
주어진 문장이 들어갈 위치로 가장 적절한 곳은?

Removing lignin makes the wood white, so researchers added acrylic to the wood to allow light to pass through.

Wood sheds its reputation for being traditional or old-fashioned as scientists introduce "transparent wood," which is setting a new standard for energy-efficient materials. (①) Presenting the new material at the American Chemical Society Spring 2019 National Meeting & Exposition, the team of scientists unveiled the innovative type of wood that could pave the way to unparalleled energy efficiency in design and architecture. (②) To create the transparent wood, researchers chemically removed lignin — from samples of commercial balsa wood. (③) Lignin is a structural polymer in plants and can be found in the cell walls, blocking 80 to 95 percent of light from passing through. This alone, however, didn't result in a transparent material. (④) Not only did this create a see-through material, but one that was twice as strong as Plexiglass, the researchers found.

* lignin: 목질소 * Plexiglass: 플렉시글라스: 특수 아크릴 수지

어휘
remove 제거하다   acrylic 아크릴 도료   pass through 통과하다
shed 벗다   reputation 명성   traditional 전통적인
old-fashioned 구식의   transparent 투명한   standard 표준
efficient 효율적인   material 재료   present 보여주다   exposition 박람회
unveil 발표하다   innovative 혁신적인   pave the way 길을 닦다
unparalleled 비할 데 없는   efficiency 효율   architecture 건축
chemically 화학적으로   commercial 상업용의   structural 구조적인
polymer 중합체   see-through 속이 다 비치는

해석

과학자들이 에너지 효율적인 재료의 새로운 표준을 세우는 중인 '투명한 목재'를 소개하면서 목재는 전통적이라거나 구식이라는 명성을 벗어버린다. (①) 2019 미국 화학회 봄 전국 만남 & 박람회에서 새로운 재료를 발표하면서 과학자 팀은 디자인과 건축에 있어 비할 데 없는 에너지 효율성으로의 길을 닦을 수 있는 혁신적인 유형의 나무를 발표했다. (②) 투명한 목재를 만들어내기 위해 연구원들은 — 상업적인 발사 목재 샘플에서 — 화학적으로 목질소를 제거했다. (③) 목질소는 식물의 구조적 중합체로, 세포벽에서 발견될 수 있으며, 빛의 80에서 95퍼센트가 통과되는 것을 막는다. 그러나 이것 하나만으로는 투명한 재료가 만들어지지 않는다. (④) 목질소를 제거하는 것은 목재를 하얗게 만들고, 그래서 과학자들은 빛이 통과하는 것이 가능하도록 목재에 아크릴 도료를 추가했다. 이것은 속이 다 비치는 재료를 만들었을 뿐만 아니라 플렉시글라스보다 두 배 더 강한 재료를 만들었다는 것을 과학자들은 발견했다.

해설

중심 소재는 투명한 목재이고 이를 만드는 과정이 설명되고 있다. 주어진 문장은 목질소를 제거할 때 나오는 효과와 이를 제거하기 위해 아크릴 도료를 추가했다고 했으므로 그 앞에는 목질소를 제거할 때 나타나는 현상이, 이후에는 아크릴 도료를 추가했을 때 나타나는 현상이 올 것을 예측할 수 있다. ④의 앞에서 목질소가 빛의 통과를 막으므로 이를 제거한다고 나오고, 이어 그것만으로 투명한 재료를 만들 수 없다고 말한다. 따라서 이어서 아크릴 도료를 추가한다고 이어져야 자연스럽다. 따라서 주어진 문장은 ④에 들어가야 한다. 또한 뒤에 빛이 통과해서 속이 비치는 재료를 만들었다는 내용이 오므로 ④가 가장 적절하다.

정답 ④

10

다음 글에서 전체 흐름과 관계없는 문장은?

> Our answer to the "How am I doing?" question depends on our own past experiences, aspirations, and expectations. ① However, the question is virtually never asked or answered in a social vacuum. ② "How am I doing?" almost always carries "compared to others" in parentheses. ③ Social comparison provides an objective standard of one's actions and therefore can criticize task-oriented people. ④ Many experiences are ambiguous enough that we are not completely sure what to make of them. Is a B+ a good grade on an exam? It is possible to derive approximate answer to question like this, but the approximate answer is not good enough without looking around others.

어휘

depend on ~에 달려 있다 aspiration 열망 expectation 기대
social vacuum 사회적 고립 상태 carry 담다 parenthesis 괄호
comparison 비교 objective 객관적인 standard 기준
criticize 비판하다 task-oriented 과업 지향적인 ambiguous 모호한
make A of B B의 의미를 A라고 생각하다 derive 끌어내다
approximate 개략적인 look around 둘러보다

해석

"내가 잘하고 있는가?"라는 질문에 대한 우리의 대답은 우리 자신의 과거 경험과 열망, 그리고 기대에 달려 있다. ① 하지만 사회적 고립 상태에서 그 질문은 사실상 결코 묻거나 대답되는 일이 없다. ② "내가 잘하고 있는가?"는 거의 항상 괄호 속에 '다른 사람들에 비해서'라는 말을 담고 있다. ③ 사회적 비교는 사람의 행동에 대한 객관적 기준을 제공하므로 과업 지향적인 사람들을 비판할 수 있다. ④ 많은 경험들이 충분히 모호해서 우리는 그것들의 의미를 무엇이라 생각해야 할지를 완벽하게 확신하지 못한다. 시험에서 B+는 좋은 성적인가? 이와 같은 질문에 대해 개략적인 대답을 끌어내는 것은 가능하지만, 이 개략적인 대답은 다른 사람들을 둘러보지 않고서는 그다지 좋지 않다.

해설

글의 중심 소재는 자기 평가이고 주제문은 자기 평가는 다른 사람과 비교에 의해서만 가능하다고 한 세 번째 문장이다. 첫 문장과 ①도 모두 자기 평가에 관한 내용이고 ④도 다른 사람과 비교하지 않고 자기 평가를 온전히 할 수 없다는 내용이다. 하지만 ③은 사회적 비교가 과업 지향적인 사람들을 비판하는 것으로 이어진다는 내용으로 전체 흐름과 동떨어져 있다. 따라서 정답은 ③이다.

정답 ③

DAY 07

01	④	02	③	03	②	04	③	05	④
06	③	07	②	08	④	09	④	10	④

[1~3] 밑줄 친 부분에 들어갈 말로 가장 적절한 것을 고르시오.

1

> I suggest that you _____ the information on the website to ensure it reflects the most recent changes.

① represent ② conceal
③ spread ④ update

어휘
suggest 제안하다 ensure 확실하게 하다 reflect 반영하다
recent 최근의 represent 나타내다 conceal 숨기다 spread 퍼뜨리다
update 갱신하다

해석
웹사이트가 가장 최근의 변화를 반영하는 것을 확실히 하기 위해 나는 당신이 웹사이트의 정보를 갱신할 것을 제안한다.

정답 ④

2

> Her intelligence is her most admirable _____, which contributed greatly to her success in academia.

① fatigue ② confession
③ attribute ④ custom

어휘
intelligence 지성 admirable 존경스러운 contribute 기여하다
academia 학계 fatigue 피로 confession 고백 attribute 속성
custom 관습

해석
그녀의 지성은 그녀가 학계에서 성공하는 데 큰 기여를 한 가장 존경스러운 속성이다.

정답 ③

3

> When she felt nervous, she pretended _____ by maintaining steady eye contact with those around her.

① being confident ② to be confident
③ be confident ④ her being confident

어휘
nervous 긴장한 pretend 척하다 maintain 유지하다 steady 변함없는
confident 자신 있는

해석
긴장감이 느껴질 때 그녀는 주변 사람들과 변함없는 눈 맞춤을 유지함으로써 자신 있는 척했다.

해설
[문법포인트] 완전타동사와 동작의 목적어 pretend는 to부정사를 목적어로 취하는 완전타동사이다. 따라서 빈칸에는 ② to be confident가 들어가야 한다.

정답 ②

4
밑줄 친 부분 중 어법상 옳지 않은 것은?

> The Grand Canyon ① has been a natural wonder since ancient times. Scientists are busy ② studying its geological formations to understand the Earth's history. Many visitors, ③ captivating by its breathtaking beauty, come from all over the world to witness it firsthand. The Grand Canyon continues ④ to inspire awe and appreciation for the majesty of nature.

어휘
natural 자연의 wonder 불가사의 geological 지질학의
formation 형성(물) captivate 마음을 사로잡다
breathtaking 숨이 막히는 witness 보다 firsthand 직접
inspire 불어넣다 awe 경외감 appreciation 감탄 majesty 장엄함

해석
그랜드 캐니언은 고대부터 자연의 불가사의였다. 과학자들은 지구의 역사를 이해하기 위해 그것의 지질학적 형성물을 연구하느라 바쁘다. 많은 방문객들이 그것의 숨 막히는 아름다움에 사로잡혀 그것을 직접 보기 위해 세계 도처에서 온다. 그랜드 캐니언은 계속해서 자연의 장엄함에 대한 경외감과 감탄을 불어넣는다.

해설
③ [문법포인트] 분사구문 주절의 주어 Many visitors를 의미상의 주어로 하는 분사구문이다. captivate가 타동사인데 목적어가 없고 또 의미상의 주어가 사로잡히는 수동의 의미이므로 captivating은 과거분사인 captivated로 고쳐야 한다. (captivating → captivated)
① [문법포인트] 완료시제 「since + 과거시점」은 현재완료 시제와 자주 쓰인다. since ancient times와 함께 현재완료 시제가 바르게 쓰였다.
② [문법포인트] 준동사 주요 표현 「be busy (in) -ing」는 준동사 주요 표현으로 '~하느라 바쁘다'를 의미한다. 동명사 studying이 바르게 쓰였다.
④ [문법포인트] 완전타동사와 동작의 목적어 continue는 목적어로 to부정사와 동명사를 모두 취할 수 있으며 이때 어느 것을 취하든 의미에 차이가 없다. to부정사인 to inspire가 목적어로 바르게 쓰였다.

정답 ③

5
밑줄 친 부분 중 어법상 옳은 것은?

A mobile security researcher has uncovered a flaw that leaves ① as much as 95% of Android devices — that's 950 million gadgets — ② exposing to attack. The computer bug, ③ nicknamed "Stagefright" after a vulnerable media library in the operating system's open source code, may be one of ④ the worst Android security hole discovered to date. It affects Android versions 2.2 and on.

어휘
security 보안   uncover 알아내다   flaw 결함   device 기기   gadget 장치
expose 노출시키다   bug 오류   nickname 별명을 짓다
vulnerable 취약한   operating system 운영체제
security hole 안전 취약점   to date 지금까지   affect 영향을 주다

해석
한 모바일 보안 연구원이 – 9억 5천만 개의 장치에 해당하는 – 무려 95퍼센트나 되는 안드로이드 기기를 공격에 노출되게 만드는 결함을 알아냈다. 운영체제의 오픈 소스 코드의 취약한 미디어 라이브러리의 이름을 따 별명이 'Stagefright'라 지어진 이 컴퓨터 오류는 지금까지 발견된 최악의 안드로이드 안전 취약점 중 하나일 것이다. 이것은 안드로이드 버전 2.2와 그 이상에 영향을 준다.

해설
③ [문법포인트] 분사구문 주절의 주어인 The computer bug를 의미상의 주어로 하는 분사구문이다. 타동사인 nickname은 5형식으로 목적어와 목적격보어를 가진다. Stagefright가 목적격보어인데 목적어가 없는 상태이므로 nicknamed가 수동의 의미로 쓰여야 한다. 따라서 과거분사형인 nicknamed가 바르게 쓰였다.
① [문법포인트] 명사의 이해 as much as는 Android devices라는 가산명사의 복수형을 강조하고 있다. much는 가산명사와 쓸 수 없으므로 much를 many로 고쳐야 한다. (as much as → as many as)
② [문법포인트] 불완전타동사와 동작의 목적격보어 exposing은 leave의 목적격보어로 쓰였다. 목적어가 없고 '노출되는'의 수동의 의미이므로 능동의 현재분사가 아닌 수동의 과거분사 exposed로 고쳐야 한다. (exposing → exposed)
④ [문법포인트] 명사의 이해 앞에 one of가 나오므로 of 뒤에는 복수명사가 와야 한다. 따라서 hole을 holes로 고쳐야 한다. (hole → holes)

정답 ③

6
밑줄 친 부분에 들어갈 말로 가장 적절한 것은?

Student: Hi, I'm trying to apply for the summer school program, but I'm having trouble.
University: Hello! It looks like the class you're trying to enroll in is full, which is why you can't apply.
Student: Oh, I see. Is there any chance I can still get in, maybe on a waiting list?
University: Unfortunately, we don't have a waiting list for this class. However, you might want to check if there are other classes available.
Student: _____.
University: If you need any further assistance, feel free to reach out. Have a great day!

① If so, please let me be put on the waiting list
② I heard there are some other available classes instead
③ That's disappointing, but I'll take a look
④ I am lucky to have the chance to enroll in what I want

어휘
apply for ~에 지원하다   enroll 등록하다   get in 들어가다
unfortunately 유감스럽게도   waiting list 대기자 명단
might want to ~하는 게 좋겠다   assistance 도움
disappointing 실망스러운   take a look 한번 보다

해석
학생: 안녕하세요, 저는 여름학기 프로그램에 등록하려고 하는 중인데 문제가 있어요.
대학: 안녕하세요! 학생이 등록하려는 수업이 다 찬 것으로 보이는데, 그래서 학생이 등록할 수 없는 거예요.
학생: 아, 알겠습니다. 그래도 제가 들어갈 수 있는 가능성은 없나요, 대기자 명단 같은 거요?
대학: 유감스럽게도 저희는 이 강의에 대기자 명단은 없습니다. 그러나 다른 수강 가능한 강좌들이 있는지 확인해 보시는 게 좋겠습니다.
학생: 실망스럽지만, 한 번 볼게요.
대학: 도움이 더 필요하시면, 언제든 연락하세요. 좋은 하루 보내세요!

① 만일 그렇다면, 저를 대기자 명단에 올려지도록 해주세요
② 대신 수강 가능한 몇 가지 다른 수업이 있다고 들었어요.
④ 내가 원하는 것에 등록할 기회를 가지다니 저는 운이 좋아요.

정답 ③

7
다음 글의 주제로 가장 적절한 것은?

Role theory takes the view that consumer behavior resembles actions in a play. As people act out different roles, they sometimes alter their consumption decisions depending on the "play" they are in. The criteria that they use to evaluate products and services in one of their roles may be quite different from those used in another role. In many cases, the purchaser and the user of a product might not be the same person, as when a parent picks out clothes for a teenager. In other cases, another person may act as an influencer, providing recommendations for or against certain products without actually buying or using them.

① the purchasing power of teenagers
② the behavior of consumers in different roles
③ the quality of products and services
④ the recommendation of products and services

어휘

consumer 소비자　resemble 유사하다　action 연기　alter 바꾸다
consumption 소비　depending on ~에 따라　criterion 기준 (*pl.* criteria)
evaluate 평가하다　purchaser 구매자　pick out 고르다
influencer 영향을 미치는 존재　recommendation 권고
purchase 구매하다

해석

역할이론은 소비자의 행위가 연극의 연기와 유사하다는 관점을 취한다. 사람들은 다양한 역할의 연기를 하면서 그들이 출연하는 '연극'에 따라 때로 소비에 대한 결정을 바꾼다. 그들이 자신의 역할 중 하나에서 상품과 서비스를 평가하기 위해 사용하는 척도는 다른 역할에서 사용되는 척도와 상당히 다를 것이다. 부모가 10대 자녀를 위해 옷을 고르는 상황과 같이, 많은 경우에 상품의 구매자와 사용자는 같은 인물이 아닐 수 있다. 다른 경우에는 어떤 사람이 실제로 어떤 상품을 구입하거나 사용하지 않고 그 상품을 사거나 사지 말라고 권고를 하며 영향을 미치는 존재로 행동할 수 있다.

① 10대의 구매력
② 다양한 역할에서의 소비자들의 행동
③ 상품과 서비스의 질
④ 상품과 서비스의 권고

해설

중심 소재는 역할이론이고 주제문은 첫 번째 문장으로 소비자를 연극배우로 비유하고 있다. 이후 소비자들은 연극배우가 극에 따라 연기를 바꾸는 것처럼 상황에 따라 구매에 대한 결정을 바꾼다고 말하며 그 구체적 사례를 차례로 제시한다. 따라서 글의 주제로 가장 적절한 것은 ② '다양한 역할에서의 소비자들의 행동'이다.

정답 ②

8

Wrist Doctor 9988에 관한 다음 글의 내용과 일치하지 않는 것은?

Wrist Doctor 9988

Wrist Doctor 9988 is a health initiative launched by the Seoul Metropolitan Government in 2021 to encourage healthy lifestyles among its residents. This program has become widely popular, attracting approximately 450,000 participants each year. Users of Wrist Doctor 9988 receive a specially designed wristband that tracks daily activities such as steps taken, calories burned, and sleep patterns. The wristband syncs with a mobile app where users can view their activity data and receive personalized health tips and insights. This technology helps individuals monitor their fitness goals and make informed decisions about their health. By promoting physical activity and providing easy access to health information, Wrist Doctor 9988 aims to improve overall well-being and create a healthier community in Seoul.

① It was launched by the Seoul Metropolitan Government.
② About 450,000 people participate in the program each year.
③ Each participant receives a wristband to monitor daily activities.
④ Mobile app development is currently underway and will launch soon.

어휘

wrist 손목　initiative 계획　launch 시작하다, 출시하다
encourage 장려하다　resident 거주자　attract 끌어들이다
approximately 약　wristband 손목 밴드　track 추적하다　sync 연동하다
personalized 개인화된　insight 식견　monitor 관리하다　fitness 건강
informed 정보에 근거한　promote 촉진하다　aim 목표로 하다
personalized 개인화된　overall 전반적인　well-being 행복
currently 현재로　underway 진행 중인

해석

Wrist Doctor 9988

Wrist Doctor 9988은 서울시의 거주자들 사이에 건강한 생활방식을 장려하기 위해 2021년에 서울특별시에 의해 시작된 건강 계획이다. 이 프로그램은 널리 인기를 얻어 매년 약 45만 명의 참가자를 끌어들인다. Wrist Doctor 9988의 이용자들은 걸은 걸음 수, 소모한 칼로리, 수면 패턴과 같은 매일의 활동을 추적하는 특별히 설계된 손목 밴드를 받는다. 손목 밴드는 사용자들이 자신의 활동 정보를 볼 수 있고 개인화된 건강 조언과 식견을 받을 수 있는 모바일 앱과 연동한다. 이 기술은 개인이 자신의 건강 목표를 관리하고 자신의 건강에 대해 정보에 근거한 결정을 내리도록 도와준다. 신체적인 활동을 촉진하고 건강 정보에 쉬운 접근성을 제공함으로써 Wrist Doctor 9988은 서울시의 전반적인 행복을 향상시키고 더 건강한 공동체를 만드는 것을 목표로 한다.

① 이것은 서울특별시에 의해 시작되었다.
② 매년 약 45만 명의 사람들이 그 프로그램에 참여한다.
③ 각 참가자들은 매일의 활동을 관리하는 손목 밴드를 받는다.
④ 모바일 앱 개발은 현재 진행 중이며 곧 출시될 것이다.

해설

④ 네 번째 문장에서 손목 밴드가 모바일 앱과 연동된다고 하므로 글의 내용과 일치하지 않는다.
① 첫 번째 문장에서 서울특별시에 의해 시작되었다고 하므로 글의 내용과 일치한다.
② 두 번째 문장에서 인기가 있어 매년 약 45만 명의 참가자를 끌어들인다고 하므로 글의 내용과 일치한다.
③ 세 번째 문장에서 참가자가 매일의 활동을 추적하는 손목 밴드를 받는다고 하므로 글의 내용과 일치한다.

정답 ④

9

밑줄 친 부분에 들어갈 말로 가장 적절한 것은?

Researchers asked college student volunteers to think through a fantasy version of an experience (looking attractive in a pair of high-heeled shoes, winning an essay contest, or getting an A on a test) and then evaluated the fantasy's effect on the subjects and on how things unfolded in reality. When participants envisioned the most positive outcome, their energy levels, as measured by blood pressure, dropped, and they reported having a worse experience with the actual event than those who had conjured more realistic or even negative visions. To assess subjects' real life experiences, the researchers compared lists of goals that subjects had set for themselves against what they had actually accomplished and also relied on self-reports. "When we fantasize about it — especially when you fantasize something very positive — it's almost like you are actually living it," says one of the study's co-authors. That _____, draining the incentive to "get energized to go and get it," she explains.

① prompts you into assessing the real life as it is
② turns a rosy dream into an actual accomplishment
③ renders your goal independent of the fantasy world
④ tricks the mind into thinking the goal has been achieved

10

주어진 글 다음에 이어질 글의 순서로 가장 적절한 것은?

Experienced travel agents of yesterday are being rapidly replaced by new ones who have less firsthand knowledge of destinations. What this new breed faces is clients who do not know much about geography but have leisure time and money at their disposal. The solution is to equip these less knowledgeable travel agents with computer and video technology to help them match clients with right destinations.

(A) The client then views video programs on those destinations that seem most appealing, and finalizes his or her vacation plan. This way, travel agencies use modern technology to compensate for the inexperience of many agents on their payroll.

(B) Responses collected are fed into a computer program to produce a list of suggested destinations and itinerary options matched to the client's preferences.

(C) The key is to ask a client about his or her preferred vacation in mind. Included might be specific requests the representatives of which are "I don't like to pack and unpack repeatedly," or "I don't like to quickly move around and see many things."

① (A) – (B) – (C)
② (A) – (C) – (B)
③ (B) – (C) – (A)
④ (C) – (B) – (A)

on the payroll 고용된 collect 수집하다 feed (컴퓨터 등에) 들어가다
itinerary 여행 일정 preference 선호 prefer 선호하다 include 포함하다
specific 구체적인 request 요청 representative 대표 pack 짐을 싸다
unpack 짐을 풀다 repeatedly 반복해서

해석

과거의 경험 많은 여행사 직원들은 목적지에 대한 직접적 체험에 의한 지식이 더 적은 새로운 직원들로 빠르게 교체되고 있다. 이러한 새 직원이 직면하는 것은 지리에 대해 많이 알진 못하지만 여가 시간과 돈을 마음대로 사용하는 고객들이다. 해결책으로는 아는 것이 더 적은 이 여행사 직원들에게 그들이 고객과 올바른 목적지를 연결시키는 것을 도와줄 수 있는 컴퓨터와 비디오 기술을 갖추어 주는 것이다. (C) 핵심은 고객에게 마음속으로 선호하는 휴가에 관해 물어보는 것이다. 대표적인 것들로 "전 반복해서 짐을 쌌다 풀었다 하는 것이 싫어요." 또는 "전 바쁘게 여기저기 돌아다니며 많은 것들을 보는 것이 싫습니다." 같은 구체적 요청들이 포함되어 있을지도 모른다. (B) 수집된 답변들은 그 고객의 선호도에 어울리는 제안된 목적지들과 여행 일정 조건의 목록을 만들기 위해 컴퓨터 프로그램에 입력된다. (A) 그런 다음 그 고객은 가장 매력적으로 보이는 목적지들에 관한 비디오 프로그램들을 보고 자신의 휴가 계획을 마무리 짓는다. 이런 식으로 여행사들은 고용된 여러 직원들의 경험 부족을 보완하기 위해 최신 기술을 이용한다.

해설

주어진 문장에서 경험이 부족한 신규 직원들로 경험 많은 직원이 대체되는 문제를 고객과 올바른 목적지를 바르게 연결할 컴퓨터 프로그램과 비디오를 갖추는 것이 해결책이라고 말한다. 이후는 이를 이용하는 순서에 입각해서 언급해야 한다. 즉 (C)에서는 고객에게 선호하는 여행에 대해서 질문하고 (B)에서는 고객으로부터 수집된 답변(responses collected)을 컴퓨터에 입력해서 여행지 제안 리스트를 만들고, (A)에서는 고객은 그러한 여행지(those destinations)에 대한 비디오 프로그램을 보면서 자신의 여행 계획을 수립할 수 있게 한다고 한다. 따라서 ④ (C) – (B) – (A)의 순서가 가장 적합하다.

정답 ④

DAY 08

2025 이동기 영어 하루프로젝트

| 01 | ③ | 02 | ② | 03 | ④ | 04 | ④ | 05 | ③ |
| 06 | ① | 07 | ② | 08 | ③ | 09 | ① | 10 | ③ |

[1~3] 밑줄 친 부분에 들어갈 말로 가장 적절한 것을 고르시오.

1

> The team's hard work and dedication _____ the foundation of their success in the competition.

① exacerbated   ② undermined
③ constituted   ④ postponed

어휘

dedication 헌신 foundation 토대 competition 경쟁
exacerbate 악화시키다 undermine 약화시키다 constitute 이루다
postpone 연기하다

해석

팀의 노력과 헌신이 경쟁에서의 성공의 토대를 이루었다.

정답 ③

2

> To attempt to _____ you is to attempt to motivate you to perform some behavior by threatening you. However, it is not desirable that your will is lost or replaced by mine.

① please   ② coerce
③ reimburse   ④ confirm

어휘

attempt 시도하다 motivate 동기를 부여하다 perform 수행하다
threaten 위협하다 desirable 바람직한 will 의지 replace 대체하다
please 기쁘게 하다 coerce 강압하다 reimburse 배상하다
confirm 확인해 주다

해석

당신을 강압하려 시도하는 것은 당신을 위협함으로써 어떤 행동을 수행하도록 동기를 부여하려고 시도하는 것이다. 그러나 당신의 의지가 상실되거나 나의 의지로 대체되는 것은 바람직하지 않다.

정답 ②

3

> When she was faced with unexpected medical expenses that she couldn't afford to cover, she regretted _____ all her savings on unnecessary purchases.

① spend
② spent
③ to spend
④ spending

어휘

be faced with ~에 직면하다   unexpected 예기치 않은
medical expense 의료비   afford 여유가 있다   cover 부담하다
regret 후회하다   saving 저축한 돈   unnecessary 불필요한
purchase 구매

해석

그녀가 부담할 여유가 없는 예기치 않은 의료비에 직면했을 때, 그녀는 자신의 모든 저축한 돈을 불필요한 구매에 써 버린 것을 후회했다.

해설

[문법포인트] 완전타동사와 동작의 목적어 regret은 to부정사를 목적어로 취하면 미래의 일을 나타내어 '~하게 되어 유감이다'를 뜻하고, 동명사를 목적어로 취하면 '(과거에) ~한 것을 후회하다'라는 뜻이 된다. 문맥상 과거에 모든 저축한 돈을 쓴 것을 후회하는 것이므로 빈칸에는 ④ spending이 들어가야 한다.

정답 ④

4

밑줄 친 부분에 들어갈 가장 알맞은 것은?

> A: Which one do you want, this one or that one?
> B: _____.
> A: Are you sure?
> B: Yes, I'm not picky.
> A: Don't blame me if you end up not liking it.

① Neither is good to me
② Both are in vain
③ I barely made it
④ Either will be fine

어휘

picky 까다로운   blame 탓하다   end up -ing 결국 ~하게 되다
in vain 부질 없는   barely make it 가까스로 성공하다
Either will be fine. 아무거나 괜찮아.

해석

A: 어떤 걸 원해, 이거 아니면 저거?
B: 아무거나 괜찮아.
A: 확실해?
B: 응, 난 까다롭지 않아.
A: 네가 결국 그게 마음에 안 들더라도 내 탓하지 마.

① 둘 다 내게 안 좋아
② 둘 다 부질없어
③ 가까스로 성공했어

정답 ④

[5~6] 밑줄 친 부분 중 어법상 옳은 것을 고르시오.

5

① Products such as appliances, furniture, and sporting goods <u>are often referred as</u> hard goods.
② I typed <u>such fast</u> that some people told me go on television shows.
③ Many farmers were waiting for their turn, <u>some having</u> a great deal of arable land and comparatively little grass.
④ Some people are very busy and do not have time to eat at home so they have no choice <u>but eating</u> while commuting.

어휘

appliance 가전제품   furniture 가구   hard goods 내구 소비재
type 타자를 치다   arable 경작에 알맞은   comparatively 비교적
grass 풀   commute 통근하다

해석

① 가전제품, 가구, 스포츠용품 같은 제품들은 종종 내구 소비재라 불린다.
② 나는 매우 빨리 타자를 쳐서 어떤 사람들은 내게 텔레비전 쇼에 나가라고 말했다.
③ 많은 농부가 차례를 기다리고 있었으며, 일부는 많은 경작에 알맞은 땅을 가지고 있었고, 비교적 풀은 거의 없었다.
④ 어떤 사람들은 너무 바빠 집에서 밥을 먹을 시간이 없어서 통근하는 동안 밥을 먹을 수밖에 없다.

해설

③ **[문법포인트]** 분사구문 분사구문인 having의 의미상의 주어가 some으로 주절의 주어와 달라 그대로 두었다. some과 have의 관계가 의미상 능동이고, 뒤에 목적어가 있으므로 능동의 현재분사로 분사구문이 바르게 쓰였다.
① **[문법포인트]** 동사의 유형별 수동태 'A를 B라고 부르다'라는 뜻의 「refer to A as B」가 수동태가 된 문장이다. 이때 refer가 단독으로 쓰이지 않고 refer to로 쓰이므로 to를 넣어주어야 한다. (are often referred as → are often referred to as)
② **[문법포인트]** 관사의 위치 「so ~ that」과 「such ~ that」은 모두 '너무 ~해서 …하다'를 의미하는 부사절 접속사이지만 such는 한정사로 명사가 뒤에 나와야 한다. 부사인 fast만 나왔으므로 such를 so로 고쳐야 한다. (such → so)
④ **[문법포인트]** 준동사 주요 표현 「have no choice but to부정사」는 '~하지 않을 수 없다'를 의미하는 준동사 주요 표현이다. 따라서 eating을 to eat으로 고쳐야 한다. (but eating → but to eat)

정답 ③

6

> Nurses were warned never to leave patients ① <u>unattended</u> with thermometers in place unless they were certain that it was safe ② <u>leaving</u> a patient unsupervised or that the patient could be trusted to be left alone. Although clinical thermometry did not create the view ③ <u>what patients were</u>

34 Day 08

themselves often unreliable partners in restoring them back to health, it reinforced and extended the view of thermometry as a practice ④ what depended on the cooperation of the patient.

어휘

warn 경고하다 unattended 방치된 thermometer 체온계
unsupervised 감독하지 않는 clinical 임상의 thermometry 체온 측정
unreliable 신뢰할 수 없는 restore 회복시키다 reinforce 강화하다
extend 확장하다 practice 관행 depend on ~에 의존하다
cooperation 협력

해석

환자를 감독하지 않고 놓아두는 것이 안전하다거나 환자를 혼자 둘 수 있다고 확신할 수 있는 경우 외에는 간호사는 체온계를 삽입한 환자가 절대로 방치되게 하지 말라는 경고를 받았다. 임상 체온 측정은 환자를 건강하게 회복시키는 데 있어 환자 자신이 종종 신뢰할 수 없는 파트너였다는 관점을 만들어내지 않았지만, 체온 측정을 환자의 협력에 의존하는 관행으로 보는 관점을 강화하고 확장했다.

해설

① [문법포인트] **불완전타동사의 목적격보어** 불완전타동사 leave의 목적격보어로 형용사인 unattended가 와서 바르게 쓰였다.

② [문법포인트] **인칭대명사 / to부정사의 역할** it이 가주어이므로 leaving은 진주어가 될 수 있는 to부정사로 고쳐야 한다. (leaving → to leave)

③ [문법포인트] **명사절 접속사의 선택** what 뒤의 절이 완전하므로 what은 올 수 없다. view를 수식하는 동격의 명사절 접속사인 that으로 고쳐야 한다. (what → that)

④ [문법포인트] **관계대명사의 선택** what은 명사절을 이끌어 주어나 목적어 역할을 하는데 여기서는 선행사 practice를 수식하고 있으므로 맞지 않다. 관계대명사인 that 또는 which로 고쳐야 한다. (what → that/which)

정답 ①

7

Seoul Youth Video Creators의 모집 공고에 관한 글의 내용과 일치하지 않는 것은?

Call for Applications: Seoul Youth Video Creators!

Are you a young content creator passionate about sharing Seoul's policies and events with fellow citizens? Join us in producing engaging short-form videos tailored to the interests of our community!

- Duration: July 2025 - December 2025 (6 months)
- Activities: Creating short-form video content on various city policies, cultural events, and municipal issues and uploading produced content to your personal channels.

Benefits:
- Financial support: KRW 550,000 per short-form video.

Eligibility:
- Born between January 1, 1985, and December 31, 2004.
- Have a minimum of 10,000 YouTube subscribers or 50,000 Instagram followers.

Application Period: June 10, 2025, to June 23, 2025 (14 days)

How to Apply: Online application via this link

Selection: 15 channels will be chosen based on subscriber count, channel activity, and content creation ability, with priority given to creators managing multiple platforms.

① 자신이 만든 쇼트 영상을 개인 SNS 채널에 업로드해야 한다.
② 나이와 상관없이 누구나 지원할 수 있다.
③ 만 명 이상의 유튜브 구독자나 5만 명 이상의 인스타그램 팔로워가 있어야 한다.
④ 여러 개 플랫폼을 운영하면 선정에 우선권을 갖게 된다.

어휘

call 초청 application 지원 passionate 열정적인 engaging 매력적인
short-form video 숏폼: 15초에서 1분 정도의 짧은 영상 tailor 맞추다
municipal 시의 eligibility 자격 priority 우선순위

해석

지원자 초청: 서울 청년 영상 창작자들!

서울시 정책과 행사를 동료 시민들과 공유하는 데 열정적인 젊은 콘텐츠 창작자인가요? 우리 지역의 관심사에 맞춘 매력적인 숏폼 제작에 함께해주세요.

- 기간: 2025년 6월 – 2025년 12월 (6 months)
- 활동: 다양한 시의 정책, 문화 행사, 시의 쟁점에 관한 숏폼 콘텐츠 창작과 제작된 콘텐츠를 당신의 개인 채널에 업로드하기

혜택:
- 재정적 지원: 숏폼 1편당 한화 550,000원 지원

자격:
- 1985년 1월 1일 ~ 2004년 12월 31일 사이에 출생한 자
- 최소 유튜브 1만 구독자 또는 5만 인스타그램 팔로워 소유자

지원 기간: 2025년 6월 10일부터 2025년 6월 23일까지 (14일)

지원 방법: 이 링크를 통한 온라인 지원

선정: 구독자 수, 채널 활동, 콘텐츠 제작 능력에 근거한 15개 채널이 선정될 예정이며, 다양한 플랫폼을 관리하는 창작자에게 우선순위가 주어집니다.

해설

② 자격에서 1985년 1월 1일 ~ 2004년 12월 31일 사이에 출생한 자라고 했으므로 글의 내용과 일치하지 않는다.
① <활동>에서 제작된 콘텐츠를 개인 채널에 업로드한다고 했으므로 글의 내용과 일치한다.
③ <자격>에서 만 명 이상의 유튜브 구독자나 5만 명 이상의 인스타그램 팔로워가 있어야 한다고 했으므로 글의 내용과 일치한다.

④ <선정>에서 다양한 플랫폼을 운영하는 창작자에게 우선순위가 주어진다고 했으므로 글의 내용과 일치한다.

정답 ②

8

주어진 문장이 들어가기에 가장 적절한 것은?

> On the other hand, many of the germs that live in or on the bodies of all animals, including humans, are not simply parasitic, but contribute important protective, stimulant or nutritional effects.

> Whatever the benefit to a virus of a long-lived host, there is no guarantee that hosts have mechanisms for increasing longevity that the virus could exploit. Nor need host longevity be an advantage. (①) The interests of the virus depend on its life-cycle strategy, and some viruses are only released on the death of the host. (②) In fact, many parasites actually force their host to attack other potential hosts or to be killed or eaten so that the parasites are passed on. (③) In some ways, this can be seen as a form of life extension, because removing the germs could have drastic, possibly fatal effects on the host. (④) Extreme examples include endosymbiont root fungi in orchids, or mitochondria in our cells. Without them, orchids and humans would not survive.
>
> * endosymbiont: (다른 생물의 체내에) 공생하는

어휘

germ 미생물   parasitic 기생하는   contribute 주다   protective 보호하는
stimulant 자극적인   nutritional 영양적인   effect 영향   benefit 이득
long-lived 수명이 긴   host 숙주   guarantee 보장   mechanism 방법
longevity 장수   exploit 이용하다   advantage 이득   life-cycle 생명 주기
strategy 전략   release 방출하다   parasite 기생생물   force 강요하다
potential 잠재적인   extension 연장   remove 제거하다   drastic 극단적인
fatal 치명적인   fungus 균류(pl. fungi)   orchid 난초

해석

수명이 긴 숙주가 바이러스에게 주는 이득이 무엇이든 간에, 바이러스가 이용할 수 있는 수명을 늘리는 방법들을 숙주가 가지고 있다는 보장이 없다. 또한 숙주의 장수가 이점일 필요도 없다. (①) 바이러스의 관심사는 생명 주기 전략에 의존하고 어떤 바이러스들은 오직 숙주가 죽었을 때만 방출된다. (②) 사실, 많은 기생생물들은 사실상 자신들이 옮겨질 수 있도록 그들의 숙주로 하여금 다른 잠재적인 숙주를 공격하거나, 죽임을 당하게 하거나, 혹은 잡아먹히도록 만든다. (③) <u>반면에, 사람을 포함한 모든 동물들의 몸속 혹은 몸에 사는 많은 세균들은 단지 기생할 뿐만 아니라 중요한 방어적, 자극적 혹은 영양적 영향을 준다.</u> 세균들을 제거하는 것이 숙주에게 극단적인, 아마도 치명적인 영향을 줄 수 있기 때문에 어떤 면에서 이것은 생명 연장의 형태로 보일 수 있다. (④) 극단적인 예로 난초 속에서 공생하는 뿌리균들이나 우리의 세포 속에 있는 미토콘드리아가 있다. 그것들이 없으면 난초와 사람은 생존할 수 없을 것이다.

해설

중심 소재는 기생생물과 숙주와의 관계이다. 주어진 문장은 전환의 연결사 On the other hand로 시작하고 있고 숙주에 중요한 방어적, 자극적 혹은 영양적 영향을 준다고 했으므로 이 앞에는 중요한 역할을 하지 않거나 나쁜 영향을 준다는 것에 대해 언급하고, 이후에는 좋은 영향에 대한 부연 설명이 이어질 것을 예측할 수 있다. ③의 앞에서 숙주를 잡아먹히도록 한다고 언급하고 있고 뒤에서는 이것이 생명 연장의 형태로 보일 수 있다고 하고 있다. 따라서 주어진 문장은 ③에 들어가야 한다.

정답 ③

9

밑줄 친 부분에 들어갈 말로 가장 적절한 것은?

> For people of any age there is a need to _____ _____. The daily tasks and routines we undertake each day may not appear to be making a contribution to the quality of our life, and we often regard some of them as irksome. But they are an integral part of the driving force of our existence. Humans are designed to be mentally and physically active creatures. The things we have to do or we choose to do will usually be a mix of routines, duties, interests and leisure pursuits. Whether they are pleasurable, satisfying or boring, they are significant components in the structure of our lives. When we wake up in the mornings, we know what we're likely to be doing that day. There will probably be plans for other days ahead. The conception of our existence is built around future activities.

① be occupied in purposeful activity
② split tasks across different time frames
③ pursue both mental and physical health
④ take time to ponder upon their existence

어휘

routine 일상   undertake 떠맡다   contribution 기여   quality 질
regard A as B A를 B라 여기다   irksome 귀찮은   integral 필수적인
driving force 원동력   existence 존재   mentally 정신적으로
physically 육체적으로   duty 의무   leisure 여가   pursuit 활동
pleasurable 즐거운   significant 중요한   component 요소
structure 구조   probably 아마도   conception 개념
be occupied in ~에 전념하다   purposeful 목적이 있는   split 나누다
pursue 추구하다   be occupied in ~에 전념하다
ponder upon ~을 숙고하다

해석

어느 연령대의 사람들이든 목적이 있는 활동에 전념할 필요가 있다. 우리가 매일 떠맡는 매일의 업무와 일상은 우리 삶의 질에 기여하는 것처럼 보이지 않을 수도 있으며, 우리는 종종 그것들 중 일부를 귀찮게 여긴다. 그러나 그것들은 우리 존재의 원동력의 필수적인 부분이다. 인간은 정신적 및 육체적으로 활동적인 생물이도록 설계되어 있다. 우리가 해야 하거나 우리가 하려고 선택하는 일들은 종종 일상, 의무, 관심사, 그리고 여가 활동의 혼합물일 것이다. 그것들이 즐겁든, 만족스럽든, 혹은 지루하든 간에, 그것들은 우리 삶의 구조에서 중요한 요소이다. 우리는 아

침에 일어나면 그날 우리가 무엇을 할 것 같은지 안다. 아마 앞으로의 다른 날들을 위한 계획들이 있을 것이다. 우리의 존재에 대한 개념은 미래의 활동들을 중심으로 세워진다.

② 다양한 시간대에 걸쳐 업무를 나눌
③ 정신적 및 육체적 건강 모두를 추구할
④ 그들의 존재를 숙고할 시간을 가질

해설
중심 소재는 매일의 업무와 일상이고 주제문은 빈칸이 있는 첫 번째 문장이다. 첫 번째 문장에서 모든 연령대의 사람들이 빈칸처럼 해야 할 필요가 있다고 말한 뒤에 이어 구체적인 예시들을 나열하고 있다. 일상이 우리 삶의 원동력의 일부이고, 즐겁든, 만족스럽든, 지루하든 간에 삶의 구조에서 중요한 요소라고 말하며 우리가 매일매일의 일상을 해나가야 할 이유를 설명한다. 따라서 빈칸에는 ① '목적이 있는 활동에 전념할'이 들어가야 한다.

정답 ①

10

다음 글의 요지로 가장 적절한 것은?

> No matter how satisfying our work is, it is a mistake to rely on work as our only source of satisfaction. Just as humans need a varied diet to supply a variety of needed vitamins and minerals to maintain health, so we need a varied diet of activities that can supply a sense of enjoyment and satisfaction. Some experts suggest that one can start by making an inventory — a list of the things you enjoy doing, your talents and interests, and even new things that you think you might enjoy if you tried them. It may be gardening, cooking, a sport, learning a new language, or volunteer work. If you shift your interest and attention to other activities for a while, eventually the cycle will swing again, and you can return to your work with renewed interest and enthusiasm.

① 다양한 비타민 섭취를 통해 건강한 삶을 유지할 수 있다.
② 성공적인 직장 생활은 일 자체를 즐김으로써 이루어진다.
③ 만족스러운 삶을 위해서는 일 외의 다양한 활동이 필요하다.
④ 직장과 가정생활의 조화가 업무 효율성을 높이는 지름길이다.

어휘
satisfying 만족스러운   rely on ~에 의존하다   source 원천
satisfaction 만족   varied 다양한   diet 식사   maintain 유지하다
expert 전문가   inventory 목록   gardening 원예   shift 옮기다
cycle 주기   swing 선회하다   renewed 새로워진   enthusiasm 열정

해석
우리의 일이 얼마나 만족스럽든지 간에 우리가 만족의 유일한 원천으로서 일에 의존하는 것은 실수이다. 인간이 건강을 유지하기 위해 필요한 다양한 비타민과 미네랄을 공급해 줄 다양한 식사를 필요로 하는 것처럼, 우리는 즐거움과 만족감을 제공해 줄 수 있는 다양한 활동이라는 식사를 필요로 한다. 몇몇 전문가들은 목록을 만듦으로써 시작할 수 있다고 말하는데 — 당신이 즐기는 것, 당신의 재능과 흥미, 그리고 심지어 당신이 시도한다면 즐길 것이라 생각하는 새로운 것들의 목록이다. 그것은 원예, 요리, 운동, 새로운 언어를 배우는 것, 또는 봉사 활동이 될 수 있다. 만약 당신이 흥미와 관심을 다른 활동들로 잠시동안 옮긴다 하더라도, 결국에는 주기가 다시 선회해서 당신은 새로워진 관심과 열정을 갖고서 당신의 일로 돌아올 수 있다.

해설
중심 소재는 만족의 다양한 원천이고, 두 번째 문장이 주제문이다. 일이 아무리 만족스러워도 일 외의 다른 활동을 통해서 만족감을 더해야 한다는 내용의 글이다. 다양한 비타민과 미네랄을 섭취해야 건강을 유지할 수 있다는 것에 비유하여, 일 외에 다양한 활동을 해야 만족스러운 삶을 살 수 있다고 주제문에서 밝히고 있다. 따라서 글의 요지로 가장 적절한 것은 ③ '만족스러운 삶을 위해서는 일 외의 다양한 활동이 필요하다'이다.

정답 ③

DAY 09

2025 이동기 영어 하루 프로젝트

01	②	02	④	03	①	04	④	05	④
06	②	07	③	08	①	09	③	10	③

[1~4] 밑줄 친 부분에 들어갈 말로 가장 적절한 것을 고르시오.

1

The employees were stressed and tired from continuously working overtime for weeks and finally managed to _____ the workload evenly to resolve the work overload.

① advertise ② split
③ heighten   ④ accumulate

어휘

overtime 초과근무 workload 업무량 evenly 고르게 resolve 해결하다 overload 과부하 advertise 광고하다 split 분배하다 heighten 높이다 accumulate 축적하다

해석

직원들은 몇 주 동안 지속되는 초과근무로 스트레스를 받았고 피곤했었는데 업무 과부하를 해결하기 위해 마침내 업무량을 고르게 분배해냈다.

정답 ②

2

Although scorpion stings can be devastatingly painful, they are not usually _____ to humans.

① lenient   ② latent
③ lethargic ④ lethal

어휘

scorpion 전갈 sting 침 devastatingly 엄청나게 lenient 관대한 latent 잠재하는 lethargic 무기력한 lethal 치명적인

해석

비록 전갈의 침이 엄청나게 아플 수는 있지만, 그것들은 인간에게 대체로 치명적이지 않다.

정답 ④

3

The lack of funding and resources prevented the public parks _____ adequately, which led to overgrown vegetation and deteriorating facilities.

① from maintaining   ② to be maintained
③ from being maintained ④ to maintain

어휘

funding 자금 resources 자원 adequately 적절하게 overgrown 제멋대로 자란 vegetation 초목 deteriorating 악화해가는 facilities 시설

해석

자금과 자원의 부족은 공원이 적절하게 유지되지 못하게 했고, 이는 제멋대로 자란 초목과 악화해가는 시설로 이어졌다.

해설

[문법포인트] 완전타동사와 함께 사용되는 주요 전치사 / 준동사의 형태 변화
prevent는 뒤에 목적어가 오고 그 목적어가 하지 못하게 하는 행위를 「from -ing」 형태로 표현한다. 또한 목적어인 the public parks와 maintain이 의미상 수동의 관계가 되어야 하므로 빈칸에는 수동태 동명사가 쓰인 ③ from being maintained가 들어가야 한다.

정답 ③

4

A: Hey, I heard you're really into photography.
B: Yes, I love capturing moments through my camera. It's my passion. Do you enjoy photography as well?
A: I do enjoy it, but _____.
B: In that case, have you considered using a photo organization app?
A: A photo organization app? What does it do?
B: It's like a digital album. You can categorize your photos and even add tags to them.
A: That sounds useful. It could be a great way to manage and find specific photos easily.

① Most of the time, I rely on a filtering app to take photos
② I typically take photos with my phone rather than a camera
③ I am not taking enough photos to organize
④ I find it hard to organize all the photos I take

어휘

be into ~에 관심이 많다 photography 사진 촬영 capture 포착하다 passion (열정적인) 취미 in that case 그렇다면 organization 정리 categorize 분류하다

해석

A: 이봐, 네가 사진 촬영에 정말 관심이 많다고 들었어.
B: 응, 카메라로 순간을 포착하는 걸 좋아해. 내 취미야. 너도 사진 촬영하는 거 좋

아해?
A: 나도 정말 좋아하기는 하지만, 내가 찍는 사진을 전부 정리하기가 힘든 것 같아.
B: 그렇다면, 사진 정리 앱을 써볼 생각은 해봤어?
A: 사진 정리 앱? 그게 뭐 하는 건데?
B: 디지털 앨범 같은 거야. 사진을 분류해서 거기에 태그까지 달 수 있어.
A: 그거 유용하게 들리는데. 특정한 사진들을 쉽게 관리하고 찾을 수 있는 좋은 수단이 될 것 같아.

① 난 대부분, 사진을 찍기 위해서 필터 앱에 의존해
② 보통 나는 카메라보다는 휴대전화로 사진을 찍어
③ 나는 정리할 만큼 사진을 많이 찍지 않아

정답 ④

[5~6] 밑줄 친 부분 중 어법상 옳지 않은 것을 고르시오.

5

Among those who attended the conference last week ① were experts in artificial intelligence, neuroscience, and environmental science. They spent several days ② exchanging ideas and discussing groundbreaking research in their respective fields. They immersed ③ themselves fully in the discussions, ④ which they pushed the boundaries of knowledge and innovation.

어휘
attend 참석하다 expert 전문가 artificial intelligence 인공지능
neuroscience 신경과학 groundbreaking 획기적인 respective 각각의
immerse oneself in ~에 몰두하다
push the boundaries 한계[예상]를 뛰어넘다 innovation 혁신

해석
인공지능, 신경과학, 그리고 환경 과학의 전문가들이 지난주 회의에 참석한 사람 중에 있었다. 그들은 아이디어를 교환하고 각 분야의 획기적인 연구를 주제로 토론하면서 며칠을 보냈다. 그들은 토론에 완전히 몰두했으며, 토론에서 그들은 지식과 혁신의 한계를 뛰어넘었다.

해설
④ [문법포인트] 관계부사 선행사가 the discussions이고 밑줄 단어 뒤에 완전한 절이 왔으므로 관계대명사 which를 관계부사 where 또는 in which로 고쳐야 한다. 물리적인 장소뿐 아니라 특정 상황을 의미하는 discussion, meeting, situation 등의 단어도 관계부사로 받을 수 있다. (which → where/in which)
① [문법포인트] 주어-동사 수 일치 장소의 부사구가 문장의 앞으로 나가면서 주어와 동사가 도치되었다. 주어가 복수 명사인 experts이므로 동사 역시 복수형인 were가 바르게 쓰였다.
② [문법포인트] 준동사 주요 표현 '~하는 데 (돈/시간)을 쓰다'라는 의미를 나타내는 「spend+시간/돈+(in) -ing」의 구문이 바르게 쓰였다.
③ [문법포인트] 인칭대명사 주어와 목적어가 동일한 대상인 경우 목적어로 재귀대명사를 사용해야 한다. themselves가 주어인 they를 가리키므로 재귀대명사가 바르게 쓰였다. immerse는 대상을 어딘가에 몰두하게 만든다는 의미로, 재귀대명사를 목적어로 취하면 '주어를 무언가에 몰두하게 하다' 즉 '무언가에 몰두하다'라는 뜻이 된다.

정답 ④

6

Had the atomic bomb turned out ① to be something as ② cheap and easy manufactured as a bicycle or an alarm clock, it might ③ have plunged us back into barbarism, but it might, on the other hand, have meant the end of national sovereignty and of the highly centralized police state. If it is a rare and ④ costly object as difficult to produce as a battleship, it is likelier to put an end to large-scale wars at the cost of prolonging indefinitely a 'peace that is no peace'.

어휘
atomic bomb 원자 폭탄 manufacture 제조하다 plunge 몰아넣다
barbarism 야만 national sovereignty 국권 centralized 중앙집권화된
police state 경찰국가 rare 귀한 costly 값비싼 battleship 전함
put an end to ~을 끝내다 large-scale 대규모의 prolong 연장하다
indefinitely 무기한으로

해석
원자 폭탄이 자전거나 자명종처럼 싸고 쉽게 제조되는 무언가로 밝혀졌다면, 그것은 우리를 야만으로 다시 몰아넣었겠지만, 다른 한편으로, 그것은 국권과 대단히 중앙집권화된 경찰국가의 종말을 의미했을 것이다. 만약 그것이 전함처럼 생산하기 까다로운 귀하고 값비싼 물건이라면, '평화가 아닌 평화'를 무기한으로 연장하는 것을 대가로 대규모 전쟁을 끝낼 가능성이 더 크다.

해설
② [문법포인트] 형용사 vs. 부사 / 등위접속사의 병렬 구조 분사인 manufactured를 수식해야 하므로 형용사가 아닌 부사가 되어야 한다. 또한 두 개의 부사를 접속사 and로 연결하는 구조이므로 and 앞뒤에 동일한 품사가 들어가야 한다. 참고로 cheap은 형용사 '싼'과 부사 '싸게'라는 의미로 모두 쓰일 수 있다. (cheap and easy → cheap and easily)
① [문법포인트] 불완전자동사의 보어 불완전자동사 turn out이 뒤에 to부정사 보어를 바르게 취하고 있다.
③ [문법포인트] 기본 가정법 과거의 사실이 아닌 것을 가정할 때는 가정법 과거완료를 쓴다. 조건절의 if가 생략된 형태의 가정법 과거완료로「Had+주어+p.p., 주어+조동사(과거형)+have+p.p.」의 형태로 바르게 표현되었다.
④ [문법포인트] 형용사 vs. 부사 / 등위접속사의 병렬 구조 명사는 형용사의 수식을 받으므로 형용사 rare와 costly가 바르게 쓰였다. 두 형용사 rare와 costly가 등위접속사 and로 연결되어 뒤의 명사 object를 수식한다.

정답 ②

7

다음 글의 목적으로 가장 적절한 것은?

To: Captain James Harris
From: The Residents of Maplewood Apartments
Date: June 3
Subject: Heartfelt Thanks for Your Heroic Actions

Day 09 39

Dear Captain Harris,

We hope this message finds you well. As the residents of Maplewood Apartments, we are writing to express our deepest gratitude for your courageous actions during the recent fire in our building on May 28, 2024. Your bravery and quick response were nothing short of heroic.

We owe our lives to your prompt intervention and the dedicated efforts of your team. Without your swift action, the outcome could have been disastrous. You not only saved our homes but also provided us with a sense of security and hope in an incredibly frightening situation.

Thank you once again for your exceptional service and bravery. We are forever grateful for your selflessness and commitment to protecting our community. Please extend our heartfelt thanks to the entire team at the station.

With sincere appreciation,
The Residents of Maplewood Apartments

① 화재 시 대처 방법을 안내하려고
② 화재 방지 시설물의 강화를 요청하려고
③ 화재 시 주민들을 도운 것을 감사하려고
④ 소방서 견학을 요청하려고

어휘

captain 소방서장   resident 주민   heartfelt 진정 어린   heroic 영웅적인
gratitude 감사함   courageous 용감한   bravery 용기   response 대응
nothing short of 아주 ~한   prompt 즉각적인   intervention 개입
dedicated 헌신적인   swift 신속한   outcome 결과   disastrous 처참한
security 안전   exceptional 특출한   grateful 감사해하는
selflessness 이타심   commitment 헌신   extend (감사, 환영 등을) 전하다
appreciation 감사

해석

To: James Harris 소방서장
From: Maplewood 아파트 주민
Date: 6월 3일
Subject: 당신의 영웅적인 행동에 대한 진정 어린 감사

Harris 소방서장님께,

잘 지내고 계시는지요. Maplewood 아파트 주민으로서, 저희는 2024년 5월 28일에 우리 건물에서 발생한 최근 화재 사건에서 보여준 당신의 용감한 행동에 깊은 감사를 드리려고 메일을 쓰고 있습니다. 당신의 용감하고 재빠른 대응은 아주 영웅적인 일이었습니다.

저희가 살아있는 것은 당신의 즉각적인 개입과 당신 팀의 헌신적인 노력 덕분입니다. 당신의 신속한 행동이 없었더라면, 결과는 처참했을 것입니다. 당신은 저희 가정을 구해주었을 뿐 아니라 대단히 무서운 상황에서 저희에게 안전감과 희망을 주었습니다.

당신의 특출한 도움과 용기에 다시 한번 감사드립니다. 저희는 당신의 이타심과 우리 공동체 보호에 대한 헌신에 영원히 감사드립니다. 저희의 진정 어린 감사를 소방서의 전체 팀에게도 전해주시기를 바랍니다.

진심으로 감사하는 마음을 담아,
Maplewood 아파트 주민

해설

이메일은 제목에서 글의 중심 소재를 찾을 수 있으므로 누군가의 용기 있는 행동에 고마움을 표현하려고 쓴 글임을 알 수 있다. 또한 본문의 두 번째 문장인 '최근 화재 사건에서 보여준 당신의 용감한 행동에 깊은 감사를 드리려고 메일을 쓰고 있다'라는 내용에 글의 목적이 잘 드러나 있다. 따라서 정답은 ③ '화재 시 주민들을 도운 것을 감사하려고'이다.

정답 ③

8

다음 글의 제목으로 가장 적절한 것은?

The Yurok Indians are a tribe living on salmon that swim out of the ocean into their rivers. Before the season the salmon begin running, the Yurok build a dam to trap the fish in order to ensure a good catch for the winter. The building of this dam is preceded by much ritual. There are mass enactments of the tribal myths, purification baths, fasting from certain foods, and a taboo against certain kinds of incontinent talk. The dam itself is a fairly complex technological achievement; but for the Yurok the rituals are as much part of the whole technique of hunting as the act of building or preparing of the nets. All their inherited ways teach them the wisdom of not separating men from the nature within which they move. Consequently, the whole hunt is not a sheer self-assertion of the human will against nature.

* detente: 긴장 완화

① The Hunting Culture of the Yurok Indians
② The Technological Achievements of the Yurok Indians
③ The Social Structure of the Yurok Indians
④ The Environmental Awareness of the Yurok Indians

어휘

tribe 부족   live on ~을 먹고 살다   salmon 연어   trap 가두다
ensure 보장하다   precede 앞서다   ritual 의식 절차   mass 다수의
enactment 법규   purification 정화   fast from ~을 먹지 않다
taboo 금기   incontinent 음란한   fairly 상당히   complex 복잡한
achievement 성취   inherit 물려받다   consequently 그 결과
sheer 순전한   self-assertion 자기주장   structure 구조   will 의지
awareness 인식

해석

유록 인디언은 바다에서 자신들의 강으로 헤엄쳐 오는 연어를 먹고 사는 부족이다. 연어가 이동을 시작하는 계절이 오기 전에, 유록 족은 겨울을 대비해 많은 고기를 보장하기 위해 댐을 짓는다. 이 댐의 건설에 앞서서 많은 의식 절차가 진행된다. 부족의 신화, 정화의 목욕, 특정한 음식을 먹지 않는 것, 그리고 특정한 종류의 음란한 말

에 대한 금기라는 다수의 법규가 있다. 댐 자체는 상당히 복잡한 기술적 성취이다; 하지만 유록 족의 경우 그 의식 절차는 어망을 만들거나 준비하는 행위만큼이나 사냥 기술 전체의 큰 부분을 차지한다. 그들이 물려받은 모든 방식은 인간과 자신이 그 속에서 움직이는 자연을 구분하지 말라는 지혜를 그들에게 가르쳤다. 결과적으로, 사냥 전체는 자연에 대항하는 인간의 의지에 대한 순전한 자기주장은 아니다.

① 유록 인디언들의 사냥 문화
② 유록 인디언들의 기술적 성취
③ 유록 인디언들의 사회적 구조
④ 유록 인디언들의 환경에 대한 인식

해설

글의 중심 소재는 유록 인디언의 사냥 문화이고 특정한 주제문 없이 유록 인디언의 연어잡이(사냥)에 관련된 문화를 설명한다. 그들은 연어를 주식으로 삼으므로 연어잡이용 댐을 건설하는데, 댐의 건설에 앞서 여러 가지 의식 절차를 진행한다고 한다. 또한 그들은 인간과 자연을 구분하지 말라는 지혜를 배웠으므로 그들의 사냥은 자연에 대항하려는 의지를 나타내는 것은 아니라고 한다. 따라서 글의 제목으로 가장 적절한 것은 ① '유록 인디언들의 사냥 문화'이다.

정답 ①

9

주어진 글 다음에 이어질 글의 순서로 가장 적절한 것은?

> Tattoos date back many thousands of years. The earliest human remains with evidence of tattoos have various dots and small crosses on his lower back, knee, and ankles.

(A) Written records indicate that these frozen creatures were of high birth, possibly nobility. Meanwhile, the Greeks and Romans utilized tattoos to represent belonging, either to a particular god's cult or as a slave to a master.

(B) This practice changed, however, when Constantine became emperor. His devotion to Christianity led to banning tattoos as he believed they marred what God had created in his image. Soon it was only criminals and slaves who were tattooed to mark their status.

(C) These somewhat random dots and crosses are believed to have been applied to relieve pain in these locations. In central Asia, individuals have been found preserved in ice with representations of mythical creatures on their skin.

① (A) – (B) – (C) ② (A) – (C) – (B)
③ (C) – (A) – (B) ④ (C) – (B) – (A)

어휘

tattoo 문신; 문신을 새기다   remains 유해   evidence 증거   ankle 발목
indicate 보여주다   creature 존재   high birth 명문 출신   nobility 귀족
utilize 이용하다   belonging 소속   particular 특정한   cult 종교집단
slave 노예   master 주인   practice 관습   emperor 황제
devotion 신앙심   Christianity 기독교   ban 금지하다   mar 손상하다
criminal 범죄자   status 신분   somewhat 다소   random 무작위의
apply 적용하다   relieve 완화시키다   individual 사람   preserve 보존하다
representation 표시   mythical 신화의

해석

문신은 수천 년 전으로 거슬러 올라간다. 문신을 한 증거가 있는 초기 인간의 유해는 허리, 무릎, 그리고 발목에 얼룩덜룩한 점과 작은 X 표시가 있다. (C) 이 다소 무작위로 한 점과 X 표시는 이 부위에 고통을 덜어주기 위해 적용되었다고 믿어진다. 중앙아시아에서는, 신화 속 존재의 표시를 피부에 남긴 채 얼음에 보존된 사람들이 발견되었다. (A) 문서화된 기록은 이런 얼려진 존재가 명문 출신이거나 귀족이었을 수도 있음을 보여준다. 한편, 그리스와 로마 사람들은 특정한 신을 믿는 종교집단이나 노예로서 어느 주인에게 소속되었음을 나타내기 위해 문신을 이용했다. (B) 하지만 이 관습은 콘스탄티누스가 황제가 되었을 때 달라졌다. 그의 기독교에 대한 신앙심은 문신 금지로 이어졌는데, 그는 신이 자기 모습을 본떠 창조해낸 것을 문신이 손상했다고 믿었기 때문이다. 얼마 지나지 않아 자신의 신분을 나타내기 위해 문신을 새긴 사람은 오직 범죄자와 노예밖에 없었다.

해설

중심소재는 문신으로 문신의 기원을 말하고 문신의 변화를 설명한다. 주어진 문장에서 언급한 얼룩덜룩한 점과 X 표시를 (C)에서 이어받아 이것이 고통을 덜어주기 위해 그런 부위에 표시되었다고 하고, 이어 중앙아시아에서는 신화 속 생명체의 문신이 있는 사람이 발견되었다고 말한다. 이 내용을 (A)에서 얼려진 존재라고 받았으며, 이어 그리스와 로마 사람들은 어느 종교집단이나 주인에게 소속되었는지 알리는 용도로 문신을 사용했다고 말한다. 마지막으로 (B)는 이런 관습이 콘스탄티누스 황제로 인해 달라졌으며 오직 노예와 범죄자만이 문신을 한다고 말한다. 따라서 글의 순서로 적절한 것은 ③ (C) – (A) – (B)이다.

정답 ③

10

글의 흐름상 가장 어색한 것은?

> For the New World as a whole, the Indian population decline in the century or two following Columbus's arrival is estimated to have been as large as 95 percent. The main killers were Old World germs to which Indians had never been exposed, and against which they therefore had neither immune nor genetic resistance. ① Smallpox, measles, influenza and typhus competed for the top rank among the killers. ② For example, in 1837, the Mandan Indian tribe, with one of the most elaborate cultures in our Great Plains, contracted smallpox from a steamboat traveling up the Missouri River from St. Louis. ③ The Mandan survived mainly by hunting, farming and gathering wild plants, though some food came from trade. ④ The population of one Mandan village plummeted from 2,000 to fewer than 40 within a few weeks.

어휘

population 인구   decline 감소   estimate 추정하다   germ 병원균
expose 노출시키다   immune 면역성이 있는   genetic 유전적인
resistance 저항력   smallpox 천연두   measles 홍역   influenza 독감

typhus 발진티푸스   elaborate 정교한   Great Plains 대초원 지대
contract (병에) 걸리다   steamboat 증기선   plummet 곤두박질치다

해석

전체적으로 신세계에서는, 콜럼버스가 도착한 후 그 세기 또는 2세기 안에 인디언의 인구 감소가 최대 95퍼센트에 달한다고 추정된다. 주요 사망 원인은 인디언들이 전혀 노출된 적이 없었고, 따라서 그것에 대항하는 면역체계도 유전적 저항력도 없었던 구세계의 병원균이었다. ① 천연두, 홍역, 독감, 발진티푸스는 사망 원인의 최고 자리를 놓고 경쟁했다. ② 예를 들어 1837년 대초원 지대에서 가장 정교한 문화 중 하나를 가지고 있던 부족인 Mandan 인디언 부족은 세인트루이스로부터 미주리강을 거슬러 올라가는 증기선으로부터 천연두에 걸렸다. ③ Mandan은 비록 교역으로 일부 식량을 얻었지만, 주로 사냥, 농사, 야생 식물 채집으로 생존했다. ④ 한 Mandan 마을의 인구는 몇 주 만에 2,000명에서 40명 아래로 곤두박질쳤다.

해설

이 글은 신세계의 인디언 인구 감소의 원인과 결과를 이야기하고 있다. 첫 번째 문장에서 중심소재인 인디언 인구의 감소를 제시하고, 그다음 문장에서는 그 원인을 구체적으로 병원균에 대한 노출이라고 설명하는데, 이 두 번째 문장이 글 전체의 내용을 포괄하는 주제문이 될 수 있다. ①은 주된 사망 원인이 된 질병이 무엇인지 언급했고 ②와 ④는 Mandan 부족을 예로 들어 병원균으로 인한 인구 감소 현상을 설명하고 있다. 그에 비해 ③은 이 부족의 생활 형태를 설명하고 있으므로 글의 흐름과 어울리지 않는다.

정답 ③

DAY 10

2025 이동기 영어 하루프로젝트

| 01 | ① | 02 | ③ | 03 | ① | 04 | ② | 05 | ③ |
| 06 | ② | 07 | ④ | 08 | ④ | 09 | ④ | 10 | ③ |

[1~4] 밑줄 친 부분에 들어갈 말로 가장 적절한 것을 고르시오.

1

She made a significant _____ of giving up her career to care for her aging parents full-time.

① sacrifice   ② promotion
③ exposition   ④ punishment

어휘

significant 엄청난   give up ~을 포기하다   sacrifice 희생
promotion 승진   exposition (상세한) 설명   punishment 처벌

해석

그녀는 자신의 나이 들어가는 부모님을 온종일 돌보기 위해 자기 직업을 포기하는 엄청난 희생을 했다.

정답 ①

2

It is highly likely that movies based on true stories are often _____ to leave out all the boring details and deliver messages that are encouraging and uplifting.

① reinstated   ② prolonged
③ abbreviated   ④ retained

어휘

leave out ~을 생략하다   detail 세부 사항   deliver 전달하다
encouraging 용기를 북돋우는   uplifting 희망을 주는
reinstate 회복시키다   prolong 연장하다   abbreviate 줄여 쓰다
retain 유지하다

해석

실화에 바탕을 둔 영화는 온갖 지루한 세부 사항을 생략하고 용기를 북돋우고 희망을 주는 메시지를 전달하기 위해 종종 줄여 써질 가능성이 매우 높다.

정답 ③

3

> To my surprise, it only cost _____ my shoes repaired at the local shoe repair shop.

① me 5 dollars to have
② 5 dollars me to have
③ for me with 5 dollars to have
④ 5 dollars to have me

어휘
repair 수리하다   local 동네의

해석
놀랍게도, 내 신발을 동네 신발 수리점에서 수리하는 데 고작 5달러밖에 들지 않았다.

해설
[문법포인트] **수여동사** '~가 ...하는 데 시간/노력/돈이 걸리다/든다'라는 의미는 「It+take/cost+간접목적어+직접목적어(시간/노력/돈)+to부정사」 또는 「It+take/cost+목적어(시간/노력/돈)+(for ~)+to부정사」로 표현한다. 따라서 빈칸에는 ① me 5 dollars to have가 들어가야 한다. 참고로 have는 사역동사로 목적어인 my shoes와 수동의 관계인 과거분사 repaired를 목적격보어로 취하고 있다.

정답 ①

4

> A: You know we have to go to a museum to write a report, right?
> B: Yeah. I've narrowed the choices down to these five.
> A: Oh, they all seem interesting. I like this one the most.
> B: But the teacher told us to include photos in the report. We need to go somewhere photos are allowed.
> A: Aha! What about this one? The coffee museum sounds fun.
> B: But I don't want to spend more than 10 dollars for admission.
> A: Okay. _____.
> B: Fine. Then let's go to that museum.

① We need to put money away
② That leaves us with just one option
③ We still have many options
④ I'd rather give up taking pictures

어휘
narrow A down to B A를 B까지 줄이다   admission 입장(료)
put away ~을 모으다   option 선택지   give up ~을 포기하다

해석
A: 과제를 쓰려면 우리가 박물관에 가야 하는 거 너도 알지, 그렇지?
B: 응. 선택지를 이 다섯 개로 줄여놨어.
A: 오, 전부 다 흥미롭게 보여. 난 이게 가장 마음에 들어.
B: 하지만 선생님이 과제에 사진을 넣으라고 하셨잖아. 우리는 사진 촬영이 허용되는 곳에 가야 해.
A: 아하! 이곳은 어때? 커피 박물관도 재미있게 들리는데.
B: 하지만 난 입장료에 10달러 이상 쓰고 싶지 않아.
A: 좋아. 그러면 우린 선택지가 딱 하나 남아.
B: 좋아. 그러면 그 박물관으로 가자.

① 우리가 돈을 모아야 해
③ 우리는 선택지가 여전히 많아
④ 나는 사진 찍기를 차라리 포기할래

정답 ②

5

밑줄 친 부분 중 어법상 옳은 것은?
① Child Support Law stems from the legal right of every child <u>to be taken care</u> by their own parents.
② The more intense the headache and the longer its duration, <u>the little</u> the degree of relief the patient experienced.
③ <u>There being</u> no further questions or comments, the special meeting was adjourned at 2:45 p.m.
④ Every doctor and every nurse <u>are</u> responsible for ensuring patient safety.

어휘
Child Support Law 자녀 양육비 지원법   stem from ~에서 생겨나다
legal 법적인   intense 심한   duration 지속 기간   relief (고통의) 경감
adjourn 휴정하다   ensure 보장하다

해석
① 자녀 양육비 지원법은 자기 부모에게 보호받을 모든 아동의 법적인 권리에서 생겨난다.
② 두통이 더 심해지고 지속 기간이 더 길어질수록, 환자가 경험한 고통 경감의 정도가 더 작아진다.
③ 추가적인 질문이나 의견이 없었기 때문에, 그 특별 회의는 오후 2시 45분에 휴정되었다.
④ 모든 의사와 모든 간호사가 환자의 안전을 보장하는 책임이 있다.

해설
③ [문법포인트] **분사구문** 분사구문의 의미상의 주어가 주절의 주어와 달라 의미상의 주어를 넣어주어야 한다. '~이 있다'는 there be 구문이 분사구문으로 바뀐 것이므로 의미상의 주어로 there가 바르게 쓰였다.
① [문법포인트] **동사의 유형별 수동태 / to부정사의 역할** to be taken care가 앞의 every child를 수식해주는 형용사적 용법으로 사용되었다. '돌보다'는 의미의 take care of가 수동태로 전환될 때 전치사가 빠지지 않도록 주의해야 한다. 따라서 to be taken care는 to be taken care of로 고쳐야 한다. (to be taken care → to be taken care of)
② [문법포인트] **비교 사용 표현** '~할 수록 ...하다'라는 의미는 「the 비교급, the 비교급」으로 나타내야 하는데, little은 형용사의 원급이므로 비교급인 less로 고쳐야 한다. (the little → the less)
④ [문법포인트] **부정대명사** 부정대명사 every는 and로 연결되어도 단수로 취급하므로 동사 are를 is로 고쳐야 한다. (are → is)

정답 ③

6

밑줄 친 부분 중 어법상 옳지 않은 것은?

> A drone ① captured footage of a woman ② surrounding by some killer whales as she was swimming off the beach. Her husband said she was out for a swim by herself last week when she found ③ herself with unexpected company. He told a reporter ④ what was happening in the moments in detail.

어휘

capture 포착하다   footage 장면   killer whale 범고래   by oneself 혼자
unexpected 예상하지 않은   company 친구   in detail 자세히

해석

한 여성이 바닷가에서 수영하다가 몇몇 범고래에게 둘러싸인 장면을 드론이 포착했다. 그녀의 남편은 지난주에 그녀가 혼자 수영하러 나갔다가 예상하지 않은 친구와 함께하게 되었다고 말했다. 그는 그 순간에 어떤 일이 벌어졌는지 자세히 기자에게 설명했다.

해설

② **[문법포인트] 현재분사 vs. 과거분사** 이 분사가 수식하는 명사인 a woman과 의미상 수동의 관계이고, 타동사 surround 뒤에 목적어가 없으므로 현재분사인 surrounding을 과거분사인 surrounded로 고쳐야 한다. (surrounding → surrounded)

① **[문법포인트] 문장의 구성 / 능동태 vs. 수동태 구분** 타동사 capture (captured) 뒤에 목적어가 있고 주어인 A drone과 능동의 관계이므로 동사의 능동형이 바르게 쓰였다.

③ **[문법포인트] 인칭대명사** 주어와 목적어가 동일한 대상인 경우 목적어로 재귀대명사를 써야 하는데, 그녀가 예기치 못한 손님과 함께 있는 자기 자신을 발견하게 된 것이므로 재귀대명사가 바르게 쓰였다.

④ **[문법포인트] 명사절 접속사의 선택** 수여동사 tell(told) 뒤에 간접목적어로 a reporter가 직접목적어로 what이 이끄는 명사절이 왔다. 접속사 뒤에 주어가 없는 불완전한 절이 왔으므로 접속사 기능과 문장 성분의 기능을 동시에 수행하는 what이 바르게 쓰였다.

 ②

7

"Don't Worry, Be Hechi!" 캠페인에 관한 다음 글의 내용과 일치하는 것은?

> **"Don't Worry, Be Hechi!"**
>
> The "Don't Worry, Be Hechi!" campaign marks the beginning of the second "Create Your Own Hechi" Content Competition, organized by the Seoul Metropolitan Government. Following its first tremendous success with over 14,000 entries, this new competition introduces a dance video category alongside original song and animation segments. Participants of all ages and from any country are encouraged to showcase their creativity, with the option to incorporate AI in the original song and animation categories. Whether choreographing to the lively "Hechi Song" or exploring themes of joy and happiness, contestants can demonstrate their artistic talents. They can submit their work from on May 29 to celebrate Seoul's beloved characters, Hechi and Soul Friends, and highlight the city's rich cultural diversity and innovative spirit through creative expressions.

① It marks the first competition of the "Create Your Own Hechi" series.
② Participants must be from Seoul to enter the competition.
③ There is no option to incorporate AI in the competition.
④ Submissions for the new competition begin on May 29.

어휘

mark 알리다   competition 공모전   organize (행사 등을) 준비하다
Seoul Metropolitan Government 서울특별시   tremendous 엄청난
entry 참가자   category 부문   segment 부문   participant 참가자
showcase 뽐내다   incorporate 포함하다   choreograph 안무 동작을 짜다
explore 탐구하다   contestant 대회 참가자   demonstrate 보여주다
submit 제출하다   highlight 강조하다   diversity 다양성
innovative 혁신적인

해석

"돈 워리, 비 해치!"

"돈 워리, 비 해치!" 캠페인은 서울특별시가 준비한 제2회 '내가 만드는 해치' 콘텐츠 공모전의 시작을 알린다. 1만 4천 명 이상이 참가한 그것의 첫 번째 엄청난 성공에 뒤이어, 이 새로운 공모전은 창작 주제가와 애니메이션 부문과 함께 댄스 동영상 부문을 도입한다. 나이와 국적을 불문한 참가자들이 자신의 창의력을 뽐내도록 권장되며, 창작 주제가와 애니메이션 부문에 AI를 포함하는 선택지도 있다. 생동감 넘치는 '해치 송'에 맞춰 안무 동작을 짜든, 아니면 기쁨과 행복이라는 주제를 탐구하든, 대회 참가자들은 자신의 예술적 재능을 보여줄 수 있다. 그들은 서울의 귀여운 캐릭터인 해치와 서울 프렌즈들을 축하하고 창의적인 표현을 통해 그 도시의 풍부한 문화적 다양성과 혁신적 정신을 강조하기 위해 5월 29일부터 작품을 제출할 수 있다.

① 그것은 '내가 만드는 해치' 시리즈의 첫 번째 공모전을 알린다.
② 공모전에 참가할 참가자들은 서울 출신이어야 한다.
③ AI를 공모전에 포함하는 선택지는 없다.
④ 새로운 공모전을 위한 제출은 5월 29일에 시작된다.

해설

④ 마지막 문장에서 5월 29일부터 작품을 제출할 수 있다고 했으므로 글의 내용과 일치한다.

① 첫 번째 문장에서 "돈 워리, 비 해치!" 캠페인은 서울시가 준비한 제2회 '내가 만드는 해치' 콘텐츠 공모전의 시작을 알린다고 했으므로 글의 내용과 일치하지 않는다.

② 세 번째 문장에서 국적을 불문한 참가자들이 창의력을 뽐내도록 권장된다고 했으므로 글의 내용과 일치하지 않는다.

③ 세 번째 문장에서 창작 주제가와 애니메이션 부문에 AI를 포함하는 선택지도 있다고 했으므로 글의 내용과 일치하지 않는다.

 ④

8

다음 글에 나타난 필자의 주장으로 가장 적절한 것은?

A planning discussion can be fairly complex and fast-paced, causing us to forget things. Its solution is to take the time to summarize what is supposed to be done. That is, you'd better double-check if the other will do what is supposed to be done and get an affirmative answer. Then you could further ask him whether there is anything else that you haven't talked about that might cause a problem. When you ask for the other person's input, it can help bring to light issues that might otherwise cause problems. The real power of this question is that you're checking for commitment. When the other person eventually says, "I'll do it," that person is much more likely to live up to the agreement. Never walk away from a crucial confrontation satisfied with a vague nod. If you care about gaining genuine commitment, give the other person the opportunity to say yes to a very specific agreement.

① Plan your work with a long-term perspective.
② Have a tolerant attitude towards mistakes at work.
③ Assign tasks after full consideration of the competencies of each employee.
④ Gain commitment of the other person through a clear task verification.

어휘

fairly 상당히   complex 복잡한   fast-paced 빨리 진행되는
summarize 요약하다   that is 즉   double-check 재확인하다
affirmative 긍정적인   input 조언   bring to light 명확히 밝히다
otherwise 그렇지 않으면   commitment 책임을 다하겠다는 약속
eventually 결국   live up to ~에 부응하다   agreement 합의
crucial 중대한   confrontation 대면   vague 막연한   nod 끄덕임
genuine 진짜의   opportunity 기회   specific 구체적인
long-term 장기적인   perspective 관점   tolerant 참을성 있는
assign 할당하다   competency 능력   verification 확인

해석

기획을 위한 토론은 상당히 복잡하고 빨리 진행되어서, 우리가 무언가를 잊어버리게 할 수 있다. 그것의 해결책은 해야 할 일들을 요약하는 시간을 가지는 것이다. 즉, 당신은 다른 사람이 해야 할 일을 할 것인지 재확인하고 긍정적인 대답을 듣는 것이 좋다. 그런 다음 당신은 그에게 문제를 일으킬 만한 다른 것에 대해 말하지 않은 것이 있는지 더 물어볼 수도 있다. 당신이 다른 사람의 조언을 청할 때, 그것은 그렇지 않으면 문제를 일으킬지도 모를 사안들을 명확히 밝히는 데 유용할 수 있다. 이 질문의 진정한 힘은 당신이 책임을 다하겠다는 약속을 확인한다는 점이다. 상대방이 결국 "제가 할게요."라고 말할 때 그 사람은 합의한 것에 부응할 가능성이 훨씬 더 높다. 막연한 끄덕임에 만족한 채 중요한 대면을 피하지 마라. 당신이 책임을 다하겠다는 진정한 약속을 얻고 싶다면, 상대방에게 매우 구체적인 합의에 동의할 기회를 주어라.

① 장기적인 관점에서 당신의 일을 계획하라.
② 업무상의 실수에 대해 참을성 있는 태도를 취하라.
③ 각 직원의 능력을 충분히 고려한 뒤에 업무를 할당하라.
④ 명확한 업무 확인을 통해 다른 사람에게 책임을 다하겠다는 약속을 받아라.

해설

글의 중심 소재는 업무 확인이고 주제문은 세 번째 문장으로 상대의 업무를 재확인하고 하겠다는 답변을 받아내는 것이 좋다고 주장한다. 첫 문장에서 기획 토론 시 발생할 수 있는 문제를 제기하고 두 번째 문장에서 그 해결책을 제시한 뒤 주제문인 세 번째 문장에서 더 구체적이고 명확한 방법을 제시한다. 이후 부연 설명을 통해 이것의 핵심은 상대로부터 책임을 다하겠다는 약속을 받아내는 것이라고 설명하고 마지막 문장에서 주제를 보강한다. 따라서 필자의 주장으로 적절한 것은 ④ '명확한 업무 확인을 통해 다른 사람에게 책임을 다하겠다는 약속을 받아라.'이다.

정답 ④

9

밑줄 친 부분에 들어갈 말로 가장 적절한 것은?

Often in social scientific research, even where evidence is used, it is not used in the correct way for adequate scientific testing. In much of social science, evidence is used only to affirm a particular theory — to search for the positive instances that uphold it. But these lead to the familiar dilemma in the social sciences, where we have two conflicting theories, each of which can claim positive empirical evidence in its support but which come to opposite conclusions. How should we decide between them? Here the scientific use of evidence may help. For what is distinctive about science is the search for negative instances — the search for ways to falsify a theory, rather than to confirm it. The real power of scientific testability is negative, not positive. Testing allows us not merely to confirm our theories but to _____.

① ignore the evidence supporting them
② falsify them by using positive empirical evidence
③ reject those that lack negative instances
④ weed out those that do not fit the evidence

어휘

evidence 증거   adequate 적절한   affirm (맞음을) 확인하다
instance 예시   uphold 뒷받침하다   familiar 널리 알려진
dilemma 딜레마   conflicting 상충하는   empirical 경험적인
opposite 정반대의   distinctive 독특한   falsify 틀렸다고 입증하다
confirm 옳다고 증명하다   testability 검증 가능성   ignore 무시하다
lack ~이 없다   weed out ~을 제거하다   fit ~에 맞다

해석

심지어 증거가 사용되는 사회과학 연구에서도 때때로 그것은 적절한 과학적 검증을 위해 정확한 방식으로 활용되지 않는다. 사회과학의 많은 부분에서, 증거는 특정 이론을 확인하기 위해서만 — 그 이론을 뒷받침하는 긍정적인 사례들을 찾기 위해 — 활용된다. 하지만, 이러한 것들은 사회과학에서 널리 알려진 딜레마로 귀결되는데, 거기에서 우리는 두 개의 상충하는 이론들을 보게 되며, 그 각각은 (상충하는 이론들은) 자신을 뒷받침해주는 긍정적인 경험적 증거를 주장하지만 정반대의 결론에 이르게 된다. 그 둘 사이에서 우리는 어떤 이론을 받아들여야 하는가? 여기서 증거의 과학적 활용이 도움이 될 수 있다. 왜냐하면 과학의 독특한 점은 부정적

인 사례들을 찾는 것 — 이론이 옳다고 증명하기보다 오히려 그 이론이 틀렸다고 입증하는 방법들을 찾는 것이기 때문이다. 과학적 검증 가능성의 진정한 위력은 긍정적인 것이 아니라 부정적인 것이다. 검증은 우리가 우리의 이론이 옳다고 증명할 뿐 아니라, 그 증거에 맞지 않는 것들(이론들)을 제거하게 한다.

① 이론을 뒷받침하는 증거를 무시하게
② 긍정적인 경험적 증거를 사용해서 이론이 틀렸음을 입증하게
③ 부정적인 사례들이 없는 이론들을 거부하게

해설
글의 중심 소재는 과학적 검증이고 주제문은 빈칸이 있는 마지막 문장으로 과학적 검증의 역할이 무엇인지 주장한다. 먼저 긍정적 경험 증거를 사용하는 사회과학 분야에서 서로 상충하는 이론들이 나온다고 말한다. 그럼 어떻게 선택할 것인가를 묻고 해결책을 제시한다. 빈칸 앞 문장에서 과학적 검증의 진정한 위력이 긍정적인 것이 아니라 부정적이라고 했고 빈칸이 있는 문장에서 검증은 이론이 옳다고 증명하는 것 외에 다른 것도 한다고 했으므로, 빈칸에는 이론이 틀렸다는 것을 입증한다는 내용이 들어가야 한다. 따라서 빈칸에는 ④ '그 증거에 맞지 않는 것들(이론들)을 제거하게'가 가장 적절하다.

정답 ④

10

주어진 문장이 들어갈 위치로 가장 적절한 것은?

However, elevated levels and/or long term exposure to air pollution can lead to more serious symptoms and conditions affecting human health.

A variety of air pollutants have known or suspected harmful effects on human health and the environment. In most areas of Europe, these pollutants are principally the products of combustion from space heating, power generation or motor vehicle traffic. (①) Pollutants from these sources may not only prove a problem in the immediate vicinity of these sources but can travel long distances. (②) Generally if you are young and in a good state of health, moderate air pollution levels are unlikely to have any serious short term effects. (③) This mainly affects the respiratory and inflammatory systems, but can also lead to more serious conditions such as heart disease and cancer. (④) People with lung or heart conditions may be more susceptible to the effects of air pollution.

어휘
elevated 높은   exposure 노출   symptom 증상   condition (pl.) 질환
affect 영향을 주다   pollutant 오염물질   suspected 의심스러운
harmful 해로운   effect 영향   principally 주로   combustion 연소
traffic 교통   immediate vicinity 인접지   moderate 심하지 않은
respiratory 호흡기의   inflammatory 염증을 일으키는   lung 폐
susceptible 영향받기 쉬운

해석
다양한 공기 오염물질은 인간의 건강과 환경에 알려진 또는 의심되는 해로운 영향을 미친다. 유럽의 대부분 지역에서, 이 오염물질들은 주로 난방, 전력 생산, 또는 자동차 교통에서 생긴 연소의 산물이다. (①) 이들 원천으로부터 나온 오염물질은 그 원천의 인접지에서 문제가 될 수 있을 뿐 아니라 먼 거리를 이동할 수 있다. (②) 일반적으로 당신이 젊고 건강한 상태라면 심하지 않은 공기 오염 수준은 어떤 심각한 단기적인 영향도 주지 않을 것이다. (③) 하지만, 공기 오염에 높은 수준으로 장기간 노출되는 것은 사람의 건강에 영향을 미치는 더 심각한 증상과 질환으로 이어질 수 있다. 이것은 호흡계와 염증성 시스템에 영향을 주로 끼치지만, 심장병과 암 같은 더 심각한 질환으로 이어질 수도 있다. (④) 폐 질환이나 심장 질환을 앓는 사람은 공기 오염의 영향에 더 영향받기 쉬울 수 있다.

해설
글의 중심 소재는 공기 오염물질의 해로운 영향이다. 주어진 문장의 However를 볼 때, 이 앞에서는 반대되는 내용인 공기 오염의 단기적인 영향이나 심각하지 않은 정도의 영향에 대해 언급될 수 있고, 뒤에는 장기간의 노출에 따른 증상과 질환에 대한 부연 설명이 이어질 것을 예상할 수 있다. ③의 앞에서는 공기 오염물질이 젊고 건강한 사람에게는 심각한 영향을 주지 않는다고 했고 ③의 뒤에서는 호흡계와 염증성 시스템에 영향을 주로 미친다고 설명했다. 따라서 정답은 ③이다.

정답 ③

DAY 11

2025 이동기 영어 하루 프로젝트

| 01 | ① | 02 | ③ | 03 | ④ | 04 | ④ | 05 | ② |
| 06 | ② | 07 | ④ | 08 | ③ | 09 | ③ | 10 | ① |

[1~3] 밑줄 친 부분에 들어갈 말로 가장 적절한 것을 고르시오.

1

> Despite the harsh conditions, the hikers managed to _____ the long journey and reach their destination safely.
>
> ① endure   ② conceal
> ③ replace   ④ quit

어휘
harsh 가혹한   conditions 상황   destination 목적지   endure 견디다
conceal 감추다   replace 대체하다   quit 그만두다

해석
가혹한 상황에도 불구하고, 그 등반객들은 간신히 긴 여정을 견디고 목적지에 안전하게 도착할 수 있었다.

정답 ①

2

> You eat in order to _____ your energy resources by keeping your cells supplied with proteins, sugars, fats, electrolytes, and vitamins.
>
> ① relieve   ② process
> ③ replenish   ④ reprimand

어휘
energy resources 에너지원   protein 단백질   electrolyte 전해질
relieve 완화시키다   process 처리하다   replenish 보충하다
reprimand 질책하다

해석
당신은 당신의 세포에 단백질과 당분, 지방, 전해질, 그리고 비타민이 계속 공급되게 함으로써 에너지원을 보충하기 위해 먹는다.

정답 ③

3

> The ancient manuscript was _____ book of all the rare volumes in the library.
>
> ① more precious   ② as precious
> ③ most preciously   ④ the most precious

어휘
ancient 고대의   manuscript 문서   rare 진귀한   volume 책
precious 귀중한

해석
그 고대의 문서는 도서관에 있는 모든 진귀한 책들 중에서도 가장 귀중한 책이었다.

해설
[문법포인트] 비교 구문 비교 대상의 범위가 all the rare volumes로 다수로 설정되었으므로 빈칸에는 명사 book을 수식하는 형용사의 최상급이 들어가야 한다. precious의 최상급 형태가 바르게 표현된 ④ the most precious가 정답이다.

정답 ④

[4~5] 밑줄 친 부분 중 어법상 옳지 않은 것을 고르시오.

4

> ① <u>Freed</u> of regular exercise, individuals may experience a decline in both physical fitness and mental well-being. ② <u>Whether</u> they engage in jogging, swimming, or yoga, maintaining a consistent workout routine can significantly boost overall health. The more varied the activities, ③ <u>the greater</u> the benefits, as different exercises target various muscle groups and provide diverse cardiovascular challenges. Regular physical activity not only enhances strength and endurance but also ④ <u>supporting</u> cognitive function and emotional resilience.

어휘
free A of B A에게서 B를 없애다   decline 쇠퇴   engage in ~을 하다
maintain 유지하다   consistent 꾸준한   significantly 크게
boost 증진하다   overall 전반적인   benefit 이득   target 목표로 삼다
cardiovascular 심혈관의   challenge 부하(負荷)   enhance 강화하다
strength 근력   endurance 지구력   cognitive 인지의   function 기능
resilience 회복력

해석
규칙적인 운동을 없애면, 사람들은 신체 건강과 정신적 안녕 모두에서 쇠퇴를 경험할 수 있다. 그들이 조깅, 수영, 요가 중 무엇을 하든 간에, 꾸준한 운동 일과를 유지하는 것은 전반적인 건강을 크게 증진할 수 있다. 활동이 더 다양해질수록 이득은 더 커지는데, 서로 다른 운동이 다양한 근육군을 목표로 삼고 다양한 심혈관 부하를 제공한다. 규칙적인 신체 활동은 근력과 지구력을 강화할 뿐 아니라 인지 기능과 정서적 회복력도 보강한다.

해설
④ [문법포인트] 등위접속사의 병렬 구조 등위상관접속사로 연결된 두 요소는 문법적으로 같은 구조이어야 하므로 not only 뒤에 동사의 3인칭 단수형인 enhances가 왔으므로 but also 뒤에 동사의 3인칭 단수형이 와야 한다. (supporting → supports)
① [문법포인트] 분사구문 생략된 분사구문의 주어는 주절의 주어와 일치하고 분사구문의 동사와 의미상 수동의 관계이므로 과거분사인 Freed가 바르게 쓰였다.
② [문법포인트] 부사절 접속사의 선택 '~이든 아니든'이라는 조건을 의미하는 부사절 접속사 Whether가 바르게 쓰였다.
③ [문법포인트] 비교 사용 표현 '~할 수록 …하다'라는 의미는 「the 비교급,

Day 11   47

the 비교급」으로 나타내므로 the benefits의 보어로 형용사의 비교급인 the greater가 바르게 쓰였다. 동사가 be동사일 경우는 생략할 수 있으므로 the activities와 the benefits의 동사인 are가 모두 생략되었다.

정답 ④

5

In some cases UN missions have more to do with executing inadequate mandates rather than with ① how long it takes to gather forces together. Once a standing army exists, it may be more likely to be used, often inappropriately. Also, a rapid response time may deprive the parties concerned ② with the opportunity to solve the problems by themselves. Currently the time ③ that it takes to gather and insert a UN force might provide a period ④ in which the warring groups feel compelled to negotiate with each other.

어휘

mission 임무 have more to do with ~와 더 관련이 있다
execute 수행하다 inadequate 부당한 mandate 명령
gather together ~을 모으다 force 군대 standing army 상비군
inappropriately 부적절하게 rapid 신속한
deprive A of B A에서 B를 빼앗다 party concerned 관계자
currently 현재 insert 투입하다 warring 전쟁 중인 compel 강요하다
negotiate 교섭하다

해석

어떤 경우에 유엔의 임무들은 군대를 모으는 데 얼마나 걸리는지보다는 부당한 명령을 수행하는 것과 더 관련이 있다. 일단 상비군이 존재하면, 그것은 종종 부적절하게 이용될 가능성이 더 크다. 게다가, 신속한 반응 시간은 관계자들로부터 문제를 스스로 해결할 기회를 빼앗는다. 현재 유엔 군대를 소집하고 투입하는 데 걸리는 시간은 전쟁 중인 집단들이 서로 교섭하라고 강요받는 느낌이 드는 기간을 제공한다.

해설

② [문법포인트] 완전타동사와 함께 사용되는 주요 전치사 'A에서 B를 제거하다'라는 의미는 「deprive/rob/free/rid A of B」의 형태로 표현한다. 따라서 with를 of로 고쳐야 한다. (with → of)
① [문법포인트] 의문문의 어순 전치사 with의 목적어로 명사절, 즉 간접의문문이 「의문사+주어+동사」의 어순으로 바르게 쓰였다.
③ [문법포인트] 관계대명사의 선택 「it+take+시간+(for ~)+to ...」의 구문에서 시간에 해당하는 the time이 선행사로 쓰였으므로 목적격 관계대명사 that이 바르게 쓰였다.
④ [문법포인트] 관계대명사의 선택 선행사가 a period라는 시간[기간]을 의미하는 단어이고 밑줄 뒤에 완전한 절이 왔으므로 「전치사+관계대명사」가 바르게 쓰였다. in which는 관계부사 when으로 바꿔쓸 수도 있다.

정답 ②

6

밑줄 친 부분에 들어갈 말로 가장 적절한 것은?

Emma: Hi, I'd like to order a bouquet for my mom's birthday.
Flower Shop: Hi! We'd love to help. What kind of flowers are you looking for?
Emma: She loves roses and lilies. Can you do a mix of those?
Flower Shop: Absolutely! Would you like to include a message with the bouquet?
Emma: Yes, please. Can you add a card that says, "Happy Birthday, Mom! Love you lots!"?
Flower Shop: Of course! _____?
Emma: Her birthday is this Friday, so could you deliver it in the morning?
Flower Shop: No problem! We'll have it delivered Friday morning. Thank you for your order, Emma!

① Why don't you add a short message with the bouquet
② When would you like the bouquet to be delivered
③ Who would you like the bouquet to be delivered to
④ What day works best for you to buy a bouquet

어휘

bouquet 꽃다발 absolutely 그렇고말고

해석

Emma: 안녕하세요, 어머니 생신을 위해서 꽃다발을 주문하고 싶은데요.
꽃집: 안녕하세요! 저희가 기꺼이 도울게요. 어떤 종류의 꽃을 찾고 계시는가요?
Emma: 어머니는 장미와 백합을 좋아하세요. 그것들을 섞어주실 수 있나요?
꽃집: 그렇고말고요! 꽃다발 안에 메시지를 넣으시겠어요?
Emma: 네, 부탁드려요. "생신 축하드려요, 엄마! 많이 사랑해요!"라고 적은 카드를 넣어주시겠어요?
꽃집: 물론이죠! 꽃다발이 언제 배달되기를 원하시나요?
Emma: 어머니 생신은 이번 금요일이니까, 아침에 배달해주시겠어요?
꽃집: 문제없습니다! 금요일 아침에 배달해드릴게요. 주문해 주셔서 감사합니다, Emma!

① 꽃다발에 짧은 메시지를 더하는 게 어때요
③ 누구에게 꽃다발이 배달되기를 원하시나요
④ 어느 날이 꽃다발을 사기에 가장 좋은가요

정답 ②

7

Latte Art Course에 관한 글의 내용과 일치하지 않는 것은?

> **Latte Art Course**
>
> Learn how to make beautiful latte art from a pro barista!
>
> Looking for a hands-on way to perfect your coffee-making skills? Join our courses to enjoy an interactive session, and delve deeper into your love for coffee under the guidance of our expert barista. In just two hours, you'll master milk steaming and pouring two unique latte art designs, which will empower you to create beautiful patterns at home with confidence and skill.
>
> Date: June 30, 2024
> Time: 10 a.m. - 12 p.m.
> Location: Kiss the Hippo Coffee, 51 Margaret Street
>
> **Registration & Fee**
> - Register online at www.kissthehippocoffee.com
> - $45 per person (cost of ingredients included)
>
> **Notes**
> - If you don't show up for your workshop or cancel later than 48 hours before your workshop, we won't be able to offer a refund or reschedule for another day due to limited space.

① 두 가지의 라테 아트 디자인을 배울 수 있다.
② 수업 시간은 두 시간이다.
③ 수업료는 개인당 45달러이다.
④ 취소 시 어떤 경우라도 환불은 불가능하다.

어휘

course 강좌 barista 바리스타: 커피 내리는 전문가 hands-on 직접 해보는
perfect 숙달하다 interactive 쌍방향의 session 수업
delve into ~을 탐구하다 guidance 지도 expert 숙달된
steam 스팀으로 데우다 empower 할 수 있게 하다 confidence 자신
location 장소 registration 등록 ingredient 재료 show up 나타나다
cancel 취소하다 refund 환불

해석

라테 아트 강좌

전문 바리스타에게 멋진 라테 아트 만드는 법을 배우세요!

당신의 커피 만드는 기술에 숙달할 수 있도록 직접 해볼 방법을 찾고 계시는가요? 쌍방향 수업을 즐기고, 숙달된 바리스타의 지도를 받으며 당신의 커피 사랑을 더 깊이 탐구할 수 있도록 우리 강좌에 참가하세요. 단 두 시간이면, 당신은 우유를 스팀으로 데우고 두 가지 독특한 라테 아트 디자인을 (잔에) 따르는 법을 숙지해서, 집에서도 자신 있고 능숙하게 아름다운 패턴을 만들어낼 수 있을 것입니다.

날짜: 2024년 6월 30일
시간: 오전 10시 – 정오
장소: Margaret 가 51번지, Kiss the Hippo Coffee

등록 및 비용
- 온라인에 접속해 www.kissthehippocoffee.com에서 등록하세요.
- 1인당 45달러 (재료비 포함)

주의 사항
- 만약 워크숍에 나타나지 않거나 워크숍 전 48시간 이후에 취소하시면 저희는 환불해드릴 수도 없고 제한된 공간 때문에 다른 날짜로 다시 예약해드릴 수도 없습니다.

해설

④ 주의 사항에 보면, 워크숍 전 48시간 이후에 취소 시 환불이 불가하다고 했으므로 글의 내용과 일치하지 않는다.
① 본문의 세 번째 문장에서 두 가지 독특한 라테 아트 디자인을 (잔에) 따르는 법을 숙지한다고 했으므로 글의 내용과 일치한다.
② 본문의 세 번째 문장에서 '단 두 시간이면'이라고 했고 시간이 오전 10시 – 정오라고 적혀 있으므로 글의 내용과 일치한다.
③ 등록 및 비용에서 1인당 45달러라고 했으므로 글의 내용과 일치한다.

정답 ④

8

글의 흐름상 가장 어색한 것은?

> Researchers used the wills of 2,000 Englishmen, from squires to shepherds around 1600 to figure out how reproductive and economic success were linked. They concluded that wealth, not social status, was the best predictor of the number of surviving children. ① Overall, the rich were leaving twice as many children as the poor; survival of the fittest here meant survival of the richest. ② This meant downward social mobility, as the poor failed to reproduce themselves and the rich produced surplus children who were then forced to take over the occupations of the poor. ③ Once rich people's children get biological advantages over other children, basic notions of human equality go out the window. ④ The more abundant children of the rich had to slide down the social hierarchy to find work, bringing with them bourgeois values. Consequently, today's population is largely descended from the economic upper classes of the Middle Ages.

어휘

will 유언장 squire 대지주 shepherd 양치기 figure out ~을 알아내다
reproductive 번식의 conclude 결론을 내리다 status 지위
predictor 예측 변수 overall 전반적으로 fit 건강한 downward 하향적
mobility 이동성 reproduce 번식하다 surplus 잉여의
take over ~을 떠맡다 occupation 일자리 advantage 이점
notion 개념 equality 평등 go out the window 완전히 사라지다
abundant 많은 hierarchy 계층 bourgeois 중산층의 value 가치관
consequently 그 결과 be descended from ~의 후손이다

해석

연구원들은 번식 성공과 경제적 성공이 어떻게 연결되어있는지 알아내기 위해

1600년경의 대지주부터 양치기에 이르는 영국인 2천 명의 유언장을 이용했다. 그들은 사회적 지위가 아닌 부가 살아남는 아이들의 수에 대한 최고의 예측 변수라고 결론지었다. ① 전반적으로, 부유한 사람들은 가난한 사람들보다 두 배 많은 자녀를 남겼다; 여기서 가장 건강한 사람들의 생존은 가장 부유한 사람들의 생존을 의미했다. ② 이는 하향적 사회 이동을 의미했는데, 가난한 사람들은 자손 번식에 실패했고 부유한 사람들은 나중에 가난한 사람들의 일자리를 어쩔 수 없이 떠맡게 되는 잉여 자손을 생산했기 때문이다. ③ <u>일단 부유한 사람들의 자녀가 다른 아이들에 비해 생물학적 장점을 얻고 나면, 인간 평등이라는 기본적인 관념은 완전히 사라지고 만다.</u> ④ 부유한 사람들의 더 많은 자녀는 일자리를 찾기 위해 사회계층의 아래쪽으로 내려오면서, 중산층의 가치관을 가지고 온다. 결과적으로, 오늘날의 인구는 대체로 중세 시대의 경제적 상류층의 후손이다.

해설
글의 중심 소재는 번식 성공과 경제적 성공의 관련성이다. ①은 부유한 사람의 자녀가 가난한 사람의 자녀보다 두 배 더 많다고 했고 ②는 부유한 사람이 더 많이 낳은 자손이 가난한 사람들의 일자리를 나중에 떠맡았다고 했으며 ④는 부유한 사람들의 자녀가 사회계층의 아래쪽으로 내려오면서 중산층의 가치관도 가지고 온다고 한다. 즉, 부유층 자녀가 더 생존하게 되는 흐름을 서술하고 있다. 이에 비해 ③은 부유층 자녀의 생물학적 장점으로 인한 인간 평등 개념의 말살을 언급하고 있으므로 글의 흐름과 관련이 없다. 따라서 정답은 ③이다.

정답 ③

9
주어진 문장이 들어갈 위치로 가장 적절한 것은?

> Two of them, the ATLAS and CMS detectors, are very similar and can run the same class of experiments.

> The Large Hadron Collider, the most powerful particle collider in the world, was built to test theories of particle physics. (①) In particular, it was used to prove the existence of the Higgs Boson, a new type of particle that helps explain why things have mass. (②) The Collider is based at the CERN Laboratory and contains four types of detectors. (③) Having more than one detector carry out the same tests gives scientists the ability to cross-check results and identify any anomalies in the data they generate. (④)

어휘
detector 검출기   collider 충돌 가속기   particle 입자   theory 이론
in particular 특히   existence 존재
Higgs Boson 힉스 입자: 전기적으로 중성인 불안정한 가상의 입자
mass 질량   CERN laboratory 유럽입자물리연구소   contain 포함하다
run an experiment 실험을 하다   carry out ~을 실시하다
cross-check 대조 검토하다   identify 발견하다   anomaly 변칙
generate 발생시키다

해석
세상에서 가장 강력한 입자 충돌 가속기인 Large Hadron 충돌 가속기는 입자 물리학 이론을 확인하기 위해 만들어졌다. (①) 특히, 그것은 왜 사물이 질량이 있는지를 설명하는 데 도움이 되는 새로운 유형의 입자인 힉스 입자의 존재를 입증하기 위해 사용되었다. (②) 그 충돌 가속기는 유럽입자물리연구소의 실험실에 위치하고 있으며 네 가지 유형의 검출기를 포함하고 있다. (③) 그중 두 개인, ATLAS와 CMS 검출기는 매우 비슷해서 같은 종류의 실험을 할 수 있다. 하나 이상의 검출기가 같은 실험들을 실시하게 한다면 과학자들은 결과를 대조 검토하고 그들이 발생시키는 어떤 데이터 변칙도 발견할 힘이 생긴다. (④)

해설
글의 중심 소재는 강력한 입자 충돌 가속기이다. 주어진 문장에서 그중 두 개의 검출기라고 했으므로 이 문장의 앞에는 더 많은 검출기가 언급되어야 한다. 또한 주어진 문장에서 비슷한 두 개의 검출기 덕분에 같은 종류의 실험을 할 수 있다고 했으므로 이 문장의 뒤에는 같은 실험을 하면 어떤 장점이 있는지 혹은 어떤 결과가 생기는지에 대해 부연 설명이 이어진다고 예측할 수 있다. ③의 앞에서 네 가지 유형의 검출기를 언급했고 ③의 뒤에서 하나 이상의 검출기가 같은 실험을 할 때 얻을 수 있는 장점을 이야기한다. 따라서 정답은 ③이다.

정답 ③

10
다음 글의 제목으로 가장 적절한 것은?

> Everyone knows what the *Mona Lisa* and Michelangelo's *David* look like — or do we? They are reproduced so often that we may feel we know them even if we have never been to Paris or Florence. Each has countless spoofs — *David* in boxer shorts or the *Mona Lisa* with a mustache. Art reproductions are ubiquitous. We can now sit in our pajamas while enjoying virtual tours of galleries and museums around the world via the Web and CD-ROM. We can explore genres and painters and zoom in to scrutinize details. The Louvre's Website offers spectacular 360-degree panoramas of artworks like the *Venus de Milo*. Such tours may become ever more multi-sensory by drawing on virtual reality technology, which includes things like goggles and gloves. Lighting and stage set designers, like architects, already use this technology in their work.

① Art: More Widely Accessible Than Ever!
② Why Are Virtual Artworks So Popular?
③ Should We Ban Art Reproductions?
④ Secrets of Vanished Galleries and Museums

어휘
reproduce 복제하다   spoof 패러디한 것   mustache 콧수염
reproduction 복제   ubiquitous 아주 흔한   pajamas 잠옷   virtual 가상의
explore 탐색하다   zoom in 확대하다   scrutinize 세심히 살피다
spectacular 멋진   panorama 파노라마   multi-sensory 복합 감각적인
draw on ~에 의지하다   detail 세부 사항   architect 건축가
widely 광범위하게   accessible 접근 가능한   ban 금지하다
vanish 사라지다

해석
모든 사람이 '모나리자'와 미켈란젤로의 '다비드상'이 어떻게 생겼는지 알고 있다 — 아니면 우리가 (정말로) 알고 있을까? 그들은 너무 자주 복제되어서 비록 파리

나 플로렌스에 가본 적이 없더라도 우리는 그것들을 안다고 느낄 수 있다. 각각의 작품은 수많은 패러디 작품이 있다 — 사각팬티를 입은 '다비드상'이나 콧수염이 있는 '모나리자' 말이다. 예술품 복제는 아주 흔하다. 우리는 오늘날 잠옷을 입고 앉아 웹과 CD-ROM으로 전 세계의 갤러리나 박물관의 가상 관람을 즐길 수도 있다. 우리는 장르와 화가를 탐색할 수 있으며 세부 사항을 세심히 살피기 위해 확대할 수도 있다. 루브르 박물관의 웹사이트는 '밀로의 비너스' 같은 예술작품의 멋진 360도 파노라마를 제공한다. 이런 관람은 고글과 장갑을 포함한 가상현실 기술에 의해 더더욱 복합 감각적인 경험이 될 수 있다. 건축가처럼 조명과 무대 디자이너는 이미 그들의 작업에 이 기술을 이용하고 있다.

① 예술: 그 어느 때보다 더 광범위하게 접근 가능한!
② 왜 가상 예술작품이 그렇게 인기가 있나?
③ 우리는 예술품 복제를 금해야 하는가?
④ 사라진 갤러리와 박물관의 비밀

해설
글의 중심 소재는 예술 감상의 기회 확대이고 특별한 주제문 없이 글이 전후반으로 나뉘어 우리가 예술을 어떤 식으로 접할 수 있는지 설명한다. 글의 전반부는 수많은 복제품과 패러디 작품 덕분에 우리가 예술품을 실제로 보지 않고도 안다고 느낀다는 내용이다. 또한 후반부는 웹, CD-ROM, 가상현실 기술을 이용한 박물관 관람 등을 통해 우리가 앉은 자리에서 예술을 접할 수 있다고 설명한다. 따라서 글의 제목으로 가장 적절한 것은 ① '예술: 그 어느 때보다 더 광범위하게 접근 가능한!'이다.

정답 ①

DAY 12

2025 이동기 영어 하루 프로젝트

| 01 | ② | 02 | ② | 03 | ③ | 04 | ① | 05 | ③ |
| 06 | ③ | 07 | ④ | 08 | ① | 09 | ② | 10 | ④ |

[1~4] 밑줄 친 부분에 들어갈 말로 가장 적절한 것을 고르시오.

1

Clean water was so _____ in the arid region that people had to rely on deliveries from neighboring towns.

① plentiful
② scarce
③ tenacious
④ distinctive

어휘
arid 건조한 region 지역 rely on ~에 의지하다 neighboring 인접한
plentiful 풍부한 scarce 부족한 tenacious 집요한 distinctive 독특한

해석
그 건조한 지역에는 깨끗한 물이 너무 부족해서 사람들은 인접한 마을에서 배달오는 것에 의존해야만 했다.

정답 ②

2

To get a high score in GRE, you just need to _____ words you learned before, memorize new vocabulary, and then practice solving questions.

① see eye to eye
② brush up on
③ refrain from
④ crack down on

어휘
score 점수 GRE (미국의) 대학원 입학 자격시험
see eye to eye 의견이 일치하다 brush up on ~을 복습하다
refrain from ~을 삼가다 crack down on ~을 엄히 단속하다

해석
대학원 입학 자격시험에서 높은 점수를 얻기 위해, 여러분은 그저 과거에 배운 단어를 복습하고 새로운 어휘를 암기한 다음에 문제 푸는 것을 연습할 필요가 있다.

정답 ②

3

> The teacher heard the students in the playground _____ out each other's names while they were playing games and enjoying their break time.

① called
② to be called
③ calling
④ to call

어휘
playground 학교 운동장 call out ~을 크게 부르다 break time 쉬는 시간

해석
선생님은 학교 운동장에서 학생들이 게임을 하고 쉬는 시간을 즐기는 동안 서로의 이름을 크게 부르는 것을 들었다.

해설
[문법포인트] 불완전타동사와 동작의 목적격보어 지각동사는 목적어와 목적격보어의 관계가 능동이면 목적격보어 자리에 동사원형이나 현재분사를 쓰고 관계가 수동이면 목적격보어 자리에 과거분사를 쓴다. 학생들이 서로의 이름을 크게 부른다는 능동의 의미이고 each other's names라는 목적어가 있으므로 ③ calling이 정답이다.

정답 ③

4

> A: This bus goes all the way to Santa Anita mall, right?
> B: Yes, it'll take us there.
> A: Are you positive?
> B: I know it does. _____
>
> ① I catch this bus a lot.
> ② Do you know where we get off at?
> ③ It's in the middle of the parking lot.
> ④ I am very optimistic by nature.

어휘
positive 확신하는 get off 내리다 parking lot 주차장
optimistic 낙천적인 by nature 본래

해석
A: 이 버스가 Santa Anita 몰까지 쭉 가는 거죠, 그렇죠?
B: 네, 이 버스가 우리를 거기로 데려다줄 거예요.
A: 확신하세요?
B: 그렇다고 알고 있어요. 저는 이 버스를 자주 타거든요.

② 우리가 어디에서 내리는지 아세요?
③ 이것은 주차장 한복판에 있어요.
④ 저는 본래 아주 낙천적이에요.

정답 ①

[5~6] 밑줄 친 부분 중 어법상 옳지 않은 것을 고르시오.

5

① My mother might have lived if she <u>had been given</u> medication.
② A friend of mine bought a used car <u>only to waste</u> his money.
③ The rescue team pulled the woman from the snowdrift <u>which she was stuck</u>.
④ With skilled workers <u>remaining in the workforce</u> longer, economic productivity went up.

어휘
medication 약물 치료 rescue 구조 snowdrift 눈더미
be stuck in ~에 끼여서 꼼짝 못 하는 skilled 숙련된 workforce 노동 인구
productivity 생산성

해석
① 내 어머니가 약물 치료를 받으셨다면 살 수도 있었을 텐데.
② 내 친구는 중고차를 샀지만 결국 돈만 낭비했을 뿐이다.
③ 구조팀은 눈더미에 끼여서 꼼짝 못 하는 여성을 거기서 끌어냈다.
④ 숙련된 노동자가 노동 인구에 더 오래 남아있었기 때문에, 경제 생산성이 향상되었다.

해설
③ [문법포인트] 관계대명사의 선택 선행사는 the snowdrift이고 which 다음에 완전한 절이 왔으므로 「전치사+which」나 관계부사의 형태로 써야 한다. 참고로 be stuck in은 '~에 끼여서 꼼짝 못 하다'라는 의미이다. (which → in which/where)
① [문법포인트] 기본 가정법 과거의 사실이 아닌 것을 가정할 때는 가정법 과거완료를 쓴다. 가정법 과거완료가 「If+주어+had+p.p., 주어+조동사(과거형)+have+p.p.」의 형태로 바르게 표현되었다.
② [문법포인트] to부정사의 역할 to부정사는 부사적 용법으로 사용될 수 있는데 only to ~는 '결국 ~하게 되다'라는 결과를 의미한다.
④ [문법포인트] 분사구문 with 분사구문은 「with/without+목적어+목적격보어」의 형태로도 표현할 수 있는데 목적어와 목적격보어가 능동의 관계이면 현재분사를, 수동의 관계이면 과거분사를 목적격보어로 취한다. 관계가 능동이므로 현재분사(remaining)가 목적격보어로 바르게 사용되었다.

정답 ③

6

> So many problems can be avoided by slowing down and ① <u>carefully considering</u> how to proceed in any given situation. Generally we have more time than we usually allot ② <u>ourselves</u> to make decisions and draw conclusions. We ought to pause for a moment in order to reconsider actions that could ③ <u>be caused</u> serious consequences. Putting on the mental brakes can stop you, for example, ④ <u>from reacting</u> in anger to someone on the road — a situation that can lead to danger.

어휘

proceed (일이) 진행되다　allot 할애하다　reconsider 재고하다
consequence 결과　on the road 이동 중인

해석

매우 많은 문제가 어떤 주어진 상황에서 속도를 늦추고 어떻게 진행되는지를 신중하게 고려함으로써 피해질 수 있다. 일반적으로 우리는 결정하고 결론을 내리기 위해 우리 자신에게 평소 할애하는 것보다 더 많은 시간을 가지고 있다. 우리는 심각한 결과를 유발할 수 있는 행동을 재고하기 위해 잠시 멈추어야 한다. 예를 들면, 정신적인 브레이크를 밟는 것은 당신이 이동 중인 어떤 사람에게 화내며 반응하지 않도록 막을 수 있다 — 이 상황은 위험으로 이어질 수 있다.

해설

③ [문법포인트] 능동태 vs. 수동태 구분 주어인 actions가 문제를 일으킨다는 능동의 의미이고, 타동사인 cause 뒤에 목적어인 serious consequences가 있으므로 수동태를 능동태로 고쳐야 한다. (be caused → cause)

① [문법포인트] 등위접속사의 병렬 구조 전치사 by의 목적어로 slowing ~과 considering ~이 and로 연결된 구조이다. 등위접속사가 연결하는 요소는 문법적으로 같은 구조여야 하므로 동명사 considering이 바르게 쓰였다.

② [문법포인트] 인칭대명사 주어와 목적어가 동일한 대상인 경우 목적어로 재귀대명사를 사용해야 한다. 우리가 자신에게 시간을 할애한다는 의미이므로 재귀대명사가 목적어로 바르게 쓰였다.

④ [문법포인트] 완전타동사와 함께 사용되는 주요 전치사 stop은 뒤에 목적어가 오고 그 목적어가 하지 못하게 하는 행위를 「from -ing」 형태로 표현하므로 from reacting이 바르게 쓰였다.

정답 ③

7

다음 글의 목적으로 가장 적절한 것은?

> To: Community Service Center
> From: Sarah Johnson
> Date: August 3
> Subject: Request to Use Community Hall for Poetry Recital
>
> Dear Community Service Center,
>
> I'm Sarah Johnson, a resident of Maplewood Apartments. I'm writing to request permission to use the community hall for a poetry recital on July 10, 2024, from 6:00 PM to 8:00 PM. This event aims to bring our community together through the shared enjoyment of poetry.
>
> We assure compliance with all regulations and will ensure the hall is left in its original condition. Your support in granting permission for this cultural gathering would be greatly appreciated by myself and fellow residents.
>
> Thank you for considering my request. Looking forward to your response.
>
> Best regards,
> Sarah Johnson

① 시설 보수로 인한 휴무일을 공지하려고
② 주민센터 직원들의 행사 도움을 요청하려고
③ 시 낭송회에 초대하려고
④ 주민센터 시설 사용 허가를 받으려고

어휘

Community Service Center 주민센터　request 요청
community hall 주민 회관　poetry 시　recital 낭송회　resident 주민
permission 허락　aim 목표로 하다　bring together ~을 화합시키다
assure 확언하다　compliance 준수　regulations 규정　ensure 책임지다
grant 주다　gathering 모임　appreciate 감사하다　fellow 동료
look forward to ~을 기대하다

해석

수신자: 주민센터
발신자: Sarah Johnson
날짜: 8월 3일
제목: 시 낭송회를 위한 주민 회관 사용 요청

주민센터 관계자분께,

저는 Maplewood 아파트에 사는 거주자 Sarah Johnson입니다. 저는 2024년 7월 10일 오후 6시부터 8시까지 시 낭송회를 위해 주민 회관을 사용할 수 있도록 허락을 구하려고 메일을 드립니다. 이 행사는 시를 함께 즐기면서 우리 공동체를 화합시키는 것을 목표로 삼고 있습니다.

우리는 모든 규정을 준수할 것을 확언하며 주민 회관이 (사용 후에도) 원래의 상태를 유지하도록 책임지겠습니다. 이 문화 모임을 허락해주시는 것을 찬성하신다면 저와 동료 주민들이 크게 감사드릴 것입니다.

제 요청을 고려해주셔서 감사합니다. 답변을 기대하겠습니다.

안부를 전하며,
Sarah Johnson

해설

이메일의 중심 소재나 목적은 주로 제목에 잘 드러나 있다. 제목에서 '시 낭송회를 위한 주민 회관 사용 요청'이라고 했고 본문의 두 번째 문장에서 시 낭송회를 위해 주민 회관을 사용할 수 있도록 허락해 달라고 요청했다. 따라서 글의 목적으로 가장 적절한 것은 ④ '주민센터 시설 사용 허가를 받으려고'이다.

정답 ④

8

다음 글의 주제로 가장 적절한 것은?

> According to an F.B.I. assessment, a recent rise in electronic attacks against government and military computer networks in the U.S. is the work of pro-Iraqi hackers, based on which they warn intelligence agencies of a "potential crisis" in national security. That is, the attacks, which have been relatively limited so far, are likely to grow more widespread as tension over a possible war with Iraq grows. American intelligence

analysts say they have long been concerned by the notion that Al Qaeda could use computers to wage terror, in which case the consequences would be unimaginable. Experts say the link between Iraq and computer hacking may have been underestimated by the authorities and poses a growing threat to U.S. security, and are calling for appropriate action at the national level.

① A warning of potential electronic terrorism
② Al Qaeda's international computer networks
③ A new assessment of innovative computer technology
④ Computer hacking in American intelligence organizations

어휘

assessment 평가   electronic 전자의   warn 경고하다
intelligence agency 정보기관   potential 잠재적인   crisis 위기
security 안보   that is 즉   relatively 비교적   tension 긴장
analyst 분석가   notion 생각   wage 벌이다   consequence 결과
unimaginable 상상할 수도 없는   expert 전문가
underestimate 과소평가하다   authority (pl.) 당국   pose 제기하다
threat 위협   appropriate 적절한   innovative 획기적인
organization 기관

해석

FBI 평가에 따르면, 미국의 정부와 군대의 컴퓨터 네트워크에 대한 전자 공격의 최근 증가는 친이라크계 해커들의 소행이며, 그들은 이것을 바탕으로 정보기관에 국가안보의 '잠재적 위기'에 대해 경고한다. 즉, 지금까지 비교적 제한적이던 공격들이 이라크와의 전쟁 가능성에 대한 긴장이 커질수록 확산할 가능성이 더 크다. 미국의 정보 분석가들은 알카에다가 테러를 벌이기 위해서 컴퓨터를 사용할 수도 있고, 그럴 경우에 그 결과는 상상할 수도 없을 것이라는 생각에 오랫동안 우려해왔다고 말한다. 전문가들은 이라크와 컴퓨터 해킹의 연관성이 당국에 의해 과소평가되었고 미국 안보에 점점 더 큰 위협을 제기하고 있다고 말하며, 국가적인 수준의 적절한 조치를 요구하고 있다.

① 잠재적인 전자 테러에 대한 경고
② 알카에다의 국제 컴퓨터 네트워크
③ 혁신적인 컴퓨터 기술에 대한 새로운 평가
④ 미국 정보기관에 일어난 컴퓨터 해킹

해설

글의 중심 소재는 전자 공격이고 주제문은 첫 번째 문장으로, FBI가 최근 친이라크계 해커들의 전자 공격이 증가하는 것은 국가안보의 잠재적 위기라고 경고한다는 내용이다. 이후 부연 설명을 통해 전문가들은 컴퓨터 테러의 위험성을 우려해왔으며 점점 커지는 미국 안보 위협에 대한 국가적 수준의 조치를 요구하고 있다고 설명한다. 따라서 정답은 ① '잠재적인 전자 테러에 대한 경고'이다.

정답 ①

9

주어진 문장 다음에 이어질 글의 순서로 가장 적절한 것은?

The word "Holocaust," from the Greek words "holos" (whole) and "kaustos" (burned), was historically used to describe a sacrificial offering burned on an altar.

(A) To Adolf Hitler, the main culprit of the genocide, Jews were an inferior race, an alien threat to German racial purity and community.
(B) Since 1945, the word has taken on a new and horrible meaning: the mass murder of some 6 million European Jews, as well as millions of others, including Gypsies and homosexuals, by the German Nazi regime during the Second World War.
(C) Therefore, after years of Nazi rule in Germany, during which Jews were consistently persecuted, Hitler's "final solution" — now known as the Holocaust — came to fruition under the cover of world war.

* genocide: 대량 학살

① (A) – (B) – (C)   ② (B) – (A) – (C)
③ (B) – (C) – (A)   ④ (C) – (A) – (B)

어휘

holocaust 홀로코스트: 유대인 대학살   historically 역사상
describe 설명하다   sacrificial 제물로 바쳐진   offering 공물   altar 제단
main culprit 원흉   Jew 유대인   inferior 열등한   race 인종
alien 이질적인   threat 위협   racial 인종의   purity 순수성
community 공통성   take on ~을 띠다   mass 대량의
homosexual 동성애자   regime 정권   rule 통치   consistently 끊임없이
persecute 박해하다   come to fruition 결실을 보다
under the cover of ~의 위장 아래

해석

그리스어 (전체를 의미하는) 'holos'와 (불에 태워졌다는 의미의) 'kaustos'에서 유래한 '홀로코스트'라는 단어는 재단에서 태워진 제물로 바쳐진 공물을 설명하기 위해 역사에서 사용되었다. (B) 1945년 이래로, 그 단어는 새롭고 끔찍한 의미를 띠게 되었다: 제2차 세계대전 동안 독일 나치 정권이 감행한 집시와 동성애자를 포함한 수백만 명의 다른 사람들을 비롯해 약 6백만 명의 유럽 유대인들의 대량 학살. (A) 대량 학살의 원흉인 아돌프 히틀러에게, 유대인들은 열등한 인종으로, 게르만 인종의 순수성과 공통성에 이질적인 위협이었다. (C) 따라서 유대인이 끊임없이 박해받은 수년간 나치의 독일 통치 이후에, —지금은 홀로코스트로 알려진— 히틀러의 '최종 해결책'은 세계대전의 위장 아래 결실을 보았다.

해설

주어진 문장에서 홀로코스트의 어원과 의미를 설명한다. 이를 이어받아 (B)에서 홀로코스트란 나치 정권이 저지른 유대인의 대량 학살이라는 새로운 의미를 나타낸다고 말한다. 뒤이어 (A)에서 '대량 학살'을 다른 단어로 이어받아, 히틀러가 유대인을 열등하고 위협적으로 생각했다고 이야기한다. 마지막으로 (C)에서, (그런 생각으로 인한) 히틀러의 최종 해결책이 결실을 보았다고 설명한다. 따라서 글의 순서로 적절한 것은 ② (B) – (A) – (C)이다.

정답 ②

10
글의 흐름상 가장 어색한 것은?

The dweller in northern countries goes into raptures over the fresh green leaves of the trees in spring. ① The desert dweller, on the other hand, composes poems about green trees and grass and running water whatever the season. ② Yet the dweller in the tropics, who is constantly surrounded by luxuriant vegetation, sees nothing remarkable or interesting about green trees, and still less about running water. ③ He cannot understand why poets trouble to write about them. ④ There are some travelers who adapt themselves so successfully to foreign customs and habits that they feel no barriers to cultural differences. It seems to be a fact that familiarity breeds contempt, and that those who seek excitement and romance cannot see it at home, under their noses, but only in distant lands.

어휘
dweller 거주자   go into raptures 황홀경에 빠지다   desert 사막의
compose 쓰다   poem 시   tropics 열대지방   luxuriant 울창한
vegetation 식물   remarkable 주목할 만한   still less 더구나 ~은 아니다
poet 시인   trouble to 귀찮게 굳이 ~하다   adapt oneself 적응하다
custom 관습   barrier 장벽   familiarity 익숙함   breed 낳다
contempt 무시

해석
북쪽 나라의 거주자는 봄철 나무에 돋는 신선한 초록 잎들을 보면 황홀경에 빠진다. ① 반면, 사막의 거주자는 무슨 계절이든 초록 나무와 풀 그리고 흐르는 물에 대한 시를 쓴다. ② 그러나 울창한 식물에 계속 둘러싸여 있는 열대지방의 거주자는 초록 나무들에 대해 주목할 만하거나 흥미로운 어떤 것도 보지 못하며, 더구나 흐르는 물에 대해서는 더욱 그렇다. ③ 그는 왜 시인들이 그것들에 대해 귀찮게 굳이 시를 쓰는지 이해하지 못한다. ④ 외국 관습과 습관에 매우 성공적으로 적응해서 문화적 차이에 대해 장벽을 느끼지 않는 몇몇 여행객들이 있다. 익숙함이 무시를 유발한다는 것, 그리고 흥분되는 일과 낭만을 찾는 사람들이 그것을 집에서, 코 앞에서 찾지 못하고 단지 먼 땅에서만 찾는다는 것은 사실처럼 보인다.

해설
중심소재는 익숙함이고 글의 주제문은 마지막 문장으로, 익숙한 대상은 흥미롭게 받아들이지 못하고 낯선 것에서만 흥미를 느낀다는 내용이다. 북쪽 나라, 사막, 열대지방을 예시로 먼저 제시한 이후 마지막 문장에서 주제를 정리하는 구조이다. ①은 사막 거주자의 예시이고 ②와 ③은 열대지방 거주자의 예시이다. 이에 비해 ④는 외국의 관습에 잘 적응하는 여행객에 관한 내용이므로 문맥상 어울리지 않는다. 따라서 정답은 ④이다.

정답 ④

DAY 13

2025 이동기 영어 하루 프로젝트

| 01 | ④ | 02 | ② | 03 | ④ | 04 | ③ | 05 | ④ |
| 06 | ② | 07 | ④ | 08 | ① | 09 | ① | 10 | ③ |

[1~3] 밑줄 친 부분에 들어갈 말로 가장 적절한 것을 고르시오.

1

The _____ goal of the project is to improve efficiency, while the secondary goal is to reduce costs.

① unstable
② suspicious
③ alternative
④ primary

어휘
improve 향상시키다   efficiency 효율성   secondary 부차적인
reduce 줄이다   cost 비용   unstable 불안정한   suspicious 수상쩍은
alternative 대안적인   primary 주된

해석
그 프로젝트의 주된 목표는 효율성을 향상시키는 것이고, 부차적인 목표는 비용을 줄이는 것이다.

정답 ④

2

A(n) _____ may be involved in almost any field. One may endow a scholarship fund; another may give money to expand a library; still another may leave a generous sum to a hospital in her will.

① orator
② benefactor
③ broker
④ cluster

어휘
involve 참여시키다   field 분야   endow 기부하다
scholarship fund 장학 기금   expand 확장하다   generous 넉넉한
sum 금액   will 유언장   orator 연설가   benefactor 후원자
broker 중개인   cluster 무리

해석
후원자는 거의 모든 분야에 참여할 수 있다. 누군가는 장학 기금을 기부할 수 있고; 다른 사람은 도서관 확장을 위해 돈을 기부할 수 있으며; 게다가 또 다른 사람은 유언장에서 넉넉한 금액을 병원에 남길 수 있다.

정답 ②

3

> Although the company implemented safety protocols, recent accidents _____ concerns about workplace conditions and employee welfare.

① have been raised
② have arisen
③ have risen
④ have raised

어휘
implement 시행하다　protocol 규약　concern 우려　workplace 직장
employee 직원　welfare 복지

해석
회사가 안전 규약을 시행했지만 최근 사고들은 직장 환경과 직원 복지에 대한 우려를 불러일으켰다.

해설
[문법포인트] **혼동하기 쉬운 동사의 불규칙 변화** rise는 '일어나다'의 뜻을 가진 자동사이고, arise도 '발생하다'의 의미를 가진 자동사이다. raise는 '올리다, 들다, 불러일으키다'의 의미인 타동사이다. 주어진 문장은 concerns라는 목적어가 있으므로 타동사가 와야 하며, 능동태로 써야 한다. 따라서 ④가 정답이다.

정답 ④

4

밑줄 친 부분 중 어법상 옳은 것은?

> Hunters and gatherers are not merely primitive people ① who ways of life no longer hold any interest for us. Studying their cultures ② allow us to see more clearly ③ that some of our institutions are far from ④ to be natural features of human life.

어휘
hunter 사냥꾼　gatherer 채집가　merely 한낱　primitive 원시적인
hold interest for ~의 관심을 끌다　see 알다　clearly 분명히
institution 제도　feature 특징

해석
사냥꾼과 채집가는 삶의 방식이 더 이상 우리의 관심을 전혀 끌지 않는 한낱 원시인들이 아니다. 그들의 문화를 연구하는 것은 우리의 제도 중 일부가 인간 삶의 자연적인 특징과는 거리가 멀다는 것을 우리가 더 분명히 알 수 있도록 해준다.

해설
③ [문법포인트] **명사절 접속사의 선택** that 뒤에 완전한 절이 왔고 see의 목적어 역할을 하는 명사절을 이끌고 있으므로 명사절 접속사 that이 바르게 쓰였다.
① [문법포인트] **관계대명사의 선택** who 이하의 절이 완전하고, 선행사인 primitive people이 ways of life를 소유하는 의미를 나타내야 하므로 who를 소유격 관계대명사 whose로 바꿔야 한다. (who → whose)
② [문법포인트] **주어 – 동사 수 일치** 주어가 Studying their cultures로 동명사구이므로 단수 취급한다. 따라서 allow를 allows로 고쳐야 한다. (allow → allows)
④ [문법포인트] **전치사의 목적어** to부정사는 전치사(from)의 목적어로 사용될 수 없다. 전치사의 목적어로 사용될 수 있는 것은 명사(구, 절), 목적격 대명

사, 동명사이므로 to be를 동명사 형태인 being으로 고쳐야 한다. (to be → being)

정답 ③

5

밑줄 친 부분에 들어갈 말로 가장 적절한 것은?

> James Parker: Did you hear about our boss getting promoted and moving to another department?
> Laura Mitchell: Yeah, I heard! Do you know who our new boss will be?
> James Parker: I saw it on the company intranet. Our new boss will be Sarah Johnson.
> Laura Mitchell: Do you know when she's supposed to start?
> James Parker: _____.
> Laura Mitchell: Got it. Thanks for the info, James!
> James Parker: No problem! Let's see how things go with the new boss.
> Laura Mitchell: Definitely, fingers crossed!

① She will apply for the promotion opportunity soon
② She is starting to gather information for the new project
③ She will move to another department by next week
④ As far as I heard, she'll be here in a week

어휘
promote 승진시키다　department 부서
be supposed to ~하기로 되어 있다　fingers crossed 행운을 빌다
apply 지원하다　promotion 승진　opportunity 기회　gather 모으다

해석
James Parker: 우리 상사가 승진해서 다른 부서로 이동한다는 소식 들었어요?
Laura Mitchell: 네, 들었어요! 우리의 새로운 상사가 누가 될지 알아요?
James Parker: 회사 인트라넷에서 봤어요. 우리의 새로운 상사는 Sarah Johnson이 될 거예요.
Laura Mitchell: 그녀가 언제 시작하기로 되어 있는지 알아요?
James Parker: 제가 듣기로 그녀는 일주일 뒤에 올 거예요.
Laura Mitchell: 알겠어요. 정보 고마워요, James!
James Parker: 뭘요! 새로운 상사와 함께 일이 어떻게 진행되는지 봅시다.
Laura Mitchell: 아무렴요, 행운을 빌어요!

① 그녀는 곧 승진 기회에 지원할 것이다
② 그녀는 새 프로젝트를 위한 정보를 모으기 시작하는 중이다
③ 그녀는 다음 주까지 다른 부서로 이동할 것이다

정답 ④

6

밑줄 친 부분 중 어법상 옳은 것은?

> Decades of deforestation ① have been resulted in a significant loss of biodiversity in forest ecosystems. Industrial activities have caused severe environmental degradation and habitat destruction ② to accelerate at an alarming rate. Traditional methods of sustainable forestry, which indigenous communities used to rely on, ③ is now under threat. Consequently, efforts to protect and restore forests have become more urgent ④ as ever before.

어휘

decade 10년 deforestation 산림 파괴 result in ~(의 결과)로 이어지다
significant 커다란 biodiversity 생물 다양성 ecosystem 생태계
industrial 산업의 degradation 질적 저하 habitat 서식지
destruction 파괴 accelerate 가속화하다 alarming 우려할 만한
rate 속도 traditional 전통적인 sustainable 지속 가능한
forestry 산림 경영 indigenous 토착의 rely on ~에 의존하다
under threat 위협을 받는 consequently 그 결과 restore 복원하다
urgent 시급한

해석

수십 년간의 산림 파괴는 산림 생태계에서 생물 다양성의 커다란 손실로 이어졌다. 산업 활동은 심각한 환경의 질적 저하와 서식지 파괴를 우려할 만한 속도로 가속화시켰다. 토착 사회가 의존했던 지속 가능한 산림 경영의 전통 방식이 지금 위협받고 있다. 그 결과, 산림을 보호하고 복원하려는 노력이 그 어느 때보다 더 시급해졌다.

해설

② [문법포인트] **불완전타동사와 동작의 목적격보어** cause는 목적어와 목적격보어가 능동의 관계일 때 목적격보어로 능동형 to부정사를 취한다. 목적어 severe environmental degradation and habitat destruction과 목적격보어의 관계가 능동이므로 to accelerate가 바르게 쓰였다.

① [문법포인트] **동사의 유형별 수동태 / 주어 – 동사 수 일치** result는 완전자동사로, 전치사 in과 함께 쓰여 '~의 결과로 이어지다'의 뜻을 갖는다. 하지만 수동태로 쓸 수 없다. 또한 Decades가 주어이므로 복수 취급한다. 따라서 have been resulted in을 능동형인 have resulted in으로 고쳐야 한다. (have been resulted in → have resulted in)

③ [문법포인트] **주어 – 동사 수 일치** 주어 Traditional methods를 of 전치사구가 수식하고 있다. 따라서 단수형 동사 is를 복수형 are로 고쳐야 바르다. 한편 주어가 관계대명사 which의 선행사이다. (is → are)

④ [문법포인트] **비교 구문** 비교급 more urgent가 있으므로 비교급 비교 형태인 「A + 형용사/부사의 비교급 + than + B」를 사용해야 한다. 따라서 as를 than으로 고쳐야 바르다. (as → than)

정답 ②

7

Visa-Free Travel for Koreans to Japan에 관한 다음 글의 내용과 일치하지 않는 것은?

> **Visa-Free Travel for Koreans to Japan**
>
> Koreans have long enjoyed visa-free travel to Japan for up to 90 days, a policy aimed at fostering tourism and cultural exchange between the two nations. However, during the COVID-19 pandemic, Japan temporarily suspended this privilege, imposing strict entry restrictions to manage the virus. By 2022, with improved conditions and higher vaccination rates, Japan lifted the travel ban and reinstated visa-free access for Korean visitors. This decision was widely praised by travelers and businesses alike, breathing new life into tourism and enhancing economic cooperation between South Korea and Japan. Since May 2023, travelers have not been required to provide negative COVID-19 test results or undergo quarantine upon arrival. Overall, the resumption of visa-free travel is expected to further strengthen the cultural bonds between the people of Korea and Japan.

① Koreans could visit Japan visa-free for up to 90 days before COVID-19.
② Japan suspended visa-free access for Koreans during COVID-19.
③ The resumption of visa-free travel was welcomed by travelers and businesses.
④ COVID-19 testing and quarantine are still required if considered necessary.

어휘

policy 정책 aim 겨냥하다 foster 촉진하다
cultural exchange 문화 교류 pandemic 유행병
temporarily 일시적으로 suspend 중단하다 privilege 특권
impose 시행하다 strict 엄격한 entry 입국 restriction 제한
manage 관리하다 vaccination 백신 접종 lift 해제하다 ban 금지
reinstate 재개하다 praise 칭찬하다 breathe (생기 등을) 불어넣다
enhance 강화하다 cooperation 협력 negative 음성의 undergo 겪다
quarantine 격리 resumption 재개 strengthen 강화하다 bond 유대

해석

한국인의 일본 무비자 여행

한국인은 일본에 최대 90일간 무비자 여행을 오랫동안 즐겨왔으며, 이는 양국 간의 관광 및 문화 교류를 촉진하는 것을 겨냥한 정책이었다. 그러나 코로나19 유행병 기간 동안 일본은 이 특권을 일시적으로 중단했고, 바이러스를 관리하기 위해 엄격한 입국 제한을 시행했다. 2022년에 상황이 나아지고 백신 접종률이 높아짐에 따라, 일본은 여행 금지를 해제하고 한국 방문객에 대한 무비자 접근을 재개했다. 이 결정은 관광에 새로운 활력을 불어넣고 한국과 일본 간의 경제 협력을 강화하면서 여행객과 기업 모두에게 널리 칭찬받았다. 2023년 5월 이후 여행자들은 코로나19 검사의 음성 반응 결과를 제공하거나 도착하자마자 격리를 겪을 필요가 없었다. 전반적으로 무비자 여행의 재개는 한국과 일본 국민 간의 문화적 유대를 더욱 강화

할 것으로 예상된다.

① 한국인은 코로나19가 있기 전에 최대 90일 동안 무비자로 일본을 방문할 수 있었다.
② 일본은 코로나19 기간 동안 한국인의 무비자 입국을 중단했다.
③ 무비자 여행 재개는 여행객과 기업들의 환영을 받았다.
④ 필요하다고 판단될 경우 코로나19 검사와 격리가 여전히 필요하다.

해설

④ 다섯 번째 문장에서 2023년 5월 이후 코로나19 검사 결과를 제공하거나 격리를 겪을 필요가 없었다고 했으므로 글의 내용과 일치하지 않는다.
① 첫 번째 문장에서 한국인은 일본에 최대 90일간 무비자 여행을 즐겨왔다고 했고, 그다음 문장에서 코로나19 전 세계 유행병 기간 동안 이 특권을 중단했다고 했으므로 글의 내용과 일치한다.
② 두 번째 문장에서 일본이 코로나19 기간 동안 이 특권(한국인이 무비자로 최대 90일간 일본을 여행할 수 있는 것)을 중단했다고 했으므로 글의 내용과 일치한다.
③ 네 번째 문장에서 이 결정(일본에 의한 여행 금지 해제와 한국인에 대한 무비자 접근 재개)이 여행객과 기업 모두에게 칭찬받았다고 했으므로 글의 내용과 일치한다.

정답 ④

8

다음 글의 제목으로 가장 적절한 것은?

In one study, fourteen-month-olds watched an adult experimenter bend over and activate a light by pressing a button with her head. For some of the infants, the adult's hands were bound by a blanket. The babies were then given the light switch to play with. Infants who saw the adult whose arms were bound activated the light switch with their hands because they understood that the adult was unable to use their hands. However, if they were the ones who saw that the adult's hands were free, then the infants bent over and activated the button with their heads, too. They must have reasoned that it was important to use the head and not the hands. Infants were not simply copying the actions but rather repeating the intended goal.

① Infants' Ability to Understand Why Beyond How
② Infants' Unconditional Imitation of Adults
③ Infants Get Satisfaction from Bodily Movements
④ What the Body Language Means to Adults

어휘

experimenter 실험자   bend over 몸을 숙이다   activate 작동시키다
infant 아기   bind 묶다   blanket 담요   reason 추론하다
repeat 반복하다   intended 의도된   unconditional 무조건적인
imitation 모방   satisfaction 만족

해설

한 연구에서, 14개월 된 아기들은 어른 실험자가 몸을 숙여 머리로 버튼을 눌러 조명을 작동시키는 것을 보았다. 일부 아기들의 경우, 성인의 손은 담요로 묶여 있었다. 그 아기들은 가지고 놀 조명 스위치를 받았다. 팔이 묶인 성인을 본 아기들은 그 성인이 손을 사용할 수 없었다는 것을 이해했기 때문에 손으로 조명 스위치를 작동시켰다. 그러나 만약 성인의 손이 자유로운 모습을 본 아기들이라면, 아기들도 몸을 숙여 머리로 버튼을 작동시켰다. 아기들은 손이 아니라 머리를 사용하는 것이 중요하다고 추론했을 것이다. 아기들은 단순히 행동을 따라하는 것이 아니라 의도된 목표를 반복하고 있었다.

① '어떻게'를 넘어서 '왜'를 이해하는 아기의 능력
② 아기의 성인에 대한 무조건적인 모방
③ 아기는 신체의 움직임에서 만족을 얻는다
④ 신체 언어가 성인에게 의미하는 것

해설

중심 소재는 아기들의 학습과 추론 능력에 관한 연구이고 주제문은 마지막 문장이다. 아기들이 성인의 행동을 관찰하고 그 행동에 대해 어떻게 반응하는지에 대한 연구가 소개되고 있다. 아기들이 성인의 손이 묶여 있는 상태를 본 경우 손으로 버튼을 누르고, 손이 자유로운 상태를 본 경우 머리로 버튼을 누르는 것을 선택한다는 것은 그들이 행동의 의도를 이해하고 그에 맞는 행동을 선택할 수 있다는 증거라고 이야기한다. 마지막 문장에서 아기들은 단순히 행동을 모방하는 것이 아니라 의도하는 목표를 반복하고 있었다고 한다. 그러므로 답은 ① "'어떻게'를 넘어서 '왜'를 이해하는 아기의 능력"이다.

정답 ①

9

밑줄 친 부분에 들어갈 말로 가장 적절한 것은?

The word euthanasia means "good death" or "mercy killing". But the name does not fit the act. When one person assumes the right to take the life of another, there is no goodness or mercy involved. No one has the right to decide when a life should end. Life is our most precious gift and we cannot fling that gift away when it suits us. Refusing to assistance from machinery that maintains respiration is one thing, but asking to die is another. That's why the book *Final Exit* is such a disgrace to the publishing industry. The book suggests that we as individuals have the right to plan our own death; to decide, in effect, that _____. Yet that decision — to decide when life ends – lies in God's hands, not in ours. Jack Kevorkian, the man who championed an individual's right to take his or her life, didn't do the public a service by making headlines aiding and abetting suicide. Instead, he encouraged others to believe that they too can choose when to die. That choice, however, is not ours to make.

① we are tired of living
② we are afraid of death
③ we aspire to be healthy
④ we are in the hands of God

어휘

euthanasia 안락사   mercy 자비   assume 맡다   goodness 선함
involve 개입하다   precious 소중한   fling away ~을 내팽개치다
suit 적합하다   refuse 거부하다   assistance 도움   machinery 기계
maintain 유지하다   respiration 호흡

one thing ~ another ... ~와 ...은 별개이다   disgrace 불명예
suggest 암시하다   in effect 실제로   decision 결정   champion 옹호하다
do ~ a service ~에게 도움이 되는 일을 하다
make headlines 대대적으로 보도되다   aid 돕다   abet 방조하다
suicide 자살   encourage 격려하다   aspire 열망하다

해석
안락사라는 단어는 '선한 죽음' 또는 '자비로운 살인'을 의미한다. 하지만 그 이름은 그 행위에 맞지 않는다. 한 사람이 다른 사람의 생명을 앗아갈 권리를 맡을 때, 선함이나 자비는 개입되지 않는다. 어느 누구도 생명이 언제 끝나야 하는지 결정할 권리는 없다. 생명은 우리의 가장 소중한 선물이고, 우리는 우리에게 적합한 때에 그것을 내팽개칠 수 없다. 호흡을 유지하는 기계의 도움을 거부하는 것과 죽음을 요청하는 것은 별개이다. 그것이 바로 <마지막 비상구>라는 책이 출판업계에 대단한 불명예인 이유이다. 그 책은 우리가 개인으로서 스스로의 죽음을 계획할 권리가 있고; 실제로, 우리가 사는 것에 지쳤다고 결정할 권리가 있음을 암시한다. 하지만 그 결정 — 생명이 언제 끝나는지 결정하는 것 — 은 우리의 손이 아니라 신의 손에 있다. 개인의 생명을 앗아갈 권리를 옹호했던 잭 케보키언은 자살을 돕고 방조하며 대대적으로 보도됨으로써 대중에게 도움이 되는 일을 하지 않았다. 대신에, 그는 다른 사람들도 죽을 때를 선택할 수 있다고 믿도록 격려했다. 그러나, 그 선택은 우리가 하는 것이 아니다.

② 우리가 죽음을 두려워한다
③ 우리가 건강해지기를 열망한다
④ 우리가 신의 손안에 있다

해설
중심 소재는 안락사이고, 주제문은 네 번째 문장으로 안락사 반대를 주장한다. 글의 전반부는 안락사에 대해 반대하는 내용이 나오고, 이에 이어 중반부에서 <마지막 비상구>라는 책에 대해 비판하고 있다. 빈칸이 있는 문장은 그 책이 스스로의 죽음을 계획할 권리가 있고 빈칸을 결정할 권리가 있음을 암시한다고 한다. 세미콜론(;)으로 문장이 이어져 있으므로 세미콜론의 앞과 뒤가 밀접한 관련이 있어야 한다. 개인이 스스로의 죽음을 계획할 권리는 ① '우리가 사는 것에 지쳤다'고 결정하는 것과 가장 연관이 있다. 또한 빈칸 이후 문장은 Yet으로 시작해 생명을 끝낼 권리는 신에게 있음을 이야기하며 빈칸 문장을 비판하고 있다. 따라서 정답은 ①이다.

 ①

10
주어진 글 다음에 이어질 글의 순서로 가장 적절한 것은?

> Observations are not always undertaken with a clear sense of what data may be relevant. On a long and rough sea voyage in 1882, many of the ship's passengers were afflicted with seasickness.

(A) James speculated that seasickness must be due to some temporary disturbance of the inner ear, a problem to which the deaf mutes were not sensitive at all. Later experimentations, some of which were carried out by James, confirmed this speculation.

(B) However, it was James's unique insight into this observation that ultimately highlighted the broader implications of his findings. This crucial clue about the cause of seasickness came thanks to James's ability to see the importance of something interesting that others had overlooked.

(C) One who was not was the American philosopher and psychologist, William James. James had the great good fortune to notice that 15 of the passengers, all of whom were deaf and mute, were completely unaffected.

① (A) – (C) – (B)   ② (B) – (C) – (A)
③ (C) – (A) – (B)   ④ (C) – (B) – (A)

어휘
observation 관찰   undertake 수행하다   relevant 관련 있는
rough 험난한   voyage 여행   passenger 승객
be afflicted with ~에 시달리다   seasickness 뱃멀미   speculate 추측하다
temporary 일시적인   disturbance 교란   inner ear 내이
deaf mute 농아   sensitive 민감한   experimentation 실험
carry out 수행하다   confirm 사실임을 보여주다   speculation 추측
insight 통찰   ultimately 궁극적으로   implication 함의   crucial 중요한
clue 단서   overlook 간과하다   philosopher 철학자
psychologist 심리학자   fortune 행운   deaf 청각 장애가 있는
mute 말을 못하는   completely 전혀   unaffected 영향을 받지 않은

해석
관찰이 항상 어떤 데이터가 관련이 있는지에 대해 명확한 감각을 가지고 수행되는 것은 아니다. 1882년 길고 험난한 여행에서, 그 배의 많은 승객은 뱃멀미에 시달렸다. (C) 멀미에 시달리지 않은 사람은 미국의 철학자이자 심리학자인 윌리엄 제임스였다. 제임스는 운이 좋게도 15명의 승객이, 그들 모두는 청각 장애가 있고 말을 못 하는 상태였는데, 전혀 영향을 받지 않았다는 사실을 알아챘다. (A) 제임스는 뱃멀미가 농아들은 전혀 민감하지 않은 문제인 일시적인 내이의 교란으로 인한 것이라 추측했다. 이후 실험들이 이 추측이 사실임을 보여주었는데, 그 중 몇 가지는 제임스가 수행했다. (B) 그러나 궁극적으로 제임스가 발견한 것의 더 넓은 함의를 잘 보여주었던 것은 이 관찰에 대한 그의 독특한 통찰이었다. 뱃멀미의 원인에 관한 이 중요한 단서는 다른 사람들이 간과했던 흥미로운 것의 중요성을 간파하는 제임스의 능력 덕에 나왔다.

해설
주어진 글은 많은 승객들이 뱃멀미로 고생했다는 내용이고, 나머지 글은 모두 뱃멀미에 시달리지 않은 한 사람이 그 원인을 밝혀내는 내용이다. 윌리엄 제임스라는 인물이 처음 소개되고 15명의 농아 승객들에 대한 설명이 있는 (C)가 뒤에 이어지는 것이 자연스럽다. (A)는 James가 뱃멀미를 겪지 않은 농아들을 대상으로 뱃멀미의 원인에 대해 추측하고 실험한 내용이므로 (C) 뒤에 (A)가 이어져야 한다. (B)에서 However로 반전하며 This crucial clue는 James의 간파 능력 덕에 밝혀졌다고 의의를 설명하며 마무리하고 있다. 따라서 글의 흐름상 ③ (C) – (A) – (B)가 가장 논리적이다. 즉 관찰 – 가설 – 확증 – 의의 순서로 글이 전개된다.

 ③

DAY 14

2025 이동기 영어 하루 프로젝트

| 01 | ④ | 02 | ③ | 03 | ① | 04 | ② | 05 | ④ |
| 06 | ② | 07 | ③ | 08 | ③ | 09 | ① | 10 | ③ |

[1~3] 밑줄 친 부분에 들어갈 말로 가장 적절한 것을 고르시오.

1

> The once vibrant river had become _____, its waters barely moving and emitting an unpleasant odor.

① fresh
② rapid
③ turbulent
④ stagnant

어휘
vibrant 활기찬 barely 거의 ~아닌 emit 내뿜다 unpleasant 불쾌한 odor 냄새 fresh 신선한 rapid 빠른 turbulent 휘몰아치는 stagnant 정체된

해석
한때 활기찼던 강은 정체되어, 물이 거의 움직이지 않고 불쾌한 냄새를 내뿜고 있었다.

정답 ④

2

> Anytime you smell fuel while driving, you should quickly _____ to the side of the road, and check to see if your fuel cap is loose or missing. If the cap is okay, then for your own safety, have your car towed to the nearest repair shop and have it inspected.

① hold over
② come over
③ pull over
④ take over

어휘
fuel 연료 cap 마개 loose 느슨한 tow 견인하다 repair shop 수리점 inspect 점검하다 hold over ~을 미루다 come over 들르다 pull over 차를 대다 take over ~을 인수하다

해석
운전 중에 연료 냄새가 날 때는 언제든, 재빨리 길가에 차를 대고 연료 주입구 마개가 느슨하거나 없는지 확인해야 한다. 마개가 괜찮다면, 안전을 위해 가장 가까운 수리점으로 차를 견인되게 하여 점검을 받아라.

정답 ③

3

> The fire extinguishers _____ every 3 months since the new safety regulations were implemented last year.

① have been checked
② have checked
③ were checked
④ checked

어휘
fire extinguisher 소화기 regulation 규정 implement 시행하다 check 점검하다

해석
새 안전 규정이 작년에 시행된 이후 소화기는 3개월마다 점검을 받고 있다.

해설
[문법포인트] 완료시제 / 능동태 vs. 수동태 구분 뒤에 「since + 과거 시제」가 와서 '~한 이후 소화기가 3개월마다 (계속해서) 점검을 받고 있다'는 의미이므로 현재완료의 계속적 용법으로 써야 한다. 그런데 동사 check의 목적어가 없고, 주어인 The fire extinguishers와 check의 관계가 수동이므로 수동태로 써야 한다. every 3 months는 '3개월마다'를 의미하는 부사이다. 따라서 현재완료 수동태형인 ① have been checked가 정답이다.

정답 ①

4

밑줄 친 부분 중 어법상 옳지 않은 것은?

> This award goes to a museum ① which contributes most directly to ② attract audiences and satisfy its visitors with unique atmosphere, imaginative interpretation and presentation, and a creative approach to education and social responsibility. Past winners have been both ③ large and small museums, but all developed the most creative interactive exhibitions ④ that have changed the standards of quality in museums within Europe.

어휘
contribute 기여하다 directly 직접적으로 attract 끌어들이다 satisfy 만족시키다 atmosphere 분위기 imaginative 창의적인 interpretation 해석 presentation 표현 approach 접근 방식 responsibility 책임 standard 기준 interactive exhibition 체험형 전시회

해석
이 상은 관객을 끌어들이고 독특한 분위기, 창의적인 해석과 표현, 그리고 교육과 사회적 책임에 대한 창의적인 접근 방식으로 방문객을 만족시키는 데 가장 직접적으로 기여하는 박물관에 수여된다. 이전 수상 박물관은 대형 박물관과 소형 박물관 모두 있었지만, 모두 유럽 내 박물관의 품질 기준을 변화시킨 가장 창의적인 체험형 전시회를 개발했다.

해설
② [문법포인트] 전치사의 목적어 contribute to(~에 기여하다)의 to는 전치사이므로 목적어를 동명사 형태로 고쳐야 한다. 따라서 attract audiences and

satisfy를 attracting audiences and satisfying으로 고쳐야 바르다. 또한 전치사 to의 목적어로 두 개의 동명사구가 and에 의해 병렬로 연결된 구조이다. (attract audiences and satisfy → attracting audiences and satisfying)

① [문법포인트] **관계대명사의 선택** 선행사가 a museum으로 사물이기 때문에 주격 관계대명사 which가 올바르게 쓰였고, 선행사가 단수이고 동사 contribute와의 관계가 능동이므로 능동태 동사의 단수형 contributes가 바르게 쓰였다.

③ [문법포인트] **등위접속사의 병렬 구조** 등위상관접속사 both A and B는 'A와 B 둘 다'의 의미로, 연결된 두 요소 A와 B는 반드시 문법적으로 같은 구조이어야 한다. 형용사 large와 small이 병렬된 구조로 바르게 쓰였다.

④ [문법포인트] **관계대명사의 선택** that 이하에 주어가 빠진 절이 왔으므로 주격 관계대명사를 써야 하는데, 선행사가 「최상급 + 명사」일 때 관계대명사 that을 주로 사용한다. 따라서 주격 관계대명사 that이 올바르게 쓰였다.

정답 ②

5

밑줄 친 부분에 들어갈 말로 가장 적절한 것은?

> A: You look down. Are you having a rough day?
> B: I had words with my roommate last night.
> A: Was it a serious one?
> B: No, it was minor, but we haven't talked ever since.
> A: That's not good.
> B: I know. I'm going to talk it through over a can of beer tonight.
> A: A can of beer? _____
> B: You think? Then I'll prepare a bottle of great wine.

① You must have run out of beer.
② I would do the same if I were you.
③ Why don't you have another beer?
④ Beer is not going to cut it.

어휘
down 우울한   rough 힘든   have words with ~와 말다툼하다
serious 심각한   minor 사소한
talk through ~에 대해 끝까지 이야기를 나누다   run out of ~가 다 떨어지다
be not going to cut it ~로는 어림도 없다

해석
A: 우울해 보이네. 힘든 하루를 보내고 있어?
B: 어젯밤에 룸메이트랑 말다툼을 했어.
A: 심각한 거였어?
B: 아니, 사소한 거였는데 그 이후로 말 안 하고 있어.
A: 그거 좋지 않네.
B: 알아. 오늘 밤 맥주 한 캔 마시면서 그 문제에 대해 끝까지 얘기하려고.
A: 맥주 한 캔? 맥주로는 어림도 없어.
B: 정말? 그럼 좋은 와인 한 병 준비할게.

① 넌 맥주가 다 떨어졌겠어.
② 나도 네 처지라면 같은 일을 할 거야.
③ 맥주 한 잔 더 마시는 게 어때?

정답 ④

6

밑줄 친 부분 중 어법상 옳은 것은?

① His book was laughed by critics for being too unrealistic considering the level of contemporary technology.
② They reminisced about the time when they used to spend their summers exploring different countries and cultures.
③ Since they are no longer working members of the British royal family, they've had to become financial independent.
④ The biology professor explained students what happens in the brain when they smell something.

어휘
critic 비평가   unrealistic 비현실적인   contemporary 현대의
reminisce 회상하다   explore 탐험하다   independent 독립적인
biology 생물학   professor 교수

해석
① 그의 책은 현대 기술 수준을 고려할 때 너무 비현실적이라는 이유로 평론가들에 의해 비웃음을 받았다.
② 그들은 다른 나라와 문화를 탐험하며 여름을 보내곤 했던 때에 대해 회상했다.
③ 그들은 더 이상 영국의 왕실 업무 수행원이 아니기 때문에 경제적으로 독립해야 했다.
④ 생물학 교수는 학생들이 어떤 것을 냄새 맡을 때 뇌에서 무슨 일이 일어나는지 설명했다.

해설
② [문법포인트] **조동사의 선택** 「used to + 동사원형」은 '~하곤 했다'라는 뜻으로 과거 사실이나 습관을 나타낸다. 조동사 used to 뒤에 동사원형 spend가 바르게 쓰였다.

① [문법포인트] **동사 유형별 수동태** 자동사 laugh는 주로 전치사 at과 함께 동사구로 사용되어 타동사와 같은 기능을 한다. 수동태로 쓸 때 at을 빠뜨리지 않아야 한다. 따라서 was laughed를 was laughed at으로 고쳐야 한다. (was laughed → was laughed at)

③ [문법포인트] **형용사 vs. 부사** 형용사 independent를 수식하기 위해서는 앞에 부사가 와야 한다. 따라서 financial을 부사형인 financially로 고쳐야 바르다. (financial → financially)

④ [문법포인트] **완전타동사** 동사 explain은 4형식으로 쓸 수 없는 동사이다. 따라서 간접목적어로 쓰인 students 앞에 전치사 to를 붙여야 한다. (students → to students)

정답 ②

7

Family Reading Night에 관한 다음 글의 내용과 일치하지 않는 것은?

> **Family Reading Night at Universe Elementary School**
>
> Join us for a delightful evening of family reading at Universe Elementary School!
>
> Date: Friday, October 15
> Time: 7 p.m. - 9 p.m.
> Location: Universe Elementary School Library
>
> Enjoy a cozy night of reading together as a family! Immerse yourselves in captivating stories and explore new worlds through books, all in a warm and inviting atmosphere.
>
> Guidelines:
> • Children must be accompanied by a parent or guardian.
> • Feel free to bring your favorite books or choose from our library selection.
> • Please respect quiet reading time and follow the guidance of our friendly librarians.
>
> Registration:
> • Sign up at www.universe.edu/familyreading by October 8.
> • Families who register by September 30 will receive free bookmarks and snacks.
>
> Don't miss out on this wonderful opportunity to bond over books and create cherished memories with your family. We look forward to welcoming you to Universe Elementary School's Family Reading Night!

① 초등학교 도서관에서 개최된다.
② 어린이는 반드시 부모님이나 보호자와 함께 와야 한다.
③ 개인적으로 책을 가져오는 것이 금지된다.
④ 9월 30일까지 등록하면 책갈피와 간식이 제공된다.

어휘

delightful 즐거운 cozy 아늑한 immerse oneself in ~에 빠지다
captivating 마음을 사로잡는 explore 탐험하다 inviting 매력적인
atmosphere 분위기 accompany 동행하다 guardian 보호자
guidance 안내 librarian 사서 sign up 신청하다 register 등록하다
receive 받다 bookmark 책갈피 opportunity 기회
bond 유대감을 형성하다 cherished 소중한 memory 추억
look forward to -ing ~하기를 기대하다 welcome 맞이하다

해석

Universe 초등학교 가족 독서의 밤

Universe 초등학교에서 가족 독서의 즐거운 저녁에 참여해 보세요!

날짜: 10월 15일 금요일
시간: 오후 7시 – 9시

장소: Universe 초등학교 도서관

가족들과 함께하는 아늑한 독서의 밤을 즐기세요! 따뜻하고 매력적인 분위기 속에서 마음을 사로잡는 이야기에 빠져 책을 통해 새로운 세계를 탐험해 보세요.

가이드라인:
• 어린이는 반드시 부모님 또는 보호자가 동행해야 합니다.
• 좋아하는 책을 편하게 가져오거나 우리 도서관에서 정선한 책에서 골라보세요.
• 조용한 독서 시간을 존중해 주시고 친절한 도서관 사서의 안내에 따라 주세요.

등록:
• 10월 8일까지 www.universe.edu/familyreading에서 신청하세요.
• 9월 30일까지 등록한 가족들은 무료 책갈피와 간식을 받을 것입니다.

책에 대한 유대감을 형성하고 가족과 소중한 추억을 만들 수 있는 이 멋진 기회를 놓치지 마세요. 저희는 Universe 초등학교의 가족 독서의 밤으로 여러분을 맞이하게 되기를 기대합니다!

해설

③ <가이드라인>의 두 번째 줄에 좋아하는 책을 편하게 가져와도 된다고 했으므로 글의 내용과 일치하지 않는다.
① <장소>에 Universe 초등학교 도서관에서 개최된다고 했으므로 글의 내용과 일치한다.
② <가이드라인>의 첫 번째 줄에 어린이는 반드시 부모님이나 보호자가 동행해야 한다고 했으므로 글의 내용과 일치한다.
④ <등록>의 두 번째 줄에 9월 30일까지 등록한 가족은 무료 책갈피와 간식을 받을 수 있다고 했으므로 글의 내용과 일치한다.

정답 ③

8

다음 글에서 필자가 주장하는 바로 가장 적절한 것은?

> Are there any animals that you really don't like? Say, worms or the moles that make tunnels in the lawn where you play ball? If you stop to think about these creatures, they all play an important part in nature. Earthworms are terrific soil builders and truly a gardener's best friend. And moles? Well, they can be a nuisance, but they do aerate the soil with their tunneling. What about plants? Even unwelcome plants like poison ivy and nettles provide food and shelter for many animals. Take a moment to imagine what would happen to the affected parties if certain creatures didn't exist.

① It is urgent to protect endangered species.
② Do your part to care for the clean environment.
③ We should show respect for all animals and plants.
④ We need to know how to deal with troublesome creatures.

어휘

worm 벌레 mole 두더지 lawn 잔디밭 creature 생물 terrific 훌륭한
gardener 정원사 nuisance 골칫거리 aerate 공기가 통하게 하다
unwelcome 달갑지 않은 poison ivy 덩굴옻나무 nettle 쐐기풀
shelter 은신처 take a moment 잠시 시간을 내다 affect 영향을 주다

party 개체 exist 존재하다 urgent 시급한
endangered 멸종 위기에 처한 species 종 respect 존중
troublesome 골칫거리인

해석
당신이 정말 좋아하지 않는 동물이 있는가? 예를 들어, 벌레나 당신이 공놀이하는 잔디밭에 터널을 만드는 두더지인가? 당신이 멈추어서 이런 생물에 대해 생각해 본다면, 그것들은 모두 자연에서 중요한 역할을 한다. 지렁이는 훌륭한 토양 제조자이고 정말로 정원사의 가장 친한 친구이다. 그리고 두더지 말인가? 그들은 골칫거리일 수 있지만, 그들이 터널을 뚫음으로써 토양에 정말로 공기가 통하게 한다. 식물은 어떤가? 덩굴옻나무와 쐐기풀 같이 달갑지 않은 식물들은 많은 동물에게 먹이와 은신처를 제공한다. 잠시 시간을 내어서 특정 생명체들이 존재하지 않는다면 영향을 받는 개체들에게 어떤 일이 일어날지 상상해 보아라.

① 멸종 위기에 처한 종들을 보호하는 것은 시급하다.
② 청정한 환경을 보호하는 데 당신의 역할을 하라.
③ 우리는 모든 동물과 식물에 대한 존중을 보여줘야 한다.
④ 우리는 골칫거리 생물들을 다루는 방법을 알아야 한다.

해설
중심 소재는 생태계의 상호 의존성과 중요성이고, 세 번째 문장이 주제문이다. 지렁이와 두더지를 예로 들어 지렁이와 골칫거리일지도 모르는 두더지가 토양을 더 좋게 만드는 역할을 하고 있다고 말한다. 또한 달갑지 않은 덩굴옻나무와 쐐기풀이 많은 동물에게 먹이와 은신처가 된다고 한다. 그리고 마지막 문장에서 특정 생명체들이 없다면 영향을 받는 개체들에게 어떤 일이 일어날지 고려하라고 한다. 즉 주제문 이후 예시를 통해 모두 싫어하거나 달갑지 않은 동식물의 중요성을 강조한다. 따라서 정답은 ③ '우리는 모든 동물과 식물에 대한 존중을 보여줘야 한다.'이다.

정답 ③

9
밑줄 친 부분에 들어갈 말로 가장 적절한 것은?

> Carrying capacity is the number of individuals that the local resources can sustain. Individuals in a population that has exceeded the carrying capacity of its habitat may die as a result of overshooting the carrying capacity of their habitat. However, certain animals and plants have a built-in sense of carrying capacity, so that instead of overshooting and having a die-off, they remain within the limits of their habitat's ability to support them. Lake trout, for instance, stop breeding at a rapid rate when the population density increases too dramatically. Although this is the result of individual responses to chemical signals from other trout rather than their thought-out response, the result is that population numbers may _____ for extended periods. No matter what number of lake trout a pond is stocked with in the beginning, the population will increase until it reaches a particular density, then level off at about the same number.

① remain steady   ② be countless
③ fall to zero   ④ rise quickly

어휘
carrying capacity 환경 수용력 sustain 지탱하다 population 개체군
exceed 초과하다 habitat 서식지 overshoot 초과하다 built-in 내장된
die-off 개체 격감 support 지탱하다 trout 송어 breed 번식하다
density 밀도 dramatically 급격하게 chemical 화학적인
thought-out 세심히 계획된 stock 채우다 level off 변동이 없게 되다
countless 셀 수 없는

해석
환경 수용력은 지역 자원이 지탱할 수 있는 개체의 수이다. 서식지의 환경 수용력을 초과한 개체군의 개체들은 자신의 서식지의 환경 수용력을 초과한 결과로 죽을 수 있다. 그러나 일부 동물과 식물은 환경 수용력에 대한 내장된 감각이 있어서, (환경 수용력을) 초과하거나 격감하는 대신에 그들은 서식지가 지탱할 수 있는 능력의 한계 안에서 살아남는다. 예를 들어, 호수 송어는 개체군 밀도가 너무 급격히 증가할 경우 빠른 속도로 번식하는 것을 멈춘다. 이는 송어의 세심히 계획된 반응이라기보다는 다른 송어리의 화학적 신호에 대한 개별적 반응의 결과이지만, 결과는 개체 수가 오랜 기간 동안 일정하게 유지될 수 있다. 처음에 연못에 몇 마리의 호수 송어가 채워지든지 간에 특정 밀도에 도달할 때까지 개체 수가 증가한 다음 거의 같은 수로 변동이 없게 될 것이다.

② 셀 수 없이 많아질
③ 0마리로 떨어질
④ 빠르게 증가할

해설
중심 소재는 환경 수용력이고, 주제문은 세 번째 문장이다. 주제문에서 일부 동식물은 개체가 격감하는 대신 서식지가 지탱할 수 있는 한계 내에서 살아남는다고 했다. 그 예시로 호수 송어가 등장하는데, 빈칸 앞 문장에서 송어의 밀도가 증가할 경우 번식을 멈춘다고 한다. 그 결과로 개체 수가 오랜 기간 동안 무언가를 할 수 있다고 한다. 마지막 문장에서 연못에 몇 마리의 송어가 있든지 특정 밀도에 도달할 때까지 개체 수가 증가한 후 변동이 없다고 했으므로 빈칸에는 같은 맥락의 말인 ① '일정하게 유지될'이 들어가야 한다.

정답 ①

10
주어진 문장이 들어갈 위치로 가장 적절한 것은?

> Both groups were then placed in the same escape-avoidance condition: they could avoid the shock if they jumped over a barrier after hearing a tone.

> Perhaps the most dramatic evidence that organisms can be aware of the contingency (or lack thereof) between their behavior and reinforcement is found in the experiments on learned helplessness. In a prototypical experiment by Seligman and Maier, dogs were given painful shocks at unpredictable intervals. (①) A control group of dogs could avoid the shocks by pressing a lever, whereas the experimental group had no means at all to escape the shock. (②) Thus one group of dogs learned a behavior that would eliminate shock, whereas the other did not. (③) Dogs in the

control group, which could control their shock in the first phase, readily learned to jump over the barrier. (④) In contrast, the experimental dogs whined and yelped but made no attempt to escape the shock. They had learned that nothing they could do would prevent the shock — that there was no contingency between their behavior and receiving shock.

* contingency: 우연성

어휘

place 놓다   escape 탈출; 벗어나다   avoidance 회피   condition 조건
avoid 피하다   barrier 장애물   tone 신호음   dramatic 극적인
evidence 증거   organism 유기체   thereof (앞에 언급된) 그것의
behavior 행동   reinforcement 강화   experiment 실험
learned helplessness 학습된 무기력   prototypical 전형적인
painful 고통스러운   unpredictable 예측할 수 없는   interval 간격
control group 대조군   experimental group 실험군   eliminate 없애다
readily 쉽게   whine 낑낑거리다   yelp 비명을 지르다   prevent 막다

해석

아마 유기체가 자신의 행동과 강화 사이의 우연성(또는 그 결여)을 인식할 수 있다는 가장 극적인 증거는 학습된 무기력에 관한 실험에서 발견된다. 셀리그만과 마이어의 전형적인 실험에서, 개들은 예측할 수 없는 간격으로 고통스러운 충격을 받았다. (①) 대조군 개들은 레버를 눌러 충격을 피할 수 있었던 반면, 실험군은 충격에서 벗어날 방법이 전혀 없었다. (②) 따라서 한 그룹의 개들은 충격을 없애는 행동을 배웠지만, 다른 그룹은 그렇지 않았다. (③) 그리고 나서 두 집단은 같은 탈출-회피 조건에 놓였다: 신호음을 들은 후 장애물을 뛰어넘으면 그들은 충격을 피할 수 있었다. 첫 번째 단계에서 충격을 제어할 수 있었던 대조군의 개는 장애물을 넘는 법을 쉽게 배웠다. (④) 이에 반해, 실험군 개들은 낑낑거리고 비명을 질렀지만, 충격에서 벗어나려는 어떤 시도도 하지 않았다. 그들은 그들이 할 수 있는 어떤 행동도 충격을 막을 수 없을 것이라는 사실을 학습했던 것이다 — 그들의 행동과 충격을 받는 것 사이에는 어떠한 우연성도 없다는 사실을 말이다.

해설

주어진 문장의 then으로 보아 한 실험이 끝나고 그다음 실험에 대한 언급을 시작함을 알 수 있다. 또한 두 집단 모두 탈출-회피 상태에 놓였다는 설명의 앞에는 두 집단 중 하나만 도피-회피 상태에 놓이고 다른 집단은 그렇지 않은 실험의 내용이 설명되어야 함을 추론할 수 있다. ③의 앞에는 서로 다른 상황에 놓였던 첫 번째 실험에 대한 결과가 언급되었고, 뒤에는 다른 실험의 결과가 언급되었다. 따라서 주어진 문장은 ③에 들어가야 한다.

정답 ③

DAY 15

2025 이동기 영어 하루 프로젝트

| 01 | ④ | 02 | ③ | 03 | ② | 04 | ② | 05 | ④ |
| 06 | ① | 07 | ③ | 08 | ④ | 09 | ③ | 10 | ③ |

[1~3] 밑줄 친 부분에 들어갈 말로 가장 적절한 것을 고르시오.

1

> She was _____ to learn new skills because she believed they would enhance her career prospects.

① unlikely   ② hesitant
③ reluctant   ④ keen

어휘

enhance 향상시키다   prospect 전망   unlikely ~할 것 같지 않은
hesitant 주저하는   reluctant 꺼리는   keen ~한 마음이 간절한

해석

그녀는 새로운 기술이 그녀의 직업 전망을 향상시킬 것이라 생각했기 때문에 새로운 기술을 배우려는 마음이 간절했다.

정답 ④

2

> The smell of freshly baked bread was _____ throughout the neighborhood, enticing everyone to visit the local bakery.

① indispensable   ② scarce
③ pervasive   ④ coherent

어휘

freshly 갓 ~한   throughout ~ 도처에   neighborhood 동네
entice 유혹하다   indispensable 필수적인   scarce 드문
pervasive 널리 퍼진   coherent 일관성 있는

해석

갓 구운 빵의 향기가 동네 도처에 널리 퍼져 있어서, 모두가 지역 빵집을 방문하도록 유혹했다.

정답 ③

3

> The city council expected that during the winter season, there _____ higher energy consumption due to heating demands and increased traffic congestion during snowfall.

① will be ② would be
③ were   ④ is

어휘
city council 시 의회   consumption 소비   traffic 교통의
congestion 혼잡   snowfall 강설

해석
시 의회는 동절기에 난방 수요로 인한 에너지 소비가 더 많아질 것과 강설 시 교통 혼잡의 증가를 예상했다.

해설
[문법포인트] **시제일치와 예외** 주절의 동사가 expected로 과거 시제이고, 의미상 과거에서 미래를 예상한 것이므로 과거에서 본 미래 시제를 나타내는 would 를 써야 한다. 따라서 정답은 ② would be이다.

정답 ②

[4~5] 밑줄 친 부분 중 어법상 옳지 않은 것을 고르시오.

4

> As climate change causes temperatures ① to rise around the world, it should come as no surprise ② which the warm-water coasts in the Middle East could be the first ③ to experience brutal combinations of heat and humidity. The conditions would not be ④ constant, but spikes would become increasingly common.

어휘
temperature 기온   rise 상승하다   come as a surprise 놀라운 일이다
coast 해안   brutal 잔인한   combination 조합   humidity 습도
constant 지속적인   spike 급증   increasingly 점점 더   common 흔한

해석
기후 변화가 전 세계의 기온을 상승시킴에 따라, 중동의 수온이 높은 해안이 더위와 습도의 잔인한 조합을 경험하는 첫 번째 해안이 될 수 있다는 사실은 놀라운 일이 아닐 것이다. 환경이 지속적이지는 않을 것이지만, 급증 현상은 점점 더 흔해질 것이다.

해설
② [문법포인트] **명사절 접속사의 선택** which 이하에 완전한 절이 왔으므로 관계대명사 which는 올 수 없다. it은 가주어이고 which 이하가 진주어이므로 which를 명사절을 이끄는 접속사 that으로 고쳐야 한다. (which → that)
① [문법포인트] **불완전타동사와 동작의 목적격보어** 동사 cause는 목적격보어로 to부정사를 취한다. 목적어 temperatures와 rise가 의미상 '기온이 오르다'이므로 to rise가 바르게 쓰였다.
③ [문법포인트] **to부정사의 역할** to experience가 앞의 명사구 the first를 수식하는 형용사적 용법으로 바르게 쓰였다.
④ [문법포인트] **형용사 vs. 부사** 부사는 be동사의 보어가 될 수 없다. be동사 뒤에 보어로 형용사 constant가 바르게 사용되었다.

정답 ②

5

> Brands are turning up online, but many are still failing to truly harness the power of social media. Simply being the conditions ① where your potential customers hangs out ② isn't enough. Marketers need to better understand ③ what consumers want from them in these crowded environments, learn how to inspire action in a space where attention is the currency, connect their digital experience to the physical one, and ④ adapting their strategies accordingly. Those who master it can steal a march on competitors and keep pace with the digital revolution.

어휘
turn up 나타나다   harness 이용하다   potential 잠재적인
hang out 몰려다니다   crowded 붐비는   inspire 영감을 주다
attention 관심   currency 화폐   connect 연결하다   adapt 조정하다
strategy 전략   accordingly 그에 따라   master 숙달하다
steal a march on ~를 앞질러 행동하다   keep pace with ~와 보조를 맞추다
revolution 혁명

해석
브랜드들이 온라인에 나타나고 있지만, 여전히 많은 사람들이 소셜 미디어의 힘을 진정으로 이용하지 못하고 있다. 단순히 잠재 고객이 몰려다니는 조건에 있는 것만으로는 충분하지 않다. 마케터는 이 붐비는 환경에서 소비자들이 자신에게서 무엇을 원하는지를 더 잘 이해하고, 관심이 곧 화폐인 공간에서 행동에 영감을 주는 방법을 배우고, 자신의 디지털 경험을 물리적인 경험과 연결하고, 그에 따라 전략을 조정할 필요가 있다. 이를 숙달한 사람들은 경쟁자들을 앞질러 행동할 수 있고, 디지털 혁명과 보조를 맞출 수 있다.

해설
④ [문법포인트] **등위접속사의 병렬 구조** 등위접속사로 연결된 요소는 반드시 문법적으로 같은 구조이어야 한다. need to (better) understand ~, learn ~, connect ~ and adapt ~의 병렬구문으로 모두 to에 연결된다. 따라서 adapting을 동사원형의 형태인 adapt로 고쳐야 한다. (adapting → adapt)
① [문법포인트] **관계부사** the conditions라는 선행사가 있고, 뒤의 절이 완전하므로 관계부사 where가 바르게 쓰였다.
② [문법포인트] **주어 - 동사 수 일치** 주어가 being의 동명사 형태이므로 단수 동사 is가 바르다.
③ [문법포인트] **명사절 접속사의 선택** what 앞에 선행사가 없고 what 뒤의 절에서 want의 목적어가 없으므로 명사절을 이끄는 접속사 what이 바르게 쓰였다.

정답 ④

6

밑줄 친 부분에 들어갈 말로 가장 적절한 것은?

> Jessica Smith: Hey, what time should we meet at the airport tomorrow?
> Tim Johnson: The flight departs at 10:45.
> Jessica Smith: Alright, let's meet by 8:00 AM in front of the check-in counter.
> Tim Johnson: _____?
> Jessica Smith: Good idea! That way, we can choose our seats and save some time to settle in.
> Tim Johnson: Agreed. So, let's aim to see each other around 8:30 AM. That should give us enough time to drop off our bags.
> Jessica Smith: Great, see you then!

① How about we use the self-check-in kiosk
② Don't you think we need more time to drop off our bags
③ Why are you in such a rush
④ What do we need to do to choose our own seats

어휘

depart 출발하다   settle in 자리를 잡다   aim 목표로 하다
drop off ~을 맡기다   in a rush 서두르는

해석

Jessica Smith: 저기, 내일 공항에서 몇 시에 만날까?
Tim Johnson: 비행기는 10시 45분에 출발해.
Jessica Smith: 좋아, 오전 8시까지 체크인 카운터 앞에서 만나자.
Tim Johnson: 셀프 체크인 키오스크를 이용하는 건 어때?
Jessica Smith: 좋은 생각이야! 그렇게 하면, 우리는 좌석을 고르고 자리를 잡기 위한 시간을 절약할 수 있어.
Tim Johnson: 맞아. 그러니 오전 8시 30분쯤에 만나는 것을 목표로 하자. 그러면 우리가 짐을 맡길 충분한 시간이 주어질 거야.
Jessica Smith: 좋아, 그때 보자!

② 짐을 맡길 시간이 더 필요하다고 생각하지 않아
③ 왜 그렇게 서두르는 거야
④ 우리가 좌석을 선택하려면 무엇을 해야 해

정답 ①

7

밑줄 친 부분에 들어갈 말로 가장 적절한 것은?

> Many businesses hire new workers through internships through which the companies offer full-time positions to a certain portion. In this way, companies can identify potential employees who receive training and gain experience through the probation period. Every year, tens of thousands of young Koreans enter into exploitive work arrangements, working overtime and mostly doing menial works for little or no pay, because they consider it as a rite of passage to be admitted into the white-collar world. These desperate job seekers can barely complain or speak up against their poor working conditions, _____.

① but heavy strains and worries are what torment these young people most
② so internship can work as a system to find potential future hires for employees
③ for disobedience could jeopardize possible job opportunities
④ and what follows is a rightful reward due to fierce competitions among them

어휘

hire 고용하다   portion 비율   identify 찾다   potential 잠재력 있는
receive 받다   probation (직장에서의) 수습   exploitive 착취적인
arrangement 계약   mostly 주로   menial 하찮은
a rite of passage 통과의례   admit 들어가게 하다   white-collar 사무직의
desperate 필사적인   barely 거의 ~아닌   complain 불평하다
speak up 목소리를 내다   strain 중압감   torment 괴롭게 하다
disobedience 불복종   jeopardize 위태롭게 하다   rightful 정당한
reward 보상   fierce 치열한   competition 경쟁

해석

많은 기업들이 일정 비율에게 정규직을 제공하는 인턴십을 통해 신입 사원을 고용한다. 이런 방법으로, 회사는 수습 기간 동안 훈련을 받고 경험을 쌓은 잠재력 있는 직원을 찾을 수 있다. 매년, 수만 명의 한국 청년들이 적은 임금이나 무급으로 초과 근무를 하고 주로 하찮은 일을 하며 착취적인 업무 계약에 들어가는데, 이는 그들이 그것을 사무직의 세계로 들어가기 위한 통과의례로 여기기 때문이다. 이러한 필사적인 구직자들은 자신들의 열악한 근로 조건들에 대해 불평하거나 목소리를 낼 수 없는데, 불복종은 가능성 있는 취업의 기회를 위태롭게 할 수 있기 때문이다.

① 그러나 심한 중압감과 걱정은 이 청년들을 가장 괴롭게 하는 것이다
② 따라서 인턴십은 직원들에게 잠재적인 미래 고용을 찾기 위한 시스템으로 작용할 수 있다
④ 뒤따라오는 것은 그들 사이의 치열한 경쟁으로 인한 정당한 보상이다

해설

중심 소재는 인턴십을 통한 취업이다. 이 글은 특별한 주제문 없이 인턴십 계약의 불합리한 행태와 거기에 적응할 수밖에 없는 구직자들의 입장을 설명한다. 따라서 글이 전개되는 맥락을 따라 빈칸의 내용을 유추해야 한다. 글의 전반부에서 많은 회사들이 인턴십을 통해 직원을 고용한다는 것을 언급한 후, 그것의 부작용에 대해 설명하고 있다. 착취적인 계약을 해야 하고, 초과근무를 하며, 하찮은 일을 한다고 설명한다. 빈칸의 앞에서는 이러한 열악한 근로 조건에도 불구하고 인턴들이 불만을 표현하지 못한다고 했으므로, 그 이유가 빈칸에 들어가는 것이 가장 논리적이다. 따라서 정답은 ③ '불복종은 가능성 있는 취업의 기회를 위태롭게 할 수 있기 때문이다'이다.

정답 ③

8

다음 글의 목적으로 가장 적절한 것은?

To: John Carter
From: Jennifer Thompson, Human Resources Department
Date: September 3
Subject: Outcome of Promotion Application

Dear Mr. Carter,

I am writing to inform you about the outcome of your recent application for the Senior Marketing Associate position. After thorough consideration and evaluation, we regret to inform you that your application was not successful.

We understand that this news may be disappointing, and we want to assure you that the decision was made after careful review of all applicants' qualifications and performance. While you were not selected for this promotion, your dedication and contributions to the team are valued and appreciated.

If you would like to discuss feedback on your application or have any questions, please do not hesitate to reach out. We encourage you to continue striving for professional growth and development within the company. Thank you for your ongoing commitment and contributions.

Best regards,
Jennifer Thompson
Human Resources Department

① 승진 지원 요건을 안내하려고
② 프로젝트에서 제외되었음을 알리려고
③ 부서 이전을 공지하려고
④ 승진에서 탈락되었음을 통보하려고

어휘

Human Resource Department 인사부   outcome 결과
promotion 승진   application 지원   inform 알리다   recent 최근의
senior associate 대리   thorough 철저한   consideration 고민
evaluation 평가   regret 유감이다   disappointing 실망스러운
assure 확실히 ~이라고 말하다   review 검토   qualification 자격
performance 성과   select 선발하다   dedication 헌신
contribution 기여   value 높이 평가하다   appreciate 인정하다
hesitate 주저하다   encourage 권장하다   strive 노력하다
professional 전문적인   commitment 헌신

해석

수신인: John Carter
발신인: 인사부 Jennifer Thompson
일시: 9월 3일
제목: 승진 지원 결과

Carter 씨,

귀하께 최근에 마케팅 대리 직책에 지원하신 결과에 대해 알려드리기 위해 이 글을 씁니다. 저희는 철저한 고민과 평가 끝에 귀하의 지원이 성공적이지 못했음을 알려드리게 되어 유감입니다.

저희는 이 소식이 실망스러울 수 있음을 이해하며, 이 결정이 모든 지원자의 자격과 성과에 대한 신중한 검토 끝에 내린 것이라고 귀하께 확실히 말씀드리고 싶습니다. 이번 승진에 선정되지 않으셨지만, 팀에 대한 귀하의 헌신과 기여는 높이 평가되었고 인정되었습니다.

지원서에 대한 피드백을 논의하고 싶거나 궁금한 점이 있으면 주저하지 말고 연락 주십시오. 회사 내에서 전문적인 성장과 발전을 위해 계속 노력하시기를 권장합니다. 귀하의 지속적인 헌신과 기여에 감사드립니다.

감사합니다.
Jennifer Thompson
인사부

해설

이메일 형식 글의 목적은 보통 글의 제목에 드러나 있는데, 제목이 '승진 지원 결과'인 것으로 보아 수신인이 회사 승진에 지원했고 지원 결과를 메일로 보낸 것으로 보인다. 첫 번째 문단에서 마케팅 대리 직책에 지원한 것이 성공적이지 못했다고 했고, 두 번째 문단의 두 번째 문장에 '이번 승진에 선정되지 않았지만'이라는 내용이 있다. 따라서 이 글의 목적은 ④ '승진에서 탈락되었음을 통보하려고'이다.

정답 ④

9

주어진 문장이 들어갈 위치로 가장 적절한 것은?

The success of Apple's iPod and iTunes, YouTube, and Netflix, along with the continuing integration of television and computers, has dramatically shifted demand for the recording and movie industries.

In some cases changes in technology have shifted customer demand for certain product categories. News is one well-known example, where traditional newspapers are slowly disappearing while online and mobile news continue to grow. (①) Now, many newspaper companies have folded and some are on the brink of folding, while others have cut publication to only a few days per week. (②) Another example is the explosive growth in the digital distribution of music and video. (③) Hollywood film studios are grappling with soft demand in theaters and the declining popularity of DVDs, as customers increasingly look for online movie options or for other forms of entertainment such as video games. (④) Further, Blockbuster video faces an uncertain future after a $374 million loss and a 26 percent decline in mail-order rentals in 2008.

어휘

integration 통합　dramatically 극적으로　shift 바꾸다　demand 수요
recording 음반　industry 산업　traditional 전통적인
disappear 사라지다　fold (사업을) 중단하다　on the brink of ~의 직전에
cut 줄이다　publication 발행　explosive 폭발적인　distribution 배포
grapple with ~을 극복하려고 노력하다　soft 불안정한　decline 줄어들다
popularity 인기　increasingly 점점 더　entertainment 오락
uncertain 불확실한　mail-order 통신 판매의　rental 대여료

해석

어떤 경우에 기술의 변화는 특정 제품 카테고리에 대한 고객의 수요를 변화시켰다. 뉴스는 하나의 잘 알려진 예로, 전통적인 신문은 서서히 사라지는 반면 온라인 및 모바일 뉴스는 계속 성장하고 있다. (①) 이제 많은 신문사가 사업을 중단했고 일부는 중단하기 직전이며, 다른 신문들은 일주일에 단 며칠로 발행을 줄였다. (②) 또 다른 예는 음악 및 비디오 디지털 배포의 폭발적인 성장이다. (③) 텔레비전과 컴퓨터의 계속되는 통합과 함께 애플사의 아이팟과 아이튠즈, 유튜브, 넷플릭스의 성공은 음반 산업과 영화 산업에 대한 수요를 극적으로 바꾸었다. 할리우드 영화 스튜디오는 고객들이 온라인 영화 옵션이나 비디오 게임과 같은 다른 형태의 오락을 점점 더 찾으면서 극장에서의 불안정한 수요와 DVD의 줄어드는 인기를 극복하려고 노력하고 있다. (④) 더 나아가, 블록버스터 비디오는 2008년에 3억 7,400만 달러의 손실과 26퍼센트의 통신 판매 대여료 하락으로 불확실한 미래에 직면해 있다.

해설

중심 소재는 기술의 변화이고, 주제문은 첫 번째 문장으로 기술의 변화가 특정 제품 카테고리의 고객 수요에 미치는 영향을 말하고 있다. 주어진 문장은 텔레비전과 컴퓨터가 통합되고, 아이팟, 아이튠즈, 유튜브, 그리고 넷플릭스의 성공이 음반과 영화 산업의 수요를 바꾸었다고 한다. 주어진 문장에서 음악과 영화 산업의 수요 증가를 가져온 구체적인 매체를 열거하며 설명하고 있으므로 이 문장의 앞에는 그에 대한 일반적인 설명이 나와야 하고, 이 문장 뒤에는 음악이나 영화의 디지털 산업 성공이 미친 영향이나 결과가 제시될 것으로 예측할 수 있다. ③의 앞에서는 음악 및 비디오 디지털 배포가 특정 카테고리의 수요를 변화시킨 두 번째 예라고 했고, 뒤에서는 영화 산업이 어려움을 극복하는 방법에 대해서 말하고 있으므로 정답은 ③이다.

정답 ③

10
다음 글의 내용과 일치하지 않는 것은?

According to Piaget, cognitive development occurs from two processes: adaptation and equilibrium. Adaptation involves the child's changing to meet situational demands. Adaptation involves two sub-processes: assimilation and accommodation. Assimilation is the application of previous concepts to new concepts. An example is the child who refers to a whale as a "fish." Accommodation is the altering of previous concepts in the face of new information. An example is the child who discovers that some creatures living in the ocean are not fish, and then correctly refers to a whale as a "mammal." Equilibrium is the search for "balance" between self and the world, and involves the matching of the child's adaptive functioning to situational demands. Equilibrium keeps the infant moving along the developmental pathway, allowing him or her to make increasingly effective adaptations.

① Cognitive development takes place in the processes of adaptation and equilibrium.
② Assimilation is a process of applying existing ideas to new ideas.
③ Accommodation is the process of modifying new concepts in terms of current concepts.
④ Equilibrium involves seeking a "balance" between oneself and the environment.

어휘

cognitive 인지적인　occur 발생하다　adaptation 적응
equilibrium 평형　involve 포함하다　situational 상황적인
demand 요구　assimilation 동화　accommodation 수용
application 적용　previous 이전의　refer to A as B A를 B라고 부르다
in the face of ~에 직면하여　discover 발견하다　creature 생물
correctly 정확히　whale 고래　mammal 포유류　adaptive 적응의
functioning 기능　infant 유아　developmental 발달의　pathway 경로
increasingly 점점 더　effective 효과적인　take place 일어나다
modify 수정하다　in terms of ~의 측면에서

해석

피아제에 따르면, 인지 발달은 두 가지 과정에서 발생한다: 적응과 평형이다. 적응은 상황적 요구에 맞게 아이가 변화하는 것을 포함한다. 적응은 두 가지 하위 과정을 포함한다: 동화와 수용이다. 동화는 이전의 개념을 새로운 개념에 적용하는 것이다. 한 예시는 고래를 '물고기'라고 부르는 아이이다. 수용은 새로운 정보에 직면해 이전의 개념을 바꾸는 것이다. 한 예시는 바다에 사는 일부 생물이 물고기가 아니라는 것을 발견하고, 고래를 '포유류'라고 정확히 부르는 아이이다. 평형은 자아와 세상 사이의 '균형'에 대한 탐색이고, 아이의 적응 기능을 상황적 요구에 맞추는 것을 포함한다. 평형은 유아가 발달 경로를 따라 움직이도록 해주고, 점점 더 효과적으로 적응할 수 있도록 한다.

① 인지 발달은 적응과 평형의 과정에서 일어난다.
② 동화는 기존의 아이디어를 새로운 아이디어에 적용하는 과정이다.
③ 수용은 현재 개념의 측면에서 새로운 개념을 수정하는 과정이다.
④ 평형은 자아와 환경 사이의 '균형'에 대해 탐색하는 것을 포함한다.

해설

③ 여섯 번째 문장에서 수용은 새로운 정보에 직면해 이전의 개념을 바꾸는 것이라 했으므로 글의 내용과 일치하지 않는다.
① 첫 번째 문장에서 인지 발달은 적응과 평형이라는 두 가지 과정에서 발생한다고 했으므로 글의 내용과 일치한다.
② 네 번째 문장에서 동화는 이전의 개념을 새로운 개념에 적용하는 것이라고 했으므로 글의 내용과 일치한다.
④ 여덟 번째 문장에서 평형은 자아와 세상 사이의 '균형'에 대한 탐색을 포함한다고 했으므로 글의 내용과 일치한다.

정답 ③

DAY 16

| 01 | ④ | 02 | ② | 03 | ① | 04 | ② | 05 | ③ |
| 06 | ② | 07 | ③ | 08 | ② | 09 | ④ | 10 | ① |

[1~3] 밑줄 친 부분에 들어갈 말로 가장 적절한 것을 고르시오.

1

The project was _____ due to unexpected supply chain disruptions caused by the global pandemic.

① accelerated ② practiced
③ recognized   ④ delayed

어휘
unexpected 예상치 못한 supply chain 공급망 disruption 붕괴
global 세계적인 pandemic 유행병 accelerate 가속화하다
practice 연습하다 recognize 알아보다 delay 지연시키다

해설
그 프로젝트는 세계적인 유행병으로 발생한 예상치 못한 공급망 붕괴로 인해 지연되었다.

정답 ④

2

No matter how much alike the dispositions of a couple are, sooner or later they will discover lots of differences. Thus, you should learn to meet the other party halfway. Although you have your ideas, learn to _____ yourself to the thoughts of your life partner.

① consolidate ② accommodate
③ elucidate   ④ maintain

어휘
alike 비슷한 disposition 성향 sooner or later 머잖아
discover 발견하다 difference 차이점
meet somebody halfway ~와 타협하다 the other party 상대방
consolidate 강화하다 accommodate 순응하다 elucidate 설명하다
maintain 유지하다

해설
부부의 성향이 얼마나 비슷하든지, 머잖아 그들은 많은 차이점을 발견하게 될 것이다. 따라서 당신은 상대방과 타협하는 방법을 배워야 한다. 당신이 당신의 생각을 가지고 있더라도, 당신 자신을 평생의 반려자의 생각에 순응하는 법을 배우라.

정답 ②

3

The Great Wall of China _____ over centuries, making it one of the most impressive historical events in human civilization.

① was built   ② had built
③ has been built ④ built

어휘
the Great Wall 만리장성 impressive 인상적인 civilization 문명

해설
중국의 만리장성은 수세기에 걸쳐 건설되었으며, 이는 그것을 인류 문명에서 가장 인상적인 역사적 사건 중 하나로 만들었다.

해설
[문법포인트] 시제일치와 예외 / 능동태 vs. 수동태 구분 주어 The Great Wall of China와 build의 관계가 수동이고 목적어가 없으므로 수동태로 써야 한다. 또한 만리장성이 지어진 것이 역사적 사건이므로 역사적 사실을 나타내는 과거 시제로 표현해야 한다. 따라서 과거시제 수동태인 ① was built가 정답이다.

정답 ①

4

밑줄 친 부분 중 어법상 옳지 않은 것은?

① Had it not been for COVID-19, this transition would have taken 10 years.
② I wasn't feeling well, nor wasn't I in the mood to go out.
③ In California, where there are many foreign workers, he is by far the most popular.
④ Had you taken the quality of the product into consideration, you wouldn't have bought it.

어휘
transition 변화 mood 기분 foreign 외국의
take ~ into consideration ~을 고려하다 quality 질

해설
① 코로나19가 없었더라면, 이 변화는 10년이 걸렸을 것이다.
② 나는 몸이 좋지 않았고, 외출할 기분도 아니었다.
③ 외국인 노동자가 많은 캘리포니아에서 그는 단연 가장 인기가 많다.
④ 만약 네가 제품의 질을 고려했다면, 그것을 사지 않았을 텐데.

해설
② [문법포인트] 부사절 접속사의 선택 접속사 nor는 부정(not)의 의미를 내포한 접속사이므로 다시 부정어구를 사용하면 안 된다. 따라서 nor wasn't I를 nor was I로 고쳐야 한다. (nor wasn't I → nor was I)
① [문법포인트] 기타 가정법 「Had it not been for ~」은 가정법 과거완료로 if가 생략된 조건절로 '~이 없었다면'의 뜻이다. 주절이 「조동사의 과거 + have p.p.」의 가정법 과거완료 형태이므로 바르게 쓰였다.
③ [문법포인트] 비교 구문 by far는 최상급을 수식하는 표현으로 최상급 the most popular 앞에 바르게 쓰였다.
④ [문법포인트] 기본 가정법 If가 생략된 가정법으로, if절이 「Had + 주어 + 과거분사」의 형태이므로 가정법 과거완료이다. 따라서 주절이 「주어 + 조동사(과

거형)+have+과거분사」의 형태로 바르게 쓰였다.

정답 ②

5

밑줄 친 부분 중 어법상 옳지 않은 것은?

> A dog's brain is specialized for identifying scents. The percentage of the dog's brain that is devoted ① to analyzing smells is actually ② 40 times higher than ③ a human. It's been estimated ④ that dogs can identify smells somewhere between 1,000 to 10,000 times better than nasally challenged humans can.

어휘

specialize 특화하다   identify 식별하다   scent 냄새
be devoted to ~에 집중하다   analyze 분석하다   estimate 추정하다
somewhere 가량   nasally challenged 코에 장애가 있는

해석

강아지의 뇌는 냄새를 식별하는 데에 특화되어 있다. 냄새를 분석하는 데 집중하는 개의 뇌 비율은 사람의 뇌 비율보다 실제로 40배 더 높다. 개는 코에 장애가 있는 사람들보다 천 배에서 만 배가량 냄새를 더 잘 식별할 수 있는 것으로 추정된다.

해설

③ [문법포인트] **비교대상의 일치** 비교대상이 앞에서 언급된 The percentage of the dog's brain이므로 단수형 that을 사용해 표현해야 한다. 인간 뇌의 비율(the percentage of a human's brain)이라는 의미를 전달해야 하므로 a human을 that of a human으로 고쳐야 한다. 이때 that은 the percentage of the brain을 의미한다. 또한 that이 the percentage를 지칭하여 that of a human brain이라고 표현할 수도 있다. (a human → that of a human / that of a human brain)

① [문법포인트] **전치사의 목적어** '~에 집중하다'는 「be devoted to -ing」로 나타내므로 전치사 to의 목적어로 동명사가 바르게 쓰였다.

② [문법포인트] **비교 사용 표현** '몇 배만큼 ~하다'라는 의미를 전달하기 위해서는 배수사를 앞에 넣고 뒤에 원급 비교나 비교급 비교를 넣는다. 비교급 비교 앞에 배수사가 바르게 쓰였다.

④ [문법포인트] **명사절 접속사의 선택** it ~ that 가주어 진주어 구문이며, 뒤의 문장이 완전하므로 명사절을 이끄는 접속사 that이 바르게 쓰였다.

정답 ③

6

밑줄 친 부분에 들어갈 말로 가장 적절한 것은?

> A: What are you doing this weekend?
> B: I am not sure. What are you doing?
> A: I was thinking of maybe taking a drive to the beach. Would you be interested in joining me?
> B: _____

① I'm too tired to join you.
② Can I have a rain check?
③ Sure, count me out!
④ But I have a fear of heights.

어휘

join 함께 하다   have a rain check 다음 기회로 미루다
count ~ out (어떤 활동에서) ~을 빼다   fear of heights 고소공포증

해석

A: 이번 주말에 뭐 해?
B: 잘 모르겠어. 너는 뭐 할건데?
A: 해변으로 드라이브 가려고 생각 중이었는데. 나랑 같이 갈 생각 있어?
B: 다음 기회로 미룰 수 있을까?

① 너무 피곤해서 나는 너와 함께 할 수 없어.
③ 물론이지, 난 빼줘!
④ 하지만 나는 고소공포증이 있어.

정답 ②

7

다음 글의 목적으로 가장 적절한 것은?

> To: Apartment Management Services
> From: Hannah Grace
> Date: June 3
> Subject: Concerns Regarding Management Fee
>
> Dear Apartment Management Services,
>
> I hope this email finds you well. I'm writing to address a concern regarding the management fee for my apartment, unit 204, at Harmony Place Apartments. Upon reviewing my recent statements, I've noticed a discrepancy suggesting an overcharge of $50 this month.
>
> I request a detailed breakdown of the management fee and an explanation for this discrepancy. Additionally, I appreciate a review of my account to ensure accurate charges for all services.
>
> Thank you for your attention to this matter. I look forward to resolving this issue promptly and appreciate your cooperation in ensuring transparency and accuracy in our financial transactions.
>
> Best regards,
> Hannah Grace

① 관리소에 이사 날짜를 통지하려고
② 아파트 관리소 직원 채용에 지원하려고
③ 관리비 과다 청구에 대해 항의하려고
④ 시설물 관리를 요청하려고

어휘

management 관리   concern 문제   regarding ~에 관한
address 해결하다   review 검토하다   statement 명세서
discrepancy 불일치   suggest 암시하다   overcharge 초과 청구
detailed 상세한   breakdown 명세서   explanation 설명
account 명세서   ensure 보장하다   accurate 정확한   charge 청구 금액
look forward to ~을 기다리다   resolve 해결하다   promptly 신속히
appreciate 감사하다   cooperation 협조   transparency 투명성
accuracy 정확성   financial 금융의   transaction 거래

해석

수신인: 아파트 관리 서비스팀
발신인: Hannah Grace
일시 : 6월 3일
제목: 관리비 관련 문제

아파트 관리 서비스팀께,

잘 지내고 계시는지요. Harmony Place 아파트 204호의 관리비 관련 문제를 해결하기 위해 이 편지를 씁니다. 최근 명세서를 검토하던 중, 이번 달에 50달러가 초과 청구가 되었다는 것을 암시하는 불일치를 발견했습니다.

저는 관리비에 대한 상세한 명세서와 이 불일치에 대한 설명을 요청합니다. 또한 모든 서비스에 대한 정확한 청구 금액을 보장하기 위해서 제 명세서를 검토해 주시면 감사하겠습니다.

이 문제에 관심을 가져주셔서 감사합니다. 이 문제가 신속하게 해결되기를 기대하며, 우리의 금융 거래의 투명성과 정확성을 보장하는 데 협조해 주셔서 감사합니다.

안부를 전하며,
Hannah Grace 드림

해설

이메일 형식의 글은 일반적으로 그 목적이 제목에 드러나 있는데, 수신인이 아파트 관리 서비스팀이고 '관리비 관련 문제'인 것으로 보아 아파트 주민이 관리 서비스팀에게 관리비 관련 문제를 호소하는 것으로 추측할 수 있다. 첫 번째 문단에서 관리비가 50달러 초과 청구되었다는 불일치를 발견했다고 했고, 두 번째 문단에서 상세한 명세서와 불일치에 대한 설명을 요구하고 있으므로 글의 목적은 ③ '관리비 과다 청구에 대해 항의하려고'이다.

정답 ③

8

주어진 문장 다음에 이어질 글의 순서로 가장 적절한 것은?

> In group discussion situations, the presence of a blocker can actually make the decision making process more rational and less likely to go off the tracks.

(A) Historically, the word is originated in the Vatican to refer to a priest assigned to argue against the canonization of a papal candidate. The priest assigned to represent the devil's position brought balance to the debate of the papal nominee.

(B) This blocker who argues against a cause or position often for the sake of argument, even though he may actually agree with the argument himself, is called a 'devil's advocate.'

(C) In other words, the discussion of the points made by the priest can add perspective to the debate.

* canonization 시성(諡聖): 성인으로 공표하는 일

① (A) – (C) – (B)   ② (B) – (A) – (C)
③ (B) – (C) – (A)   ④ (C) – (B) – (A)

어휘

discussion 토론   presence 존재   blocker 방해꾼
decision making 의사 결정   rational 합리적인
go off the track 주제에서 벗어나다   historically 역사적으로
originate 생기다   refer to ~을 지칭하다   priest 사제
assign (일·책임 등을) 맡기다   papal 교황의   candidate 후보자
represent 대변하다   debate 논쟁   nominee 후보   cause 근거
for the sake of ~을 위해   argument 주장
devil's advocate (열띤 토론을 위해) 반대 입장을 취하는 사람, 악마의 대변자
perspective (문제 해결을 위한 사고에서의) 균형감

해석

집단 토론 상황에서, 방해꾼의 존재는 실제로 의사 결정 과정을 더욱 합리적으로 만들고 주제에서 벗어날 가능성을 줄게 할 수 있다. (B) 자신이 실제로 그 주장에 동의할 수 있음에도 불구하고, 종종 주장을 위해 근거나 입장에 반대하는 주장을 하는 이 방해꾼은 '악마의 대변자'라고 불린다. (A) 역사적으로 이 용어는 교황 후보자의 시성에 반대 의견을 논의하는 임무를 맡은 사제를 지칭하기 위해 바티칸에서 생겨났다. 악마의 입장을 대변하는 역을 부여받은 그 사제는 교황 후보자의 논쟁에 균형을 잡아 주었다. (C) 다시 말해 그 사제에 의해 제기된 견해에 대한 논의는 논쟁에 균형감을 더할 수 있다.

해설

중심 소재는 토론의 방해꾼(악마의 대변자)의 역할이다. 주어진 문장은 집단 토론에서의 방해꾼이라는 존재의 장점을 설명한다. 방해꾼을 (B)에서 This blocker로 이어받아 방해꾼이 '악마의 대변자'라고 불린다고 언급한다. '악마의 대변자'를 (A)에서 the word로 받아서 그가 논쟁에서 하는 역할과 장점에 대해 자세히 설명한다. (C)에서 In other words로 시작해 앞서 나온 내용을 다시 한번 강조하며 논쟁에서 악마의 대변자의 장점이 무엇인지 다시 언급하고 있다. 따라서 정답은 ② (B) – (A) – (C)이다.

정답 ②

9

밑줄 친 부분에 들어갈 말로 가장 적절한 것은?

> As head coach of the Pittsburgh Steelers, I didn't do very much differently from one year to the next. One thing I learned — and I learned it early — was not to single out a player for blame in public. I once made the mistake of saying Mel Blount had missed an assignment on a key play. It was written up in the papers, and the

fans booed Mel for the rest of the season. I made sure I never did that again. When I felt the need to criticize a player, as often as possible I tried to do it in private. I didn't like doing it in front of the other players, and most of all, I didn't want it in the newspapers. I tried to keep that stuff and anything else negative _____.

① open to criticism
② as a reminder of the game
③ settled on its own
④ behind closed doors

어휘

differently 다르게   single out ~을 (칭찬이나 비난의 대상으로) 거론하다
blame 비난   in public 공개적으로   assignment 임무   key 중요한
boo 야유하다   criticize 비판하다   in private 다른 사람이 없는 데서
most of all 무엇보다도   criticism 비판   behind closed doors 비공개로
settle 해결하다   on one's own 스스로   reminder 상기시키는 것

해석

피츠버그 스틸러스의 수석 코치로서, 나는 한 해와 그다음 해에 그렇게 다르게 행동하지 않았다. 내가 배운 것은—나는 그것을 일찍이 배웠는데—공개적으로 선수를 비난의 대상으로 거론하지 않는 것이었다. 언젠가 나는 멜 블런트가 중요한 플레이에서 임무를 놓쳤다고 말하는 실수를 한 적이 있다. 그것이 신문에 실렸고 팬들은 남은 시즌 동안 멜에게 야유를 보냈다. 나는 다시는 그런 일이 없도록 했다. 내가 어떤 선수를 비판할 필요를 느꼈을 때, 가능한 자주 다른 사람이 없는 데서 하려고 노력했다. 나는 다른 선수들 앞에서 비판하는 것을 좋아하지 않았고, 무엇보다도 그것이 신문에 실리기를 원하지 않았다. 나는 그런 일과 그 밖의 다른 부정적인 일은 비공개 상태에 있도록 노력했다.

① 비판에 열려있도록
② 경기를 상기시키는 것이 되도록
③ 스스로 해결되도록

해설

중심 소재는 공개적인 비난을 삼가는 이유이다. 피츠버그 스틸러스의 수석 코치가 사람들이 있는 데서 팀의 선수를 비난하고 나서 겪은 일화와 깨달음을 소개하고 있다. 빈칸의 앞 문장은 다른 선수들 앞에서 특정 선수를 비판하는 것과 비판의 내용이 신문에 실리는 것을 원하지 않는다는 내용이다. 빈칸의 문장은 앞 문장과 비슷한 맥락이 되어야 하므로 그런 일과 그 밖의 다른 부정적인 일들을 ④ '비공개로 하려고' 노력했다고 말하는 것이 자연스럽다.

 ④

10

다음 글의 주제로 적절한 것은?

The dictionary emphasizes the trivial matters of language. The precise spelling of a word is relatively trivial because, however the word is spelled, it nevertheless remains only an approximation of the spoken word. "*A machine chose the chords*" is a correctly spelled English sentence, but what is written as "*ch*" is spoken with the three different sounds. In addition, all dictionaries give a distorted view of a language because of their alphabetical organization. This organization emphasizes the prefixes, which come at the beginning of words, rather than the suffixes, which come at the end. Yet, in English and in many other languages, suffixes have more effect on words than do prefixes. Finally, an adequate dictionary usually takes at least a decade to prepare, and by the time it has been completed it is the dictionary of a changed language, simply because the meanings of words do not stay the same from year to year.

① 사전의 문제점
② 사전의 편찬 과정
③ 사전에 대한 인식 변화
④ 사전과 학습자의 인지 전략

어휘

dictionary 사전   emphasize 강조하다   trivial 사소한   matter 문제
precise 정확한   spelling 철자   relatively 비교적   spell 철자를 쓰다
nevertheless 그럼에도 불구하고   approximation 근사치
spoken word 구어   correctly 정확히   sentence 문장   distorted 왜곡된
alphabetical 알파벳 순의   organization 구성   prefix 접두사
suffix 접미사   adequate 괜찮은   at least 최소한   decade 십 년
complete 완성하다   from year to year 매년

해석

사전은 언어의 사소한 문제를 강조한다. 단어의 철자가 어떻든 그것은 그럼에도 불구하고 여전히 구어의 근사치에 불과하기 때문에 단어의 정확한 철자는 비교적 사소한 문제이다. "A machine chose the chords"는 철자가 정확히 쓰여 있는 영어 문장이지만, 'ch'로 쓰인 것은 세 가지의 다른 소리로 발음된다. 게다가, 모든 사전은 알파벳 순의 구성으로 인해 언어에 대한 왜곡된 시각을 제공한다. 이 구성은 단어의 끝에 오는 접미사보다는 단어의 처음에 오는 접두사를 강조한다. 하지만 영어와 많은 다른 언어에서 접미사가 접두사보다 단어에 더 많은 영향을 미친다. 마지막으로, 괜찮은 사전은 보통 준비되기까지 최소 십 년이 걸리고, 그것이 완성된 시점에 그 사전은 변화한 언어의 사전이 되는데 단어의 의미가 매년 똑같은 상태로 유지되지 않기 때문이다.

해설

중심 소재는 사전의 문제점이고, 첫 번째 문장이 주제문이다. 글에서 저자는 사전의 세 가지 문제점을 나열하고 있다. 첫 번째는 사전이 중요한 것은 나타내지 못하고 사소한 것들만 언급하는 점이고, 두 번째는 사전이 언어에 대한 왜곡된 시각을 주는 점이다. 마지막으로 사전 편찬에 시간이 많이 들기 때문에 사전은 변화된 뜻을 반영하지 못한다고 말하고 있다. 이 세 가지의 공통점인 ① '사전의 문제점'이 글의 주제로 가장 적절하다.

 ①

DAY 17

| 01 | ② | 02 | ③ | 03 | ④ | 04 | ① | 05 | ④ |
| 06 | ④ | 07 | ③ | 08 | ① | 09 | ② | 10 | ④ |

[1~3] 밑줄 친 부분에 들어갈 말로 가장 적절한 것을 고르시오.

1

Instructors sometimes need to work a side job to complement their income since teaching is not highly _____.

① advisable
② lucrative
③ imminent
④ voluntary

어휘
instructor 강사   complement 보충하다   income 수입   highly 아주   advisable 권할 만한   lucrative 수익성이 좋은   imminent 임박한   voluntary 자발적인

해석
가르치는 일이 아주 수익성이 좋은 것은 아니기 때문에 강사들은 때때로 수입을 보충하기 위해 부업을 해야 할 필요가 있다.

정답 ②

2

Despite facing numerous challenges, the community demonstrated remarkable _____ in rebuilding after the natural disaster.

① bankruptcy
② hazard
③ resilience
④ fatigue

어휘
numerous 수많은   community 지역사회   demonstrate 보여주다   remarkable 놀랄 만한   rebuild 재건하다   disaster 재해   bankruptcy 파산   hazard 위험   resilience 회복력   fatigue 피로

해석
수많은 도전에 직면했음에도 불구하고, 이 지역사회는 자연재해 이후 재건에서 놀랄 만한 회복력을 보여주었다.

정답 ③

3

As soon as the environmental impact assessment _____, the government will begin the construction of the new park in the city center.

① will complete
② completes
③ will be completed
④ is completed

어휘
as soon as ~하자마자   environmental impact assessment 환경 영향 평가   government 정부   construction 공사   complete 완료하다

해석
환경 영향 평가가 완료되자마자 정부는 도심 내 새로운 공원 공사를 시작할 것이다.

해설
[문법포인트] **시제일치와 예외 / 능동태 vs. 수동태 구분** 시간, 조건의 부사절의 경우 미래 시제를 표현할 때 will을 사용하지 않고, 현재 시제를 사용한다. as soon as는 부사절 접속사이므로 will be completed를 사용하지 않고 현재 시제인 is completed로 써야 한다. 주어인 assessment와 동사 complete는 '완료되다'라는 수동의 관계이므로 수동태가 적절하다.

정답 ④

[4~5] 밑줄 친 부분 중 어법상 옳지 않은 것을 고르시오.

4

No sooner ① the rain had stopped than the sun emerged, brightening the sky with its warmth. The tranquility of the moment was ② even more profound than expected, creating a peaceful ambiance over the landscape. ③ Despite earlier threats of storms, the scene now radiated a serenity, as if the weather ④ had been peaceful.

어휘
emerge 나오다   brighten 환하게 만들다   warmth 따뜻함   tranquility 평온함   moment 순간   profound 깊은   ambiance 분위기   landscape 풍경   threat 징조   storm 폭풍   scene 풍경   radiate 발하다   serenity 고요함

해석
비가 그치자마자 해가 나와서 그것의 따뜻함으로 하늘을 환하게 만들었다. 그 순간의 평온함은 예상보다 훨씬 더 깊었고, 풍경 위에 평화로운 분위기를 조성했다. 이전의 폭풍 징조에도 불구하고, 날씨가 (계속) 평화로웠던 것처럼 풍경은 이제 고요함을 발했다.

해설
① [문법포인트] **도치 / 시제 관련 표현** 부정 부사(구)가 문두에 오면 주어와 동사가 도치된다. 따라서 「had + 주어 + 동사원형」의 형태가 되도록 고쳐야 한다. (the rain had stopped → had the rain stopped)
② [문법포인트] **비교 구문** 비교급을 수식할 수 있는 부사에는 even, still, much, a lot, far 등이 있다. even이 비교급인 more profound를 바르게 수식하고 있다.

③ [문법포인트] **부사절 접속사의 선택** 뒤에 명사구가 이어지므로 부사구를 만들 수 있는 전치사가 와야 한다. 따라서 전치사 Despite가 바르게 쓰였다.

④ [문법포인트] **기타 가정법** 과거 상황에 대한 글이므로 전반적으로 과거 시제가 사용되었고 as if 뒤에는 과거 상황에 대한 반대를 가정하는 것이므로 가정법 과거완료 시제인 「as if + 주어 + had p.p.」가 바르게 사용되었다.

정답 ①

5

Employees at 3M were asked if they could think of a use for a weak adhesive which, ① provided it did not get dirty, could be reused. One suggestion was that it could be applied to a piece of paper to use as a bookmark that would stay in place in a book. Another use ② was found when the product was attached to a report that was ③ to be sent to a colleague with a request for comments on the report; the colleague made his comments on the paper ④ attaching to the report and returned the report. The idea for Post-it Notes was born.

어휘

employee 직원 adhesive 접착제 provided ~한다면 reuse 재사용하다
suggestion 제안 apply (접착제를) 바르다 bookmark 책갈피
in place 제자리에 attach 부착하다 colleague 동료 comment 의견
note 메모(지)

해석

3M의 직원들은 더러워지지 않는다면 재사용될 수 있는 약한 접착제의 용도를 생각해 볼 수 있는지에 대한 질문을 받았다. 한 가지 제안은 책의 제자리에 그대로 있을 책갈피로 사용하기 위해 종이에 바를 수 있다는 것이었다. 또 다른 용도는 보고서에 대한 의견 요청을 첨부해 동료에게 보내질 보고서에 그 제품이 부착되었을 때 발견되었다; 동료는 보고서에 부착된 종이에 자신의 의견을 적어서 그 보고서를 돌려주었다. 포스트잇 메모지에 대한 아이디어가 탄생했다.

해설

④ [문법포인트] **현재분사 vs. 과거분사** 수식을 받은 명사 the paper와 수식하는 분사의 관계가 의미상 수동이므로 attaching을 attached로 고쳐야 한다. (attaching → attached)

① [문법포인트] **부사절 접속사의 선택** provided는 if의 대용어로 사용하는 접속사로 '만약 ~라면'의 의미를 가진다. 조건의 부사절로 바르게 쓰였다.

② [문법포인트] **능동태 vs. 수동태 구분** 주어인 Another use와 동사는 의미상 수동의 관계이고 시제는 과거의 일에 대한 것이므로 과거이고, 단수 주어이므로 was found가 바르게 쓰였다.

③ [문법포인트] **준동사의 형태 변화** to부정사의 의미상의 주어는 관계대명사의 선행사인 a report이다. 주어와 send는 의미상 수동 관계이므로 to부정사의 수동형이 바르게 쓰였다. 참고로, be동사의 보어로 to부정사가 사용되는 경우 예정, 의무, 의도, 가능, 운명의 의미인데, 여기서는 예정의 의미로 쓰였다.

정답 ④

6

밑줄 친 부분에 들어갈 말로 가장 적절한 것은?

Emily Johnson: Hi, I ordered a desk from you and I'm waiting for the delivery.
Home Furnishings: Hi, how can I assist you?
Emily Johnson: I am asking if there is any chance of getting it earlier?
Home Furnishings: I'm afraid we can't deliver it sooner than scheduled.
Emily Johnson: _____?
Home Furnishings: Our delivery schedule is fixed to ensure efficient logistics.
Emily Johnson: Alright, I'll wait for the scheduled delivery then.
Home Furnishings: Thanks for understanding. Let us know if you need anything.

① Aren't you ready for the delayed delivery
② Will you deliver other furnishings earlier
③ Can I cancel my order for the desk now
④ Is there a specific reason for that

어휘

order 주문하다; 주문 delivery 배달 furnishing 가구 assist 돕다
deliver 배달하다 scheduled 예정된 fixed 정해진 ensure 보장하다
efficient 효율적인 logistics 물류 관리 delayed 지연된 cancel 취소하다
specific 구체적인

해석

Emily Johnson: 안녕하세요, 귀사에서 책상을 주문했는데 배송을 기다리고 있어요.
홈퍼니싱: 안녕하세요, 무엇을 도와드릴까요?
Emily Johnson: 혹시 그것을 더 일찍 받을 수 있는 가능성이 있나요?
홈퍼니싱: 유감스럽게도 예정보다 더 빨리 배송해 드릴 수는 없습니다.
Emily Johnson: 그것에 대한 구체적인 이유가 있나요?
홈퍼니싱: 효율적인 물류 관리를 보장하기 위해 배송 일정이 정해져 있습니다.
Emily Johnson: 네, 그럼 예정된 배송을 기다리겠습니다.
홈퍼니싱: 이해해 주셔서 고맙습니다. 필요한 것이 있으시면 무엇이든 저희에게 알려주세요.

① 지연된 배송에 대해 준비가 안 되었나요
② 다른 가구들은 더 일찍 배송해 주시겠습니까
③ 지금 책상 주문을 취소할 수 있나요

정답 ④

7

Inter-Library Loan에 관한 다음 글의 내용과 일치하는 것은?

Inter-Library Loan in the City Libraries

This city's libraries have established an efficient inter-library loan system to enhance access to a diverse range of resources. This system allows library members to borrow books and materials from different libraries within the network, significantly expanding the availability of resources. To use the inter-library loan system, one must first obtain a membership card from their preferred library and ensure they have no record of overdue items at the time they want to use the service. Users can request items online, and the libraries coordinate to ensure prompt delivery to the user's preferred library location. Additionally, this service is free, making it accessible to all library members. The inter-library loan system not only supports academic and research needs but also fosters a culture of reading and knowledge-sharing among the general public.

① No membership card is needed for the inter-library loan system.
② Overdue items don't impact inter-library loan service eligibility.
③ Inter-library loan requests are made online for user convenience.
④ The inter-library loan system does not meet academic and research needs.

어휘

inter-library loan 상호 대차   establish 구축하다   efficient 효율적인
enhance 높이다   material 자료   significantly 크게   expand 확대하다
availability 이용 가능성   preferred 선호하는
ensure 반드시 ~하게 하다, 보장하다   overdue 연체된
coordinate 조율하다   prompt 신속한   additionally 게다가
accessible 이용할 수 있는   academic 학술적인   foster 조성하다
eligibility 자격   convenience 편의   meet 충족하다

해석

시 도서관 상호 대차

이 도시의 도서관들은 다양한 범위의 자원에 대한 접근성을 높이기 위해 효율적인 상호 대차 제도를 구축했다. 이 제도는 도서관 회원들이 네트워크 내 여러 도서관에서 책과 자료를 빌릴 수 있도록 하여 자원의 이용 가능성을 크게 확대한다. 도서관 상호 대차 제도를 이용하려면 먼저 선호하는 도서관에서 회원 카드를 획득해야 하며, 서비스를 이용하고자 할 때 반드시 연체된 항목에 대한 기록이 없어야 한다. 이용자는 온라인으로 항목(책)을 요청할 수 있으며, 도서관은 이용자가 선호하는 도서관 위치로 신속한 배송이 보장되도록 조율한다. 게다가, 이 서비스는 무료이므로 모든 도서관 회원이 이용할 수 있다. 도서관 상호 대차 제도는 학술 및 연구 요구를 지원할 뿐만 아니라 일반 대중의 독서 및 지식 공유 문화를 조성한다.

① 도서관 상호 대차 제도에는 회원 카드가 필요하지 않다.
② 연체된 항목은 도서관 상호 대차 서비스 자격에 영향을 미치지 않는다.
③ 도서관 상호 대차 신청은 이용자 편의를 위해 온라인으로 이루어진다.
④ 도서관 상호 대차 제도는 학술 및 연구 요구를 충족하지 않는다.

해설

③ 네 번째 문장에서 이용자들은 온라인으로 항목(책)을 신청한다고 하므로 글의 내용과 일치한다.
① 세 번째 문장에서 도서관 상호 대차를 이용하려면 회원 카드를 획득해야 한다고 하므로 글의 내용과 일치하지 않는다.
② 세 번째 문장에서 도서관 상호 대차를 이용하려면 반드시 연체된 항목에 대한 기록이 없어야 한다고 하므로 글의 내용과 일치하지 않는다.
④ 마지막 문장에서 도서관 상호 대차 제도는 학술 및 연구 요구를 지원한다고 하므로 글의 내용과 일치하지 않는다.

정답 ③

8

다음 글의 주제로 가장 적절한 것은?

The Internet has turned into a new platform for art, with hundreds of sites offering works that range from original paintings and sculptures to prints of movie stars. From unknown artists hoping to be discovered, to well-financed art "portals" to private galleries, everyone seems to be vying for a piece of virtual art space. Many gallery owners say the web is an ideal way to reach a wider market. "I have made a few sales to people who have never even been in my gallery, let alone in my state," said Joyce Robins, owner of a gallery in Santa Fe, New Mexico. Many online artists and dealers say the marriage between art and the Internet was inevitable. However, the popularity of web-based auction sites has also created avenues not only for art collectors and sellers but also for unprecedented opportunities for scam artists to pass off fraudulent works on a new, unsophisticated audience.

① new channels for artworks
② discounts on online art
③ computer art for beginners
④ fraud investigation of art dealers

어휘

virtual 가상의   gallery 미술관   offer 제공하다
range from A to B 범위가 A에서 B에 이르다   sculpture 조각
well-financed 자금 사정이 좋은   portal 포털 사이트   vie 경쟁하다
ideal 이상적인   let alone ~은 말할 것도 없이   dealer 거래상
marriage 결합   inevitable 필연적인   auction 경매   avenue 진입로
collector 수집가   unprecedented 전례 없는   scam 사기
pass off ~을 거짓으로 제공하다   fraudulent 사기의
unsophisticated 순진한   audience 애호가   channels (pl.) 유통 수단
artwork 미술품   discount 할인   fraud 사기   investigation 조사

해석

수많은 사이트가 원본 그림이나 조각물에서부터 영화배우 사진에 이르는 작품들을 제공하면서, 인터넷은 예술을 위한 새로운 플랫폼으로 변해왔다. 발견되기를 바라

는 무명의 예술가부터 자금 사정이 좋은 미술 '포털 사이트'와 사설 미술관에 이르기까지 모두가 가상 미술 공간을 위해 경쟁하고 있는 듯 보인다. 다수의 전시관 소유주는 인터넷이 보다 넓은 시장에 닿는 이상적인 방식이라고 말한다. "저는 제가 있는 주는 말할 것도 없고, 제 미술관에 결코 한 번도 온 적이 없던 이들에게 몇 작품을 팔았습니다."라고 뉴멕시코의 산타페에 있는 한 미술관 주인인 Joyce Robins가 말했다. 온라인상의 많은 미술가와 거래상들은 미술과 인터넷의 결합이 필연적이었다고 말한다. 하지만 인터넷을 기반으로 한 경매 사이트의 인기가 미술품 수집가와 판매자들에게 진로를 만들어 주었을 뿐만 아니라 사기 예술가들이 순진한 신출 애호가들에게 사기 작품을 거짓으로 제공할 유례없는 기회를 만들어 주었다.

① 미술품을 위한 새로운 유통 수단
② 온라인 미술품 할인
③ 초보자를 위한 컴퓨터 미술
④ 미술품 거래상 사기 조사

해설

중심 소재는 새로운 미술 플랫폼으로서의 인터넷이고 주제문은 첫 번째 문장이다. 인터넷이 미술계의 새로운 플랫폼으로 변화되었고, 그로 인해 더 큰 시장에 접근할 수 있게 되었지만 동시에 잠재적인 미술품 사기꾼의 활동도 생기게 되었다는 내용이다. 따라서 글의 주제로 가장 적절한 것은 ① '미술품을 위한 새로운 유통 수단'이다.

정답 ①

9

밑줄 친 부분에 들어갈 말로 가장 적절한 것은?

> Have you ever heard anyone say about a dog, "Well, he earns a lot and lives in a beautiful house, but he's not very happy"? One reason most dogs are much happier than most people is that dogs are not affected by external circumstances the way people are. I notice that whether it's pouring outside or the temperature hits -10 degrees, my dogs, Mango and Lemon, are still so excited to go out for a stroll. As soon as I open the front door to take a peek outside, they are beside me like a flash, standing expectantly, ready for the outdoor activity. I usually wait for a break in the downpour, and then we all dash out together. The fact the ground is wet, and there are mud puddles dotting the landscape _____. While I am carefully picking my way around the wet spots, the dogs are joyfully splashing right through them, not minding the fact that their paws and faces are getting dirty with the mud.

① motivates the dogs to prance about
② means nothing to the dogs
③ puts the dogs in a plight
④ makes the dogs wander on a rainy day

어휘

earn 벌다   affect 영향을 미치다   external 외부의   circumstance 상황
pour 억수같이 쏟아지다   temperature 기온   stroll 산책
take a peek 엿보다   like a flash 눈 깜짝할 사이에   expectantly 기대하며
downpour 폭우   dash 서둘러 달려가다   puddle 웅덩이
dot the landscape 곳곳에 산재하다   pick one's way 조심스럽게 걷다
joyfully 즐겁게   splash 첨벙거리다   mind 개의치   paw 발
motivate 동기를 부여하다   prance about 활보하다   plight 곤경
wander 배회하다

해석

누군가가 개에 대해 "글쎄요, 그는 많은 돈을 벌고 아름다운 집에서 살지만, 그다지 행복하지는 않아요"라고 말하는 것을 들어본 적이 있는가? 대부분의 개가 대부분의 사람보다 훨씬 더 행복한 한 가지 이유는 개들이 사람들처럼 외부 환경에 영향을 받지 않기 때문이다. 나는 밖에 비가 억수같이 쏟아지든 기온이 -10도를 기록하든, 나의 개들인 망고와 레몬은 여전히 산책하러 나가는 것에 매우 신이 난다는 것을 안다. 내가 밖을 엿보기 위해 현관문을 열자마자, 개들은 눈 깜짝할 사이에 내 옆에 있고, 기대하며 서서 야외 활동을 할 준비를 한다. 나는 보통 폭우가 멈추길 기다렸다가, 우리는 모두 함께 뛰쳐나온다. 땅이 축축하고, 진흙 웅덩이가 곳곳에 산재한다는 사실이 개들에게 아무런 의미가 없다. 내가 젖은 장소들을 조심스럽게 돌아다니고 있는 동안, 개들은 그들의 발과 얼굴이 진흙으로 더러워지는 것을 개의치 않고 즐겁게 그곳들을 첨벙거리며 지나간다.

① 개들이 활보하도록 동기를 부여한다
③ 개들을 곤경에 빠뜨린다
④ 비 오는 날 개들을 배회하게 만든다

해설

중심 소재는 개가 사람보다 행복한 이유이고, 주제문은 두 번째 문장으로 개가 인간과 달리 자신들이 처한 외부 환경에 영향을 받지 않기 때문이라고 한다. 이어 폭우가 쏟아진 후 젖은 땅과 진흙 웅덩이에 아랑곳하지 않는 필자의 개들을 예로 들고 있다. 빈칸에는 외부 환경인 폭우와 그로 인한 젖은 땅과 진흙 웅덩이들에 대한 개들의 반응에 관한 것이 와야 한다. 다음 문장에서 개의치 않고 즐겁게 뛰어다닌다고 하므로 ② '개들에게 아무런 의미가 없다'가 가장 적절하다.

정답 ②

10

주어진 문장 다음에 이어질 글의 순서로 가장 적절한 것은?

> When Kathrine Switzer became the first woman to enter the Boston Marathon in 1967, she knew she'd be chasing history. She didn't expect to be on the verge of being chased off.

(A) To mark the 50th anniversary of her barrier-breaking run, Switzer, now 70, plans to repeat the 26.2-mile journey this month.

(B) Switzer was at mile two when race manager John Jock Semple, infuriated by a woman sneaking in the male-only marathon, ran up and tried to shove her off the course, yelling, "Get the hell out of my race!"

(C) But with the help of more enlightened competitors, she fended off Semple and finished in just over four hours.

① (A) – (B) – (C) ② (A) – (C) – (B)
③ (B) – (A) – (C) ④ (B) – (C) – (A)

어휘

on the verge of ~하기 직전의   chase off ~를 쫓아내다   mark 기념하다
anniversary 기념일   barrier 장벽   journey 여정   infuriate 격분시키다
sneak in ~에 잠입하다   shove 밀치다   yell 소리치다
enlightened 깨어있는   competitor 경쟁자   fend off 피하다

해석

Kathrine Switzer가 1967년 보스턴 마라톤에 참여한 최초의 여성이 되었을 때, 그녀는 자신이 역사를 쫓게 되리라는 것을 알고 있었다. 그녀는 쫓겨나기 직전에 놓일 줄은 예상하지 못했다. (B) Switzer는 남자 전용 마라톤에 잠입한 여성에 격분한 경주 관리자 John Jock Semple이 달려와 "내 경주에서 나가!"라고 소리치며 그녀를 코스 밖으로 밀치려 했을 때 2마일을 달리고 있었다. (C) 그러나 좀 더 깨어 있는 경쟁자들의 도움으로 그녀는 Semple을 피해 4시간 남짓 만에 경기를 마쳤다. (A) 현재 70세인 Switzer는 그녀의 장벽을 허문 달리기 50주년을 기념하기 위해 이번 달에 26.2마일의 여정을 다시 경험할 계획이다.

해설

중심 소재는 Kathrine Switzer라는 최초의 여성 마라톤 주자이다. 주어진 글에서 Kathrine Switzer는 자신이 역사를 쫓을 것을 알았지만 자신이 쫓겨나기 직전이 될 것은 예상하지 못했다고 한다. (B)에서는 Kathrine Switzer가 경주 관리자에게 쫓겨나게 된 상황을 설명하고, (C)에서는 그러나 경주를 마칠 수 있었다고 해야 하므로 (B) 뒤에 (C)가 이어지는 것이 자연스럽다. 주어진 글과 (B)와 (C)가 처음 마라톤에 참여한 과거 상황을 말하고 있는 것에 반해 (A)는 현재 상황을 나타내므로 마지막에 오는 것이 자연스럽다. 따라서 정답은 ④ (B) – (C) – (A)이다.

정답 ④

DAY 18

2025 이동기 영어 하루 프로젝트

| 01 | ① | 02 | ② | 03 | ③ | 04 | ① | 05 | ② |
| 06 | ① | 07 | ④ | 08 | ② | 09 | ④ | 10 | ③ |

[1~3] 밑줄 친 부분에 들어갈 말로 가장 적절한 것을 고르시오.

1

Despite the formidable _____, she approached the match with determination and strategy.

① opponent   ② colleague
③ observer   ④ negotiator

어휘

formidable 만만치 않은   approach 접근하다   match 시합
determination 투지   strategy 전략   opponent 상대(방)
colleague 동료   observer 관찰자   negotiator 협상가

해석

만만치 않은 상대에도 불구하고 그녀는 투지와 전략으로 그 시합에 접근했다.

정답 ①

2

Known for her _____ and persuasive speeches, she is the current Prime Minister of New Zealand. She is also noted for being open and likable, but critics say that makes her a weak leader.

① deplorable   ② eloquent
③ clumsy   ④ greedy

어휘

persuasive 설득력 있는   current 현재의   prime minister 총리
be noted for ~로 유명하다   open 개방적인   likable 호감이 가는
critic 비평가   deplorable 개탄할 만한   eloquent 유창한   clumsy 서툰
greedy 탐욕스러운

해석

유창하고 설득력 있는 연설로 유명한 그녀는 현재 뉴질랜드의 총리이다. 그녀는 개방적이고 호감이 가는 것으로도 유명하지만, 비평가들은 그것이 그녀를 약한 지도자로 만든다고 말한다.

정답 ②

3

> To reduce energy consumption and promote sustainability, solar panels _____ on the roof of the building next month.
>
> ① were installed　② are installed
> ③ will be installed　④ will install

어휘

consumption 소비　promote 촉진하다　sustainability 지속 가능성
solar panel 태양광 패널　roof 옥상　install 설치하다

해석

에너지 소비를 줄이고 지속 가능성을 촉진하기 위해 다음 달 건물 옥상에 태양광 패널이 설치될 것이다.

해설

[문법포인트] **능동태 vs. 수동태 구분 / 시제일치와 예외** 주어 solar panels와 동사 install은 '설치되다'라는 수동의 관계이다. 또한 next month라는 미래 표현이 있으므로 ③ will be installed가 정답이다.

정답 ③

[4~5] 밑줄 친 부분 중 어법상 옳지 않은 것을 고르시오.

4

> I ① convinced that taking up gardening would be a relaxing hobby. I bought some seeds and started preparing my backyard for planting. No sooner had I planted the seeds ② than it started raining heavily. The next morning, I saw tiny sprouts ③ emerging from the soil, leaving me feeling accomplished and excited. Now, I am hopeful that I ④ will have grown a beautiful garden by the end of the summer.

어휘

take up ~을 시작하다　gardening 정원 가꾸기
relaxing 마음을 느긋하게 해주는　backyard 뒷마당　plant 심다
tiny 아주 작은　sprout 새싹　emerge 나오다　soil 흙
accomplished 성취한　hopeful 희망하는

해석

나는 정원 가꾸기를 시작하는 것이 마음을 느긋하게 해주는 취미가 될 것이라고 확신했다. 나는 씨앗을 사서 뒷마당에 심을 준비를 시작했다. 씨앗을 심자마자 비가 많이 오기 시작했다. 다음 날 아침, 나는 흙에서 아주 작은 새싹이 나오는 것을 보고 성취감과 흥분을 느꼈다. 이제, 나는 여름이 끝날 때쯤 아름다운 정원을 가꾸기를 희망한다.

해설

① [문법포인트] **능동태 vs. 수동태 구분** convince는 '~을 확신시키다'라는 의미의 타동사이다. 따라서 주어가 '확신하다'라는 의미가 되려면 수동태로 사용되어야 한다. 글 전체의 시제가 과거이므로 convinced를 was convinced로 고쳐야 한다. (convinced → was convinced)

② [문법포인트] **시제 관련 표현** 「No sooner + had + 주어 + p.p. ~ than 주어 + 동사(과거시제)」는 '~하자마자 ...했다'라는 뜻으로 비교급이므로 than이 No sooner와 호응하여 바르게 쓰였다.

③ [문법포인트] **불완전타동사와 동작의 목적격보어** saw라는 지각동사 뒤의 목적어와 목적격보어의 관계가 능동일 경우, 목적격보어에 동사원형 또는 현재 분사가 온다. 작은 싹이 나온다는 능동의 의미이므로 목적격보어로 현재분사 emerging이 맞게 쓰였다.

④ [문법포인트] **완료시제** 미래의 어느 시점까지 완료되는 행위를 나타낼 때 미래완료 시제가 사용된다. by the end of the summer가 미래의 시점을 나타내므로, 미래완료 시제인 will have grown이 바르게 사용되었다.

정답 ①

5

> One of the most unhealthy habits professionals have today is bragging about ① how little sleep they get. While it is admirable that a person is willing to put their body and mind through a 48-hour work marathon, it is outright foolish. Successful entrepreneurs like Arianna Huffington and Marc Andreessen ② make a priority to get a full night's rest. Workers ③ who consistently burn the midnight oil burn out. Furthermore, overworked professionals tend to be ④ less productive than their peers.

어휘

unhealthy 건강에 좋지 않은　brag 자랑하다　admirable 존경스러운
be willing to 기꺼이 ~하다　outright 완전히　entrepreneur 사업가
priority 우선　get a full night's rest 밤새 충분히 휴식을 취하다
consistently 계속해서　burn the midnight oil 밤을 새우다
burn out 탈진하다　furthermore 게다가　overworked 혹사당하는
productive 생산적인　peer 동료

해석

오늘날 전문가들이 가지고 있는 가장 건강에 좋지 않은 습관 중 하나는 그들이 얼마나 적은 잠을 자는지에 대해 자랑하는 것이다. 어떤 사람이 48시간의 업무 마라톤에 몸과 마음을 기꺼이 쏟는 것이 존경스럽기는 하지만, 그것은 완전히 어리석은 일이다. Arianna Huffington과 Marc Andreessen과 같은 성공한 사업가들은 밤새 충분한 휴식을 취하는 것을 우선시한다. 계속해서 밤을 새우는 노동자들은 탈진한다. 게다가, 혹사당하는 전문가들은 동료들보다 덜 생산적인 경향이 있다.

해설

② [문법포인트] **인칭대명사** 5형식 구문에서 목적어에 to부정사가 올 경우는 목적어 자리에 가목적어 it을 쓰고, 진목적어인 to부정사는 문장 뒤에 오게 한다. make의 목적어는 to get a full night's rest이고, 목적격보어로 a priority가 왔다. 따라서 가목적어 it을 진목적어 자리에 넣어서 make a priority를 make it a priority로 고쳐야 한다. (make a priority → make it a priority)

① [문법포인트] **전치사의 목적어** 전치사 about의 목적어 역할을 하는 의문사절이다. 의문사절(간접의문문)의 어순은 「의문사 + 주어 + 동사」인데 주어와 동사 they get 앞에 의문사 how little sleep이 와서 바르게 쓰였다.

③ [문법포인트] **관계대명사의 선택** who부터 oil까지는 workers를 수식하는 관계대명사절이며 동사는 burn out이다. 선행사가 Workers로 사람이고, who 이하에 주어가 없으므로 주격 관계대명사 who가 바르게 쓰였다.

④ [문법포인트] **비교 구문** overworked professors와 their peers를 비교한

열등 비교급 구문이 「less+형/부+than」의 형태로 바르게 쓰였다. be동사의 보어 자리이므로 형용사인 productive도 바르게 쓰였다.

정답 ②

6
밑줄 친 부분에 들어갈 가장 적절한 것은?

A: We have a new client, and they want a complete redesign of their brand identity within two weeks. Think we can handle that?
B: Two weeks? That's pretty tight. What kind of changes are they looking for?
A: They want a new logo, website, and all marketing materials.
B: Wow, that's a lot. _____.
A: Great, because they're offering double our usual rate for this project.
B: Double? Consider it done!

① But I think we can manage if we prioritize
② But they could extend the deadline if we insist
③ And we have another project to finish first
④ And we're short-handed right now

어휘
client 고객   identity 정체성   handle 처리하다   tight 빠듯한
offer 제안하다   rate 가격   consider it done 바로 처리하다
manage 해내다   prioritize 우선적으로 처리하다   extend 연장하다
insist 주장하다   short-handed 일손이 부족한

해석
A: 새로운 고객이 생겼는데, 그들은 2주 안에 그들의 브랜드 정체성을 완전히 새롭게 다시 디자인하기를 원해요. 우리가 그것을 처리할 수 있을까요?
B: 2주라고요? 그거 꽤 빠듯한데요. 그들은 어떤 변화를 바라고 있나요?
A: 그들은 새로운 로고, 웹사이트, 그리고 모든 마케팅 자료를 원해요.
B: 와, 정말 많네요. 하지만 우리가 우선적으로 처리하면 해낼 수 있다고 생각해요.
A: 좋아요, 그들은 이 프로젝트에 대해 평소의 우리 가격의 두 배를 제안하고 있어서요.
B: 두 배요? 바로 처리할게요!

② 하지만 우리가 주장하면 그들이 기한을 연장할 수 있어요
③ 그리고 우리는 먼저 끝내야 할 또 다른 프로젝트가 있어요
④ 그리고 우리는 지금 일손이 부족해요

정답 ①

7
Handmade Jewelry Design Competition에 관한 다음 글의 내용과 일치하는 것은?

Handmade Jewelry Design Competition

Take the opportunity to design unique handmade jewelry pieces for the latest collection of "Crafted Elegance"! Show your creativity and craftsmanship in this exciting competition.

Deadline: July 31, 5:00 p.m.
Participants: Riverside County residents only

Details:
- Our company name "Crafted Elegance" should appear on the design.
- The competition theme is "Nature's Inspirations."
- Entries (PDF format only) should be submitted by email to designsubmissions@craftedelegance.com.

Evaluation Criteria:
- Originality
- Aesthetic Appeal
- Craftsmanship

Awards:
- 1st place: $1,500
- 2nd place: $750
- 3rd place: $400

The first-place winner's design will be featured in our next collection launch.
Please visit www.craftedelegance.com to learn more about the competition.

① 전국적으로 누구나 참여할 수 있는 대회이다.
② 개최 회사의 이름이 디자인에 드러날 필요는 없다.
③ PDF 파일을 인쇄하여 우편 접수가 가능하다.
④ 1등 작품은 다음 출시될 컬렉션에서 선보이게 된다.

어휘
handmade 수제의   jewelry 보석류   competition 공모전
creativity 창의력   craftsmanship 솜씨   deadline 마감일
participant 참가자   resident 주민   appear 나타나다   theme 주제
inspiration 영감   entry 출품작   submit 제출하다   evaluation 평가
criterion (pl. criteria) 기준   originality 독창성   aesthetic 심미적인
appeal 매력   award 상(금)   place (대회에서 입상권에 드는) 등위
feature 특별히 포함하다   launch 출시

해석
수제 보석 디자인 공모전

'Crafted Elegance'의 최신 컬렉션을 위해 독특한 수제 보석 조각을 디자인할 기회를 잡으세요! 이 흥미로운 공모전에서 여러분의 창의력과 솜씨를 보여주세요.

마감일: 7월 31일 오후 5시

참가자: 리버사이드 주민들만

세부 사항:
- 디자인에 우리 회사 이름 'Crafted Elegance'가 나타나야 합니다.
- 공모전 주제는 '자연의 영감'입니다.
- 출품작(PDF 형식만)은 designsubmissions@craftedelegance.com으로 이메일로 제출되어야 합니다.

평가 기준:
- 독창성
- 심미적 매력
- 솜씨

상:
- 1등: 1,500달러
- 2등: 750달러
- 3등: 400달러

1등 수상자의 디자인은 다음 컬렉션 출시에 특별히 포함될 예정입니다.
공모전에 대해 자세히 알아보려면 www.craftedelegance.com을 방문하세요.

해설

④ 마지막에서 두 번째 문장에서 1등 작품은 다음 컬렉션 출시에서 선보일 것이라고 하므로 글의 내용과 일치한다.
① <참가자>에서 리버사이드 주민들만 참여할 수 있다고 하므로 글의 내용과 일치하지 않는다.
② <세부 사항> 첫 번째 항목에서 개최 회사의 이름이 디자인에 드러나야 한다고 하므로 글의 내용과 일치하지 않는다.
③ <세부 사항> 세 번째 항목에서 PDF 파일을 이메일로 접수하라고 하므로 글의 내용과 일치하지 않는다.

정답 ④

8
다음 글의 제목으로 가장 적절한 것은?

> Even though media coverage of sports is carefully edited and represented in total entertainment packages, most of us believe that when we see a sport event on television, we are seeing it "the way it is." We don't usually think that what we see, hear, and read is a series of narratives and images selected for particular reasons and grounded in the social worlds and interests of those producing the event, controlling the images, and delivering the commentary. Television coverage provides only one of many possible sets of images and narratives related to an event, and there are many images and messages that audiences do not receive. If we went to an event in person, we would see something quite different from the images selected and presented on television, and we would develop our own descriptions and interpretations, which would be very different from those carefully presented by media commentators.

① Can We Get Better at Sports Just by Watching?
② Televised Sports: A Partial Reflection of a Sports Event
③ Sports Can Tear Down Social Barriers
④ How Media Limits the Popularity of Some Sports

어휘

coverage 보도 edit 편집하다 represent 보여주다
entertainment 연예 narrative 이야기 particular 특정한
ground 근거를 두다 interest 이해관계 deliver 전달하다
commentary 해설 relate 관련시키다 audience 시청자
in person 직접 present 제시하다 description 묘사
interpretation 해석 commentator 해설가
televised 텔레비전으로 방송되는 partial 부분적인 reflection 반영
tear down ~을 허물다 barrier 장벽 popularity 인기

해석

미디어의 스포츠 보도가 전체 연예의 패키지로 신중하게 편집되고 보여짐에도 불구하고, 우리 중 대부분은 텔레비전에서 한 스포츠 행사를 시청할 때 그것을 '있는 그대로' 보고 있다고 믿는다. 우리는 우리가 보고, 듣고, 읽는 것이 특정한 이유로 선택되고, 그 행사를 제작하고 그 이미지를 통제하며 해설을 전달하는 사람들이 속한 사회와 그들의 이해관계에 기반하고 있는 일련의 이야기와 이미지라고 일반적으로 생각하지 않는다. 텔레비전을 통한 보도는 어떠한 행사와 관련된 여러 가지 가능한 일련의 이미지와 이야기 중에 오직 하나만 제공하며, 시청자들이 전달받지 못하는 많은 이미지와 메시지가 있다. 만약 우리가 한 (스포츠) 행사에 직접 간다면, 우리는 선택되어 텔레비전에 제시되는 이미지와는 상당히 다른 무언가를 보게 될 것이며 미디어 해설자에 의해 신중하게 제시되는 것과는 매우 다른 우리만의 묘사와 해석을 하게 될 것이다.

① 우리는 보는 것만으로 스포츠를 더 잘할 수 있는가?
② 텔레비전으로 방송되는 스포츠: 스포츠 행사의 부분적 반영
③ 스포츠는 사회적 장벽을 허물 수 있다
④ 미디어가 일부 스포츠의 인기를 제한하는 방법

해설

중심 소재는 스포츠 보도이다. 먼저 서두에 스포츠 보도와 관련된 통념을 제시한다. 미디어의 스포츠 보도가 그 보도를 제작하고, 통제하며, 해설을 전하는 사람들의 사회와 이해관계에 기반한다고 생각하지 않기 때문에 우리는 스포츠 행사를 시청할 때 있는 그대로 보고 있다고 착각한다고 설명한다. 주제문은 세 번째 문장으로 실제로 텔레비전 보도에는 여러 가능한 이미지 중 하나만 제시되어 실제로 가서 보는 것과 다르다고 한다. 따라서 텔레비전에 방영된 스포츠 보도가 실제 행사의 한 부분만을 보여준다고 한 ② '텔레비전으로 방송되는 스포츠: 스포츠 행사의 부분적 반영'이 정답이다.

정답 ②

9
주어진 문장이 들어갈 위치로 가장 적절한 것은?

> He left out the pockmarks, fleshed out his cheeks, gave the president a pink skin, and put him on a full wig, as we see him on the $1 bill.

It wasn't the first time, or the last, that the president's physical condition was kept secret. It was a tradition that stretched back to the days of George Washington. (①) As a teenager Washington contracted rickets, which left him with a sunken torso: Most of his clothing was padded to hide the effects. (②) While still a teenager he contracted smallpox on a trip to Barbados, which left his face and body pockmarked. His hearing and eyesight began to fail during his presidency and his full head of hair, once fiery red, became a thing of history before his presidency. (③) Portraitist Gilbert Stuart had actually taken quite a bit of artistic license when he pictured George Washington. (④) That's how the country remembers its first president; the public good would not have been served if the reality had been general knowledge.

* pockmark: 마맛자국; 마맛자국을 내다
* rickets: 구루병

어휘

leave out ~을 빼다   flesh out ~에 살을 붙이다   president 대통령
wig 가발   physical 신체의   condition 상태   tradition 전통
stretch (어떤 기간에 걸쳐) 이어지다   contract (병에) 걸리다
sunken 말라빠진   torso 몸통   pad 패드를 대다   effect 결과
smallpox 천연두   eyesight 시력   presidency 대통령 임기
fiery 불타는 듯한   portraitist 초상화가   artistic license 예술적 자유
public good 공익   serve 도움을 주다   reality 실제

해석

대통령의 신체 상태가 비밀로 지켜진 것은 처음도, 혹은 마지막도 아니었다. 그것은 조지 워싱턴의 시대까지 이어지는 전통이었다. (①) 워싱턴은 십 대 시절에 구루병에 걸려서 몸이 말라빠지게 되었다: 그의 옷 대부분은 (구루병의) 결과를 숨기기 위해 패드가 대어져 있었다. (②) 여전히 십 대 시절에 그는 바베이도스를 여행하다가 천연두에 걸렸고, 이것은 그의 얼굴과 몸에 마맛자국을 남겼다. 그의 청력과 시력은 대통령 재임 시절 나빠지기 시작했고 한때 불타는 듯한 빨간 색이던 그의 숱 많은 머리카락은 대통령 임기 전의 과거 일이 되었다. (③) 초상화가 길버트 스튜어트는 조지 워싱턴을 그릴 때 사실 꽤 많은 예술적인 자유를 받았다. (④) 그는 우리가 1달러 지폐에서 그를 보는 것처럼 마맛자국을 빼 버렸고, 그의 뺨에 살을 붙였으며 대통령에게 분홍색 피부를 주었고 그에게 머리 전체를 덮는 가발을 씌웠다. 그것이 그 나라가 첫 번째 대통령을 기억하는 방식이다; 만일 실제가 일반적인 지식이 되었더라면 공익에 도움이 되지 않았을 것이다.

해설

주어진 문장의 He가 앞 문장의 누구를 지칭하는지 확인해야 한다. 마맛자국을 빼고, his cheeks에 살을 붙이고, 분홍색 피부를 주고, 그(him)에게 가발을 씌웠다고 하므로 주어진 He가 가리키는 사람이 his와 him을 지칭하는 사람과 다르다. ③의 앞까지는 조지 워싱턴에 대한 언급만 있다가, ④에서 초상화가 길버트 스튜어트를 처음 언급하고 있다. 따라서 주어진 문장은 ④에 와야 He가 초상화가 길버트 스튜어트를 가리키고, his와 him이 조지 워싱턴을 가리키게 된다. 따라서 정답은 ④이다.

정답 ④

10

글의 흐름상 가장 어색한 문장은?

Children can benefit from learning how to use context clues and guessing the meaning from the context. ① This is a strategy that children can use when they encounter unfamiliar words. ② Conversely, some researchers point out that in addition to teaching how to use context clues, children also need to be taught that context clues do not always help readers to understand the meanings of unfamiliar words. ③ An example would be having a child choose between the words enormous and giant in a sentence about sandwiches. ④ Children need to be taught that there are times when they will not be able to figure out the meaning from context clues.

어휘

benefit from ~에서 득을 보다   context 문맥   clue 실마리
encounter 마주치다   unfamiliar 익숙하지 않은   conversely 반대로
point out ~을 지적하다   enormous 어마어마한   giant 거대한
figure out ~을 이해하다

해석

어린이들은 문맥의 실마리를 사용하는 방법을 배우는 것과 문맥으로부터 의미를 추측하는 것에서 득을 볼 수 있다. ① 이것은 어린이들이 익숙하지 않은 단어들을 마주쳤을 때 사용할 수 있는 하나의 전략이다. ② 반대로 일부 연구자들은 문맥 실마리를 사용하는 방법을 가르치는 것 외에 더하여 문맥의 실마리가 독자들이 익숙하지 않은 단어의 의미를 이해하는 것을 항상 돕는 것은 아니라는 점을 아이들이 배워야 할 필요도 있다고 지적한다. ③ 한 예로 한 아이가 샌드위치에 관한 문장 안에서 enormous와 giant 중 고르게 하는 것이다. ④ 어린이들은 문맥의 실마리에서 의미를 이해하지 못하는 때가 있다는 것을 배워야 할 필요가 있다.

해설

글의 중심 소재는 문맥의 실마리 사용이다. 문맥 실마리 사용을 통한 모르는 단어의 의미 파악에 대한 두 가지 시각이 제시된다. 첫 문장과 ①은 문맥을 통한 추측이 모르는 단어의 의미 파악에 도움이 된다고 한다. ②와 ④는 항상 이 전략이 도움이 되는 것은 아니라는 것을 아이들에게 가르쳐야 한다는 주장을 담고 있다. 하지만 ③은 아이가 특정 문장 안에서 두 개의 단어 중에 고르게 하는 것의 예시로, 문맥을 통한 의미 추측이라는 전체 글의 흐름과 관련이 없다. 따라서 정답은 ③이다.

정답 ③

DAY 19

01	③	02	②	03	①	04	④	05	④
06	①	07	②	08	①	09	②	10	①

[1~3] 밑줄 친 부분에 들어갈 말로 가장 적절한 것을 고르시오.

1

Her dedication and hard work allowed her to _____ all expectations and achieve remarkable success in her career.

① submit ② suggest
③ surpass ④ supervise

어휘
dedication 헌신 expectation 기대 achieve 이루다
remarkable 놀라운 submit 제출하다 suggest 제안하다
surpass 뛰어넘다 supervise 감독하다

해석
그녀의 헌신과 노고는 그녀로 하여금 모든 기대를 뛰어넘게 했고, 그녀의 경력에서 놀라운 성공을 이루게 했다.

정답 ③

2

Data in the 21st century is largely _____, because it is so easily produced: a machine creates it, uses it for a few seconds and overwrites it as new data arrives.

① lasting ② momentary
③ flexible ④ infectious

어휘
century 세기 largely 대개 overwrite 덮어쓰다 lasting 지속적인
momentary 순간적인 flexible 신축성 있는 infectious 전염되는

해석
21세기의 데이터는 대개 순간적인데, 그것이 너무 쉽게 생산되기 때문이다: 기계가 그것(데이터)을 만들어내고, 몇 초간 사용하고 새로운 데이터가 도착하면 덮어쓴다.

정답 ②

3

Nelson Mandela _____ people worldwide for his unwavering commitment to justice and reconciliation in South Africa.

① is looked up to by ② is looked up by
③ is looked by ④ is looked up to

어휘
unwavering 변함없는 commitment 헌신 justice 정의
reconciliation 화해 South Africa 남아프리카 공화국
look up to ~을 존경하다

해석
넬슨 만델라는 남아프리카 공화국의 정의와 화해에 대한 그의 변함없는 헌신 때문에 전 세계인에게 존경받는다.

해설
[문법포인트] **동사의 유형별 수동태** 'A가 B를 존경하다'라는 의미는 「A look up to B」로 표현한다. 'B가 A에 의해 존경받다'라는 수동태로 표현할 때는 「B is looked up to by A」라고 한다. 이때 look up to는 하나의 덩어리로 표현되어야 하고 up이나 to가 삭제되면 안 된다. 따라서 정답은 ① is looked up to by이다.

정답 ①

[4~5] 밑줄 친 부분 중 어법상 옳지 않은 것을 고르시오.

4

The presidential candidate's plan would expand healthcare options through both the Veterans Affairs(VA) system ① <u>and</u> outside healthcare providers. The ② <u>existing</u> system only allows those who cannot get an appointment within 30 days or those ③ <u>living</u> 40 miles or more from a VA health facility ④ <u>receiving</u> outside care.

어휘
presidential 대통령의 candidate 후보 expand 확대하다
healthcare 의료 veteran 재향군인 affair 업무 existing 기존의
appointment 예약 facility 시설

해석
대통령 후보의 계획은 재향군인 업무 제도와 외부 의료 제공자들 모두에게 의료 선택의 폭을 확대하는 것이다. 기존 제도는 30일 이내에 예약을 잡지 못하거나 재향군인 보건시설에서 40마일 이상 멀리 거주하는 사람만 외부 진료를 받을 수 있게 한다.

해설
④ [문법포인트] **불완전타동사와 동작의 목적격보어** allow가 5형식으로 쓰였고 목적어 두 개가 or에 의해 병렬되어 있다. allow는 목적격보어에 to부정사를 쓰므로 receiving을 to receive로 고쳐야 한다. (receiving → to receive)
① [문법포인트] **등위접속사의 병렬 구조** 전치사 through의 목적어로 두 개의 명사가 등위상관접속사 「both A and B」에 의해 바르게 연결되었다.
② [문법포인트] **현재분사 vs. 과거분사** 명사를 수식하는 현재분사 existing이

바르게 쓰였다. exist는 자동사이므로 명사를 수식할 때 현재분사만 가능하다.
③ [문법포인트] 현재분사 vs. 과거분사 those living은 앞의 those who cannot과 병렬 구조를 이룬다. those와 living 사이에 who are가 생략된 구조이다.

정답 ④

5

> After treatment, 56% of dogs ① exhibiting aggression towards other dogs in the household could be together ② when supervised. Cases of household aggression ③ in which the attacking dog was younger than its target, a person had been bitten, or the owner could not predict aggressive episodes were less likely to improve than ④ that in which these situations did not occur.

어휘
treatment 치료 exhibit 보이다 aggression 공격(성) household 가정
supervise 감독하다 case 사례 attack 공격하다 target 목표물
bite 물다 aggressive 공격적인 occur 발생하다

해석
치료 후 가정 내 다른 개들에게 공격성을 보이는 개들의 56%가 감독 시 함께 있을 수 있었다. 공격하는 개가 목표물보다 어리거나, 사람이 물린 적이 있었거나, 주인이 공격적인 사건을 예측할 수 없었던 가정 내 공격 사례는 이러한 상황이 발생하지 않았던 경우보다 개선될 가능성이 낮았다.

해설
④ [문법포인트] 비교대상의 일치 than의 앞에 나온 경우와 뒤에 나온 경우를 비교하고 있으므로, that을 앞에 나온 복수형 명사인 Cases를 받는 복수형 대명사 those로 고쳐야 한다. (that → those)
① [문법포인트] 현재분사 vs. 과거분사 앞에 있는 명사 dogs를 수식하는 분사 뒤에 목적어가 있고, dogs와 분사가 의미상 능동의 관계이므로 현재분사가 바르게 쓰였다.
② [문법포인트] 분사구문 타동사 supervise 뒤에 목적어가 없고 주어가 생략되어 있는 분사구문이므로 주절의 주어와 같은 것을 알 수 있다. dogs와 supervise는 수동의 관계이므로 과거분사가 바르게 쓰였다.
③ [문법포인트] 관계대명사의 선택 「전치사+관계대명사」 뒤에는 완전한 절이 와야 한다. 모두 완전한 절이 왔고 선행사가 상황, 경우 등을 의미하므로 in which가 바르게 쓰였다.

정답 ④

6

밑줄 친 부분에 들어갈 말로 가장 적절한 것은?

> A: Have you decided on taking any summer courses this year?
> B: Yeah, I'm thinking about taking a couple. How about you?
> A: I'm considering one in economics to lighten the load for next semester.
> B: That's smart. I might do a language course to fulfill a requirement.
> A: _____?
> B: Yeah, there's French and Spanish. I'm leaning towards Spanish.
> A: Nice! Spanish sounds like a great choice. Maybe I should think about it too.

① Have you looked into which languages are offered
② Which language course do you prefer, French or Spanish
③ Don't you need to take economics as well
④ What other requirements do you have besides the language course

어휘
course 강좌 economics 경제학 lighten 덜어주다 load 부담
semester 학기 fulfill 끝내다 requirement 필수 lean 기울다
look into ~을 알아보다 offer 제공하다 prefer 더 좋아하다
besides ~ 외에

해석
A: 올해 여름 강좌 수강하기로 결정했니?
B: 응, 두어 개 수강할 것 같아. 너는 어때?
A: 다음 학기에 부담을 덜기 위해 경제학 강좌 하나를 생각 중이야.
B: 똑똑하네. 난 필수를 채우기 위해 아마 언어 강좌를 들을 수도 있어.
A: 어떤 언어가 제공되는지 알아봤니?
B: 응, 프랑스어와 스페인어가 있어. 난 스페인어 쪽으로 기울고 있어.
A: 멋지다! 스페인어 정말 좋은 선택인 것 같아. 나도 한번 생각해 봐야겠어.

② 프랑스어와 스페인어 중에 어떤 언어 강좌를 더 좋아하니
③ 경제학도 수강해야 하지 않니
④ 언어 강좌 외에 어떤 다른 필수 강좌가 있니

정답 ①

7

다음 글의 목적으로 가장 적절한 것은?

> To: City Construction Department
> From: Emily Thompson
> Date: June 3
> Subject: Our Neighborhood Playground
>
> To Whom It May Concern,

I hope you're doing well. As a resident of Lakeside Community, I'm reaching out about a pressing matter regarding our neighborhood playground. It's become apparent that the playground equipment is outdated and urgently requires remodeling.

The safety of our children is paramount, and the current state of the playground poses potential hazards. Therefore, I'm kindly requesting your assistance in renovating the playground to ensure a safe and enjoyable environment for our community's children.

Investing in this renovation not only prioritizes safety but also enhances our community's quality of life. Your support in addressing this matter promptly is greatly appreciated.

Best regards,
Emily Thompson

① 아파트 단지 내 놀이터 설치를 건의하려고
② 놀이터 리모델링을 요청하려고
③ 놀이터를 주차장으로 바꾸도록 제안하려고
④ 놀이터에서 나는 소음에 대해 항의하려고

어휘

construction 건설 neighborhood 동네
to whom it may concern 관계자분께 reach out 연락하다
pressing 시급한 matter 문제 regarding ~에 관한 apparent 분명한
equipment 시설 outdated 낡은 urgently 시급히 require 필요로 하다
remodeling 리모델링 paramount 무엇보다 중요한 current 현재의
state 상태 pose (위험성을) 지니다 potential 잠재적인 hazard 위험
assistance 도움 renovate 개보수하다 enjoyable 즐거운
invest 투자하다 renovation 보수 prioritize 우선시하다
address 처리하다 promptly 신속하게 appreciate 감사하다

해석

수신인: 시 건설부
발신인: Emily Thompson
일시: 6월 3일
제목: 우리 동네 놀이터

관계자님께,

안녕하세요. 저는 레이크사이드 지역사회에 거주하는 사람으로서 우리 동네 놀이터에 관한 시급한 문제에 대해 연락을 드립니다. 놀이터 시설이 낡아서 리모델링이 시급히 필요한 것이 분명해졌습니다.

우리 아이들의 안전이 무엇보다 중요하며, 놀이터의 현재 상태는 잠재적인 위험을 지니고 있습니다. 이에 우리 지역사회 아이들의 안전하고 즐거운 환경을 보장하기 위하여 놀이터 개보수에 많은 도움을 부탁드립니다.

이 개보수에 투자하는 것은 안전을 우선시할 뿐만 아니라 우리 지역사회의 삶의 질을 향상시킵니다. 이 문제를 신속하게 처리하는 데 있어 여러분의 지지에 매우 감사드립니다.

안부를 전하며,
Emily Thompson

 해설

이메일의 목적은 제목에 주로 언급되고 본문에서 이메일을 쓰는 이유를 언급할 때 나온다. 제목에서 우리 동네 놀이터가 언급되고 첫 번째 단락의 두 번째 문장에서 놀이터 관련 시급한 문제라고 했고, 세 번째 문장에서 놀이터가 낡아서 리모델링이 시급하다고 한다. 따라서 이메일의 목적은 ② '놀이터 리모델링을 요청하려고'이다.

 ②

8

다음 글의 내용과 일치하는 것은?

Ancient New Guinea warriors on the South Pacific Island meticulously crafted human bone daggers from their dead fathers' thigh bones, preferring them over blades made from cassowary bones. These human bone daggers were the weapon of choice for stabbing enemies in the neck for immediate killing. For enemies they preferred to eat, these daggers were used to stab the hip joints, knees, or ankles, ensuring the victims were subdued but alive until the cannibal feast. In unfortunate instances, warriors also used these daggers to kill their wounded comrades who could not return home. The New Guinea warriors adorned these weapons with sophisticated hand carvings and wore them as jewelry or armbands for easy access during fights. Great respect was given to these human bone daggers, and they were designed to last longer than cassowary bone weapons, with more time and skill invested in their creation.

* cassowary: 화식조: 주로 뉴기니에서 발견되는 타조 비슷한 새

① New Guinea warriors fashioned daggers from their dead fathers' thigh bones.
② Warriors favored cassowary bone daggers over human bone ones.
③ Human bone daggers were primarily ceremonial, not for combat.
④ Cassowary bone daggers received more effort in their making than human bone ones.

어휘

ancient 고대의 warrior 전사 meticulously 세심하게
craft 공들여 만들다 dagger 단검 thigh 허벅지 blade 칼날
of choice (~용으로) 선택하는 stab 찌르다 immediate 즉각적인
hip joint 고관절 ankle 발목 subdue 제압하다 cannibal 식인의
feast 축제 unfortunate 불운한 instance 경우 wounded 부상을 입은
comrade 전우 adorn 장식하다 sophisticated 정교한 jewelry 장신구
armband 완장 access 이용 respect 존중 invest 투자하다
creation 제작 fashion 만들다 favor 더 좋아하다 primarily 주로
ceremonial 의례의 combat 전투

해석

남태평양 섬의 고대 뉴기니 전사들은 죽은 아버지들의 허벅지 뼈에서 인골 단검을 세심하게 공들여 만들었는데, 이들은 화식조 뼈로 만든 칼날보다 이것들(인골 단검)을 선호했다. 이 인골 단검은 즉각적인 살해를 위해 적의 목을 찌르는 용도로 선택하는 무기였다. 그들이 먹기를 선호하는 적들을 위해, 이 단검은 고관절, 무릎, 또는 발목을 찌르는 데 사용되었는데, 이는 희생자들이 제압되었지만 식인 잔치가 열릴 때까지 살아남도록 보장했다. 불운한 경우에, 전사들은 또한 집으로 돌아갈 수 없는 부상 당한 전우들을 죽이기 위해 이 단검을 사용했다. 뉴기니 전사들은 이 무기들을 정교한 손 조각으로 장식했고, 싸움 중에 쉽게 이용할 수 있도록 장신구나 완장으로 착용했다. 이 인골 단검들은 크게 존중되었고, 그것들은 제작에 더 많은 시간과 기술이 투자되면서 화식조 뼈 무기보다 더 오래 가도록 설계되었다.

① 뉴기니 전사들은 죽은 아버지들의 허벅지 뼈에서 단검을 만들었다.
② 전사들은 인골 단검보다 화식조 뼈 단검을 더 좋아했다.
③ 인골 단검은 전투를 위한 것이 아니라 주로 의례를 위한 것이었다.
④ 화식조 뼈 단검은 인골 단검보다 제작에 더 많은 노력을 기울였다.

해설

① 첫 번째 문장에서 뉴기니 전사들은 죽은 아버지들의 허벅지 뼈로 단검을 제작했다고 하므로 글의 내용과 일치한다.
② 첫 번째 문장 뒷부분에서 전사들은 인골 단검을 화식조 뼈 단검보다 선호한다고 하므로 글의 내용과 일치하지 않는다.
③ 두 번째 문장에서 인골 단검은 즉각적인 살해를 위해 적의 목을 찌르는 용도로 선택하는 무기였다고 하므로 글의 내용과 일치하지 않는다.
④ 마지막 문장에서 화식조 뼈 단검보다 인골 단검 제작에 더 많은 시간과 기술을 투자했다고 하므로 글의 내용과 일치하지 않는다.

정답 ①

9

주어진 문장이 들어갈 위치로 가장 적절한 것은?

> Economics is no exception in this regard.

> Every field of study has its own language and its own way of thinking. (①) Mathematicians talk about axioms, integrals, and vector spaces. Psychologists talk about ego, id, and cognitive dissonance. Lawyers talk about venue, torts, and promissory estoppel. (②) Supply, demand, elasticity, comparative advantage, consumer surplus, deadweight loss — these terms are part of the economist's language. (③) In the coming chapters, you will encounter many new terms and some familiar words that economists use in specialized ways. At first, this new language may seem needlessly arcane. (④) But as you will see, its value lies in its ability to provide you with a new and useful way of thinking about the world in which you live.
>
> * promissory estoppel: 금반언 원칙: 먼저 한 주장에 반대되는 진술을 뒤에 하는 것을 금지함

어휘

exception 예외　in this regard (앞에서 방금 언급한) 이것과 관련하여

axiom 공리　integral 적분　vector space 벡터 공간
psychologist 심리학자　ego 자아
id 이드: 인간의 원시적·본능적 요소가 존재하는 무의식 부분
cognitive 인지적인　dissonance 부조화　venue 사건 발생지
tort 불법 행위　elasticity 탄력성　comparative advantage 비교 우위
consumer surplus 소비자 잉여
deadweight loss 자중손실: 편익이 비용보다 더 큰 거래가 이루어지지 않아 발생하는 총 잉여의 감소　term 용어　encounter 만나다
specialized 전문적인　needlessly 쓸데없이　arcane 불가사의한
value 가치

해석

학문의 모든 분야에는 고유한 언어와 고유한 사고방식이 있다. (①) 수학자들은 공리, 적분, 그리고 벡터 공간에 대해 이야기한다. 심리학자들은 자아, 이드, 그리고 인지 부조화에 대해 이야기한다. 변호사들은 사건 발생지, 불법 행위, 그리고 금반언 원칙에 대해 이야기한다. (②) 이 점에서 경제학도 예외는 아니다. 공급, 수요, 탄력성, 비교 우위, 소비자 잉여, 자중손실 – 이 용어들은 경제학자 언어의 일환이다. (③) 다음 장들에서 여러분은 경제학자들이 전문적으로 사용하는 많은 새로운 용어들과 몇 가지 친숙한 단어들을 만나게 될 것이다. 처음에 이 새로운 언어는 쓸데없이 불가사의해 보일 수 있다. (④) 그러나 여러분이 보게 되겠지만, 그 가치는 여러분이 살고있는 세상에 대한 새롭고 유용한 사고방식을 당신에게 제공하는 그것의 능력에 있다.

해설

주어진 문장은 경제학도 예외는 아니라고 하므로 주어진 문장 앞에서는 경제학 외의 다른 학문이 언급되어야 하고, 뒤에서는 경제학과 관련된 내용이 부연 설명될 것으로 예측된다. 첫 문장에서 학문의 모든 분야에는 고유한 언어와 고유한 사고방식이 있다고 한다. ①은 수학과 심리학을 예로 든다. ②는 경제학의 용어들이다. ③과 ④는 ②와 함께 경제학에 관한 내용이다. 즉, ②의 앞에서는 수학과 심리학이 언급되고, 뒤에서는 경제학에 관한 내용이 언급된다. 따라서 주어진 글이 들어갈 위치로 가장 적절한 것은 ②이다.

정답 ②

10

다음 글의 제목으로 가장 적절한 것은?

> The definition of success for many people is one of acquiring wealth and a high material standard of living. It is not surprising, therefore, that people often value education for its monetary value. The belief is widespread that the more schooling people have, the more money they will earn when they leave school. This belief is strongest regarding the desirability of an undergraduate university degree or a professional degree such as medicine or law. The money value of graduate degrees in 'nonprofessional' fields such as art, history, or philosophy is not as great. In the past, it was possible for workers with skills learned in vocational schools to get a high-paying job without a college education. Increasingly, however, the advent of new technologies has meant that more and more education is required to do the work.

① The Monetary Value of Education
② Educational Belief and Success
③ College Degree and Job Market
④ Higher Education in the Age of Technology

어휘

definition 정의   acquire 얻다   material 물질적인   standard 수준
value 평가하다; 가치   monetary 금전적인   widespread 널리 퍼진
schooling 학교 교육   desirability 바람직함   undergraduate 학부의
professional 전문직의   degree 학위   philosophy 철학
vocational school 직업학교   increasingly 점차적으로   advent 출현

해석

많은 사람들에게 성공의 정의는 부와 물질적으로 풍족한 생활 수준을 얻는 것이다. 그러므로 사람들이 종종 금전적인 가치로 교육을 평가하는 것은 놀라운 일이 아니다. 사람들이 더 많은 학교 교육을 받을수록, 그들이 학교를 졸업하고 더 많은 돈을 벌 것이라는 믿음이 널리 퍼져 있다. 이러한 믿음은 학부 학위 혹은 의대나 법대와 같은 전문직의 학위가 바람직하다는 것과 관련해서 가장 강하다. 예술, 역사, 철학과 같은 '비전문직의' 분야 석사 학위의 금전적인 가치는 그렇게 대단하지는 않다. 과거에는 직업학교에서 습득한 기술을 가진 노동자들이 대학 교육 없이 높은 보수의 직업을 얻는 것이 가능했다. 그러나 점차적으로 신기술의 출현은 일을 하기 위해서는 점점 더 많은 교육이 필요함을 의미하게 되었다.

① 교육의 금전적 가치
② 교육적 신념과 성공
③ 학사 학위와 취업 시장
④ 기술의 시대에서 고등 교육

해설

중심 소재는 교육의 금전적 가치이고, 두 번째 문장이 글의 주제문으로 사람들이 금전적인 가치로 교육을 평가한다는 내용을 담고 있으며 이후의 문장들은 이 주제문을 뒷받침하고 있다. 전문직 학위인 의대와 법대 학위가 비전문직 학위인 예술, 역사, 철학보다 더 많은 돈을 벌 수 있고, 최근에는 신기술의 출현으로 대학 교육을 받은 사람의 보수가 더 높은 보수를 받는다고 한다. 따라서 이 글의 제목으로는 ① '교육의 금전적 가치'가 가장 적절하다.

정답 ①

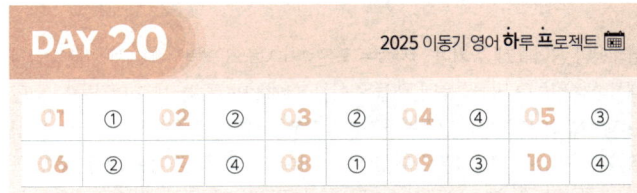

| 01 | ① | 02 | ② | 03 | ② | 04 | ④ | 05 | ③ |
| 06 | ② | 07 | ④ | 08 | ① | 09 | ③ | 10 | ④ |

[1~3] 밑줄 친 부분에 들어갈 말로 가장 적절한 것을 고르시오.

1

Despite the glowing reviews, she remained _____ about the new product's benefits until she tried it herself.

① skeptical   ② optimal
③ ignorant   ④ earnest

어휘

glowing 극찬하는   review 후기   benefit 이점   skeptical 회의적인
optimal 최적의   ignorant 무식한   earnest 성실한

해석

극찬하는 후기에도 불구하고 그녀는 신제품을 직접 사용해 볼 때까지 신제품의 이점에 대해 회의적인 태도를 유지했다.

정답 ①

2

Neurobiologists have tried to _____ the mysteries behind dreams, and in more recent research, they finally have been able to come up with a few explanations on how dreams are created and if they have a specific purpose.

① emulate   ② decipher
③ fantasize   ④ eject

어휘

neurobiologist 신경생물학자   mystery 비밀   come up with ~을 제시하다
explanation 설명   specific 특정한   purpose 목적   emulate 모방하다
decipher (암호·수수께끼를) 풀다   fantasize 공상하다   eject 내쫓다

해석

신경생물학자들은 꿈의 비밀을 풀기 위해 노력해 왔고, 최근의 연구에서 그들은 마침내 꿈이 어떻게 만들어지고 꿈에 특정한 목적이 있는지에 대한 몇 가지 설명을 제시할 수 있었다.

정답 ②

3

When the project deadline arrived, he was made _____ all the necessary data and information to complete the task assigned by his supervisor.

① collect
② to collect
③ collected
④ collecting

어휘

deadline 마감일　task 임무　assign 할당하다　supervisor 상사
collect 수집하다

해석

프로젝트 마감일이 도래하자, 그는 자기의 상사가 할당한 임무를 완수하기 위해 모든 필요한 데이터와 정보를 수집해야 했다.

해설

[문법포인트] **동사의 유형별 수동태** 사역동사의 5형식 구문에서 능동태의 목적격보어로는 동사원형이 쓰이지만, 수동태에서는 동사원형을 to부정사로 바꿔야 한다. 따라서 ② to collect가 정답이다.

 ②

4

밑줄 친 부분에 들어갈 말로 가장 적절한 것은?

A: Are you going to attend the career fair this weekend?
B: I'm not sure yet. I'm still working on my résumé.
A: Are you serious? Why don't you ask for assistance from the student career center.
B: I've already visited there. But it wasn't that helpful.
A: _____.
B: That would be great! I'll send you an email with my résumé.

① Everything is gonna be alright in the end
② Meeting with a career counselor was my best choice
③ I think you cannot make it until the career fair
④ I can go over your résumé if you want

어휘

fair 박람회　work on ~을 작업하다　résumé 이력서　serious 진심인
assistance 도움　in the end 결국에는　counselor 상담사
make it 시간 맞춰 가다　go over ~을 검토하다

해석

A: 이번 주말에 열리는 직업 박람회에 참석할 예정이니?
B: 아직 잘 모르겠어. 아직 이력서 작성 중이야.
A: 진심이야? 학생 진로 센터에 도움을 요청해 보는 건 어때?
B: 나는 이미 그곳을 방문해 봤어. 하지만 별로 도움이 되지 않았어.
A: 원한다면 내가 네 이력서를 검토해 줄 수 있어.
B: 그게 좋겠네! 이력서와 함께 너에게 이메일을 보낼게.

① 결국엔 모든 게 잘될 거야
② 진로 상담사와의 만남은 내 최고의 선택이었어
③ 내 생각에 너는 직업 박람회 전까지 시간 맞춰 갈 수 없을 것 같아

 ④

5

밑줄 친 부분 중 어법상 옳지 않은 것은?

It cost me over $1,500 ① to get my files back. When they came back, they were not organized in a way ② that made sense to me. Instead of the names I had given these thousands of files, they had new names and strange numbers. ③ That literally took me weeks to go through them all and put them back together. Many of the files were fine but there ④ were quite a few that were still corrupted and unusable.

어휘

get back 되찾다　organize 정리하다　make sense 이해하기 쉽다
literally 말 그대로　go through ~을 살펴보다
put ~ back together ~을 원상태로 돌리다　corrupted 손상된
unusable 사용할 수 없는

해석

내 파일을 되찾는 데 1,500달러가 넘는 비용이 들었다. 파일이 돌아왔을 때, 파일들은 내게 이해하기 쉬운 방식으로 정리되어 있지 않았다. 내가 이 수천 개의 파일에 부여했던 이름 대신 새로운 이름과 이상한 번호가 있었다. 모든 파일을 살펴보고 다시 원상태로 돌리는 데는 말 그대로 몇 주가 걸렸다. 많은 파일은 괜찮았지만 여전히 손상되어 사용할 수 없는 파일들이 꽤 있었다.

해설

③ [문법포인트] **인칭대명사 / 수여동사** '~하는 데 …의 시간이 들다'는 「It takes+ (간접목적어) + 직접목적어 + to부정사」로 표현한다. 동사 took 뒤에 간접목적어(me)와 직접목적어(weeks)가 오고 to부정사로 바르게 연결되었으나 문장의 주어 자리에는 That이 아니라 It이 와야 한다. (That → It)

① [문법포인트] **수여동사** '~하는 데 …의 비용이 들다'는 「It cost + (간접목적어) + 직접목적어 + to부정사」로 표현한다. 동사 cost 뒤에 간접목적어(me)와 직접목적어(over $1,500)가 오고 to부정사로 바르게 연결되었다.

② [문법포인트] **관계대명사의 선택** 선행사는 a way이고, 관계대명사 뒤에 주어가 없고 바로 동사 made가 왔으므로 주격 관계대명사 that이 바르게 쓰였다.

④ [문법포인트] **주어 - 동사 수 일치** 「there+be동사」 구문에서 주어는 be동사 뒤에 온다. 복수 대명사인 a few가 왔으므로 복수 동사인 were가 바르게 쓰였다.

 ③

6

밑줄 친 부분 중 어법상 옳은 것은?

Finding friends ① to play outdoors is usually more straightforward and leads to stronger bonds and shared memories. With the computer ② turned off, children are more likely to engage in physical activities like running, jumping, and exploring, ③ which is essential for their development. Moreover, outdoor play encourages a deeper connection with nature, fostering an appreciation for the environment and ④ promote overall well-being.

어휘

straightforward 간단한   lead to ~로 이어지다   bond 유대감
turn off ~을 끄다   engage in ~에 참여하다   explore 탐험하다
essential 필수적인   development 발달   moreover 게다가
encourage 촉진하다   connection 관계   foster 조성하다
appreciation 이해   promote 증진하다   overall 전반적인
well-being 행복

해석

야외에서 함께 놀 친구들을 찾는 것은 보통 더 간단하고 더 강한 유대감과 공유된 기억으로 이어진다. 컴퓨터가 꺼져 있는 상태에서, 아이들은 그들의 발달에 필수적인 달리기, 뛰기, 그리고 탐험과 같은 신체적인 활동에 참여할 가능성이 더 크다. 게다가, 야외 놀이는 자연과의 더 깊은 관계를 촉진하며, 환경에 대한 이해를 조성하고 전반적인 행복을 증진한다.

해설

② **[문법포인트]** 분사구문 「with + 명사 + 분사/형용사」는 부대상황을 나타내는 분사구문이다. 명사 computer와 turn off의 관계는 컴퓨터가 꺼지는 수동의 관계이므로 과거분사인 turned off가 바르게 쓰였다.

① **[문법포인트]** 완전자동사 / to부정사의 역할 to play가 명사 friends를 수식하는 구조다. play는 완전자동사로 명사를 수식하려면 전치사가 필요하다. 의미상 '~와 놀다'라는 의미이므로 전치사를 넣어 to play with가 되어야 한다. (to play → to play with)

③ **[문법포인트]** 주어 – 동사 수 일치 관계대명사 which의 선행사는 physical activities로 복수형이므로 be동사는 복수로 수 일치해야 한다. 참고로 which 앞에 콤마가 쓰여 계속적 용법으로 쓰였다. (which is → which are)

④ **[문법포인트]** 등위접속사의 병렬 구조 분사구문 fostering과 and로 병렬 연결되므로 promote를 현재분사인 promoting으로 고쳐야 한다. (promote → promoting)

정답 ②

7

T-money에 관한 다음 글의 내용과 일치하는 것은?

T-Money: Convenient Transit Payment

The T-money system is a convenient and efficient payment method widely used for public transportation. It is a rechargeable smart card that can be used on buses, subways, taxis, and even some convenience stores, making it a versatile tool for both locals and tourists. Users simply tap their T-money card on the designated reader when boarding, which ensures a seamless and quick transaction. The card can be easily recharged at subway stations, convenience stores, and through mobile apps, providing flexibility and ease of use. Additionally, T-money offers discounts for transfers between buses and subways, encouraging the use of public transportation. This system not only streamlines the payment process but also helps reduce cash handling and boarding times. Overall, the T-money system significantly enhances the convenience and efficiency of transportation.

① T-money transactions require entering a PIN when passengers board.
② It can be used exclusively for public transportation.
③ T-money cards can be rechargeable only through mobile apps.
④ It offers discounts for transfers between buses and subways.

어휘

transit 교통   payment 결제   convenient 편리한   efficient 효율적인
transportation 교통   rechargeable 충전이 가능한
convenience store 편의점   versatile 다용도의   tool 수단   local 현지인
designated 지정된   board 탑승하다   seamless 원활한
transaction 거래   recharge 충전하다   flexibility 융통성
additionally 게다가   transfer 환승   encourage 장려하다
streamline 간소화하다   handling 처리   overall 전반적으로
significantly 상당히   enhance 향상시키다   convenience 편리함
efficiency 효율   exclusively 오로지

해석

티머니: 편리한 교통 결제

티머니 시스템은 대중교통에 널리 사용되는 편리하고 효율적인 결제 수단이다. 그것은 버스, 지하철, 택시 그리고 심지어 일부 편의점에서도 사용될 수 있는 충전이 가능한 스마트카드로, 현지인들과 관광객들 모두를 위한 다용도 수단이다. 사용자들이 탑승할 때 지정된 리더기에 티머니 카드를 가볍게 스치기만 하면 이것은 원활하고 빠른 거래를 보장한다. 그 카드는 지하철역, 편의점 그리고 모바일 앱을 통해 쉽게 충전될 수 있어서, 사용상 융통성과 편의성을 제공한다. 게다가, 티머니는 버스와 지하철 사이의 환승에 대한 할인을 제공하여, 대중교통 이용을 장려한다. 이 시스템은 결제 절차를 간소화할 뿐만 아니라, 현금 처리와 탑승 시간을 줄이도록 돕는다. 전반적으로, 티머니 시스템은 교통의 편리함과 효율성을 상당히 향상시킨다.

① 티머니 거래는 승객이 탑승할 때 비밀번호를 입력해야 한다.
② 그것은 오로지 대중교통에만 사용될 수 있다.
③ 티머니 카드는 모바일 앱을 통해서만 충전이 가능하다.
④ 버스와 지하철 간 환승 시 할인을 제공한다.

해설

④ 다섯 번째 문장에서 버스와 지하철 간 환승 할인을 제공한다고 하므로 글의 내용과 일치한다.
① 세 번째 문장에서 카드를 리더기에 가볍게 스치기만 하면 된다고 하므로 글의 내용과 일치하지 않는다.
② 두 번째 문장에서 편의점에서도 사용할 수 있는 다용도 수단이라고 하므로 글의 내용과 일치하지 않는다.
③ 네 번째 문장에서 지하철역과 편의점에서도 충전할 수 있다고 하므로 글의 내용과 일치하지 않는다.

정답 ④

8
다음 빈칸에 들어갈 말로 가장 적절한 것은?

> _____ occurs in everyday life, and affects how we see the world around us. For example, in the documentary film *Beyond the Call* by Adrian Belie, there is a scene in which a group of Cambodian men are playing soccer. The players ran around kicking the ball toward their opponents' goal. Suddenly, Robert, one of the characters, noticed that one of the players had only one leg, an unfortunately common sight in Cambodia. Still, it was inspiring to see the man be able to play soccer despite his amputation. Then, slowly, it dawned on Robert that all the players had only one leg! It was a revelation! What at first appeared to be a routine soccer match turned out to be an extraordinary game. We can probably think of a similar situation in our life. It happens when we fail to notice some details that are in plain sight.

① Blindness caused by inattention
② Performance-oriented attitude
③ Perceiving physical limitations
④ An unexpected disaster

어휘
occur 발생하다 affect 영향을 주다 scene 장면 opponent 상대편 character 등장인물 notice 알아차리다 unfortunately 불행하게도 sight 모습 inspiring 고무적인 amputation 절단 dawn 깨닫게 되다 revelation 뜻밖의 사실 routine 일상적인 extraordinary 놀라운 probably 아마도 detail 세부 사항 in plain sight 분명히 잘 보이는 unexpected 예기치 못한 disaster 재난 performance-oriented 성과 지향적인 attitude 태도 blindness 안 보임 inattention 부주의

해석
부주의로 인한 안 보임은 일상생활에서 발생하며, 우리가 주위의 세상을 어떻게 보느냐에 영향을 준다. 예를 들어, Adrian Belie의 <Beyond the Call>이라는 다큐멘터리 영화에는 한 무리의 캄보디아 남자들이 축구를 하고 있는 장면이 있다. 선수들은 상대편의 골문을 향해 공을 차면서 뛰어다녔다. 갑자기, 등장인물 중의 한 명인 Robert는 선수 중 한 명이 다리가 하나밖에 없다는 것을 인식하게 되는데, 그것은 불행히도 캄보디아에서는 흔한 모습이었다. 하지만 그 남자가 (다리가) 절단되었음에도 축구를 할 수 있는 것을 보는 것은 고무적이었다. 그리고 Robert는 모든 선수가 다리가 하나밖에 없다는 것을 서서히 깨닫게 되었다! 그것은 뜻밖의 사실이었다! 처음에는 일상적인 축구 시합처럼 보였던 것이 놀라운 시합으로 드러났다. 우리는 아마도 우리의 삶에서 비슷한 상황을 생각해 낼 수 있을 것이다. 그것은 우리가 분명히 잘 보이는 세부 사항들을 알아차리지 못할 때 발생한다.

② 성과 지향적 태도
③ 신체적 한계 인식
④ 예기치 못한 재앙

해설
글의 중심 소재가 빈칸이고, 빈칸을 포함한 첫 문장이 주제문이다. 이어 다큐멘터리 영화의 한 장면을 예시로 제시하고 무심코 보았을 때 세부 사항들을 알아차리지 못하는 경우를 언급하며 마무리한다. 빈칸에는 이러한 상황을 압축하는 말이 들어가야 한다. 봐도 알아차리지 못하는 것을 Blindness로, 무심코 주의를 기울이지 않는 것은 inattention에 해당한다. 따라서 ① '부주의로 인한 안 보임'이 정답이다.

 정답 ①

9
다음 글의 주제로 가장 적절한 것은?

> It turns out that the secret behind our recently extended life span is not due to genetics or natural selection, but rather to the relentless improvements made to our overall standard of living. From a medical and public health perspective, these developments were nothing less than game-changing. For example, major diseases such as smallpox, polio, and measles have been eradicated by mass vaccination. At the same time, better living standards achieved through improvements in education, housing, nutrition, and sanitation systems have substantially reduced malnutrition and infections, preventing many unnecessary deaths among children. Furthermore, technologies designed to improve health have become available to the masses, whether via refrigeration to prevent spoilage or systemized garbage collection, which in and of itself eliminated many common sources of disease.

① demand for establishing better medical infrastructure
② ways to raise public awareness of sanitation
③ factors contributing to longer life expectancy
④ effects of improved nutrition on child growth

어휘
turn out 드러나다 recently 최근에 extended 연장된 life span 수명 genetics 유전학 natural selection 자연 선택 relentless 끊임없는 improvement 향상 overall 전반적인 standard 수준 perspective 관점 game-changing 결정적인 smallpox 천연두 polio 소아마비 measles 홍역 eradicate 근절하다 mass 집단의; 대중 vaccination 예방접종 achieve 달성하다 housing 주거 nutrition 영양 sanitation 위생 substantially 상당히 malnutrition 영양실조 infection 감염 furthermore 게다가 via 통한 refrigeration 냉장 spoilage 부패 systemized 체계화된 garbage 쓰레기 collection 수거 in and of itself 그 자체로 eliminate 제거하다 source 원인 demand 요구 establish 구축하다 infrastructure 기반 시설 awareness 의식 factor 요인 contribute 기여하다 expectancy 기대

해석
최근 늘어난 우리 수명의 숨겨진 비결은 유전학이나 자연 선택 때문이 아니라 오히려 우리의 전반적인 생활 수준의 끊임없는 향상 때문인 것으로 드러난다. 의료와 공중위생의 관점에서 이러한 발전들이 그야말로 결정적이었다. 예를 들어, 천연두, 소아마비 그리고 홍역과 같은 주요 질병들은 집단 접종에 의해서 근절되어 왔다. 동시에 교육, 주거, 영양 그리고 위생 시스템의 향상을 통해 달성된 더 나은 생활 수준이 영양실조와 감염들을 상당히 감소시켰고 아이들의 많은 불필요한 죽음을 막았다. 게다가, 부패를 막기 위한 냉장이든 체계화된 쓰레기 수거를 통해서든, 건강

을 개선하기 위해 고안된 기술들이 대중들에게 이용 가능해졌고, 이것은 그 자체로 질병의 많은 흔한 원인을 제거했다.

① 더 나은 의료 기반 시설 구축에 대한 요구
② 위생에 대한 대중의 인식을 높이는 방법
③ 기대수명 연장에 기여하는 요인들
④ 영양 개선이 아이의 성장에 미치는 영향

해설

글의 중심 소재는 늘어난 수명의 비결이고, 주제문은 첫 문장으로 최근에 우리 수명이 늘어난 것은 우리의 전반적인 생활 수준의 끊임없는 향상 때문이라고 한다. 이후 구체적으로 의료와 공중위생, 교육, 주거, 영양, 위생, 기술 등 수명을 늘리는 데 기여한 각 분야에서의 향상을 살펴보고 있다. 따라서 글의 주제로 가장 적절한 것은 ③ '기대수명 연장에 기여하는 요인들'이다.

정답 ③

10

주어진 글 다음에 이어질 글의 순서로 가장 적절한 것은?

Now we stand at the edge of a turning point as we face a coming wave of technology that includes both advanced AI and biotechnology. Never before have we witnessed technologies with such transformative potential, promising to reshape our world in ways that are both awe-inspiring and daunting.

(A) With AI, we could create systems that are beyond our control and find ourselves at the mercy of algorithms that we don't understand. With biotechnology, we could manipulate the very building blocks of life, potentially creating unintended consequences for both individuals and entire ecosystem.

(B) With biotechnology, we could engineer life to tackle diseases and transform agriculture, creating a world that is healthier and more sustainable. But on the other hand, the potential dangers of these technologies are equally vast and profound.

(C) On the one hand, the potential benefits of these technologies are vast and profound. With AI, we could unlock the secrets of the universe, cure diseases that have long eluded us and create new forms of art and culture that stretch the bounds of imagination.

* elude: (사물이) ~에게 이해되지 않다

① (B) – (A) – (C) ② (B) – (C) – (A)
③ (C) – (A) – (B) ④ (C) – (B) – (A)

어휘

edge 가장자리 turning point 전환점 advanced 첨단의
biotechnology 생명공학 witness 보다 transformative 변혁적인
potential 잠재력 reshape 재편하다
awe-inspiring 경외심을 불러일으키는 daunt 겁먹게 하는
at the mercy of ~에 휘둘리는 algorithm 알고리즘
manipulate 조작하다 building block 구성 요소 potentially 잠재적으로
unintended 의도하지 않은 consequence 결과 ecosystem 생태계
engineer ~의 유전자를 조작하다 tackle 싸우다 transform 변화시키다
agriculture 농업 sustainable 지속 가능한
on the other hand 다른 한편으로는 vast 방대한 profound 심오한
on the one hand 한편으로는 unlock 풀다 universe 우주
cure 치료하다 stretch 늘리다 bound 경계 imagination 상상

해석

이제 우리는 첨단 인공지능과 생명공학을 둘 다 포함하는 다가오는 기술의 물결에 직면하면서 전환점의 가장자리에 서 있다. 우리는 경외심을 불러일으키는 동시에 겁먹게 하는 방식으로 우리의 세계를 재편할 것을 약속하는 그런 변혁적인 잠재력을 가진 기술을 이전에 본 적이 없었다. (C) 한편으로, 이 기술들의 잠재적인 이점들은 방대하고 심오하다. 인공지능으로, 우리는 우주의 비밀을 풀 수 있고, 오랫동안 우리에게 이해되지 않았던 질병들을 치료할 수 있고, 상상의 경계를 늘리는 새로운 형태의 예술과 문화를 창조할 수 있다. (B) 생명공학 기술로 우리는 질병과 싸우고 농업을 변화시키기 위해 생명의 유전자를 조작해서 더 건강하고 지속 가능한 세상을 만들 수 있다. 그러나 다른 한편으로, 이 기술들의 잠재적인 위험은 똑같이 방대하고 심오하다. (A) 인공지능을 사용하면 우리의 통제력을 벗어난 시스템을 만들고 우리가 이해하지 못하는 알고리즘에 휘둘리는 우리 자신을 발견할 수 있다. 생명공학을 사용하면 우리는 바로 생명의 구성 요소를 조작하여 잠재적으로 개인과 생태계 전체에 의도하지 않은 결과를 초래할 수 있다.

해설

글의 중심 소재는 첨단 인공지능과 생명공학 기술이다. 주어진 글에서 이 두 기술이 both awe-inspiring and daunting하다고 하면서 장점과 위험 요인이 모두 있음을 말하고 있다. (C)에서는 On the one hand로 시작하며 그중의 한 면인 AI의 장점을 먼저 다루고 있고, 이어서 (B)에서 생명공학의 장점을 마저 다룬다. 뒷부분에 But on the other hand로 시작하는 문장에서 이 기술들의 위험성을 언급하며 대조적인 면을 제시하고, 인공지능과 생명공학의 구체적인 위험성을 차례로 다루는 (A)로 이어지는 것이 자연스럽다. 따라서 글의 순서로 가장 적절한 것은 ④ (C) – (B) – (A)이다.

정답 ④

DAY 21

| 01 | ② | 02 | ③ | 03 | ① | 04 | ④ | 05 | ④ |
| 06 | ③ | 07 | ② | 08 | ② | 09 | ③ | 10 | ② |

[1~3] 밑줄 친 부분에 들어갈 말로 가장 적절한 것을 고르시오.

1

> She eagerly _____ her birthday, counting down the days until she could celebrate with friends and family.

① forbade ② anticipated
③ withdrew ④ invalidated

어휘
eagerly 간절히   count down 손꼽아 기다리다   celebrate 축하하다
forbid 금지하다   anticipate 고대하다   withdraw 물러나다
invalidate 틀렸음을 입증하다

해석
그녀는 친구들과 가족들과 함께 축하할 수 있을 때까지 날들을 손꼽아 기다리며 자신의 생일을 간절히 고대했다.

정답 ②

2

> It is essential that the new employees _____ comprehensive orientation to familiarize himself with company policies and procedures.

① undergoes ② will undergo
③ undergo ④ must undergo

어휘
essential 필수적인   employee 사원   comprehensive 종합적인
orientation 예비 교육   familiarize oneself with ~를 익히다   policy 정책
procedure 절차   undergo 받다

해석
신입 사원은 회사 정책과 절차를 익힐 수 있도록 종합적인 예비 교육을 받는 것이 필수적이다.

해설
[문법포인트] **당위의 조동사 should** essential, necessary 등의 판단의 형용사가 보어로 쓰인 진주어 that절의 동사는 당위의 조동사 should를 써서 「(should)+동사원형」의 형태가 되어야 한다. 따라서 빈칸에는 ③ undergo가 들어가야 한다.

정답 ③

3

> Even adults like to _____ their cars or impress people with how much they know. Nature is filled with creatures that like to do things to get attention.

① show off ② take off
③ put off ④ call off

어휘
impress 깊은 인상을 주다   creature 생물   attention 관심
show off ~을 과시하다   take off 이륙하다   put off 미루다
call off 취소하다

해석
심지어 어른들도 자신의 차를 과시하거나 사람들에게 자신이 얼마나 많이 알고 있는지에 대해 깊은 인상을 주기를 좋아한다. 자연에는 관심을 받는 것을 하기 좋아하는 생물들로 가득하다.

정답 ①

[4~5] 밑줄 친 부분 중 어법상 옳지 않은 것을 고르시오.

4

> He urged that the new government ① offer the halal meat and halal products export sector a level playing field with other export sectors to win a prominent place in the ② billions of dollars of international market. The halal industry is a fast emerging business in the world, attracting both Muslims and non-Muslims. He said halal food is consumed not only by 1.5 billion Muslims around the world but also ③ by at least 500 million non-Muslims, ④ that shows that there is a big scope to enter the halal food industry to tap the world market.

어휘
urge 강력히 권고하다   halal 할랄: 이슬람교의 계율에 따라 처리된 식품
export 수출   sector 분야   level playing field 공평한 경쟁의 장
prominent 중요한   billion 십억   emerging 떠오르는   attract 끌어들이다
consume 소비하다   Muslim 이슬람교도   scope 범위   enter 진출하다
tap 두드리다

해석
그는 새로운 정부가 수십억 달러의 국제시장에서 중요한 자리를 얻기 위해 할랄 육류와 할랄 제품의 수출 분야에 다른 수출 분야와 함께 공평한 경쟁의 장을 제공해야 한다고 강력히 권고했다. 할랄 산업은 세계에서 빠르게 떠오르는 사업으로 이슬람교인과 비이슬람교인들을 끌어들인다. 그는 할랄 식품이 전 세계의 15억 이슬람교도뿐 아니라 적어도 5억 비이슬람교인들에 의해서도 소비된다고 말했는데, 그것은 세계 시장을 두드리기 위해 할랄 식품 산업에 진출할 수 있는 큰 범위가 있음을 보여준다.

해설
④ [문법포인트] **관계대명사의 선택** 관계대명사 that은 계속적 용법으로 사용할 수 없다. 따라서 that은 which로 고쳐야 한다. 또한 이 관계대명사의 선행사

는 앞의 절이므로 절을 받을 수 있는 which로 고쳐야 한다. (that → which)
① [문법포인트] 당위의 조동사 should urge는 명령동사로 목적어로 that절이 오면 that절의 동사는 「(should) + 동사원형」의 형태가 되어야 한다. should가 생략된 동사원형 offer가 바르게 쓰였다.
② [문법포인트] 주의할 형용사와 부사 billion은 수 단위 명사로 수 단위 명사가 막연히 큰 수를 나타낼 때는 복수형으로 써야 한다. billions가 바르게 쓰였다.
③ [문법포인트] 등위접속사의 병렬 구조 등위상관접속사로 이어지는 요소들은 같은 문장 성분을 가져야 한다. 「not only A but also B」로 연결되는 두 개의 by 전치사구가 바르게 쓰였다.

 ④

5

Experts cautioned that the portion of Americans with diabetes was still more than double ① what it was in the early 1990s. They said progress had been uneven. Educated Americans have seen improvements, for example, while the rates for the less educated have flattened but not declined. The number of new cases ② is dropping for whites, the 2014 data show, but the change has not been ③ statistically significant for blacks or Hispanics, ④ despite both show a downward trend.

어휘

caution 경고하다 portion 비율 diabetes 당뇨병 progress 진전
uneven 고르지 않은 educated 교육을 받은 improvement 개선
flatten 평평하게 하다 decline 감소하다 case 환자 drop 감소하다
statistically 통계적으로 significant 의미가 있는
downward trend 하락세

해설

전문가들은 당뇨병에 걸린 미국인의 비율이 여전히 1990년대 초반의 두 배 이상이라고 경고했다. 그들은 진전이 고르지 않았다고 말했다. 예를 들어, 교육을 받은 미국인들은 개선을 보였지만, 교육을 덜 받은 사람들의 비율은 평탄하지만 감소하지는 않았다. 2014년 자료에 따르면 백인의 경우 새로운 환자 수가 감소하고 있지만, 흑인이나 히스패닉계 둘 다 하락세를 보임에도 불구하고 그 변화는 통계적으로 그들에게 유의미하지 않았다.

해설

④ [문법포인트] 부사절 접속사의 선택 both가 주어이고 show가 동사이므로 전치사가 아닌 절을 이끄는 접속사가 와야 한다. 따라서 despite를 비슷한 의미를 가진 접속사 though나 although로 고쳐야 한다. (despite → though/although)
① [문법포인트] 명사절 접속사의 선택 「배수사 + 명사(구, 절)」 구문으로, '~의 두 배'를 의미하며, it was의 보어가 없는 불완전한 절이므로 명사절 접속사 what이 바르게 쓰였다.
② [문법포인트] 주어 – 동사 수 일치 주어가 The number이므로 동사가 단수 형태여야 한다. 단수 동사인 is가 바르게 쓰였다.
③ [문법포인트] 형용사 vs. 부사 부사인 statistically가 형용사인 significant를 바르게 수식하고 있다.

 ④

6

밑줄 친 부분에 들어갈 말로 가장 적절한 것은?

David Kim: Hi, I want to convert 1,000,000 won to dollars.
Global Bank: Sure. Do you have your transaction ID? The total amount in dollars is approximately $850.
David Kim: Thanks. So, I just need to send 1,000,000 won to my dollar account?
Global Bank: No, there's a fee. For 1,000,000 won, the fee is 10,000 won.
David Kim: Is there a fee for this transaction?
Global Bank: Yes, there is a fee for currency conversion.
David Kim: _____?
Global Bank: It's cheaper to transfer funds using our app yourself than through a person.
David Kim: Good to know. Thanks!

① Does the fee increase with the transaction amount
② Why didn't you mention the transaction fee
③ Is there any way to reduce the fee
④ Do you have an app for me to use

어휘

convert 환전하다 transaction 거래 total 총 approximately 약
account 계좌 fee 수수료 currency conversion 환전
transfer 이체하다 mention 말하다 reduce 줄이다

해설

David Kim: 안녕하세요, 1,000,000원을 달러로 환전하고 싶습니다.
Global Bank: 네. 거래 ID가 있으신가요? 총금액은 달러로 약 850달러입니다.
David Kim: 고맙습니다. 그럼 제 달러 계좌로 1,000,000원을 보내면 되나요?
Global Bank: 아니요, 수수료가 있습니다. 1,000,000원의 경우 수수료는 10,000원입니다.
David Kim: 이 거래에도 수수료가 있나요?
Global Bank: 예, 환전 수수료가 있습니다.
David Kim: 수수료를 줄일 수 있는 방법이 있나요?
Global Bank: 저희 앱을 사용하여 직접 자금을 이체하는 것이 사람을 통하는 것보다 더 저렴합니다.
David Kim: 잘 알겠습니다. 고맙습니다!

① 거래 금액에 따라 수수료가 올라가나요
② 거래 수수료에 대해 왜 언급하지 않으셨나요
④ 제가 사용할 앱이 있나요

 ③

7

Soccer Marathon for a Cause에 관한 다음 글의 내용과 일치하는 것은?

> ### Soccer Marathon for a Cause
>
> Participate in the exciting soccer marathon organized by Riverside Community Center! This event benefits Hope Children's Foundation.
>
> **Event Details:**
> - Date & Time: Sunday, August 15, 4:00 p.m.
> - Location: Riverside Sports Complex
>
> **How to Enter:**
> - Form a team of four players.
> - Contribute a $150 entry fee per team as a donation.
>
> **Activities:**
> - Challenge last year's winning team to a match where the first team to score 5 goals wins.
> - For an additional $30 donation, receive a special coaching session from experienced soccer coaches.
>
> **Note:**
> - All necessary equipment will be provided.
>
> Register now by clicking here!

① 4팀까지만 참여가 가능하다.
② 작년 우승 팀과 경기하여 먼저 5골을 넣으면 이긴다.
③ 150달러를 기부하면 전문 코치들의 수업을 들을 수 있다.
④ 장비는 개별적으로 준비해야 한다.

어휘

cause 대의 organize 조직하다 benefit 도움을 주다
sports complex 스포츠 단지 contribute 기부하다 entry fee 참가료
donation 기부 coaching 지도 session 수업 (시간) equipment 장비

해석

대의를 위한 축구 마라톤

리버사이드 지역사회 센터가 조직한 신나는 축구 마라톤에 참여하세요. 이 행사는 희망 어린이 재단을 돕습니다.

행사 세부사항:
- 일시: 8월 15일 일요일 오후 4시
- 장소: 리버사이드 스포츠 단지

참여 방법:
- 선수 4명으로 구성된 팀을 만드세요.
- 팀당 150달러의 참가비를 기부형식으로 기부하세요.

활동:
- 지난해 우승 팀에게 먼저 5골을 넣는 팀이 이기는 경기에 도전하세요.
- 추가로 30달러를 기부하면 경험 많은 축구 코치로부터 특별 지도 수업을 받습니다.

주의:
- 필요한 모든 장비는 제공됩니다.

여기를 클릭하여 바로 등록하세요!

해설

② <활동>에서 작년 우승 팀과 겨뤄 먼저 5골을 넣으면 이기는 경기에 도전하라고 했으므로 글의 내용과 일치한다.
① <참여 방법>에서 4명의 팀으로 구성하라고 했지 팀의 숫자는 언급되지 않았으므로 글의 내용과 일치하지 않는다.
③ <활동>에서 추가로 30달러를 기부하면 전문 축구 코치들의 특별 지도 수업을 받는다고 했으므로 글의 내용과 일치하지 않는다.
④ <주의>에서 필요한 장비는 모두 제공된다고 했으므로 글의 내용과 일치하지 않는다.

정답 ②

8

주어진 문장 다음에 이어질 글의 순서로 가장 적절한 것은?

> A lawyer's dog, running around town unleashed, heads for a butcher shop and steals a roast.
>
> (A) The butcher goes to the lawyer's office and asks, "if a dog running unleashed steals a piece of meat from my store, do I have a right to demand payment for the meat from the dog's owner?"
> (B) The lawyer, without a word, writes the butcher a check for $8.50. The butcher, having a feeling of satisfaction, leaves. Three days later, the butcher finds a bill from the lawyer: $100 due for a consultation.
> (C) The lawyer answers, "Absolutely." "Then you owe me $8.50. Your dog was loose and stole a roast from me today," says the butcher.

① (A) – (B) – (C)   ② (A) – (C) – (B)
③ (B) – (A) – (C)   ④ (C) – (B) – (A)

어휘

lawyer 변호사 unleash 줄을 풀어주다 head for ~로 향하다
butcher shop 정육점 roast 불고기용 고기 한 점 butcher 정육점 주인
demand 요구하다 payment 변상 check 수표
feeling of satisfaction 만족감 bill 청구서 due 요금 consultation 상담
owe 지불할 의무가 있다 loose 묶여 있지 않은

해석

줄이 풀어진 채 마을을 돌아다니던 변호사의 개가 정육점으로 향했고 불고기용 고기 한 점을 훔친다. (A) 정육점 주인은 변호사의 사무실로 가서 "만약 줄이 풀어진 채 다니던 개가 저의 가게에서 고기 한 덩어리를 훔친다면, 저는 그 개의 주인으로부터 고기에 대한 변상을 요구할 권리가 있나요?"라고 묻는다. (C) 변호사는 "물론입니다."라고 대답한다. "그렇다면 당신은 저에게 8.5달러를 지불할 의무가 있습니다. 오늘 당신의 개가 묶여 있지 않아서 내 고기를 훔쳤습니다."라고 정육점 주인은 말한다. (B) 변호사는 말없이 8.5달러짜리 수표를 써준다. 정육점 주인은 만족감을 가지고 떠난다. 3일 후, 정육점 주인은 변호사로부터 청구서를 받는다: 상담비 100달러이다.

해설

하나의 일화를 순서대로 구성하는 문제이다. 이런 경우 시간의 흐름에 따라서 순서를 결정해야 한다. 먼저 주어진 문장에서는 변호사의 개가 고기를 훔쳤다고 나오므로 정육점 주인이 변호사에게 갔다는 (A)가 먼저 와야 한다. 정육점 주인의 질문에 대답하는 (C)가 그 뒤에 이어져야 하고, 마지막으로 정육점 주인의 요구에 변호사가 수표를 써 주었다는 (B)가 이어져야 한다. 따라서 글의 순서로 가장 적절한 것은 ② (A) - (C) - (B)이다.

정답 ②

9

밑줄 친 부분에 들어갈 말로 가장 적절한 것은?

> Suppose you're playing a coin toss game with a fair coin and you are trying to predict the next outcome, heads or tails, after the coin has been tossed 8 times. Remarkably, the coin has come up heads on each toss, a run of 8 heads. If you're like most people, you'll have a feeling that tails is more likely on the ninth toss and you'd probably even bet some money on the prediction of tails. Another example of this feeling is the common, but incorrect advice about how to gamble: "When you're in Las Vegas and you see a roulette wheel come up with a run of eight reds, bet black. You're sure to win." There is even a rationale for this belief: Nine heads (or reds) in a row is very rare; the odds are strongly against this happening, so if you're looking at 8 in a row, it's very unlikely you'll get 9 in a row. This rationale is an error called the gambler's fallacy — the notion that _____ if they have not occurred for a while.

① gamblers bet on rare events
② events do not flow through series
③ chances of random events mature
④ games tend to be more aggressive

어휘

suppose 가정하다 toss 던지기; 던지다 fair 공정한 predict 예측하다
outcome 결과 heads or tails (동전의) 앞면이냐 뒷면이냐
remarkably 놀랍게도 run 연속 probably 아마도 bet (돈을) 걸다
prediction 예측 common 흔한 incorrect 틀린 gamble 도박하다
rationale 근거 in a row 연달아 rare 드문 odds 가능성
gambler 도박사 fallacy 오류 notion 생각 occur 일어나다
random 무작위의 mature 무르익다 aggressive 공격적인

해석

당신이 만약 공정한 동전을 가지고 동전 던지기 게임을 하고 있고 동전이 여덟 번 던져진 후에 다음 결과가 앞면이냐 뒷면이냐를 예측하려고 하고 있다고 가정하자. 놀랍게도 그 동전은 던질 때마다 앞면이 나왔는데 그것은 연속해서 앞면이 여덟 번 나온 것이다. 대부분의 사람들과 같다면 당신은 아홉 번째 던질 때 동전의 뒷면이 나올 가능성이 더 있다고 느낄 것이고 아마도 동전의 뒷면의 예측에 약간의 돈을 걸기조차 할지도 모른다. 이런 느낌의 또 하나의 예는 도박을 하는 법에 관한 흔하지만 틀린 조언이다: 그것은 "라스베이거스에 가서 룰렛 휠이 연속해서 붉은색이

여덟 번 나오는 것을 볼 때 검은색에 걸어라. 그러면 틀림없이 딸 것이다." 이 믿음에 대한 근거도 있다: 아홉 번의 동전의 앞면 (또는 붉은색)이 연달아 나오는 일은 아주 드물다; 이런 일이 일어날 가능성은 거의 없으므로 여덟 번을 연달아 보고 있다면 아홉 번을 연달아 얻을 가능성은 아주 적다. 이 근거는 도박사의 오류라고 불리는 오류이다 - 그것이 얼마 동안 일어나지 않았다면 그 무작위의 사건이 일어날 가능성이 무르익는다는 생각이다.

① 도박사는 드문 사건에 돈을 건다
② 사건이 연속적으로 흐르지 않는다
④ 게임이 더 공격적으로 되는 경향이 있다

해설

중심 소재는 도박사의 오류이고 주제문은 마지막 문장이다. 동전 던지기 게임에서 동전의 앞면이 여덟 번 연달아 나왔을 때 일반인이라면 아홉 번째는 동전의 뒷면이 나올 것이라고 생각하고, 룰렛 휠에서 붉은색이 여덟 번 연달아 나오면 아홉 번째는 검은색이 나올 것이라고 생각한다고 말한다. 그리고 이는 흔하지만 틀린 오류에는 근거가 있는데 동전 앞면이 아홉 번 연달아 나오는 것은 더 드물기 때문이라는 것이다. 빈칸은 바로 이 근거에 대한 내용이 들어가야 하므로 ③ '그 무작위의 사건이 일어날 가능성이 무르익는다'가 들어가야 한다.

정답 ③

10

다음 글의 제목으로 가장 적절한 것은?

> The customer who went into a retail store owned by an independent businessman was sure to get personal attention: his individual purchase was important to the owner of the store; he was received like somebody who mattered; his wishes were studied; the very act of buying gave him a feeling of importance and dignity. How different is the relationship of a customer to a department store! He is impressed by the vastness of the building, the number of employees, the profusion of commodities displayed; all this makes him feel small and unimportant by comparison. As an individual he is of no importance to the department store. There is nobody who is glad about his coming, and nobody who is particularly concerned about his wishes. The act of buying has become similar to going to the post office and buying stamps.

① Historical Background of Department Store
② A Change in the Position of the Customers
③ Importance and Dignity of Customers in Our Era
④ Understanding Department Store and Its Customers

어휘

retail store 소매점 independent businessman 자영업자
attention 관심 purchase 구매 receive 받아들이다
somebody 대단한 사람 matter 중요하다 dignity 존엄성
vastness 광대함 profusion 풍부함 commodity 상품 display 진열하다
unimportant 하찮은 by comparison 그에 비해
be of no importance 중요하지 않다

be concerned about ~에 관심을 가지다 stamp 우표 era 시대

해석

자영업자들이 소유한 소매점으로 갔던 고객은 분명히 개인적인 관심을 받았다: 그의 개별적인 구매는 그 가게의 주인에게 중요했다; 그는 중요한 대단한 사람처럼 받아들여졌다; 그의 바람들은 연구되었다; 구매하는 바로 그 행위는 그에게 중요성과 존엄성의 느낌을 주었다. 고객과 백화점의 관계는 얼마나 다른가! 그는 건물의 광대함, 직원들의 수, 진열된 상품들의 풍부함에 감동을 받는다; 이 모든 것은 그에 비해 그를 작고 하찮게 느끼게 만든다. 개인으로서 그는 백화점에게 중요하지 않다. 그가 오는 것에 기뻐하는 사람도 없고, 그의 바람들에 특별히 관심을 갖는 사람도 없다. 구매하는 행위는 우체국에 가서 우표를 사는 것과 비슷해졌다.

① 백화점의 역사적인 배경
② 고객의 지위에 있어서의 변화
③ 우리 시대에서 고객의 중요성과 존엄성
④ 백화점과 그 고객들을 이해하기

해설

중심 소재는 소매점과 백화점에서의 소비자 구매이고 How로 시작하는 지문의 두 번째 문장이 주제문이다. 예전에 작은 소매점에서 구매할 때는 구매가 주인에게 중요했으며 구매하는 바로 그 행위는 구매자에게 중요성과 존엄성의 느낌을 주었다고 말한다. 그러나 주제문에서 백화점에서는 얼마나 다른가라고 반문하며 백화점에서의 구매는 구매자에게 아무런 중요성과 존엄성을 주지 못하여 우체국에 가서 우표를 사는 것과 비슷하게 되었다고 말한다. 즉 주제문을 전후로 과거 소매점에 갔던 고객들이 받는 느낌을 설명하고 이와 대비하여 현재 백화점을 가는 고객들의 느낌의 변화를 설명하고 있다. 따라서 글의 제목으로는 ② '고객의 지위에 있어서의 변화'가 가장 적절하다.

정답 ②

DAY 22

2025 이동기 영어 하루 프로젝트

| 01 | ④ | 02 | ③ | 03 | ④ | 04 | ② | 05 | ① |
| 06 | ③ | 07 | ② | 08 | ② | 09 | ① | 10 | ④ |

[1~3] 밑줄 친 부분에 들어갈 말로 가장 적절한 것을 고르시오.

1

The company plans to _____ its new product line next month to capture a larger market share.

① withhold   ② ruin
③ interrupt   ④ launch

어휘

capture 차지하다   market share 시장 점유율   withhold 억누르다
ruin 망치다   interrupt 방해하다   launch 시작하다

해석

그 회사는 더 큰 시장 점유율을 차지하기 위해 다음 달에 새로운 생산 라인을 시작할 계획이다.

정답 ④

2

Some of these metals appear to be _____ in the sense that there are no known substitutes for them in their current functional uses.

① uninterrupted   ② unintentional
③ irreplaceable   ④ irresponsible

어휘

in the sense that ~라는 점에서   substitute 대체물   current 현재의
functional 기능적인   uninterrupted 중단되지 않은
unintentional 고의가 아닌   irreplaceable 대체할 수 없는
irresponsible 무책임한

해석

이러한 금속들 중 일부는 현재 기능적 용도에 있어 알려진 대체물질이 없다는 점에서 대체 불가능한 것으로 보인다.

정답 ③

3

> Researching _____ information before making a decision can lead to more informed and thoughtful choices.
>
> ① quite a few ② a number of
> ③ a variety of ④ a great deal of

어휘

make a decision 결정을 하다   informed 정보에 근거한
thoughtful 사려 깊은   quite a few 상당한   a number of 다수의
a variety of 다양한   a great deal of 다량의

해석

결정을 내리기 전에 다량의 정보를 조사하는 것은 더 정보에 근거하고 사려 깊은 선택으로 이어질 수 있다.

해설

[문법포인트] **명사의 이해** 동명사 researching의 목적어인 information을 수식하는 어구들이 와야 한다. information은 불가산명사로 양을 의미하므로 양을 수식하는 ④ a great deal of가 들어가야 한다. 나머지는 모두 수를 수식하며 복수명사 앞에 쓰인다.

정답 ④

[4~5] 밑줄 친 부분 중 어법상 옳지 않은 것을 고르시오.

4

> Many take ① it for granted that success comes effortlessly, failing to appreciate the dedication required to achieve it. Those who have dedicated themselves ② to master their craft understand the persistence and resilience necessary for excellence. The path to mastery ③ is paved with countless hours of practice, setbacks, and continuous learning, ④ all of which shape a person's journey toward expertise.

어휘

effortlessly 노력하지 않고   appreciate 진가를 알아보다   dedication 헌신
achieve 이루다   craft 기술   persistence 끈기   resilience 회복력
excellence 탁월함   mastery 통달   pave 길을 놓다   practice 연습
setback 퇴보   shape 형성하다   journey 여정   expertise 전문지식

해석

많은 사람들은 성공이 노력하지 않고 온다는 것을 당연시해서 성공을 이루는 데 필요한 헌신의 진가를 알아보지 못한다. 자신의 기술을 완전히 익히기 위해 헌신한 사람들은 탁월함에 필요한 끈기와 회복력을 안다. 통달로 가는 길은 헤아릴 수 없는 시간의 연습과 퇴보, 그리고 계속적인 학습으로 길이 놓이며, 이 모든 것은 전문 지식으로 향하는 한 사람의 여정을 형성한다.

해설

② [문법포인트] **전치사의 목적어** 「dedicate oneself to」는 '~에 헌신하다'는 의미로, 이때 to는 전치사이다. 따라서 목적어로 동명사나 명사가 와야 하므로 동사 master는 동명사 mastering으로 고쳐야 한다. (to master → to mastering)

① [문법포인트] **인칭대명사** 인칭대명사 it이 가목적어로 쓰이고 진목적어로 that절인 that success comes effortlessly가 와서 가목적어와 진목적어가 바르게 쓰였다.

③ [문법포인트] **능동태 vs. 수동태 구분** pave는 타동사인데 목적어가 없이 쓰였고, 주어 The path to mastery와 pave의 관계가 수동이므로 수동태가 바르게 쓰였다.

④ [문법포인트] **관계대명사의 선택** which는 사물인 practice, setbacks, and continuous learning을 선행사로 하는 관계대명사이다. 「all + of + 관계대명사」가 하나의 명사구가 되었으며, 전치사 of의 목적어로 목적격 관계대명사가 바르게 쓰였다.

정답 ②

5

> The euro is a survivor. The new currency, ① bringing into being on January 1st 1999, has defied early critics, who thought it doomed to failure. It has emerged from its turbulent teenage years intact, cheating a near-death experience, the debt crisis of 2009-12. It is now more popular ② than ever with the public. But fundamental tensions attended its birth. If Europe's single currency ③ is to survive a global slowdown or another crisis, it will require a remodelling that politicians seem unwilling or unable ④ to push ahead with.

어휘

survivor 생존자   currency 통화   bring A into being A를 출현시키다
defy 견뎌내다   doom 불행한 운명을 맞이하다   emerge from ~을 벗어나다
turbulent 격동의   intact 온전히   cheat 그럭저럭 넘기다
debt crisis 유럽 국가채무 위기   fundamental 근본적인   tension 갈등
attend 수반하다   slowdown 경기 침체
push ahead with ~을 밀고 나아가다

해석

유로화는 생존자이다. 1999년 1월 1일 출현된 이 새로운 통화는 그것이 실패라는 불행한 운명을 맞이할 것이라고 생각했던 초기의 비평가들을 견뎌냈다. 이것은 2009년부터 12년의 유럽 국가채무 위기 같은 거의 죽을 것 같았던 경험을 그럭저럭 넘기고 격동의 십여 년을 온전히 벗어났다. 유로화는 이제 대중들에게 그 어떤 때보다 더 인기가 있다. 그러나 근본적인 갈등이 이것의 출현부터 수반되었다. 만일 유럽의 단일 통화가 세계적인 경기 침체나 또 다른 위기에서 살아남으려면 정치인들이 밀고 나아가기를 꺼리거나 불가능해 보이는 리모델링이 필요할 것이다.

해설

① [문법포인트] **분사구문** 분사구문인 bringing의 의미상의 주어는 The new currency이다. 이 주어가 출현하게 하는 것이 아닌 출현되는 수동의 의미이므로 과거분사를 이용한 분사구문이 되어야 한다. 또한 타동사 bring의 목적어가 없는 것으로도 과거분사를 이용해야 함을 알 수 있다. (bringing → brought)

② [문법포인트] **비교 구문** 비교급인 more popular 뒤에 비교급 접속사/전치사인 than이 바르게 쓰였다. than ever는 '그 어느 때보다'라는 뜻이다.

③ [문법포인트] **to부정사의 역할** 「be동사+to부정사」의 be to용법은 주로 미래의 일을 의미한다. 여기에서도 앞으로 극복하려는 '의도'의 의미로 be to용법이 바르게 쓰였다.

④ [문법포인트] to부정사의 역할 병렬된 unwilling과 unable은 보통 뒤에 to부정사를 취하는 형용사이므로, to부정사의 부사적 용법이 바르게 쓰였다. '~하기 꺼리거나 불가능한'의 뜻이다. push ahead with는 '~을 밀고 나아가다'라는 뜻으로, with의 목적어는 관계대명사 that이므로 목적어 없이 바르게 쓰였다.

정답 ①

6

밑줄 친 부분에 들어갈 말로 알맞은 것은?

A: George, how is your chicken?
B: My chicken tastes all right, but it is pretty dry. How is your fish?
A: Mine is pretty dry too.
B: It's almost as if this food has been sitting a little too long. It doesn't seem fresh.
A: Yes, it also seems that way to me.
B: I don't usually complain, but I think that _____ _____.
A: I agree. Maybe he can bring us some better food.

① the chef was too busy to take care of our table
② this restaurant was not a good choice
③ we should mention this to the waiter
④ this is the worst restaurant I've ever had

어휘
dry 퍽퍽한 fresh 신선한 complain 불평하다 mention 말하다

해석
A: George, 네 닭요리 어때?
B: 내 닭요리는 맛은 좋은데, 너무 퍽퍽해. 네 생선요리는 어때?
A: 내 것도 역시 너무 퍽퍽해.
B: 거의 이 음식들은 다소 오래된 것 같아. 신선해 보이지 않아.
A: 맞아, 나도 그렇게 보여.
B: 난 보통 불평하지 않지만, 내 생각에 웨이터에게 이걸 말해야 해.
A: 동감이야. 아마 그가 우리에게 더 나은 음식을 가져다줄지도 몰라.

① 요리사가 너무 바빠 우리 테이블을 신경 쓰지 못했어
② 이 식당은 좋은 선택이 아니었어
④ 여기는 내 생애의 최악의 식당이야

정답 ③

7

다음 글의 목적으로 가장 적절한 것은?

To: City Traffic Department
From: Michael Carter
Date: August 4
Subject: Request for Additional Charging Stations for Electric Cars

Dear City Traffic Department,

I trust this email finds you well. As a concerned citizen and advocate for sustainable transportation, I am writing to bring to your attention the growing need for additional charging stations for electric cars in our public parking lots.

The transition to electric vehicles is steadily increasing, and as a result, there is a high demand for accessible charging infrastructure. Currently, the limited number of charging stations available in our public parking lots often leads to congestion for electric car owners.

To alleviate this issue and encourage the adoption of electric vehicles, I urge the City Traffic Department to consider the installation of more charging stations across our city's parking facilities. By expanding the availability of charging infrastructure, we can support the transition to cleaner transportation options and contribute to a more sustainable future for our city.

Thank you for your attention to this matter.

Sincerely yours,
Michael Carter

① 공용 주차장 확장을 건의하려고
② 전기차 충전소 숫자를 늘릴 것을 요청하려고
③ 친환경 자동차 선택에 대한 혜택을 요청하려고
④ 공공 기관의 친환경 자동차 사용을 건의하려고

어휘
charging station 충전소 concerned 관심 있는 advocate 지지자
sustainable 지속 가능한 transportation 교통수단 parking lot 주차장
transition 전환 steadily 꾸준히 accessible 사용하기 쉬운
infrastructure 기반 시설 congestion 혼잡 alleviate 완화하다
adoption 채택 urge 촉구하다 installation 설치 facility 시설
availability 이용 가능성

해석
수신인: 시 교통부
발신인: Michael Carter
날짜: 8월 4일
제목: 전기차를 위한 추가적인 충전소 요청

시 교통부에게,

건강하시길 기원합니다. 지속 가능한 교통수단에 관심 있는 시민이자 지지자로서 저는 우리의 공공 주차장에 전기차를 위한 추가적인 충전소의 커지고 있는 필요성에 당신이 관심을 가지시도록 글을 씁니다.

전기차로의 전환이 꾸준히 증가하고 있고, 그 결과 사용하기 쉬운 충전 기반 시설에 대한 높은 수요가 있습니다. 현재 우리 공공 주차장에 있는 한정된 수의 이용 가능한 충전소가 전기차 소유주들의 혼잡으로 이어집니다.

이 문제를 완화하고 전기차 채택을 장려하기 위해 저는 시 교통부가 우리 시의 주

차 시설들에 더 많은 충전소의 설치를 고려할 것을 촉구합니다. 충전 기반 시설의 이용 가능성을 확장함으로써 우리는 더 깨끗한 운송 수단 옵션으로의 전환을 지원하고 우리 시의 더 지속 가능한 미래에 기여할 수 있습니다.

이 문제에 대한 귀하의 관심에 감사드립니다.

진심을 담아,
Michael Carter

해설
메일을 쓰는 목적은 먼저 제목에서 파악할 수 있다. 제목의 추가적인 충전소 요청이라는 것과 메일 본문의 두 번째 문장에서 추가적인 충전소의 증가하는 필요성을 이야기하고 있으므로 이 글의 목적은 ② '전기차 충전소 숫자를 늘릴 것을 요청하려고'이다.

정답 ②

8
다음 글의 주제로 가장 적절한 것은?

> For a long time, anthropologists believed that all human societies would progress through a known series of phases of evolution; this was the concept of unilineal, or one-way social evolution. The stages were Savagery (marked by simple, low-population societies with low-grade technologies), Barbarism (marked by slightly more complex, medium-population societies with medium-grade technologies), and Civilization (marked by massive populations and high technologies). But anthropology and archaeology have shown that this hierarchy just isn't true. Modern traditional Arctic people continue to forage for their daily subsistence and keep their populations low, and their society has evolved into a full-blown civilization. Because some societies actually did go from foraging to farming, you may be inclined to think that every society should. The truth is that not all societies progress the same way.

① mutual exchanges between local civilizations
② limitations of existing theories on the social evolution
③ conditions necessary for the evolution of society
④ reasons for the fall of ancient civilizations

어휘
anthropologist 인류학자   progress 진보하다   phase 단계
evolution 진화   unilineal 한쪽 혈통의   savagery 미개   barbarism 야만
slightly 약간   complex 복잡한   civilization 문명   massive 거대한
anthropology 인류학   archaeology 고고학   hierarchy 위계
Artic 북극의   forage 식량을 찾아다니다   subsistence 생계
evolve 진화하다   full-blown 완전히 발달한
be inclined to ~하고 싶어지다

해석
오랫동안 인류학자들은 모든 인간 사회가 잘 알려진 진화의 연속적 단계를 통하여 진보한다고 믿었다; 이것은 한쪽 혈통의 또는 한 방향으로의 사회 진화론적 개념이었다. 그 단계는 낮은 수준의 기술을 지닌, 단순한 저 인구 사회로 특징지어지는 '미개', 약간 더 복잡하고, 중간 수준의 기술을 지닌 중간 규모의 인구 사회로 특징지어지는 '야만', 그리고 거대 인구와 고도의 기술로 특징지어지는 '문명'이었다. 그러나 인류학과 고고학은 이러한 위계가 사실이 아니라는 것을 보여주었다. 오늘날의 전통적인 북극 지방 사람들은 여전히 그들의 매일의 생계를 위해 식량을 찾아다니고, 인구 밀도를 낮게 유지하고, 그들의 사회는 완전히 발달한 문명으로 진화했다. 실제로 일부 사회가 식량을 찾아다니는 단계에서 농경으로 전이했기 때문에 당신은 모든 사회가 그러해야 한다고 생각하고 싶을지 모른다. 사실은 모든 사회가 같은 방식으로 진보되는 것은 아니다.

① 지역 문명 간의 상호 교환
② 사회 진화에 관한 현존 이론의 한계
③ 사회 진화에 필요한 조건
④ 고대 문명의 몰락의 이유

해설
중심 소재는 사회 진화이고 주제문은 마지막 문장으로 모든 사회가 같은 방식으로 진보하지 않는다고 말한다. 먼저 인류학자들은 사회가 단계를 거쳐 가면서 진화한다고 생각했지만 그게 아니라는 것을 인류학, 고고학이 보여주었다고 말하고 현재의 북극 일부 사람들은 완전히 발달한 문명화된 사회에서 살지만, 여전히 수렵채집 생활을 한다고 말한다. 즉 단계를 거친다는 이론과는 다른 현상이다. 따라서 이 글의 주제로는 ② '사회 진화에 관한 현존 이론의 한계'가 가장 적절하다.

정답 ②

9
밑줄 친 부분에 들어갈 가장 적절한 것은?

> The trend to more and more thinness as an ideal has coincided with the rise of women as an economically powerful group. There are more young, single women with "disposable income" to spend money on themselves. They are ready to spend on their body, because they easily feel that they are "losing their looks" through drudgery and age. The easiest way to sell people something is to convince them they need it, so the advertisements insult the most common shape of women as unsightly or unwanted. Not much money can be made by telling women there isn't anything wrong with them and they don't need to buy anything to fix it. So the "You're too fat" message is _____.

① not fact but marketing
② improving women's self-image
③ causing women to gain weight
④ based on genuine health concerns

어휘
thinness 마름   ideal 이상   coincide with ~와 동시에 일어나다
disposable income 가처분소득   look (pl.) 외모   drudgery 고된 일
convince 설득시키다   advertisement 광고   insult 모욕하다
unsightly 보기 흉한   unwanted 바람직하지 않은   improve 개선하다
self-image 자아상   gain weight 체중이 늘다   genuine 진정한
concern 관심사

해석

점점 더 마른 것이 이상적인 것이 되는 추세는 경제적으로 영향력 있는 집단으로서의 여성의 부상과 동시에 일어났다. 자신을 위해 수입을 쓸 수 있는 '가처분소득'을 가진 젊고 미혼인 더 많은 여성들이 있다. 그들은 그들의 신체를 위해 소비할 준비가 되어 있는데, 왜냐하면 그들은 고된 일과 나이로 인해 '그들의 외모를 잃어 가는' 중이라고 쉽게 느끼기 때문이다. 사람들에게 어떤 것을 파는 가장 쉬운 방법은 그들에게 이것이 필요하다고 설득하는 것이어서, 광고들은 대부분 여성의 보통의 체형을 보기가 흉하거나 바람직하지 않은 것으로 모욕한다. 여성들에게 문제가 아무것도 없으며, 고치기 위해 아무것도 살 필요가 없다고 말하는 것으로는 많은 돈을 벌 수 없다. 그래서 "당신은 너무 뚱뚱해."라는 메시지는 <u>사실이 아니라 단지 마케팅</u>이다.

② 여성의 자아상을 개선하는 것
③ 여성이 체중이 늘어나게 하는 것
④ 진정한 건강 관심사에 근거를 둔 것

해설

중심 소재는 마케팅이고 빈칸이 있는 문장이 주제문이다. 마른 것이 이상화되는 추세는 여성이 자신의 몸에 돈을 쓸 수 있는 경제력을 갖춤과 동시에 일어났다고 한다. 이후 판매를 위해 광고는 여성의 일반적인 체형을 흉하다고 모욕한다고 말한다. 여성에게 문제가 없다고 말하면 돈을 벌 수 없기 때문이라고 말한다. 따라서 "당신은 너무 뚱뚱해"라고 말하는 것은 광고를 통해 여성들의 소비를 늘리기 위한 하나의 마케팅이므로 빈칸에는 ①의 '사실이 아니라 단지 마케팅'이 들어가야 한다.

정답 ①

10

주어진 문장이 들어갈 위치로 가장 적절한 것은?

> Rather, waves fill regions of space, and their evolutions in time are not described by simple trajectories.

Broadly speaking, a wave is a disturbance that propagates through space. (①) Most waves move through a supporting medium, with the disturbance being a physical displacement of the medium. (②) The time dependence of the displacement at any single point in space is often an oscillation about some equilibrium position. For example, a sound wave travels through the medium of air, and the disturbance is a small collective displacement of air molecules — individual molecules oscillate back and forth as the wave passes. (③) Unlike particles, which have well-defined positions and trajectories, waves are not localized in space. (④) Nevertheless, some waves are more localized than others, and so it is useful to distinguish two broad classes.

* disturbance: 외란(外亂): 제어의 상태를 교란시키도록 하는 외적 작용
* oscillation: 진동

어휘

rather 더 정확히 말하자면　trajectory 궤적　broadly speaking 대체적으로
propagate 널리 퍼지다　medium 매질(媒質)
displacement 변위(變位): 위치의 변화량
time dependence 시간 의존성　equilibrium 평형　molecule 분자
oscillate 진동하다　back and forth 이리저리　particle 입자
well-defined 명확한　localize 국한시키다　distinguish 구별하다
broad 넓은　class 부류

해석

대체적으로 파동은 공간을 통해 널리 퍼지는 외란(外亂)이다. (①) 대부분의 파동은 그 외란이 매질의 물리적 변위(變位)를 야기하면서 보조 매질을 통해 이동한다. (②) 공간에 있는 한 점에서의 변위의 시간 의존성은 흔히 어떤 평형 위치에 관한 진동이다. 예를 들어, 음파는 공기 매질을 통해 이동하는데, 그때의 외란은 공기 분자들의 소규모 집단적 변위이다 — 즉, 파동이 지나갈 때 개개의 분자들이 이리저리 진동하는 것이다. (③) 명확한 위치와 궤적을 가진 입자들과 달리, 파동은 공간에 국한되지 않는다. (④) <u>더 정확히 말하자면, 파동은 공간을 메우므로 시간에 따른 파동의 전개는 단순한 궤적들에 의해 설명되지 않는다.</u> 그럼에도 불구하고 몇몇 파동들은 다른 것들보다 더 국한되므로 두 가지 넓은 부류로 구별하는 것이 유용하다.

해설

중심 소재는 파동이다. 주어진 문장의 Rather는 '더 정확히 말하자면'이라는 의미로 앞의 내용을 좀 더 정확하게 수정하는 경우에 사용될 수 있는 접속사이다. 주어진 문장에서는 파동은 공간을 채우며 시간이 지남에 따라 그것이 진화하게 되면 단순한 궤적으로는 설명되지 않는다고 말한다. 따라서 이 글의 앞 문장에서는 이와 비슷한 좀 더 일반적인 내용이 와야 함을 유추할 수 있다. 앞선 문장에서 ④의 앞에서는 정해진 위치와 궤적을 가진 입자와는 달리 파동은 공간에 국한되지 않는다고 말한다. 주어진 문장은 이 내용에 대해 좀 더 정확한 정보를 덧붙이는 부연 설명이므로 정답은 ④에 오는 것이 적합하다.

정답 ④

DAY 23

01	③	02	③	03	①	04	②	05	③
06	①	07	③	08	①	09	①	10	③

[1~3] 밑줄 친 부분에 들어갈 말로 가장 적절한 것을 고르시오.

1

> Given the circumstances, it seemed _____ to postpone the event until a later, more suitable time. This allows for better preparation and a smoother execution.

① irrational ② theoretical
③ reasonable ④ voluntary

어휘

given ~을 고려하면   circumstance (pl.) 상황   postpone 연기하다
suitable 적합한   allow for ~을 가능하게 하다   preparation 준비
smooth 원활한   execution 실행   irrational 비이성적인
theoretical 이론적인   reasonable 합당한   voluntary 자발적인

해석

상황을 고려해보면, 후에 더 적합한 때까지 행사를 연기하는 것이 합당한 것 같았다. 이것은 더 나은 준비와 더 원활한 실행을 가능하게 한다.

정답 ③

2

> The leadership of the republic considered the political protest to be a threat to the state. The young people's demonstration was mercilessly _____ by the police and special units using clubs and dogs.

① relieved ② fortified
③ suppressed ④ encouraged

어휘

leadership 지도부   political 정치적인   protest 시위   threat 위협
state 국가   demonstration 데모   mercilessly 무자비하게   club 곤봉
relieve 완화하다   fortify 강화하다   suppress 진압하다
encourage 격려하다

해석

그 공화국의 지도부는 그 정치적인 시위를 국가에 대한 위협으로 여겼다. 젊은이들의 데모는 곤봉과 개를 사용하는 경찰과 특수팀에 의해 무자비하게 진압되었다.

정답 ③

3

> His colleagues found it natural _____ on leadership roles due to his strong communication skills and ability to inspire others.

① for him to take ② him to take
③ for him taking ④ he to take

어휘

colleague 동료   natural 당연한   communication 의사소통   ability 능력
inspire 고무시키다

해석

그의 동료들은 그의 강한 의사소통 기술과 다른 사람들을 고무시키는 능력으로 그가 지도자의 역할을 맡는 것을 당연하다고 여겼다.

해설

[문법포인트] 인칭대명사 / 준동사의 형태 변화 5형식 동사 find의 목적어로 가목적어 it, 목적격보어 natural이 왔으므로 진목적어가 들어가야 할 자리이다. 진목적어로는 to부정사나 명사절이 쓰이므로 to부정사가 와야 한다. 또한 to부정사의 의미상 주어는 일반적으로 「for + 목적격」으로 나타낸다. 따라서 ① for him to take가 들어가야 한다.

정답 ①

[4~5] 밑줄 친 부분 중 어법상 옳지 않은 것을 고르시오.

4

> Since TV commercials became common, symbols ① have become important elements in the language of advertising, not so much because they carry meanings of their own, ② or because we bring meaning to them. One example ③ is provided by the campaign ④ begun in 1978 by Somerset Importers for Johnnie Walker Red Scotch. Their agency produced ads that made heavy use of the color red.

어휘

commercial 상업 광고   symbol 상징   element 요소   advertising 광고
carry 가지고 있다   campaign 광고   agency 광고대행사

해석

텔레비전 상업 광고가 흔해진 후로, 상징은 광고 언어의 중요한 요소가 되었는데, 그것은 상징이 그 자체로 의미를 가지고 있기 때문이라기보다, 우리가 그것에 의미를 부여하기 때문이다. 한 예는 1978년에 서머셋 수입업자들이 조니워커 레드 스카치를 위해 시작한 캠페인에 의해 제공된다. 그들의 광고대행사는 빨간색을 많이 사용한 광고를 제작했다.

해설

② [문법포인트] 비교 사용 표현 「not so much A as B」는 'A라기보다는 오히려 B이다'라는 의미의 비교 사용 표현이다. A와 B에 두 개의 because절을 사용하였다. 따라서 or는 as로 고쳐야 한다. (or because → as because)

① [문법포인트] 완료시제 「since + 과거 시점」은 현재완료와 자주 쓰이는 표현이므로 현재완료 have become이 바르게 쓰였다.

③ [문법포인트] 능동태 vs. 수동태 구분 문장의 동사는 begun이므로 One example을 수식하는 분사가 와야 한다. provide는 타동사인데 목적어가 없으며, One example과 provide의 관계가 수동이므로 수동태로 바르게 쓰였다.
④ [문법포인트] 현재분사 vs. 과거분사 the campaign을 수식하는 과거분사 begun이 바르게 쓰였다. begin은 자동사 타동사가 모두 가능한데 광고가 시작하는 것이 아니라 시작되었다는 의미이여야 하므로 타동사형의 과거분사가 바르게 쓰였다.

5

Those who made to-do lists before bed ① were able to fall asleep nine minutes faster than those who wrote about past events. The quality of the lists mattered, too; the more tasks and ② the more specific the to-do lists were, the faster the writers fell asleep. The study authors figure that writing down future tasks ③ unloading the thoughts, so you can stop ④ turning them over in your mind.

어휘
to-do list 해야 할 일의 목록   matter 중요하다   specific 구체적인
figure 생각하다   unload 덜다   turn ~ over ~을 곰곰이 생각하다

해석
해야 할 일의 목록을 잠자리에 들기 전에 만드는 사람들은 지나간 일에 관해 쓰는 사람들보다 9분 더 빨리 잠들 수 있었다. 목록의 질 또한 중요했는데; 과업이 더 많고 해야 할 일의 목록이 더 구체적일수록, 글을 쓴 사람들은 더 빨리 잠들었다. 그 연구의 저자들은 미래의 과업을 적으면 생각을 덜게 되므로 여러분이 그것을 곰곰이 생각하는 것을 멈출 수 있다고 생각한다.

해설
③ [문법포인트] 문장의 구성 that절의 주어는 writing down future tasks인데 동사가 없다. 문맥상 unloading을 동사로 바꾸어 주어야 한다. 주어가 동명사이고 시제가 현재이므로 unloading은 unloads로 고쳐야 한다. (unloading → unloads)
① [문법포인트] 주어 - 동사 수 일치 주어가 Those로 복수이므로 복수 동사 were가 바르게 쓰였다.
② [문법포인트] 비교 사용 표현 「The 비교급, the 비교급」으로 the more가 수식하는 specific과 함께 바르게 쓰였다. be동사 were의 보어이어야 하므로 형용사인 specific의 비교급인 것도 바르다.
④ [문법포인트] 완전타동사와 동작의 목적어 / 형용사 vs. 부사 '~하는 것을 멈춘다'는 의미가 되어야 하므로 stop의 목적어로 동명사 형태가 바르게 왔다. turn over는 「타동사 + 부사」의 타동사구이다. 이때 목적어가 대명사이면 반드시 타동사와 부사의 사이에 위치해야 하므로 turning them over가 바르게 쓰였다.

정답 ③

6

밑줄 친 부분에 들어갈 말로 가장 적절한 것은?

A: Hello, Professor. I'm keen on enrolling in your course.
B: What's the matter?
A: I really want to take your course, but it looks like I can't enroll.
B: _____!
A: Is there any chance you could increase the enrollment limit?
B: I'll check into it. I can't guarantee anything, though.
A: Thank you so much.

① It's possible that the course is already full
② There is a chance for my course to be canceled
③ The number of courses openning this semester increased.
④ You should work hard and stay committed

어휘
enroll 등록하다   course 강의   be keen on 간절히 ~하고 싶어하다
increase 늘이다   enrollment 등록   limit 제한   check into ~을 확인하다
guarantee 보증하다   cancel 취소하다   semester 학기
committed 전념하는

해석
A: 안녕하십니까, 교수님? 저는 교수님의 강의를 간절히 등록하고 싶습니다.
B: 문제라도 있나?
A: 저는 정말 강의를 수강하고 싶은데, 등록할 수 없어 보입니다.
B: 강의가 이미 꽉 찼을 가능성이 있지!
A: 등록 한도를 늘릴 가능성이 있을까요?
B: 네가 확인해 보겠네. 하지만 보증할 수는 없어.
A: 정말 감사합니다.

② 내 강의가 취소되었을 가능성이 있지
③ 이번 학기에 시작되는 강의의 수는 늘었지
④ 열심히 공부해야 하고 계속 전념해야만 해

7

TOPIK에 관한 다음 글의 내용과 일치하지 않는 것은?

TOPIK

The Test of Proficiency in Korean (TOPIK) is a widely recognized language proficiency test designed for non-native speakers wishing to assess their Korean language skills. Administered by the National Institute for International Education (NIIED), TOPIK is held multiple times a year and is available both within Korea and internationally. The test is divided into two levels: TOPIK I, which covers basic language skills, and TOPIK II, which assesses intermediate to advanced proficiency. It evaluates listening, reading, and writing abilities in Korean, providing a comprehensive measure of a candidate's command of the language. TOPIK scores are often required for university admissions, employment, and visa applications in Korea, making it an essential credential for foreigners aiming to integrate more fully into Korean society.

① It assesses non-native speakers' Korean language skills.
② It is often essential for university admissions and employment in Korea.
③ It is administered exclusively in Korea six times a year.
④ It evaluates listening, reading, and writing abilities in Korean.

8
다음 글의 제목으로 가장 적절한 것은?

The human brain wants to stay where it is, in the comfort zone. If we stay in our comfort zone, we don't have to struggle to survive. We minimize the risk to our survival by staying where we know we are safe. I often explain to my MBA students that the reason they take the same seat in class every week is that we are, at our core, instinctual animals. Once we have chosen a seat and made it through class safely without being attacked, the part of our brain responsible for our survival tells us that our best option is to repeat that behavior, because in a way it is the most economical use of our energy. As part of its strategy for survival, our brain wants to conserve energy, so once we sit in a particular spot and know that it's safe, we will subconsciously want to sit there every time and avoid having to reevaluate the safety of a new spot.

① Humans' Survival Strategy: Sticking to Where We Feel Safe
② Comfort Zone: A Fundamental Limitation on Our Ability
③ Brain's Role as an Efficient Regulator of Instinct
④ How to Use a Brain to Its Maximal Capacity

해설

중심 소재는 안락 구역이고 주제문은 첫 번째 문장으로 인간의 뇌는 안락 구역에 머물기를 원한다고 한다. 두 번째와 세 번째 문장에서 안락 구역을 부연 설명하고, 이어 수업 시간에 항상 같은 자리에 앉는 것을 예로 들어 설명하는데 인간은 생존을 위해 에너지를 보존하길 원해서 한 번 안전하다고 판단되면 계속 그 자리를 고집한다고 한다. 왜냐하면 다른 자리에 앉아 안전성을 재평가해서 에너지를 낭비하는 것을 막을 수 있기 때문이라고 말한다. 따라서 이 글의 주제로는 ① '인간의 생존 전략: 우리가 안전하다고 느끼는 장소 고수하기'이다.

정답 ①

9

주어진 글 다음에 이어질 글의 순서로 가장 적절한 것은?

> A 2006 study in the *Journal of Experimental Social Psychology* tested subjects on their ability to detect a lie. Subjects in a negative mood from watching a sad film were far more likely to detect lies than those in a good mood from watching a comedy clip.

> (A) In other words — and, really, this is kind of a bummer — you're a better human lie detector when you're not happy.
> (B) The conclusion? Being in a bad mood increased judges' skepticism toward the targets and improved their accuracy in detecting deceptive communications, while judges in a positive mood were more trusting and gullible.
> (C) It doesn't end there. According to pair of studies, feeling happy can decrease, and feeling bad can increase, our accuracy as eyewitnesses, our ability to communicate strategically (like when we're trying to persuade), and our likelihood to avoid errors in judgment.

① (B) – (A) – (C)
② (B) – (C) – (A)
③ (C) – (A) – (B)
④ (C) – (B) – (A)

어휘

experimental 실험의   subject 피실험자   detect 탐지하다   clip 영상
in other words 다른 말로 하면   bummer 실망스러운 일
lie detector 거짓말 탐지기   judge 판단자   skepticism 회의감
accuracy 정확성   deceptive 기만의   trusting 남을 잘 믿는
gullible 속기 쉬운   eyewitness 목격자   strategically 전략적으로
persuade 설득하다   likelihood 가능성   avoid 피하다   judgement 판단

해석

<실험 사회 심리학> 저널의 2006년의 한 연구는 피실험자의 거짓말 탐지 능력을 조사했다. 슬픈 영화를 보고 부정적인 기분에 있는 피실험자들이 코미디 영상을 보고 좋은 기분에 있는 피실험자들보다 거짓말을 탐지할 가능성이 훨씬 더 높았다. (B) 결론이 무엇이냐고? 나쁜 기분에 있는 것은 목표 인물에 대한 판단자의 회의감을 증가시켰고 기만적인 의사소통을 탐지하는 데 있어서의 정확성을 증가시킨 반면, 긍정적인 기분인 판단자는 더 남을 잘 믿고 속기 쉬웠다. (A) 다른 말로 하면 — 그리고 정말 좀 실망스러운 일인데 — 당신은 행복하지 않을 때 더 나은 인간 거짓말 탐지기가 된다. (C) 여기서 끝이 아니다. 몇몇 연구에 따르면 목격자로서 우리의 정확성, (우리가 설득하려 노력하는 경우와 같이) 전략적으로 의사소통하는 우리의 능력, 그리고 판단에서의 실수를 피할 우리의 가능성을, 행복한 기분은 감소시킬 수 있고, 나쁜 기분은 증가시킬 수 있다.

해설

주어진 문장에서 부정적인 감정일 때 긍정적인 감정일 때보다 더 거짓말을 잘 탐지할 가능성이 있다는 실험을 소개하고 있다. 이어 그 결과를 묻는 (B)가 이어져야 한다. 부정적일 때 판단자가 정확해져 거짓말을 더 잘 탐지한다고 말한다. 이어 In other words로 시작하여 이를 다른 말로 설명하는 (A)가 이어져야 한다. 이어 It doesn't end there.로 거짓말 탐지 외에 실험과 관련된 추가적인 정보를 제공하는 (C)가 이어져야 한다. 따라서 주어진 글에 이어질 글의 순서로는 ① (B) – (A) – (C)가 가장 적절하다.

정답 ①

10

글의 흐름상 가장 어색한 것은?

> According to government figures, the preponderance of jobs in the next century will be in service-related fields, such as health and business. ① Jobs will also be plentiful in technical fields and in retail establishments, such as stores and restaurants. ② The expansion in these fields is due to several factors: an aging population, numerous technical breakthroughs, and our changing lifestyles. ③ However, people still prefer the traditional types of jobs which will be highly-paid in the future. ④ So the highest-paying jobs will go to people with degrees in science, computers, engineering, and health care.

어휘

figure 수치   preponderance 우세함   plentiful 풍부한
retail establishment 소매점   expansion 팽창   breakthrough 혁신
degree 학위   engineering 공학   health care 의료 서비스

해석

정부가 내놓은 수치에 따르면, 다음 세기에 우세할 직업군은 건강과 경영과 같은 서비스 관련 분야가 될 것이다. ① 기술 관련 분야나 가게, 식당과 같은 소매점에의 일자리 또한 풍부할 것이다. ② 이러한 분야의 팽창은 몇 가지 요인 때문이다: 노령화되는 인구, 다양한 기술 혁신 그리고 변화하는 우리의 생활양식이 거기에 속한다. ③ 그러나 사람들은 여전히 앞으로 높은 급여를 받게 될 전통적인 유형의 직업을 선호한다. ④ 그래서 가장 높은 급여를 받는 직업들은 과학, 컴퓨터, 공학, 그리고 의료 서비스 학위를 가진 사람들에게 갈 것이다.

해설

중심 소재는 다음 세기에 우세할 직업군이다. 주제문인 첫 번째 문장에서 우세할 직업군은 서비스 분야라고 말하고 ①에서는 소매점에서의 일자리가 증가할 것을 언급하고, ②에서는 서비스 분야 일자리가 증가하게 되는 요인을, ④에서는 그로 인한 결과로 서비스 분야에서 높은 급여를 받을 직업에 대해 언급하고 있다. 그러나 ③은 일반적인 사람들은 전통적 유형의 일을 선호한다는 내용으로 중심 소재와는 관련이 없는 정보이다.

정답 ③

DAY 24

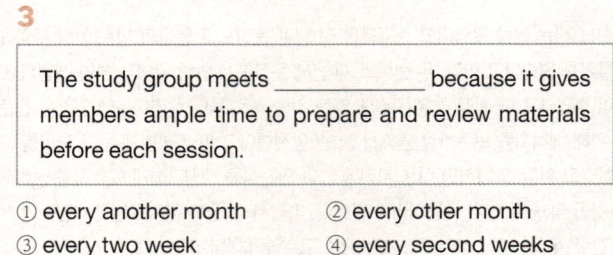

| 01 | ③ | 02 | ② | 03 | ② | 04 | ④ | 05 | ④ |
| 06 | ③ | 07 | ③ | 08 | ① | 09 | ④ | 10 | ① |

[1~3] 밑줄 친 부분에 들어갈 말로 가장 적절한 것을 고르시오.

1

> To enhance efficiency, we must _____ all available tools and technologies effectively in our operations.

① seal
② suspend
③ utilize
④ inhibit

어휘

enhance 높이다   efficiency 효율성   available 이용 가능한
effectively 효과적으로   operation 작업   seal 봉하다   suspend 연기하다
utilize 활용하다   inhibit 억제하다

해석

효율성을 높이기 위해 우리는 우리의 작업에서 이용 가능한 모든 도구와 기술을 효율적으로 활용해야 한다.

정답 ③

2

> I'll get to _____ my interview skills and recast myself in the marketplace so I can finally shape what I do, and get paid what I'm worth.

① make up to
② brush up on
③ steer clear of
④ come up with

어휘

get to ~할 기회를 가지다   recast 재조명하다   marketplace 시장
shape 구체화하다   make up to ~에게 아첨하다
brush up on ~을 다시 연마하다   steer clear of ~을 피하다
come up with ~을 제안하다

해설

마침내 내가 하는 일을 구체화하고 내 가치에 맞는 대가를 받을 수 있도록 나는 면접 기술을 다시 연마하고 시장에서 나를 재조명할 기회를 가질 것이다.

정답 ②

3

> The study group meets _____ because it gives members ample time to prepare and review materials before each session.

① every another month
② every other month
③ every two week
④ every second weeks

어휘

ample 충분한   session 활동

해석

스터디 그룹은 매 활동 전에 구성원들에게 자료를 준비하고 검토할 충분한 시간을 주기 때문에 격월로 만난다.

해설

[문법포인트] 부정대명사 '매 ~마다'를 표현하기 위해서는 「every+기수+복수명사」 혹은 「every+서수+단수명사」의 형태로 쓰인다. 그리고 격일, 격월, 격년 등을 의미할 때는 other를 써서 every other day, every other month, every other year처럼 쓸 수 있다. 따라서 빈칸에는 ② every other month가 들어가야 한다.

정답 ②

4

밑줄 친 부분 중 어법상 옳은 것은?

> A number of challenges facing environmental sustainability ① await for urgent attention from global leaders. Addressing climate change, biodiversity loss, and resource depletion among ② other issue demands immediate action. The time when nations can delay impactful measures to mitigate these threats ③ are running out. Bold and collaborative efforts are essential to secure a sustainable future ④ for generations to come.

어휘

challenge 난제   sustainability 지속 가능성   await 기다리다
urgent 긴급한   attention 관심   biodiversity 생물 다양성   resource 자원
depletion 고갈   immediate 즉각적인   impactful 매우 효과적인
measure 조치   mitigate 완화시키다   run out 다 되다   bold 대담한
collaborative 협력적인   secure 보호하다

해석

환경의 지속 가능성에 직면한 수많은 난제들이 전 세계 지도자들의 긴급한 관심을 기다리고 있다. 다른 문제 중에서 기후변화, 생물 다양성 손실, 자원 고갈을 다루는 것은 즉각적인 행동을 요구한다. 국가들이 이러한 위협을 완화시킬 매우 효과적인 조치를 미룰 수 있는 시간은 다 되어간다. 대담하고 협력적인 노력이 다가올 세대를 위한 지속 가능한 미래를 보호하는 데 중요하다.

해설

④ [문법포인트] 준동사의 형태 변화 to come의 의미상의 주어로 for generations가 바르게 쓰였다.

① [문법포인트] 완전타동사 await는 완전타동사로 전치사 없이 바로 목적어를 취해야 한다. 따라서 await for는 await로 고쳐야 한다. (await for → await)
② [문법포인트] 부정대명사 전치사 among 뒤에는 항상 복수명사가 와야 한다. 또한 other가 형용사적으로 쓰일 때 뒤에는 가산명사의 복수형이 온다. 따라서 단수 issue는 복수 issues로 고쳐야 한다. (other issue → other issues)
③ [문법포인트] 주어 – 동사 수 일치 are의 주어는 The time으로 단수형이다. 따라서 동사도 단수형인 is로 고쳐야 한다. (are running out → is running out)

정답 ④

5
밑줄 친 부분 중 어법상 옳지 않은 것은?

Most of the learning goals of clinical medicine ① are the ability to interact effectively with patients and other medical colleagues. Thus, a medical student might be graded on his/her ability to be personable and could be graded down in this area if he/she ② were considered rude or difficult to interact with. A student in entry level science courses is responsible for mastering academic skills and content. And no matter ③ how rude or difficult this person is, he/she should not be graded down because of it. On the other hand, a student in a course ④ which one of the learning goals is the ability to work and create knowledge in collaboration with other students, might be graded on his/her ability to collaborate.

어휘
clinical medicine 임상의학   interact 소통하다   effectively 효과적으로
colleague 동료   grade 점수를 매기다   personable 매력적인
grade down ~의 점수를 깎다   entry 초급   master 숙달하다
academic 학문적인   in collaboration with ~와 협력하여
collaborate 협력하다

해석
임상의학의 학습 목표 중 대부분은 환자와 다른 의료계 동료들과 효과적으로 소통하는 능력이다. 따라서 의과대 학생은 그/그녀의 매력적일 수 있는 능력에 대해 점수가 매겨질 수 있고 만일 그/그녀가 무례하거나 소통하기 어렵다고 여겨지면 이 영역에서 점수가 깎일 수 있다. 초급 수준의 과학 강의를 듣는 학생은 학문적 기술과 내용을 숙달할 책임이 있다. 그리고 아무리 이 사람이 무례하거나 까다로운 사람이라 해도 그/그녀는 그것으로 점수가 깎여서는 안 된다. 다른 한편으로는 학습 목표 중 하나가 다른 학생들과 협력하여 일하고 지식을 창조하는 강의를 듣는 학생은 그/그녀의 협동하는 능력으로 점수가 매겨질 수 있다.

해설
④ [문법포인트] 관계부사 which 이하의 절이 완전하고 선행사가 a course이므로 상황, 영역 등에 어울리는 관계부사 where로 고쳐야 한다. (which → where)
① [문법포인트] 주어 – 동사 수 일치 most는 부분사이므로 of 뒤의 명사에 수 일치를 해야 한다. goals가 복수이므로 복수 동사 are가 바르게 쓰였다.
② [문법포인트] 기본 가정법 가정법 과거 구문으로 주절의 조동사의 과거형 (might)이 바르게 왔으며, 조건절의 be동사의 과거형 were가 바르게 쓰였다.
③ [문법포인트] 주요 양보구문 '아무리 ~할지라도'를 의미하는 「no matter how+형용사/부사+주어+동사」의 양보구문이 바르게 쓰였다.

정답 ④

6
밑줄 친 부분에 들어갈 말로 가장 적절한 것은?

A: Do you need help with something?
B: I don't know where to get my ballot.
A: I can help you with that. I'm working here today.
B: That's wonderful. Thank you.
A: Can I see your ID, please?
B: I have it right here.
A: Here's your ballot.
B: _____?
A: All you have to do now is vote.
B: Okay, wish me luck.

① How does the voting process work
② Can I get my ID back
③ What am I supposed to do now
④ Can you do something for me

어휘
ballot 투표용지   Wish me luck. 행운을 빌어줘.

해석
A: 뭔가 도움이 필요하세요?
B: 투표용지를 어디서 받아야 할지 모르겠어요.
A: 그건 제가 도와드릴 수 있습니다. 오늘 여기서 일하거든요.
B: 그거 잘 됐네요. 고맙습니다.
A: 신분증 좀 보여주시겠어요?
B: 여기 있습니다.
A: 여기 투표용지가 있습니다.
B: 이제 제가 무엇을 해야 하나요?
A: 이제 투표만 하시면 됩니다.
B: 알겠습니다. 행운을 빌어주세요.

① 투표 과정은 어떻게 이루어지나요
② 제 신분증을 돌려받을 수 있을까요
④ 저를 위해 뭔가 해주실 수 있나요

정답 ③

7

Summer Dance Showcase에 관한 다음 글의 내용과 일치하지 않는 것은?

Summer Dance Showcase

If dance is your passion, join us for an electrifying showcase at our venue, Dance Fusion Studio.

Details:
- This showcase welcomes dancers of all ages and levels.
- Categories include solo, duet, and group performances in various dance styles.
- Performances must be stage-ready: costumes and music prepared.
- Each participant may showcase up to 2 performances.
- Registration deadline is July 15.
- The showcase will be held on August 10 through August 15.

We prioritize the safety of your performances, but we cannot be held liable for any unforeseen circumstances during the showcase!

For more details, contact Emily Johnson at 555-789-1234.

---

① 참가 연령과 댄스 수준에 제한이 없다.
② 솔로와 듀엣, 그룹 등 다양한 댄스를 선보일 수 있다.
③ 모든 참가자는 2개 이상의 공연을 선보여야 한다.
④ 발표회는 총 6일간에 걸쳐서 열린다.

해설

③ <세부사항>의 네 번째 문장에서 각 참가자는 2개까지 공연을 선보일 수 있다고 했으므로 글의 내용과 일치하지 않는다.
① <세부사항>의 첫 번째 문장에서 이 공개 행사는 모든 연령대와 수준의 댄서들을 환영한다고 했으므로 글의 내용과 일치한다.
② <세부사항>의 두 번째 문장에서 부문에는 다양한 댄스 스타일의 솔로, 듀엣, 그리고 그룹 공연이 포함된다고 했으므로 글의 내용과 일치한다.
④ <세부사항>의 마지막 문장에서 8월 10일부터 15일 즉 6일간 열린다고 했으므로 글의 내용과 일치한다.

정답 ③

8

밑줄 친 부분에 들어갈 말로 가장 적절한 것은?

For several years much research in psychology was based on the assumption that human beings are driven by base motivations such as aggression, egoistic self-interest, and the pursuit of simple pleasures. Since many psychologists began with that assumption, they inadvertently designed research studies that supported their own presuppositions. Consequently, the view of humanity that prevailed in psychology was that of a species barely keeping its aggressive tendencies in check and managing to live in social groups more out of motivated self-interest than out of a genuine affinity for others or a true sense of community. Both Sigmund Freud and the early behaviorists led by John B. Watson believed that humans were motivated primarily by _____. From that perspective, it was believed social interaction was possible only by exerting control over those baser emotions.

* affinity: 친밀감

---

① selfish drives
② rational thoughts
③ social punishments
④ ethical ideas

동체 의식보다는 동기화된 사욕에 의해 사회 집단 속에서 간신히 살아가고 있는 종이라는 관점이었다. 지그문트 프로이트와 존 B. 왓슨이 이끈 초기 행동주의자들은 모두 인간이 주로 이기적인 욕구에 의해 동기 부여된다고 믿었다. 그러한 관점에서 사회적 상호 작용은 그러한 더 천한 감정에 통제를 가함으로써만 가능하다고 믿어졌다.

② 합리적인 사고
③ 사회적 처벌
④ 윤리적 사상

(해설)
중심 소재는 심리학에서 우세했던 관점이다. 첫 번째 문장이 주제문으로 이들의 관점은 인간이 주로 공격성, 이기적인 사용 그리고 단순한 즐거움의 추구와 같은 천한 동기들에 의해 움직여진다는 것이다. 빈칸에는 지그문트 프로이트와 존 B. 왓슨이 이끈 초기 행동주의자들의 관점이 들어가야 하므로 ① '이기적인 욕구'가 들어가야 한다.

 ①

9

다음 문장이 들어갈 위치로 가장 적절한 것은?

> This applies not only to goods and services but also to labour, money, and capital.

> Markets, like merchants, are nothing new, but they are central to a capitalist society in a quite new and more abstract way. (①) This is because production and consumption are divorced — people do not consume what they produce or produce what they consume — and are linked only through the markets where goods and services are bought and sold. (②) Instead of being a place where you can buy some extra items that you do not produce yourself, markets become the only means by which you can obtain anything. (③) They are no longer located just in market-places but exist wherever buyers and sellers make their exchanges and, nowadays, this commonly means in some electronic space where prices are listed and deals registered. (④) The wage, that is, the price, for labour is established on a labour market, where employers compete for labour and workers compete for jobs. Money itself is bought and sold on currency markets. The ownership of companies is bought and sold in stock exchanges.

(어휘)
apply 적용되다　goods 상품　labour 노동　capital 자본
capitalist 자본주의　abstract 추상적인　production 생산
consumption 소비　divorce 분리하다　consume 소비하다
produce 생산하다　extra 추가　item 물품　means 수단　obtain 구하다
exist 존재하다　exchange 교환　list 목록화하다　deal 거래
register 등록하다　wage 임금　price 가격　establish 확립하다
employer 고용주　compete 경쟁하다　currency 통화

ownership 소유권　stock exchange 주식시장

(해석)
상인들처럼 시장은 새로울 것이 없지만, 상당히 새롭고 더 추상적인 방식으로 자본주의 사회의 중심이다. (①) 그것은 생산과 소비가 분리되고 — 사람은 자신이 생산한 것을 소비하지 않거나 자신이 소비하는 것을 생산하지 않는다 — 단지 상품과 서비스가 사고 팔리는 시장을 통해서만 연결되기 때문이다. (②) 당신 스스로가 생산하지 않는 어떤 추가적인 품목을 구할 수 있는 어떤 장소가 되는 대신, 시장은 당신이 어떤 것이든 구할 수 있는 유일한 수단이 된다. (③) 그것들은 더 이상 단지 시장 건물 안에 위치하지 않고 구매자와 상인이 교환을 할 수 있는 어디에라도 존재하고, 오늘날에 이것은 흔히 가격이 목록화되고 거래가 등록되는 전자적인 공간 속을 의미한다. (④) 이것은 상품과 서비스에 적용될뿐 아니라 노동, 돈, 그리고 자본에도 적용된다. 노동에 대한 임금, 즉 가격은 노동 시장에서 확립되는데, 이곳에서 고용주는 노동력을 얻기 위해 경쟁하고, 근로자들은 일자리를 얻기 위해 경쟁한다. 돈 그 자체는 통화 시장에서 구입되고 판매된다. 회사의 소유권은 주식시장에서 구입되고 판매된다.

(해설)
주어진 문장 앞에선 상품과 서비스에 적용된 어떤 상황이 나오고 그 뒤에는 노동, 돈, 자본에 대해 적용되는 것이 나올 것을 예측할 수 있다. ④의 앞에서는 상품과 서비스의 시장이 단지 시장 건물 안에서만 있는 것이 아니라 가격 목록이 있고 거래가 등록되는 전자적 공간에도 있다고 말하고, 뒤에서는 임금과 노동이 노동 시장에서 사고 팔리며, 돈이 사고 팔리는 통화 시장, 회사 소유권(자본)은 주식시장에서 사고 팔린다고 말한다. 따라서 주어진 문장은 ④에 들어가야 한다.

 ④

10

다음 글의 주제로 가장 적절한 것은?

> The railroad was the first institution to impose regularity on society, or to draw attention to the importance of precise timekeeping. For as long as merchants have set out their wares at daybreak and religious services have begun on the hour, people have been in rough agreement with their neighbors as to the time of day. The value of this tradition is today more apparent than ever. Were it not for public acceptance of a single yardstick of time, social life would be unbearably chaotic: the massive daily transfers of goods, services, and information would proceed in fits and starts; the very fabric of modern society would begin to unravel.

① People's agreement on the measurement of time is essential for the functioning of society.
② Certain activities have to be conducted in time.
③ Modern society judges people by the times they conduct certain activities.
④ The traditions of society are timeless.

(어휘)
institution 제도　impose 부여하다　regularity 규칙성
draw attention 관심을 끌다　precise 정확한　timekeeping 시간 엄수
merchant 상인　set out ~을 진열하다　ware 상품　daybreak 동틀 녘
on the hour 정시에　rough 개략적인　as to ~에 관해　apparent 명백한

acceptance 동의   yardstick 기준   unbearably 참을 수 없을 정도로
chaotic 혼란의   transfer 이동   proceed 진행하다
in fits and starts 간헐적으로   fabric 기본 구조   unravel 흐트러지다
measurement 측정   conduct 수행하다   judge 판단하다
timeless 영원한

해석

철도는 사회에 규칙성을 부여하거나 정확한 시간 엄수의 중요성에 관심을 끌게 한 최초의 제도였다. 상인들이 동틀 녘에 그들의 상품들을 진열하고 종교적인 의식이 정시에 시작하는 한, 사람들은 하루의 시간에 관해 그들의 이웃과 개략적인 동의를 해 왔다. 이러한 전통의 가치는 오늘날 그 어느 때보다 더 명백하다. 단일한 시간 기준에 대한 공공의 동의가 없다면, 사회의 삶은 참을 수 없을 정도로 혼란스러울 것이다; 상품, 용역, 정보의 거대한 일일 이동은 간헐적으로 진행될 것이다; 현대 사회의 바로 그 기본 구조는 흐트러지기 시작할 것이다.

① 시간의 측정에 관한 사람들의 동의는 사회의 기능을 위해 필수적이다.
② 특정 활동들은 제때에 행해져야 한다.
③ 현대 사회는 사람들이 어떤 활동들을 수행하는 횟수로 그들을 판단한다.
④ 사회의 전통은 영원하다.

해설

중심 소재는 단일한 시간 기준이며, 지문의 마지막 문장이 주제문이다. 즉, 사람들이 하나의 시간 기준을 받아들이지 않는다면 사회의 기능은 멈추고 만다는 것이다. 따라서 글의 주제로 가장 적절한 것은 ① '시간의 측정에 관한 사람들의 동의는 사회의 기능을 위해 필수적이다.'이다.

정답 ①

DAY 25

2025 이동기 영어 하루 프로젝트

| 01 ② | 02 ① | 03 ④ | 04 ③ | 05 ② |
| 06 ② | 07 ① | 08 ④ | 09 ③ | 10 ③ |

[1~3] 밑줄 친 부분에 들어갈 말로 가장 적절한 것을 고르시오.

1

The engineers needed to _____ a new strategy to tackle the unexpected challenges they encountered during the project.

① suppress   ② devise
③ inhibit   ④ suspend

어휘

strategy 전략   tackle (힘든 상황을) 다루다   encounter 맞닥뜨리다
suppress 억압하다   devise 고안하다   inhibit 억제하다
suspend 유예하다

해석

기술자들은 프로젝트 기간 동안에 맞닥뜨린 예기치 못한 문제를 다루기 위해 새로운 전략을 <u>고안할</u> 필요가 있었다.

정답 ②

2

Because of her _____ character, she easily makes friends and knows all the details of the rumors around her. But, little does she know that there is a rumor about her floating all around the town.

① loquacious   ② careful
③ introverted   ④ reserved

어휘

detail 세부 사항   rumor 소문   float 떠돌다   loquacious 수다스러운
careful 신중한   introverted 내성적인   reserved 내성적인

해석

그녀의 <u>수다스러운</u> 성격 때문에, 그녀는 친구를 쉽게 사귀고 자기 주변 소문의 온갖 세부 사항을 알고 있다. 하지만, 자신에 관한 소문이 마을 전체를 떠돈다는 것을 거의 알지 못한다.

정답 ①

3

> It is important to have trustworthy friends _____ when you face adversity or seek support in times of need.
>
> ① relying on   ② relying
> ③ to rely   ④ to rely on

어휘
trustworthy 믿음직한   adversity 역경   support 도움
in times of need 어려운 시기에   rely on ~에 의지하다

해석
당신이 역경에 직면하거나 어려운 시기에 도움을 구할 때 의지할 믿음직한 친구들이 있는 것은 중요하다.

해설
[문법포인트] **to부정사의 역할 / 완전자동사** to부정사의 형용사적 용법이다. to부정사의 수식을 받는 trustworthy friends가 의미상 to부정사의 목적어에 해당하는데, rely는 자동사이므로 목적어를 취하려면 전치사 on과 함께 사용되어야 한다. 따라서 정답은 ④ to rely on이다.

정답 ④

4

밑줄 친 부분 중 어법상 옳지 않은 것은?

> The data suggests that a little planning ahead and ① turning off the TV while we eat ② could ultimately be good for our eating habits. In addition ③ to consider specific food choices, ④ it also may be important to consider the context of mealtimes in developing dietary messaging and guidelines.

어휘
suggest 시사하다   plan ahead 사전 계획하다   turn off ~을 끄다
ultimately 궁극적으로   specific 특정한   context 전후 상황
dietary 식생활의

해석
우리가 음식을 먹는 동안 약간의 사전 계획과 TV 끄기는 우리의 식습관에 궁극적으로 좋을 수 있다고 데이터는 시사한다. 식생활에 관한 메시지와 지침을 개발할 때는 특정한 음식 선택을 고려하는 것 외에도 식사 시간의 전후 상황을 고려하는 것 또한 중요할 수 있다.

해설
③ [문법포인트] **전치사의 목적어** in addition to는 '~ 외에도'라는 의미이다. to는 전치사이므로 뒤에 동사원형이 아닌 동명사가 와야 한다. (to consider → to considering)
① [문법포인트] **등위접속사의 병렬 구조** that절에서 planning ahead와 turning off the TV라는 두 개의 동명사구가 접속사 and로 연결되어 주어 역할을 한다.
② [문법포인트] **당위의 조동사 should** suggest가 제안을 의미할 때는 that절의 동사로 「(should) + 동사원형」의 형태가 와야 하지만, 이 문장처럼 단순 사실만을 전달할 때는 문맥에 맞는 시제와 동사가 사용될 수 있다. 따라서 가능성을 나타내는 조동사 could가 바르게 쓰였다.
④ [문법포인트] **인칭대명사** it이 가주어이고 to consider ~가 진주어인 구문이 바르게 쓰였다.

정답 ③

5

밑줄 친 부분 중 어법상 옳은 것은?

> The President of Eritrea told crowds he ① was robbed the Nobel Peace Prize, recently awarded to the Ethiopian Prime Minister, claiming he deserved it more. The Prime Minister ② was awarded the Nobel Peace Prize for his efforts in ending a border conflict with Eritrea in 2018. Before a peace deal between the two ③ signed, ④ thousand of lives were lost, families were separated for over twenty years, and trade on the border was frozen.

어휘
rob 강탈하다   award 수여하다   claim 주장하다   deserve 자격이 있다
border 국경   conflict 분쟁   sign (협정 등을) 체결하다

해설
에리트레아 대통령은 자신이 에티오피아 총리에게 최근 수여된 노벨 평화상을 강탈당했다고 군중에게 말했고, 자신이 더 받을 자격이 있다고 주장했다. 총리는 2018년 에리트레아와의 국경 분쟁을 종식시키기 위해 노력한 공로로 노벨 평화상을 받았다. 두 국가 사이에서 평화 협정이 체결되기 전까지 수천 명이 목숨을 잃었고, 가족들은 20년 넘게 헤어져 있었으며, 국경에서의 무역은 얼어붙었다.

해설
② [문법포인트] **동사의 유형별 수동태** award는 수여동사로 두 개의 목적어가 있으므로 동사의 뒤에 목적어가 하나 있어도 수동태일 수 있다. 간접목적어인 The Prime Minister가 주어인 수동태 문장이 바르게 쓰였다.
① [문법포인트] **동사의 유형별 수동태** 주로 전치사와 함께 사용되는 타동사의 경우 수동태 전환 시 전치사가 빠지지 않도록 해야 한다. 「rob A of B」가 수동태가 되면 「A be robbed of B」의 형태가 되므로 동사 뒤에 of를 써줘야 한다. (was robbed → was robbed of)
③ [문법포인트] **능동태 vs. 수동태 구분** a peace deal이 주어로, 맥락상 이것이 체결되었다는 수동의 의미이다. 또한 sign 뒤에 목적어가 없으므로 동사는 수동태가 되어야 한다. (signed → was signed)
④ [문법포인트] **주의할 형용사와 부사 수** 단위명사는 특정 숫자와 함께 쓰일 때는 단수, 막연하게 큰 수를 의미할 때는 복수를 쓰므로 단수인 thousand를 복수인 thousands로 고쳐야 한다. (thousand of lives → thousands of lives)

정답 ②

6
밑줄 친 부분에 들어갈 말로 가장 적절한 것은?

Alice Thompson: Did you buy the textbook for our economics class?
Ben Johnson: Oh, I didn't know we needed to buy it. When did the professor mention this?
Alice Thompson: Last Friday.
Ben Johnson: I missed that class because of a family emergency.
Alice Thompson: I'm ordering it online.
Ben Johnson: _____?
Alice Thompson: Sure, great idea. We can save on the delivery fee if we split it.
Ben Johnson: That's exactly what I was thinking.
Alice Thompson: I'll message you when the book arrives.

① Why didn't you let me know about it
② Can you order one for me too
③ Will you buy me the textbook
④ How about buying it at the campus book store

어휘
economics 경제학   emergency 급한 일   delivery 배송
split (요금을) 나눠서 내다   message 문자[이메일]를 보내다

해석
Alice Thompson: 우리 경제학 수업용 교과서 구매했어?
Ben Johnson: 아, 우리가 교재를 사야 하는지 몰랐네. 교수님이 언제 이걸 말씀하셨어?
Alice Thompson: 지난 금요일에.
Ben Johnson: 난 집안에 급한 일이 생겨서 그 수업을 빼먹었어.
Alice Thompson: 나는 온라인으로 주문하려고.
Ben Johnson: 내 것도 하나 주문해줄래?
Alice Thompson: 그래, 좋은 생각이야. 우리가 나눠서 내면 배송비를 절약할 수 있어.
Ben Johnson: 그게 바로 내가 생각하고 있던 거야.
Alice Thompson: 책이 도착하면 문자로 알려줄게.

① 왜 그것에 대해 내게 알려주지 않았어
③ 내게 교재를 좀 사줄래
④ 교내 서점에서 사는 건 어때

정답 ②

7
Ernest Rutherford에 관한 다음 글의 내용과 일치하지 않는 것은?

Physicists are notoriously scornful of scientists from other fields. When the great Austrian physicist Wolfgang Pauli's wife left him for a chemist, he was staggered with disbelief. "Had she taken a bullfighter, I would have understood," he remarked in wonder to a friend. "But a chemist..." It was a feeling Ernest Rutherford would have understood. "All science is either physics or stamp collecting," he once said, in a line that has been used many times since. There is a certain engaging irony, therefore, that his award of the Nobel Prize in 1908 was in chemistry, not physics. Rutherford was a lucky man — lucky to be a genius, but even luckier to live at a time when physics and chemistry were so exciting and so compatible (his own sentiments notwithstanding). Never again would they quite so comfortably overlap.

① His wife left him for a chemist.
② He believed physics was superior to other sciences.
③ He was awarded the Nobel Prize.
④ In the days of him, physics and chemistry were compatible.

어휘
physicist 물리학자   notoriously 악명 높게   scornful 경멸하는
chemist 화학자   stagger 큰 충격을 주다   disbelief 믿기지 않음
bullfighter 투우사   remark 말하다   in wonder 놀라서   physics 물리학
certain 어느 정도   engaging 재미있는   award 상; 수여하다
chemistry 화학   genius 천재   compatible 화합할 수 있는
sentiment 감정   notwithstanding ~에도 불구하고
comfortably 아무 문제 없이   overlap 겹치다   superior 더 훌륭한

해석
물리학자들은 다른 분야의 과학자들을 경멸하기로 악명 높다. 오스트리아의 위대한 물리학자 볼프강 파울리의 아내가 그를 버리고 화학자에게로 갔을 때, 그는 믿을 수 없어 큰 충격을 받았다. "만약 그녀가 투우사를 선택했다면, 이해했을 텐데."라고 그는 놀라서 한 친구에게 말했다. "하지만 화학자라니…." 그것은 어니스트 러더퍼드라면 이해했을 감정이었다. "모든 과학은 물리학이 아니면 우표 수집이다"라고 그는 이후로 여러 번 사용된 글에서 말했다. 그러므로 1908년에 그의 노벨상 수상이 물리학이 아닌 화학이었다는 것은 어느 정도 재미있는 아이러니이다. 러더퍼드는 운이 좋은 사람이었다 — 천재인 것도 운이 좋았지만, (그 자신의 감정에도 불구하고) 물리학과 화학이 대단히 활발하고 화합할 수 있었던 시대에 살았던 것은 훨씬 더 운이 좋았다. 그것들은 다시는 결코 그렇게 아무 문제 없이 겹치지 않을 것이다.

① 그의 아내가 그를 버리고 화학자에게 갔다.
② 그는 물리학이 다른 과학들보다 더 훌륭하다고 믿었다.
③ 그는 노벨상을 받았다.
④ 그의 시대에, 물리학과 화학은 화합할 수 있었다.

해설
① 두 번째 문장에서 (러더퍼드의 아내가 아니라) 볼프랑 파울리의 아내가 그를 버리고 화학자에게 갔다고 했으므로 글의 내용과 일치하지 않는다.
② 여섯 번째 문장에서 그가 모든 과학은 물리학이 아니면 우표 수집이라는 글을 썼다고 했으므로 글의 내용과 일치한다.
③ 일곱 번째 문장에서 1908년에 그가 노벨상을 받았다고 했으므로 글의 내용과 일치한다.
④ 여덟 번째 문장에서 그가 물리학과 화학이 화합할 수 있었던 시대에 살았다고 했으므로 글의 내용과 일치한다.

정답 ①

8

다음 글의 요지로 가장 적절한 것은?

Mount Vesuvius near Pompeii began to erupt in the year 79 and wiped out the entire town within the next 25 hours. Hundreds of years later, archaeologists excavated Pompeii and found everything and everyone had been perfectly preserved by the volcano's ash. The excavations of Pompeii have revealed a great deal about the behavior of the volcano. By analyzing data, scientists have concluded that the eruption changed large portions of the area's geography. Meteorologists have also concluded that Vesuvius caused a huge tidal wave that affected the world's climate. In addition, archaeologists have been able to study the skeletons of victims and to draw conclusions about the diet and habits of the residents. The eruption of Mount Vesuvius and its tragic consequences have led to providing various scientific branches with a wealth of data about the effects that volcanoes can have on the surrounding area.

① Studies of volcanoes have influenced the researches of human history.
② The study of Mount Vesuvius has enabled volcanologists to predict eruptions.
③ The information collected during the excavations has helped the restoration of the buildings in Pompeii.
④ The excavations of Pompeii have provided much information on many scientific fields.

어휘

erupt 분출하다 wipe out ~을 완전히 파괴하다 archaeologist 고고학자
excavate 발굴하다 preserve 보존하다 ash 재 excavation 발굴
reveal 드러내다 behavior 작용 analyze 분석하다 portion 부분
geography 지형 meteorologist 기상학자 tidal wave 해일
affect 영향을 주다 skeleton 해골 victim 희생자 conclusion 결론
diet 음식 resident 주민 consequence 결과 branch 분야
a wealth of 풍부한 effect 영향 volcanologist 화산학자
predict 예측하다 restoration 복원

해석

폼페이 인근의 베수비오 화산이 79년에 분출하기 시작했고 다음 25시간 이내에 마을 전체를 완전히 파괴했다. 몇백 년 뒤, 고고학자들이 폼페이를 발굴했고 모든 사물과 모든 사람이 그 화산의 재에 의해 완벽하게 보존되어온 것을 알아냈다. 폼페이의 발굴은 그 화산의 작용에 관한 많은 것을 드러냈다. 데이터를 분석함으로써, 과학자들은 그 분출이 그 지역 지형의 많은 부분을 변화시켰다고 결론을 내렸다. 기상학자들 또한 베수비오 화산이 세계의 기후에 영향을 미친 거대한 해일을 불러일으켰다고 결론지었다. 게다가, 고고학자들은 희생자들의 유골을 연구하고 주민들의 식단과 습관에 관해 결론을 내릴 수 있었다. 베수비오 화산의 분출과 그 비극적 결과는 화산이 주변 지역에 미칠 수 있는 영향에 대한 풍부한 데이터를 다양한 과학 분야에 제공하는 것으로 이어졌다.

① 화산의 연구는 인류 역사의 연구에 영향을 주었다.
② 베수비오 화산의 연구는 화산학자들이 분출을 예측할 수 있게 했다.
③ 발굴 동안 수집된 정보는 폼페이에 있는 건물들의 복원을 도왔다.
④ 폼페이의 발굴은 많은 과학 분야에 관한 정보를 제공해주었다.

해설

첫 문장에서 베수비오 화산 분출이라는 글의 배경을 설명하고, 두 번째 문장에서 중심 소재인 폼페이의 발굴을 제시하며 세 번째 문장에서 주제를 제시하고 부연 설명을 한 뒤 마지막 문장에서 주제를 보강하는 구조이다. 즉, 폼페이 발굴로 베수비오 화산 작용에 관한 많은 정보가 드러났고, 다양한 과학 분야에 풍부한 연구 자료를 제공했다는 것이다. 따라서 정답은 ④ '폼페이의 발굴은 많은 과학 분야에 관한 정보를 제공해주었다.'이다.

정답 ④

9

주어진 문장이 들어갈 위치로 가장 적절한 것은?

However, there are now a lot of issues with the current application of unmanned distribution.

The city lockdown policy during COVID-19 has facilitated the rapid growth of numerous takeaways, vegetable shopping, community group buying, and other businesses. (①) Last-mile delivery became an important livelihood support during the epidemic. (②) At the same time, as viruses can be transmitted through aerosols, the need for contactless delivery for last-mile delivery has gradually increased, thus accelerating the use of unmanned logistics to some extent. (③) For example, the community space is not suitable for the operation of unmanned delivery facilities due to the lack of supporting logistics infrastructure. (④) In addition, the current technology is unable to complete the delivery process and requires the collaboration of relevant space as well as personnel to help dock unmanned delivery nodes.

* last-mile delivery: 최종 단계의 배송

어휘

application 적용 unmanned 무인의 distribution 배송
lockdown 봉쇄 policy 정책 facilitate 촉진하다 rapid 급속한
takeaway 테이크아웃 group buying 공동 구매 livelihood 생계
epidemic 전염병 transmit 전파하다
aerosol 에어로졸: 대기 중 부유하는 고체 및 액체 입자
contactless 비접촉식의 accelerate 촉진하다 logistics 물류
to some extent 다소 suitable 적절한 operation 가동 facilities 시설
infrastructure 기반 시설 collaboration 협조 relevant 적절한
personnel 인력 dock 연결하다 node (연결) 지점

해설

코로나19 기간의 그 도시 봉쇄 정책은 수많은 테이크아웃, 채소 쇼핑, 지역사회 공동 구매, 그리고 기타 사업들의 급속한 성장을 촉진했다. (①) 최종 단계의 배송은 전염병이 도는 기간에 중요한 생계 지원책이 되었다. (②) 동시에, 바이러스는 에어로졸을 통해 전파될 수 있으므로, 최종 단계 배송에서 비접촉식 배송의 필요성이 점차 증가했으므로, 무인 물류의 사용을 다소 촉진했다. (③) 하지만, 현재의 무인

배송의 적용에 관해서는 지금 많은 문제가 존재한다. 예를 들어, 공동체 공간은 뒷받침해주는 물류 기반 시설의 부족으로 인해 무인 배송 시설 가동에 적합하지 않다. (④) 게다가, 현재의 기술은 배송 과정을 완료할 수 없고 무인 배송 지점들을 연결하는 데 도움이 되는 인력뿐만 아니라 적절한 장소의 협조를 요구한다.

해설

글의 중심 소재는 코로나19로 인한 무인 물류 시스템의 필요성과 보완점이다. 주어진 문장은 역접의 연결어로 시작해서, 현재 무인 물류 적용에 여러 문제점이 있다고 말한다. 따라서 이 문장의 앞에는 무인 물류 적용의 긍정적인 측면에 대한 설명이 나오고, 이 문장의 뒤에는 문제에 대한 예시나 부연 설명이 이어질 것으로 예측할 수 있다. ③의 앞에서는 비접촉식 배송의 필요성 증가로 무인 물류의 사용이 촉진되었다고 했고 ③의 뒤에서는 하나의 예시로 공동체 공간이 무인 배송 시설 가동에 적합하지 않다고 설명한다. 따라서 정답은 ③이다.

정답 ③

10

다음 글의 목적으로 가장 적절한 것은?

To: James Johnson
From: Emily Smith
Date: Sept. 15, 2024
Subject: Regarding Transition

Dear Mr. Johnson,

I hope this email finds you well. I am writing to formally announce my resignation from my position as Marketing Coordinator in the Marketing Department, effective October 30, 2024.

I have accepted an offer at another company that presents me with new challenges and opportunities for growth, which align more closely with my long-term career objectives.

I want to express my sincere gratitude for the support and opportunities for development that you and the team have provided me with during my time here. I have truly enjoyed working with such a dedicated and talented group of individuals.

Thank you for your understanding and support during this transition period. I am committed to ensuring a smooth handover of my responsibilities and will do everything possible to assist with the transition process.

Best regards,
Emily Smith

① 프로젝트에 도움받은 것에 대해 감사함을 전하려고
② 회사의 다른 지점으로 발령을 요청하려고
③ 다른 회사로 이직하게 되었음을 알리려고
④ 승진 심사에 지원하려고

어휘

regarding ~에 관해 transition 인계 formally 공식적으로
resignation 사직 effective 시행되는 align with ~와 (방향이) 잘 맞다
long-term 장기적인 objective 목표 sincere 진심 어린 gratitude 감사
dedicated 헌신적인 commit 전념시키다 ensure 확실히 하다
handover 인계 responsibility 담당 업무

해석

수신: James Johnson
발신: Emily Smith
날짜: 2024년 9월 15일
제목: 인계에 관하여

Johnson 귀하,

잘 지내고 계시는지요. 저는 2024년 10월 30일 자로 마케팅부의 마케팅 코디네이터 직위에서 사직할 것을 공식적으로 알리기 위해 글을 쓰고 있습니다.

저는 새로운 도전과 기회를 제시하는 다른 회사의 제안을 받아들였고, 이는 제 장기적인 직업상의 목표들과 더 밀접하게 잘 맞습니다.

저는 이곳에서 지내는 동안 귀하와 팀이 제게 주신 도움과 발전의 기회에 대해 진정 어린 감사를 표현하고 싶습니다. 저는 그처럼 헌신적이고 재능 있는 일군의 사람들과 함께 정말로 즐겁게 일했습니다.

이번 인계 기간에 보여주신 귀하의 이해와 도움에 감사드립니다. 저는 제 담당 업무의 원활한 인계를 확실히 하는 데 전념하고 있으며 인계 과정에 도움이 될 수 있는 것은 무엇이든 하겠습니다.

안부를 전하며,
Emily Smith

해설

글의 중심 소재는 이메일의 제목인 (사직으로 인한 업무) 인계이고, 글의 목적은 첫 번째 문단의 두 번째 문장에 명확히 드러나 있다. 글쓴이는 2024년 10월 30일 자로 지금 직위에서 사직하는 것을 공식적으로 알리고자 글을 쓴다고 말한다. 이후에는 그런 결정을 내린 이유를 설명하고 지금까지 받은 도움에 대한 감사를 전한다. 따라서 정답은 ③ '다른 회사로 이직하게 되었음을 알리려고'이다.

정답 ③

DAY 26

| 01 | ① | 02 | ① | 03 | ② | 04 | ④ | 05 | ④ |
| 06 | ④ | 07 | ② | 08 | ③ | 09 | ③ | 10 | ④ |

[1~3] 밑줄 친 부분에 들어갈 말로 가장 적절한 것을 고르시오.

1

> Despite her substantial income, she lived a _____ lifestyle by carefully budgeting and saving for the future.

① frugal
② luxurious
③ affluent
④ impolite

어휘
substantial 상당한   income 수입   budget 자금 계획을 세우다
frugal 절약하는   luxurious 호화로운   affluent 부유한   impolite 무례한

해석
그녀의 상당한 수입에도 불구하고, 그녀는 신중하게 자금 계획을 세우고 미래를 위해 저축함으로써 절약하는 생활방식으로 살았다.

정답 ①

2

> As soon as the new medical marijuana law goes into effect next month, doctors will be able to prescribe marijuana to patients whose symptoms could be _____ and who could be put at ease by the action of the drug.

① alleviated
② magnified
③ straightened
④ exacerbated

어휘
medical 의료(용)의   marijuana 대마   go into effect 시행되다
prescribe 처방하다   symptom 증상   put at ease ~을 편안하게 해주다
action 작용   alleviate 완화하다   magnify 확대하다
straighten 똑바르게 하다   exacerbate 악화시키다

해석
새로운 의료용 대마 법이 다음 달에 시행되자마자, 의사들은 그 약의 작용으로 증상이 완화될 수 있고 편안해질 수 있는 환자들에게 대마를 처방할 수 있을 것이다.

정답 ①

3

> The historic building, _____ in the early 1800s, remains a symbol of the town's rich architectural heritage and cultural significance.

① found
② founded
③ founding
④ having found

어휘
historic 역사적인   remain 여전히 ~이다   architectural 건축의
heritage 유산   significance 중요성

해석
1800년대 초반에 세워진 그 역사적인 건물은 여전히 그 마을의 풍부한 건축 유산과 문화적 중요성의 상징이다.

해설
[문법포인트] 분사구문 / 혼동하기 쉬운 동사의 불규칙 변화 부사절에서 접속사를 생략하고 주절의 주어와 중복되는 주어를 생략한 분사구문으로, 주어와 의미상 수동의 관계이므로 과거분사인 ② founded를 써야 한다. 또한 found는 '설립하다'라는 의미로 '발견하다'라는 의미의 find의 과거형 및 과거분사형인 found와 구분해서 알아두어야 한다.

정답 ②

4

밑줄 친 부분 중 어법상 옳지 않은 것은?

> Merely possessing talent without diligent effort often proves ① of no use. Many individuals aiming for greatness push ② themselves hard, recognizing that success is often the result of perseverance and determination. ③ Considering that those who persevere despite challenges are more likely to achieve their goals, such individuals will ④ be looked up to their peers for their determination and achievements.

어휘
merely 단지   possess 가지다   diligent 부지런한   effort 노력
prove (~로) 판명되다   of no use 소용없는
push oneself 자신을 채찍질하다   recognize 인식하다
perseverance 인내   determination 결단   persevere 버티다
look up to ~을 존경하다   peer 동료   achievement 업적

해석
부지런한 노력 없이 재능을 가지고만 있는 것은 소용없는 것으로 종종 판명된다. 위대함을 목표로 삼는 많은 사람들은 자신을 열심히 채찍질하고, 성공이 인내와 결단의 결과일 때가 많다는 것을 인식한다. 시련에도 불구하고 버티는 사람들이 자기 목표를 성취할 가능성이 더 높다는 점을 고려하면, 그런 사람들은 결단력과 업적으로 동료들에게 존경받을 것이다.

해설
④ [문법포인트] 동사의 유형별 수동태 look up to는 「자동사+전치사」의 형태로 수동태가 가능하지만, 동사의 수동형 뒤에 peers가 목적어처럼 바로 쓰여

바르지 않다. 주어인 such individuals와 동사는 의미상 수동의 관계이고 peers는 의미상 행위의 주체로 보이므로, 동사와 peers 사이에 전치사 by를 써줘야 한다. (be looked up to → be looked up to by)

① [문법포인트] **전치사의 목적어 / 불완전자동사의 보어** 전치사 of 뒤에 추상명사가 오면 형용사 역할을 한다. 여기서 of no use는 '소용없는'이라는 뜻으로 불완전자동사 proves의 보어로 바르게 쓰였다. 참고로 prove는 불완전자동사일 때 「(to be) 형용사/명사」를 보어로 취한다.

② [문법포인트] **인칭대명사** 주어와 목적어가 동일한 대상인 경우 목적어로 재귀대명사를 사용해야 한다. 주어인 Many individuals가 자신을 push한다는 뜻이므로 재귀대명사가 목적어로 바르게 쓰였다.

③ [문법포인트] **분사구문** 분사구문의 의미상 주어가 일반인 주어인 경우 의미상 주어를 생략한다. 무인칭 독립분사구문인 considering (that) ~이 바르게 표현되었다.

정답 ④

5

밑줄 친 부분 중 어법상 옳은 것은?

> Anyone who wishes to develop his or her ability has many options ① to choose from them; however, the best results ② are always occurred when we are with like-minded people. Learning any type of new skills or improving upon existing ones ③ seem always very daunting ④ and requires that we work outside our comfort zones.

어휘

like-minded 생각이 비슷한 improve upon ~을 개선하다
existing 기존의 daunting 벅찬 comfort zone 익숙한 곳

해석

자기 능력을 개발하기를 바라는 사람은 누구나 고를 수 있는 많은 선택지가 있다; 하지만 우리가 생각이 비슷한 사람들과 있을 때 최선의 결과가 항상 발생한다. 어떤 유형의 새로운 기술을 배우거나 기존의 기술을 개선하는 것은 언제나 대단히 벅찬 일로 보이고 우리에게 익숙한 곳을 벗어나서 노력할 것을 요구한다.

해설

④ [문법포인트] **등위접속사의 병렬 구조** 등위접속사로 연결되는 두 요소는 문법적으로 같은 구조라야 하므로 두 개의 동사 seems와 requires가 and로 바르게 연결되었다.

① [문법포인트] **준동사의 형태 변화** 하나의 절 안에 to부정사(구)의 의미상의 목적어가 존재하면 대명사로 반복해서 쓰지 않는다. to choose from이 의미상 목적어인 options를 수식하고 있으므로 them을 삭제해야 한다. (to choose from them → to choose from)

② [문법포인트] **동사의 유형별 수동태** occur는 완전자동사로 목적어를 취하지 않으므로 수동태로 쓸 수 없다. (are always occurred → always occur)

③ [문법포인트] **주어 - 동사 수 일치** 주어는 Learning ~ or improving ~이다. A or B의 형태가 주어일 경우 B에 수 일치하는데 동명사는 단수 취급하므로 동사인 seem도 단수형인 seems로 고쳐야 한다. (seem → seems)

정답 ④

6

밑줄 친 부분에 들어갈 가장 적절한 말은?

> A: Hi. How can I help you?
> B: Well, I'm in town visiting relatives for a few days, and I need to get some things done while I'm here.
> A: Sure. What do you need?
> B: I need to get my hair cut and have my new pants hemmed.
> A: OK. Here's a map of the town. There's a good hair salon here, which is just a block away. And there's a tailor shop right next to the hair salon. Is there anything else?
> B: _____.
> A: No problem. There's a reliable mechanic a few blocks away.

① No, that's all I want to know right now
② No, I'm sorry to keep bothering you
③ Yes, I want you to come with me to the tailor shop
④ Yes, I'll also need to have my car serviced before my long drive home

어휘

relative 친척 hem (옷의 길이를 줄이기 위해) 단을 올리다
tailor shop 양복점 reliable 믿을 만한 mechanic 정비공
bother 귀찮게 하다 service (차량을) 정비하다

해석

A: 안녕하세요. 뭘 도와드릴까요?
B: 음, 저는 친척을 방문하느라 며칠 동안 이 동네에 있을 건데요, 여기 머무는 동안 몇 가지 처리해야 할 일이 있어요.
A: 네. 무엇이 필요하신가요?
B: 머리를 깎아야 하고 새 바짓단도 올려야 해요.
A: 알겠습니다. 이 동네 지도를 드릴게요. 여기 좋은 미용실이 있는데요, 딱 한 블록 떨어진 곳이에요. 그리고 미용실 바로 옆에 양복점이 있어요. 더 필요한 게 있으신가요?
B: 네, 집으로 장거리 운전을 하기 전에 제 차도 정비해야 해요.
A: 문제없어요. 몇 블록 떨어진 곳에 믿을 만한 정비공이 있거든요.

① 아니요, 제가 지금 필요한 건 그게 전부예요
② 아니요, 계속 귀찮게 해서 죄송해요
③ 네, 당신이 양복점에 저와 같이 가주시면 좋겠어요

정답 ④

7

Subway Korea에 관한 다음 글의 내용과 일치하지 않는 것은?

Use Subway Korea

Subway Korea is an essential app for navigating Korea's bustling cities effortlessly. It provides comprehensive subway system maps, timetables and key transfer points for five major cities, including Seoul. Users can easily plan their route by selecting their starting and ending stations, which allows the app to calculate the best path, whether it's the fastest or involves the fewest transfers. In addition to route planning, Subway Korea offers transfer details, fare information, and estimated travel times, further improving user convenience. For those enjoying late-night activities, the app provides estimated arrival times and the schedule for the last bus or subway, ensuring a secure journey home. With precise stop schedules and exit directions, Subway Korea is an invaluable tool for anyone touring or commuting in Korea's urban areas and it is highly recommended for both residents and tourists alike.

① Users can plan routes by selecting departure and destination stations.
② The app determines the best routes solely based on travel time efficiency.
③ It offers transfer information, fares, and estimated travel times.
④ The app displays late-night public transport schedules for safe travel.

어휘

essential 꼭 필요한　navigate 돌아다니다　bustling 번잡한
effortlessly 힘들이지 않고　comprehensive 종합적인　timetable 시간표
transfer 환승　route 경로　calculate 계산하다　path 경로
detail 세부 사항　fare 요금　estimate 예상하다　travel 이동
convenience 편의　ensure 보장하다　secure 안전한　precise 정확한
invaluable 매우 귀중한　tool 도구　commute 통근하다　urban 도시의
resident 주민　alike 똑같이　departure 출발　destination 도착지
efficiency 효율성

해석

Subway Korea를 사용하세요

Subway Korea는 한국의 번잡한 도시들을 힘들이지 않고 돌아다니는 데 꼭 필요한 앱이다. 그것은 서울을 포함한 5개 주요 도시의 종합 지하철 노선도, 시간표, 그리고 주요 환승 지점을 제공한다. 이용자들은 출발역과 도착역을 선택해서 그 경로가 가장 빠른 것이든 아니면 환승이 가장 적은 것이든 간에 앱이 최적의 경로를 계산하게 함으로써 자신들의 경로를 쉽게 계획할 수 있다. 경로 계획뿐만 아니라, Subway Korea는 환승 세부 사항, 요금 정보, 그리고 예상 이동 시간을 제공하고, 더 나아가 이용자의 편의를 개선한다. 심야 활동을 즐기는 사람들에게, 이 앱은 도착 예상 시간과 마지막 버스나 지하철의 시간표를 제공해서, 안전한 귀가를 보장한다. 정확한 정차 시간표와 출구 방향을 제공하는 Subway Korea는 한국의 도시 지역에서 여행하거나 통근하는 누구에게나 매우 귀중한 앱이고 이것은 주민과 여행자 모두에게 똑같이 매우 추천된다.

① 이용자들은 출발역과 도착역을 선택함으로써 경로를 계획할 수 있다.
② 이 앱은 오직 이동 시간 효율성을 기반으로 최적의 경로를 결정한다.
③ 이것은 환승 정보, 요금, 그리고 예상 이동 시간을 제공한다.
④ 이 앱은 안전한 이동을 위해 심야 대중교통 시간표를 보여준다.

해설

② 세 번째 문장에서 그 경로가 가장 빠른 것이든 아니면 환승이 가장 적은 것이든 간에 앱이 최적의 경로를 계산한다고 했으므로 글의 내용과 일치하지 않는다.
① 세 번째 문장에서 출발역과 도착역을 선택해서 경로를 쉽게 계획할 수 있다고 했으므로 글의 내용과 일치한다.
③ 네 번째 문장에서 이 앱이 환승 정보, 요금, 그리고 예상 이동 시간을 제공한다고 했으므로 글의 내용과 일치한다.
④ 다섯 번째 문장에서 이 앱은 도착 예상 시간과 마지막 버스나 지하철의 시간표를 제공해서, 안전한 귀가를 보장한다고 했으므로 글의 내용과 일치한다.

정답 ②

8

다음 글의 주제로 가장 적절한 것은?

Conditioning occurs indirectly, which adds to its impact on us. Let's say that you watch another person exposed to a certain stimulus. Even if you don't come in direct contact with the stimulus, you learn to respond emotionally to it just by observing the emotional reactions of another person to it. Such learning might affect feelings in many situations. Children who learn to fear thunder by watching their parents react to it have undergone similar conditioning. If a horror movie can affect us, we might expect the emotional response of parents, friends, and relatives to it to have even more impact. How, for instance, does a city child learn to fear snakes and respond emotionally to mere pictures of them? Being told that "snakes are dangerous" may not explain the child's emotional response. More likely, the child has observed others reacting fearfully to the word snake or to snake images on television.

① impact of language on one's emotional experience
② age differences in the development of the conditioned response
③ others' emotional response that affects the process of conditioning
④ sure-fire ways to deal with irrational fears of snakes

어휘

conditioning 조건 형성　indirectly 간접적으로　add to ~을 증가시키다
impact 영향　expose 노출하다　stimulus 자극
come in contact with ~와 접촉하다　respond 반응하다
observe 관찰하다　reaction 반응　affect 영향을 미치다　thunder 천둥
undergo 겪다　expect 예상하다　relative 친척　mere 단순한
sure-fire 확실한　deal with ~을 해결하다　irrational 불합리한

> 해석

조건 형성은 간접적으로 일어나고, 그것은 우리에게 미치는 영향력을 증가시킨다. 다른 사람이 특정한 자극에 노출되는 것을 당신이 지켜본다고 해보자. 비록 당신이 그 자극과 직접 접촉하지 않더라도, 당신은 그 자극에 대한 다른 사람의 정서적 반응을 단지 관찰함으로써 그 자극에 정서적으로 반응하는 법을 배운다. 그런 학습은 수많은 상황에서 감정에 영향을 미칠 수 있다. 부모들이 천둥에 반응하는 것을 봄으로써 천둥을 두려워하게 된 아이들은 비슷한 조건 형성을 경험한 셈이다. 만약 공포영화가 우리에게 영향을 줄 수 있다고 해도 우리는 부모와 친구들, 친척들의 공포영화에 대한 감정적 반응이 훨씬 더 큰 영향을 준다고 예상할 수 있을 것이다. 예를 들어, 도시에 사는 아이가 어떻게 뱀을 두려워하게 되고 단지 뱀의 그림에 대해 감정적으로 반응하는 법을 배울까? '뱀은 위험하다'라고 듣는 것은 그 아이의 감정적인 반응을 설명하지 못할 수도 있다. 아마도, 그 아이는 다른 사람들이 뱀이라는 단어나 TV에 나오는 뱀의 모습에 무서워하며 반응하는 것을 보았을 것이다.

① 언어가 사람의 감정적 경험에 미치는 영향
② 조건 반응의 발달에서의 나이 차이
③ 조건 형성 과정에 영향을 미치는 다른 사람들의 감정 반응
④ 뱀에 대한 불합리한 공포를 해결하는 확실한 방법들

> 해설

글의 중심 소재는 조건 형성 과정이고 주제문은 세 번째 문장으로 다른 사람의 정서 반응 관찰을 통해 자극에 정서적으로 반응하는 법을 배운다고 주장한다. 이후 천둥, 공포영화, 그리고 뱀에 관한 예시를 통해 타인이 특정 자극에 감정적으로 반응하는 것을 보고 아이들도 같은 자극에 감정적인 반응을 보인다고 설명한다. 따라서 글의 주제로 가장 적절한 것은 ③ '조건 형성 과정에 영향을 미치는 다른 사람들의 감정 반응'이다.

 ③

9

주어진 글 다음에 이어질 글의 순서로 가장 적절한 것은?

> According to the 13th-century poet Layamon, King Arthur ordered "The Round Table" to be built by a famous Cornish carpenter, who somehow made the table capable of seating 1,600 men.

(A) Their expeditions developed in a magical realm of wonder: where fairy women tested the nobility of the knights by offering them seemingly impossible tasks, and strange creatures lurked in the shadows of a vast forest.

(B) When having rid the land of monsters, dragons, and evil customs, they undertook the greatest task of all – the quest for the Holy Grail from which many did not return.

(C) Other stories suggest it was Merlin, the king's magician, who made it and sent out a call to the bravest and truest knights to join the table. Some 150 knights sat at the table and went off on adventures.

① (A) — (B) — (C)   ② (A) — (C) — (B)
③ (C) — (A) — (B)   ④ (C) — (B) — (A)

> 어휘

poet 시인   Cornish 콘월 지방의   carpenter 목수   somehow 어떻게든
seat 앉히다   expedition 탐험   develop 전개되다   realm 영역
fairy 요정의   nobility 고귀함   offer 제안하다   seemingly 겉보기에
creature 생명체   lurk 도사리다   vast 방대한   rid 제거하다
monster 괴물   dragon 용   evil custom 악습   undertake 착수하다
quest 원정   the Holy Grail 성배   magician 마법사   some 약 (~정도)
go off on an adventure 모험을 떠나다

> 해석

13세기의 시인인 라야몬에 따르면, 아서 왕은 콘월 지방의 유명한 목수에게 '원탁'을 만들라고 명령했고, 그는 1,600명을 앉힐 수 있는 탁자를 어떻게든 만들어냈다. (C) 다른 이야기들은 탁자를 만들고 가장 용맹하고 진실한 기사들에게 탁자에 참여하라는 요청을 보낸 것이 바로 왕의 마법사 멀린이었다고 시사한다. 약 150명의 기사가 탁자에 앉았고 모험을 떠났다. (A) 그들의 탐험은 경이로운 마법의 영역에서 전개되었다: 그곳에서는 여자 요정들이 기사들에게 불가능해 보이는 임무를 제안함으로써 그들의 고귀함을 시험했고 기이한 생명체들이 거대한 숲의 그림자 속에 도사리고 있었다. (B) 그 땅에서 괴물, 용, 그리고 악습을 제거했을 때, 그들은 가장 큰 과업에 착수했다 – 바로, 많은 사람이 돌아오지 못한 성배를 찾는 원정이었다.

> 해설

아서 왕과 원탁의 기사들에 관한 내용을 다룬 글이다. 주어진 문장에서 라야몬에 따르면 아서 왕의 명령으로 콘월 지방의 한 목수가 원탁을 만들었다고 했다. (A)와 (B)는 탐험에 관한 내용이고 (C)에서는 원탁이 만들어진 것에 관한 다른 이야기를 소개하고 있으므로 주어진 문장 다음에는 (C)가 가장 먼저 와야 한다. 주어진 문장의 The Round Table을 (C)에서 it으로 받아서 마법사 멀린이 탁자를 만들었다고 말한다. (C)의 adventures를 (A)에서 Their expeditions로 받아서 기사들의 모험에 관해 이야기한다. 기사들이 탐험을 떠난 땅인 a magical realm of wonder와 그곳에 도사리는 strange creatures를 (B)에서 각각 the land와 monsters, dragons로 지칭한다. 따라서 글의 순서로 가장 적절한 것은 ③ (C) – (A) – (B)이다.

 ③

10

글의 흐름상 어색한 문장은?

> In April 1833, the German Prince Maximilian set out to study the Plains Indians in the western United States. ① The prince left St. Louis and sailed up the Missouri River. On the boat with Prince Maximilian were his two trained pet bears, a music box, and a thermometer to record the daily temperature in his journal. ② The prince also brought helpers along with him. One of the helpers was a Swiss artist named Karl Bodmer. ③ Bodmer's job was to draw and paint all of the sights and people that the prince wrote about. Bodmer's paintings and Maximilian's journal record the lives and habits of the Plains Indians. ④ Prince Maximilian sailed for America from Holland with great expectations. Bodmer's artwork and Maximilian's writing are being kept at the National Museum.

어휘

set out (여행을) 시작하다 Plains Indian 평원 인디언
music box 뮤직 박스: 뚜껑을 열면 음악이 나오는 상자 thermometer 온도계
sight 풍경 expectation 기대 artwork 삽화

해석

1833년 4월, 독일의 막시밀리안 대공은 미국 서부의 평원 인디언을 연구하기 위해 여행을 시작했다. ① 대공은 세인트루이스에서 출발해서 미주리강을 항해 올라갔다. 보트에는 막시밀리안 대공과 함께 그의 훈련된 애완 곰 두 마리와 뮤직 박스 하나, 그리고 자신의 일기에 매일의 기온을 기록하기 위한 온도계 하나가 있었다. ② 대공은 또한 수행원과 함께 갔다. 수행원 중 한 명은 카를 보트머라는 이름의 스위스인 화가였다. ③ 보트머의 일은 대공이 기록하는 모든 풍경과 사람들을 그리고 색칠하는 것이었다. 보트머의 그림과 막시밀리안의 일기는 평원 인디언의 삶과 습관을 기록했다. ④ 막시밀리안 대공은 커다란 기대를 품고 네덜란드에서 미국을 향해 항해했다. 보트머의 삽화와 막시밀리안의 글은 국립박물관에 보관되고 있다.

해설

막시밀리안 대공이 미국 서부를 여행하며 평원 인디언을 관찰했다는 내용이다. 첫 문장에서 여행이 시작되었다고 말했고 ①은 미국 내에서의 이동을 설명하고 ②는 여행에 수행원을 동반했다는 내용이며 ③은 수행원 중 한 명인 보트머가 맡은 일을 기술한다. 그런 뒤, ④의 앞뒤에서 보트머에 관한 언급이 이어지는데, 갑자기 ④에서는 네덜란드에서 미국으로 항해했다는 내용이 전개되어 글의 흐름상 어색하다. 따라서 정답은 ④이다.

정답 ④

DAY 27

2025 이동기 영어 **하루 프**로젝트

| 01 | ② | 02 | ④ | 03 | ③ | 04 | ① | 05 | ④ |
| 06 | ④ | 07 | ③ | 08 | ① | 09 | ③ | 10 | ③ |

[1~3] 밑줄 친 부분에 들어갈 말로 가장 적절한 것을 고르시오.

1

It never occurred to me that he might have come from a(n) _____ family because he wore the same clothes all the time and seemed stingy. It was only after I physically saw his palace-like house that I realized his family is well-off.

① mediocre ② opulent
③ miserly ④ evil

어휘

occur to ~에게 떠오르다 stingy 인색한 physically 실제로
palace-like 궁전 같은 well-off 유복한 mediocre 평범한
opulent 부유한 miserly 인색한 evil 사악한

해석

그는 똑같은 옷을 항상 입었고 인색하게 보였기 때문에 그가 부유한 집안 출신일지도 모른다는 것은 내게 절대 떠오르지 않았다. 그의 궁전 같은 집을 실제로 본 뒤에야 비로소 나는 그의 집안이 유복하다는 것을 깨달았다.

정답 ②

2

The novel lacked _____; the plot jumped between different timelines without clear connections between events.

① amazement ② imagination
③ discrepancy ④ coherence

어휘

novel 소설 lack 부족하다 jump 갑자기 바뀌다 timeline 시간대
amazement 깜짝 놀람 imagination 상상력 discrepancy 불일치
coherence 일관성

해석

그 소설은 일관성이 부족했다; 사건들 사이에 명확한 연결성이 없이 플롯이 서로 다른 시간대 사이에서 갑자기 바뀌었다.

정답 ④

3

> The renowned author's latest novel left her readers _____ with its predictable storyline and shallow character development.
>
> ① disappoint ② disappointment
> ③ disappointed ④ disappointing

어휘

renowned 유명한   author 작가   predictable 너무 뻔한
storyline 줄거리   shallow 얄팍한
character development (작품의) 인물 설정   disappoint 실망시키다

해석

그 유명한 작가의 최신 소설은 너무 뻔한 줄거리와 얄팍한 인물 설정으로 그녀의 독자들이 실망하게 했다.

해설

[문법포인트] **불완전타동사와 동작의 목적격보어 / 현재분사 vs. 과거분사**
leave는 목적어와 목적격보어가 능동의 관계이면 목적격보어로 현재분사를, 수동의 관계이면 목적격보어로 과거분사를 사용한다. 이때 감정유발동사인 disappoint는 행위의 주체가 실망의 감정을 유발할 때는 현재분사로, 실망을 느끼는 감정의 대상이 될 때는 과거분사를 써야 한다. 따라서 '그녀의 독자들이 실망을 느낀다'라는 수동의 의미를 나타내는 ③ disappointed가 정답이다.

정답 ③

[4~5] 밑줄 친 부분 중 어법상 옳지 않은 것을 고르시오.

4

> Among other popular courses ① is learning how to write and ② deliver a speech and honing the skill ③ to get the audience ④ fully engaged.

어휘

deliver (강연, 연설 등을) 하다   speech 연설(문)   hone 연마하다
engage 몰두시키다

해석

연설문을 작성하고 연설하는 방법을 배우는 것과 청중이 완전히 몰두하게 만드는 기술을 연마하는 것은 다른 인기 강좌에 속한다.

해설

① [문법포인트] **주어 - 동사 수 일치** 장소의 부사구가 문장의 앞으로 나가면서 주어와 동사가 도치된 구문이다. 문장의 주어는 두 개의 동명사가 and로 연결된 learning ~ and honing ~으로 복수형이므로 동사 역시 단수형 is를 복수형인 are로 고쳐야 한다. (is → are)

② [문법포인트] **등위접속사의 병렬 구조** 의문사 how 뒤에 두 개의 to부정사 to write과 (to) deliver가 and로 연결된 구조이다. and 뒤의 to부정사는 to를 생략할 수 있다.

③ [문법포인트] **to부정사의 역할** to부정사가 앞에 있는 명사를 수식하는 형용사의 역할을 한다. 따라서 to make가 the skill을 수식하는 구조로 바르게 쓰였다.

④ [문법포인트] **불완전타동사와 동작의 목적격보어** 불완전타동사인 get의 목적격보어는 목적어와 능동의 관계일 때는 동사원형으로, 목적어와 수동의 관

계일 때는 과거분사로 써야 한다. 목적어인 the audience가 몰두하게 된다는 수동의 의미이므로 과거분사가 바르게 쓰였다.

정답 ①

5

> The heiress of Korea's largest flagship carrier unnecessarily delayed a flight while ① insulting and shoving its crew. Some people doubted ② whether she put the plane in real danger or tried to change its route. Any little compassion left was shattered, however, after it became known ③ that the disgraced executive's younger sister had vowed to "take revenge" against ④ whomever helped to throw her big sister into the crisis, through a posting on the company website.

어휘

heiress 여성 상속인   flagship carrier 대표 항공사
unnecessarily 불필요하게   delay 지연시키다   insult 모욕하다
shove 밀치다   crew 승무원   doubt 확신하지 못하다
put ~ in danger ~을 위험에 빠뜨리다   route 항로   compassion 동정심
shatter 산산이 부수다   disgraced 망신을 당한   executive 이사
vow 단언하다   revenge 복수   posting 게시물

해석

한국의 가장 큰 대표 항공사의 여성 상속인이 승무원을 모욕하고 밀치면서 비행기를 불필요하게 지연시켰다. 일부 사람들은 그녀가 비행기를 실질적인 위험에 빠뜨렸거나 항로를 변경시키려고 시도했는지 확신하지 못했다. 하지만, 그 망신을 당한 이사의 여동생이 회사 웹사이트의 게시물을 통해 자기 언니를 위기에 빠뜨리도록 도운 사람이 누구이든 '복수를 하겠다'라고 단언했다는 사실이 알려진 이후로 약간이라도 남아있던 어떤 동정심도 산산이 부서졌다.

해설

④ [문법포인트] **복합관계사** 복합관계대명사절이 전치사 against의 목적어 역할을 하는 명사절로 사용되었다. 복합관계대명사 뒤에 주어가 빠진 불완전한 절이 왔으므로 목적격인 whomever를 주격인 whoever로 고쳐야 한다. (whomever → whoever)

① [문법포인트] **분사구문** 접속사가 남아있는 분사구문으로, 의미상 주어는 주절의 주어와 같아서 생략되었다. 타동사 insult(insulting) 뒤에 목적어인 its crew가 있고 의미상 주어인 The heiress와 분사구문의 동사가 능동의 관계이므로 insulting이 바르게 쓰였다.

② [문법포인트] **명사절 접속사의 선택** 접속사 뒤에 완전한 절이 왔고 동사 doubt이 '확신하지 못하다'라는 뜻이므로 확정되지 않은 내용을 이끄는 명사절 접속사 whether가 바르게 쓰였다.

③ [문법포인트] **명사절 접속사의 선택** it이 가주어, 명사절 접속사 that이 이끄는 명사절이 진주어로 바르게 쓰였다.

정답 ④

6

밑줄 친 부분에 들어갈 말로 가장 적절한 것은?

> A: Hey, you're late today. What happened?
> B: I'm really sorry. I was stuck in traffic on the way here.
> A: Again?
> B: Yeah, at this time of day, the roads are always packed.
> A: _____.
> B: I'll make sure to do that starting tomorrow.
> A: Alright, just make sure this doesn't become a habit.
> B: I understand. I'll make up for the lost time during my shift.

① You must have been trapped in the traffic
② The road construction is causing the issue these days
③ It is true it's always congested around this time
④ That's why you should have left earlier

어휘

stuck in traffic 차가 막히는   on the way 도중에   packed 혼잡한
make sure 반드시 ~하게 하다   starting tomorrow 내일부터
make up for ~을 보충하다   shift 교대 근무 시간   trap 가두다
construction 공사   congested 혼잡한

해석

A: 저기요, 오늘 지각했네요. 무슨 일이에요?
B: 정말 죄송해요. 여기로 오는 도중에 차가 막혔어요.
A: 또요?
B: 네, 하루 중 이 시간에는 도로가 항상 혼잡해요.
A: 그러니까 당신이 더 일찍 출발했어야죠.
B: 내일부터는 반드시 그렇게 할게요.
A: 좋아요, 그저 이게 습관이 되지 않게 해주세요.
B: 알겠습니다. 제 교대 근무 시간에 손해 본 시간을 보충할게요.

① 교통 체증에 갇히셨던 게 분명하군요
② 요즘 도로 공사가 그 문제를 유발하고 있어요
③ 이 시간 무렵에 언제나 혼잡한 것은 사실이에요

정답 ④

7

Summer Baking Workshop Series에 관한 다음 글의 내용과 일치하는 것은?

> **Summer Baking Workshop Series**
>
> Join us for a delightful baking workshop series at Baker's Haven Kitchen. Learn the art of baking delicious treats over three sessions.
>
> • Session 1: Basics of Baking - Saturday, June 18, 10 a.m.
> • Session 2: Cake Decorating - Saturday, June 25, 10 a.m.
> • Session 3: Bread Making - Saturday, July 2, 10 a.m.
>
> These workshops are designed for beginners, so no prior baking experience is necessary.
> • Cost: $30 per session (includes all ingredients, instruction, and tasting samples)
> • Spaces are limited, so secure your spot early. Pre-registration required.
>
> Additional Details:
> • Each participant will receive a recipe booklet to take home, featuring the recipes covered in each session.
> • Participants are encouraged to bring an apron and a container to carry their baked creations in.
>
> For more details and registration, please visit www.bakershavenkitchen.com.

① 초보부터 숙련자까지 누구나 수강할 수 있다.
② 3개의 수업에 대한 전체 수강료는 30달러이다.
③ 수강생에게는 배웠던 조리법이 담긴 책자가 제공된다.
④ 앞치마를 포함한 모든 준비물이 제공된다.

어휘

treat 간식   session 수업   decorate 장식하다   design 계획하다
prior 사전의   ingredient 재료   instruction 지도   tasting 시식
secure 확보하다   pre-registration 사전 등록   additional 추가의
detail 세부 사항   participant 참가자   booklet 책자
feature 특별히 포함하다   cover 다루다   encourage 권장하다
apron 앞치마   container 용기

해석

여름 제빵 연속 워크숍

Baker's Haven Kitchen에서 열리는 즐거운 제빵 연속 워크숍에서 우리와 함께하세요. 세 번의 수업 시간 동안 맛있는 간식을 굽는 기술을 배우세요.

• 첫 번째 수업: 제빵의 기본 – 6월 18일 토요일 오전 10시
• 두 번째 수업: 케이크 장식 – 6월 25일 토요일 오전 10시
• 세 번째 수업: 빵 만들기 – 7월 2일 토요일 오전 10시

이 워크숍은 초보자들을 위해 계획되었으므로, 사전 제빵 경험은 필요하지 않습니다.
• 비용: 수업당 30달러 (모든 재료, 지도, 그리고 시식 샘플 포함)
• 공간이 제한적이므로, 여러분이 자리를 일찍 확보하세요. 사전 등록 필수.

추가 세부 사항:
• 각 참가자는 수업마다 다뤄지는 레시피를 특별히 포함하는, 집으로 가져갈 레시피 책자를 받게 됩니다.
• 참가자들은 앞치마와 그들이 구운 창작물을 담아 갈 용기를 가져오도록 권장된다.

더 자세한 세부 사항과 등록을 위해, www.bakershavenkitchen.com을 방문하세요.

해설

③ <추가 세부 사항> 첫 번째 항목에서 각 참가자는 수업마다 다뤄지는 레시피를

특별히 포함하는, 집으로 가져갈 레시피 책자를 받는다고 했으므로 글의 내용과 일치한다.
① 세 번째 단락에서 이 워크숍이 초보자들을 위한 수업으로 제빵 경험이 없어도 된다고 했으므로 글의 내용과 일치하지 않는다.
② <비용> 항목에서 수업당 30달러라고 했으므로 3개의 수업에 대한 전체 수강료는 90달러가 되므로 글의 내용과 일치하지 않는다.
④ <추가 세부 사항>의 두 번째 항목에서 참가자들에게 앞치마를 가져오는 것이 권장된다고 했으므로 글의 내용과 일치하지 않는다.

정답 ③

8
다음 글의 제목으로 가장 적절한 것은?

> Fortunately, it is only through fantasy that we can see what the destruction of the scholarly and scientific disciplines would mean to mankind. From history, we can learn what their existence has meant. The sheer power of disciplined thought has brought about all the great intellectual and technological advances in every branch of human endeavor. Practically, the ability of the man trained to exercise this power effectively about problems for which he was not specifically trained is proved by examples without number. The real evidence for the value of disciplined thought lies in history and in the biographies of men who have met the valid criteria of greatness. These support overwhelmingly the claim of defenders of disciplined thought that it can equip a man with fundamental powers of decision and action, applicable not only to petty little worries but to all the great and varied concerns of human life.

① The Value of a Disciplined Mind
② The Advance of the Human Race
③ Facts vs. Fantasies
④ The Power of Technology

어휘
fortunately 다행스럽게도 fantasy 공상 destruction 파괴
scholarly 학문적인 discipline 훈련; 훈련하다 mankind 인류
existence 존재 sheer 순수한 bring about ~을 가져오다
advance 발전 branch 분야 endeavor 노력 practically 실제로
train 훈련하다 effectively 효과적으로 without number 무수한
evidence 증거 meet 충족시키다 valid 타당한
criteria (pl.) 기준들(단수: criterion) overwhelmingly 압도적으로
claim 주장 defender 옹호자 equip 준비를 갖춰 주다
fundamental 근본적인 applicable 적용할 수 있는 petty 사소한
varied 다양한 concern 걱정거리

해설
다행스럽게도, 우리가 학문적 및 과학적 훈련의 파괴가 인류에게 무엇을 의미할 것인지 알 수 있는 것은 오직 공상을 통해서이다. 역사에서, 우리는 그것들의 존재가 무엇을 의미했는지 배울 수 있다. 훈련된 사고의 순수한 힘은 인간이 노력하는 모든 분야에 온갖 위대한 지적이고 기술적인 발전을 가져왔다. 실제로, 자신이 구체적으로 교육받지 않은 문제들에 관해 훈련된 사고의 힘을 효과적으로 발휘하도록 훈련을 받은 사람의 능력은 무수한 사례에 의해 입증된다. 훈련된 사고의 가치에 대한 실제 증거는 위대함의 타당한 기준을 충족한 인간들의 역사와 전기에 있다. 이것들은 훈련된 사고가 인간에게 사소한 작은 걱정거리뿐 아니라 인간사의 온갖 크고 다양한 걱정거리에 적용될 수 있다는 근본적인 결정력과 행동력을 갖춰 줄 수 있다는 훈련된 사고의 옹호자들의 주장을 압도적으로 뒷받침한다.

① 훈련된 사고의 가치
② 인류의 발전
③ 사실 대 공상
④ 기술의 힘

해설
글의 중심 소재는 훈련된 사고이고 주제문은 세 번째 문장으로 훈련된 사고가 인간의 모든 분야에 지적이고 기술적인 발전을 가져왔다고 주장한다. 뒤이어, 훈련된 사고는 무수한 사례에서 입증되며, 위대한 인간의 역사와 전기에 실제 증거가 있다고 부연 설명한다. 따라서 글의 제목으로 가장 적절한 것은 ① '훈련된 사고의 가치'이다.

정답 ①

9
밑줄 친 부분에 들어갈 말로 가장 적절한 것은?

> Perhaps the single most important change during the last two decades is _____.
> Rather than businesses having the ability to manipulate customers via technology, customers have come to be able to manipulate businesses because of their access to information, the ability to comparison shop, and the control they have over spending. Individual consumers and business customers can compare prices and product specifications in a matter of minutes. In many cases, customers are able to set their own prices, such as purchasing airline tickets at Priceline.com. Customers can now interact with one another, as merchants such as Amazon and eBay allow customers to share opinions on product quality and supplier reliability. As power continues to shift to customers, marketers have little choice but to ensure that their products are unique and of high quality, thereby giving customers a reason to purchase their products and remain loyal to them.

① the advances in computer and information technology
② the ways that marketers reach potential customers
③ the shift in power from marketers to consumers
④ the availability of options to choose from

어휘
decade 10년 manipulate 조종하다 customer 고객 via 통하여
access 접근 가능성 comparison shop 가격·품질을 비교하다
individual 개개의 compare 비교하다 specification 사양
in a matter of 불과 ~만에 purchase 구입하다 interact 소통하다
merchant 판매상 quality 품질 supplier 공급회사 reliability 신뢰도

marketer 판매회사　**ensure** 확실히 하다　**unique** 독특한
thereby 그렇게 함으로써　**loyal** 충실한　**advance** 진전
potential 잠재적인　**shift** 이동　**availability** 이용 가능성

해석

어쩌면 지난 20년 동안 가장 중요한 단 하나의 변화는 판매회사로부터 소비자에게로의 권력 이동이다. 기업이 기술을 통해 고객을 조종할 능력을 갖추기보다, 고객은 그들의 정보에 대한 접근 가능성, 가격·품질을 비교하는 능력, 그리고 그들이 소비에 대해 가진 제어권 때문에 기업을 조종할 수 있게 되었다. 개개의 소비자와 기업 고객은 가격과 제품 사양을 불과 몇 분 만에 비교할 수 있다. 여러 경우에서, 고객은 가령 프라이스라인 닷컴에서 항공권을 구매하는 것처럼 자신의 가격을 정할 수 있다. 아마존과 이베이 같은 판매상이 고객에게 제품의 품질과 공급회사의 신뢰도에 관해 의견을 나누도록 허용하기 때문에 고객은 이제 서로 소통할 수 있다. 권력이 고객에게 계속 이동하면서, 판매회사는 그들의 제품이 확실히 독특하고 품질이 높게 하고, 그렇게 함으로써 그들의 제품을 구입하고 그들에게 계속 충실할 이유를 고객에게 제시한다.

① 컴퓨터와 정보 기술의 발전
② 판매회사가 잠재 고객에게 도달하는 방법
④ 고를 수 있는 선택지의 이용 가능성

해설

글의 중심 소재는 권력 이동이고 주제문은 빈칸이 있는 첫 번째 문장이므로 이후에 이어지는 내용을 아우르는 핵심 내용을 유추해서 빈칸을 완성해야 한다. 두 번째 문장에서 기업이 고객을 조종하는 것이 아닌, 고객이 기업을 조종할 수 있게 되었다고 설명하고, 이후에 그런 현상을 부연 설명한다. 즉, 고객이 가격과 제품 사양을 비교할 수 있고, 고객이 가격을 정할 수 있으며, 고객끼리 소통할 수 있다고 한다. 특히 마지막 문장에서 권력이 고객에게 이동하면서 판매회사가 고객에게 계속 선택받기 위해 제품을 관리한다고 주장한다. 따라서, 정답은 ③ '판매회사로부터 소비자에게로의 권력 이동'이다.

정답 ③

어휘

be composed of ~로 구성되다　**particle** 입자
quark 쿼크: 소립자를 구성하는 가장 기본적인 입자　**prevailing** 지배적인
conception 개념　**be concerned with** ~와 관련이 있다
interpretation 해석　**process** 과정　**observe** 관찰하다
straightforward 간단한　**generalization** 일반화　**emphasize** 강조하다
hypothesize 가설로 제기하다　**ingenious** 영리한
puzzling 곤혹스럽게 하는

해석

단지 사실에만 관련이 있어야 한다는 과학의 지배적인 개념에도 불구하고, 과학은 의견과 해석으로 가득 차 있는 것 같다. (①) 게다가, 과학 이론의 발전은 먼저 많은 사실을 관찰하고 그다음에 이런 관찰로부터 간단한 일반화를 만들어내는 과정이 거의 아니다. (②) 노벨 물리학상 수상자인 리처드 파인만은 과학에서의 상상력과 추측의 중요성을 강조했다. (③) 대부분의 과학자들은, 예를 들면, 모든 물질은 쿼크라고 불리는 흥미로운 입자로 구성되어 있다고 믿는다. 쿼크의 존재는 1963년 처음 가설로 제기되었다. 그러나 어떤 과학자도 쿼크를 보지 못했다. 그런데 왜 그들은 쿼크가 존재한다는 것을 믿는 것인가? (④) 그들은 만일 쿼크가 정말 존재한다면 다른 곤혹스러운 것을 설명할 수 있다는 것을 알아차리고서 일부 영리한 과학자들이 쿼크를 고안했기 때문에, 그것을 믿는다.

해설

주어진 문장은 과학자들이 가진 믿음의 예시로서 물질이 쿼크로 구성된다고 언급한다. 이 문장의 앞에는 과학자들의 믿음에 관한 일반적인 진술이 제시되고, 이 문장의 뒤에는 쿼크에 대한 부연 설명이 이어질 것으로 추측할 수 있다. ③의 앞까지는 과학은 사실에만 관련이 있어야 한다는 지배적인 개념과 달리 과학은 의견과 해석으로 가득하며, 노벨상 수상자인 리처드 파인만이 과학에서 추측과 상상력의 중요성을 강조했다고 설명한다. ③의 뒤에서는 쿼크에 대한 가설이 처음 제기된 시기와 과학자들이 이 가설을 믿는 이유 등을 이야기한다. 따라서 정답은 ③이다.

정답 ③

10

주어진 문장이 들어갈 위치로 가장 적절한 것은?

> Most scientists believe, for example, that all matter is composed of curious particles called quarks.

Despite the prevailing conception of science as being concerned only with facts, science seems to be full of opinions and interpretations. (①) Moreover, the development of scientific theories is seldom a process of first observing a lot of facts and then making straightforward generalizations from these observations. (②) Richard Feynman, a Nobel Prize winner in physics, emphasized the importance of imagination and guessing in science. (③) The existence of quarks was first hypothesized in 1963. But no scientist has ever seen a quark. So why do they believe that quarks exist? (④) They believe it because some ingenious scientists invented quarks, noticing that if quarks did exist, they could explain some other puzzling things.

DAY 28

| 01 | ④ | 02 | ③ | 03 | ④ | 04 | ② | 05 | ③ |
| 06 | ② | 07 | ① | 08 | ① | 09 | ② | 10 | ② |

[1~3] 밑줄 친 부분에 들어갈 말로 가장 적절한 것을 고르시오.

1

> The artist used vibrant colors and bold strokes to _____ a sense of energy and excitement in the painting.

① surrender ② enervate
③ extinguish ④ convey

어휘

vibrant 강렬한 bold 대담한 stroke 붓질 excitement 흥분
surrender (권리 등을) 포기하다 enervate 기력을 떨어뜨리다
extinguish 끄다 convey 전달하다

해석

그 화가는 그림에서 에너지와 흥분감을 전달하기 위해 강렬한 색채와 대담한 붓질을 활용했다.

정답 ④

2

> Unlike her brother who is industrious and hardworking, she is a(n) _____ person whose only hobby is watching TV all day long like a couch potato.

① meticulous ② versatile
③ indolent ④ hostile

어휘

industrious 부지런한 hardworking 열심히 일하는
couch potato 카우치 포테이토: 소파에서 TV만 보면서 많은 시간을 보내는 사람
meticulous 세심한 versatile 다재다능한 indolent 게으른
hostile 적대적인

해석

부지런하고 열심히 일하는 그녀의 오빠와 달리, 그녀는 유일한 취미가 카우치 포테이토처럼 하루 종일 TV를 보는 것인 게으른 사람이다.

정답 ③

3

> The latest smartphone model is _____ than its predecessors due to its innovative features and improved performance.

① very popular ② too more popular
③ very more popular ④ much more popular

어휘

predecessor 이전 것 innovative 혁신적인 feature 특징
improve 개선하다 performance 성능

해석

최신 스마트폰 모델은 그 혁신적인 특징과 개선된 성능 덕분에 이전 모델들보다 훨씬 더 인기가 있다.

해설

[문법포인트] 비교 구문 빈칸 뒤에 비교급 비교 표현에서 사용하는 접속사 than이 있으므로 빈칸에는 비교급인 more popular가 들어가야 한다. 또한 very는 원급 형용사나 부사를 강조하는 부사이므로 비교급을 강조하는 부사 much의 수식을 받는 ④ much more popular가 정답이다. 참고로 too는 비교급 앞에 쓸 수 없다.

 정답 ④

4

밑줄 친 부분 중 어법상 옳지 않은 것은?

> Miaoli County's Liu Cheng-hung, No. 3 in the local leader approval rankings, ① has adopted a result-oriented governing style. A scholar who ② used to working side by side with Liu compares him with the ancient Chinese General Cao Cao, who was believed ③ to reward his soldiers according to their performance and ④ to set clear goals.

어휘

county 현 approval 지지 result-oriented 성과 지향적인
govern 정무를 보다 side by side 함께 ancient 고대의
reward 보상을 주다 performance 성과

해석

지역 지도자 지지 순위 3위를 기록한 먀오이 현의 Liu Cheng-hung은 성과 지향적인 정무 방식을 채택했다. Liu와 함께 일했던 한 학자는 그를 고대 중국 장군 조조와 비교했는데, 조조는 병사들을 성과에 따라 보상을 주고 명확한 목표를 설정한 것으로 믿어졌다.

해설

② **[문법포인트]** 조동사의 선택 '~하곤 했다'라는 과거의 습관이나 사실을 나타낼 때는 「used to + 동사원형」으로 표현하므로 동명사 working을 동사원형 work로 고쳐야 한다. (used to working → used to work)

① **[문법포인트]** 주어-동사 수 일치 문장의 주어가 Miaoli County's Liu Cheng-hung으로 단수이므로 동사 역시 단수형으로 바르게 쓰였다.

③ **[문법포인트]** 동사의 유형별 수동태 People believed that Cao Cao rewarded his soldiers ~라는 능동태 문장을 수동태로 전환하면서 that절의

주어는 수동태 문장의 주어가 되고, that절의 동사는 to부정사로 전환된다. 따라서 to reward로 바르게 표현되었다. 이 절의 주어와 선행사가 Cao Cao로 동일해 주격 관계대명사 who로 연결되었다.

④ [문법포인트] 등위접속사의 병렬 구조 was believed 뒤에 두 개의 to부정사구 to reward ~와 to set ~이 and로 바르게 연결되었다.

 ②

5

밑줄 친 부분 중 어법상 옳은 것은?

> ① Asking to describe their favorite travel destination, many people choose places like Paris, Rome, or Tokyo, ② which is renowned for their rich history, cultural attractions, and vibrant nightlife. These cities ③ have captivated tourists since the beginning of modern tourism in the late 16th century, ④ offered a blend of old-world charm and contemporary allure.

어휘

describe 설명하다　destination 목적지　renowned for ~으로 유명한
attraction 명소　vibrant 활기찬　nightlife 밤의 유흥
captivate ~의 마음을 사로잡다　charm 매력　contemporary 동시대의
allure 매력

해석

좋아하는 여행지를 설명해달라는 요청을 받으면, 많은 사람들은 파리, 로마, 혹은 도쿄 같은 장소를 선택하는데, 이곳들은 풍부한 역사, 문화적 명소, 그리고 활기찬 밤의 유흥으로 유명하다. 이런 도시들은 16세기 후반에 근대 관광이 시작된 이래로 관광객들의 마음을 사로잡아왔고, 구세계의 매력과 동시대 매력의 혼합을 제공했다.

해설

③ [문법포인트] 완료시제 since ~ century라는 특정 과거 시점 이후로 계속되는 상황을 설명하고 있으므로 현재완료 계속 용법이 바르게 표현되었다.
① [문법포인트] 분사구문 분사구문의 의미상 주어는 주절의 주어와 동일하며 분사구문의 동사와 주어가 수동의 관계이므로 현재분사 Asking을 과거분사 Asked로 고쳐야 한다. (Asking to → Asked to)
② [문법포인트] 주어-동사 수 일치 which의 선행사는 places로 복수형 명사이므로 관계절의 동사 역시 복수형인 are로 고쳐야 한다. (which is → which are)
④ [문법포인트] 분사구문 분사구문의 의미상 주어는 주절의 주어와 동일한 These cities이고, 분사구문의 동사와 능동의 관계이므로 과거분사 offered는 현재분사 offering으로 고쳐야 한다. 참고로, offer는 수여동사이므로 뒤에 직접목적어가 있어도 간접목적어를 주어로 삼은 수동태일 수 있으므로 주의해야 한다. (offered → offering)

정답 ③

6

밑줄 친 부분에 들어갈 말로 가장 적절한 것은?

> A: Hey, what a surprise! What are you doing here?
> B: I'm here to celebrate that you are having your first solo piano recital.
> A: That's very kind of you! How was it?
> B: I'm tone-deaf but I'm sure that it was the best recital I've ever attended.
> A: That's flattering. Hey, please come to my wrap-up party tonight if you can.
> B: Thanks. _____.
> A: I will text you the time and place then.

① I already have a plan
② I think I can make it
③ I hope you don't get me wrong
④ It took a long time to get here

어휘

celebrate 축하하다　recital 연주회　tone-deaf 음감이 없는
attend 참석하다　flattering 과찬인　wrap-up party 뒤풀이
get ~ wrong ~을 오해하다

해석

A: 이봐, 깜짝 놀랐어! 여기서 뭐 하는 거야?
B: 네가 첫 번째 피아노 독주회를 열게 된 것을 축하해 주려고 여기 왔어.
A: 정말 고마워! 연주회는 어땠어?
B: 나는 음감이 없지만 내가 여태껏 참석한 최고의 연주회였다고 확신해.
A: 과찬의 말이야. 이봐, 가능하다면 뒤풀이에 와줘.
B: 고마워. 갈 수 있을 것 같아.
A: 그러면 내가 시간과 장소를 문자로 알려줄게.

① 나는 이미 계획이 있어
③ 네가 나를 오해하지 않으면 좋겠어
④ 여기 오는 데 시간이 오래 걸렸어

 ②

7

다음 글의 목적으로 가장 적절한 것은?

> To: Sam Rodriguez, Traffic Department
> From: John Smith
> Date: June 30
> Subject: Concern Regarding Construction Noise
>
> Dear Mr. Rodriguez,
>
> I am writing to bring to your attention the significant noise disturbance caused by the ongoing construction work on the highway adjacent to our residential area.

Day 28　123

> The noise from the construction site has become increasingly disruptive, especially during early mornings and late evenings, making it difficult for residents to sleep or carry out daily activities in peace.
>
> I kindly request that the traffic department take immediate action to address this issue and implement measures to minimize the noise pollution generated by the construction activities.
>
> Thank you for your attention to this matter. I trust that the department will work swiftly to alleviate the noise disturbance and ensure a more peaceful living environment for all residents in the area.
>
> Sincerely,
> John Smith

① 공사 지점에서 나는 소음 해결을 요청하려고
② 고속도로 정체에 대한 해결 방안을 제시하려고
③ 도시 내 교통 부서의 인사 이동을 공지하려고
④ 공사로 인한 도로의 교통 통제 시간을 알려주려고

어휘

concern 걱정   regarding ~에 관한   construction 공사
significant 상당한   disturbance 방해   ongoing 진행 중인
adjacent 인접한   residential 주거의   increasingly 점차
disruptive 지장을 주는   resident 주민   carry out ~을 하다   kindly 부디
immediate 즉각적인   action 조치   address 해결하다
implement 실행하다   measures 방안   minimize 최소화하다
pollution 공해   generate 생성하다   swiftly 신속하게   alleviate 완화하다
ensure 보장하다

해석

수신: Sam Rodriguez, 교통과
발신: John Smith
날짜: 6월 30일
제목: 공사 소음에 관한 걱정

Rodriguez 씨 귀하,

우리 거주지 인근 고속도로에서 진행 중인 공사로 유발되는 상당한 소음으로 인한 방해에 귀하의 주의를 환기하고자 글을 씁니다.

공사 현장의 소음은 특히 이른 아침과 늦은 저녁 시간에 점차 지장을 주게 되어, 주민들이 평화롭게 잠을 자거나 일상 활동을 하기 어렵게 만듭니다.

교통과가 이 문제를 해결하기 위해 신속한 조치를 취하고 건설 활동으로 생성되는 소음 공해를 최소화하는 방안을 실행해주시기를 부디 요청드립니다.

이 문제에 관심을 가져주셔서 감사합니다. 저는 교통과가 이 지역의 모든 주민을 위해 소음 방해를 완화하고 더욱 평화로운 생활 환경을 보장해주기 위해 신속히 노력할 것이라고 믿습니다.

진심을 담아,
John Smith

이메일의 제목에 중심 소재인 공사 소음에 관한 걱정이 소개되고, 첫 번째 문장에서 이 소음 방해에 수신인의 주의를 환기하려 한다는 글의 목적이 제시된다. 또한 세 번째 문장에서 문제 해결을 위한 조치와 소음 공해를 최소화하는 방안을 요구하고 있다. 따라서 글의 목적으로 가장 적절한 것은 ① '공사 지점에서 나는 소음 해결을 요청하려고'이다.

  정답 ①

8
밑줄 친 부분에 들어갈 말로 가장 적절한 것은?

> Women are significantly affected by the development of artificial intelligence (AI), which could widen a disproportion of male to female employees if actions relating to the issue are not carried out. Despite statistics showing that the economic opportunity gap between men and women narrowed slightly in 2018, _____, largely due to the growth of AI. The use of AI in certain jobs has impacted many roles traditionally held by women. Women also continue to be underrepresented in industries that utilize science, technology, engineering, and mathematics skills. This affects their presence in the booming field of AI. Currently, women make up 22% of AI professionals, a gender gap three times larger than other industries.

① there are fewer women than men joining the workforce
② the employment gap between men and women will decrease
③ women will be more involved in the field of AI than now
④ AI will replace humans in the workplace in the near future

어휘

significantly 크게   affect 영향을 주다
artificial intelligence (AI) 인공지능   widen 확대하다
disproportion 불균형   action 조치   carry out ~을 실행하다
statistics 통계   opportunity 기회   narrow 좁아지다   slightly 약간
impact 영향을 주다   traditionally 전통적으로
underrepresented 과소 대표되는   utilize 활용하다   presence 존재
booming 급속히 발전하는   currently 현재   make up ~을 이루다
workforce 노동인구   involve 참여시키다   replace 대체하다

해석

여성들은 인공지능의 개발에 크게 영향을 받고 있는데, 만약 이 문제와 관련된 조치들이 실행되지 않는다면, 이것은 남녀 고용인의 불균형을 확대시킬 수 있다. 2018년에 남성과 여성 사이에 경제적 기회의 차이가 약간 좁아졌음을 보여주는 통계에도 불구하고, 대체로 인공지능의 성장 때문에, <u>남성보다 더 적은 여성이 노동인구에 합류하고</u> 있다. 특정 직업에서 인공지능의 사용은 여성이 전통적으로 담당한 수많은 역할에 영향을 미쳤다. 또한 여성은 과학, 기술, 공학, 그리고 수학 기능을 활용하는 산업에서 계속 과소 대표되고 있다. 이는 급속히 발전하는 인공지능 분야에 있는 여성의 존재에 영향을 준다. 현재, 여성은 인공지능 전문가의 22퍼센트를 이루고 있어서, 성별 격차는 다른 산업보다 세 배나 더 크다.

② 남성과 여성 사이의 고용 격차가 줄어들 것이다
③ 여성들이 인공지능 분야에 지금보다 더 많이 참여할 것이다
④ 가까운 미래에 인공지능이 노동인구에서 인간을 대체할 것이다

해설

글의 중심 소재는 인공지능의 발전과 노동인구에서의 남녀 성비 불균형이고 주제문은 첫 번째 문장으로 인공지능의 발전으로 남녀 고용인의 불균형이 심화될 수 있다는 내용이다. 뒤이어, 양보의 전치사 Despite로 시작해서 남성과 여성의 경제적 기회 차이가 약간 줄어들었다는 통계 내용을 소개한 뒤에 빈칸이 나오므로, 빈칸에는 이와 반대되는 남녀의 경제적 기회 차이가 커진다는 내용이 들어가야 한다. 따라서 정답은 ① '남성보다 더 적은 여성이 노동인구에 합류하고 있다'가 가장 적절하다. ②와 ③은 글의 내용과 반대이고 ④는 글의 논지와 관련이 없어서 모두 답이 될 수 없다.

정답 ①

9

다음 글의 제목으로 가장 적절한 것은?

Air pollution levels in Thailand's Bangkok have risen for the last few weeks in the rankings of Asia's most polluted cities. The national rainmaking agency flew sorties over Bangkok for the first time ever this week to wash away the haze. The sight of skyscrapers shrouded in fog and pedestrians wearing masks isn't ideal for a country that relies on tourism for economic growth. Thailand's health ministry has attributed the rise to several factors including vehicular emissions, smoke from the burning of waste and unusual weather patterns. In the past few days, some schools reduced outdoor playtime and officials warned people who may be particularly sensitive to pollution to be cautious. Thai officials have expressed concern about the smog but see it as temporary and don't expect an impact on the country's tourism boom.

① The Growing Threat of Asian Air Pollution
② A Spike in Air Pollution in Bangkok
③ How Bad Air Is Killing Thailand's Tourism
④ The Most Visited Attractions in Bangkok

어휘

pollution 오염   rainmaking 인공 강우   agency 기관
fly a sortie 비행 작전을 수행하다   haze 안개   skyscraper 고층 건물
shroud 뒤덮다   pedestrian 보행자   ideal 이상적인   rely on ~에 의존하다
ministry (정부의 각) 부처   attribute A to B A를 B의 결과로 생각하다
factor 요인   vehicular 차량의   emission 배기   unusual 여느 때와 다른
reduce 줄이다   official 공무원   particularly 특히   sensitive 민감한
cautious 조심하는   concern 염려   temporary 일시적인   impact 영향
threat 위협   spike 급증   attraction (관광) 명소

해석

지난 몇 주 동안 태국 방콕의 대기 오염 수준은 아시아의 가장 오염된 도시 순위에서 상승했다. 국립 인공 강우 기관이 안개를 씻어내기 위해 이번 주에 최초로 방콕 상공에서 비행 작전을 수행했다. 안개에 뒤덮인 고층 건물과 마스크를 쓴 보행자들의 광경은 경제 성장을 관광에 의존하는 국가에 이상적이지 않다. 태국의 보건부는 그 상승을 차량 배기, 쓰레기 소각에서 나오는 연기, 그리고 여느 때와 다른 날씨 패턴을 포함한 몇 가지 요인의 결과라고 생각했다. 지난 며칠 동안, 일부 학교는 야외 놀이 시간을 줄였고 공무원들은 오염에 특히 민감할 수 있는 사람들에게 조심하라고 경고했다. 태국의 공무원들은 스모그에 관해 우려를 표명했지만, 그것을 일시적이라고 생각하고 국가의 관광 발전에 영향을 미칠 것으로 예상하지 않는다.

① 아시아 대기 오염의 증가하는 위협
② 방콕의 대기 오염 급증
③ 나쁜 공기가 태국 관광을 어떻게 죽이는가
④ 방콕에서 가장 많이 방문되는 명소

해설

글의 중심 소재는 방콕의 대기 오염이고 주제문은 첫 번째 문장으로 태국 방콕의 대기 오염 수준이 지난 몇 주 동안 상승했다는 내용이다. 이후 대기 오염으로 인한 도시의 풍경이나 대처 방식을 구체적으로 제시한 뒤, 공무원들은 대기 오염에 대해 우려를 표명할 뿐 이것이 관광 산업에 영향을 미칠 것으로 예상하지는 않는다고 부연 설명한다. 따라서 글의 제목으로 가장 적절한 것은 ② '방콕의 대기 오염 급증'이다. ①은 너무 포괄적인 내용이고 ③은 글의 논지와 맞지 않아서 답으로 적절하지 않다.

정답 ②

10

주어진 문장 다음에 이어질 글의 순서로 가장 적절한 것은?

We come to know and relate to the world by way of categories.

(A) The notion of an animal species, for instance, might in one setting best be thought of as described by folklore and myth, in another as a detailed legal construct, and in another as a system of scientific classification.

(B) Ordinary communication is the most immediate expression of this faculty. We refer to things through sounds and words, and we attach ideas to them that we call concepts.

(C) Some of our categories remain tacit; others are explicitly governed by custom, law, politics, or science. The application of category systems for the same things varies by context and in use.

* tacit: 암묵적인, 무언의

① (B) – (A) – (C)   ② (B) – (C) – (A)
③ (C) – (A) – (B)   ④ (C) – (B) – (A)

어휘

relate to ~을 이해하다   by way of ~을 통해   category 분류   notion 관념
species 종   setting 상황   describe 설명하다   folklore 민속   myth 신화
detailed 자세한   legal 법적인   construct 구조   classification 분류
ordinary 일반적인   immediate 직접적인
faculty (사람이 타고나는 신체적, 정신적) 능력   refer to ~을 언급하다
attach 부여하다   concept 개념   explicitly 명시적으로   govern 지배하다

Day 28   125

custom 관습   politics 정치   application 적용   vary 달라지다
context 맥락

해석
우리는 분류를 통해 세상을 알고 이해하게 된다. (B) 일반적인 의사소통은 이 능력의 가장 직접적인 표현법이다. 우리는 소리와 말을 통해 어떤 것들을 언급하고, 우리는 우리가 개념이라고 부르는 생각들을 그것들에 부여한다. (C) 우리의 분류 중 어떤 것들은 여전히 암묵적이다; 다른 것들은 관습, 법, 정치, 혹은 과학에 의해 명시적으로 지배된다. 똑같은 것들에 대한 분류 체계의 적용은 맥락과 용도에 따라 달라진다. (A) 예를 들어, 한 동물 종에 대한 관념이 어떤 상황에서는 민속과 신화로 설명된다고 여기는 것이 최선이겠지만, 다른 상황에서는 자세한 법적 구조로 설명되고 또 다른 상황에서는 과학적 분류 체계로 설명된다고 여기는 것이 최선일 것이다.

해설
주어진 문장에서 우리가 분류를 통해 세상을 알고 이해하게 된다고 언급하고, 이 내용을 (B)에서 this faculty로 받아 이 능력의 가장 직접적인 표현법을 communication이라고 지칭한 다음 분류하는 과정을 설명한다. (C)에서는 분류를 암묵적인 것과 명시적인 것으로 나눈 다음, 같은 대상이라도 맥락과 용도에 따라 분류 체계의 적용이 달라진다고 설명한다. (A)에서는 그 구체적인 예시로 동물 종에 대한 관념을 들고 있다. 따라서 글의 순서로 적절한 것은 ② (B) – (C) – (A)이다.

정답 ②

DAY 29

2025 이동기 영어 하루 프로젝트

| 01 | ③ | 02 | ② | 03 | ③ | 04 | ① | 05 | ① |
| 06 | ④ | 07 | ③ | 08 | ② | 09 | ④ | 10 | ② |

[1~2] 밑줄 친 부분에 들어갈 말로 가장 적절한 것을 고르시오.

1

After the lunch break, they will _____ the meeting to discuss the remaining agenda items.

① prescribe   ② investigate
③ resume   ④ discontinue

어휘
discuss 논의하다   remain 남아 있다   agenda 안건   prescribe 규정하다
investigate 조사하다   resume 재개하다   discontinue 중단하다

해석
점심시간 후에 그들은 남은 안건들을 논의하기 위해 회의를 재개할 것이다.

정답 ③

2

The harder you work on your studies, _____ achieve your academic goals.

① the more you are likely to
② the more likely you are to
③ the more likely to you are
④ the more you are to likely

어휘
achieve 달성하다   academic 학업의

해석
당신이 열심히 공부할수록 학업 목표를 달성할 가능성이 더 커진다.

해설
[문법포인트] 비교 사용 표현 'S'가 V' 하면 할수록, S는 더욱 V하다'는 「The 비교급 S'+V', the 비교급 S+V」의 형식으로 나타낸다. 이때 비교급으로 쓰인 형용사나 부사는 more와 떨어지면 안 된다. 따라서 ② the more likely you are to가 정답이다.

정답 ②

3

밑줄 친 부분에 공통으로 들어갈 말로 가장 적절한 것은?

> • All the firemen were rushing to get ready to leave the firehouse. They were checking their supplies, making sure the fire engines had all the equipment needed to _____ the fire.
> • Club owners would often _____ a signboard advertising that week's or evening's performances, and some printed flyers or even monthly schedules.

① turn off ② hold off
③ put out ④ take out

어휘
fireman 소방관 rush 서두르다 firehouse 소방서 check 점검하다
supplies 장비 make sure 확인하다 fire engine 소방차
equipment 장비 owner 주인 signboard 간판 advertise 광고하다
performance 공연 print 인쇄하다 flyer 전단 monthly 매월의
turn off ~을 끄다, ~을 지루하게 만들다 hold off ~을 미루다, 물리치다
put out (불을) 끄다, ~을 내놓다 take out ~을 제거하다, 받다

해설
• 모든 소방관이 소방서를 떠나기 위해 서둘러 준비하고 있었다. 그들은 소방차가 불을 끄는 데 필요한 모든 장비를 갖추었는지 확인하면서 자신들의 장비를 점검하고 있었다.
• 클럽 주인들은 종종 그 주의 공연이나 저녁 공연, 그리고 일부 인쇄된 전단이나 심지어 매월의 일정을 광고하는 간판을 내놓곤 했다.

정답 ③

[4~5] 밑줄 친 부분 중 어법상 옳지 않은 것을 고르시오.

4

> Football remains much more ① dangerously than soccer when it comes to head injuries. Football causes a total of more than 40% of total high school sports concussions in the U.S., according to previous research ② published in the *Journal of Athletic Training*. Despite the finding, there ③ are many benefits to playing the sport, as long as parents and school officials work to make participation ④ safer.

어휘
when it comes to ~에 관한 한 concussion 뇌진탕 official 관계자
participation 참여

해설
머리 부상에 관한 한 미식축구는 축구보다 여전히 훨씬 더 위험하다. <Journal of Athletic Training>에 발표된 이전의 연구에 따르면, 미식축구는 미국의 전체 고등학교 스포츠 뇌진탕 중에서 총 40퍼센트 이상을 일으킨다. 이러한 결과에도 불구하고 부모와 학교 관계자가 참여를 더 안전하게 만들기 위해 노력하는 한, 이 스포츠를 함으로써 얻을 수 있는 많은 이점이 있다.

① [문법포인트] **불완전자동사의 보어** remain은 불완전자동사로, 보어를 취한다. 부사는 보어가 될 수 없으므로 dangerously를 형용사 dangerous로 고쳐야 한다. (dangerously → dangerous)
② [문법포인트] **현재분사 vs. 과거분사** 수식을 받는 명사구 previous research와 publish의 관계가 수동이고, publish 뒤에 목적어가 없으므로 과거분사 published가 바르게 쓰였다.
③ [문법포인트] **주어-동사 수 일치** 「There+동사+주어」 구문은 도치 구문으로 주어가 동사의 뒤에 위치한다. 따라서 many benefits가 주어이므로 복수형 동사 are가 바르게 쓰였다.
④ [문법포인트] **불완전타동사의 목적격보어** 동사 make의 목적어 participation의 성질을 설명하기 위해 목적격보어로 형용사 safe의 비교급이 바르게 사용되었다.

정답 ①

5

> Everyone has duties to the community ① which the free and full development of his personality is possible. In the exercise of his rights and freedoms, everyone shall be subject only to such limitations ② as are determined by law solely for the purpose of securing due recognition and respect for the rights and freedoms of others and ③ meeting the just requirements of morality, public order and the general welfare in a democratic society. In no case may these rights and freedoms ④ be exercised contrary to the purposes and principles of the United Nations.

어휘
duty 의무 community 지역사회 development 발전 personality 인격
exercise 행사; 행사하다 be subject to ~의 대상이다 limitation 제한
determine 결정하다 solely 오로지 for the purpose of ~을 위해
secure 확보하다 due 정당한 recognition 인정 respect 존중
meet 충족하다 just 정당한 requirement 요건 morality 도덕
welfare 복지 democratic 민주적인 contrary to ~에 반하여
principle 원칙 United Nations 유엔

해설
모든 사람은 자신의 인격의 자유롭고 완전한 발전이 가능한 지역사회에 대한 의무가 있다. 그의 권리와 자유를 행사함에 있어서, 모든 사람은 오로지 타인의 권리와 자유에 대한 정당한 인정과 존중을 확보하고 민주사회에서 도덕, 공공질서, 일반 복지의 정당한 요건을 충족하는 것만을 위해 법률로 결정되는 그러한 제한의 대상이다. 어떤 경우에도 이러한 권리와 자유는 유엔의 목적과 원칙에 반하여 행사될 수 없다.

① [문법포인트] **관계부사** 선행사 the community를 수식하는 절로 which 이하에 완전한 절이 왔고 선행사가 의미상 장소나 범위가 될 수 있으므로 which를 관계부사 where로 고쳐야 한다. 또는 「전치사+관계대명사」인 in which로 고칠 수도 있다. (which → where/in which)
② [문법포인트] **관계대명사의 선택** 선행사가 「the same/as/such/so+명

사」일 경우 유사관계대명사 as가 쓰인다. 선행사 such limitations와 호응하는 유사관계대명사 as가 바르게 쓰였다.
③ [문법포인트] **등위접속사의 병렬 구조** 등위접속사로 연결된 두 요소는 반드시 문법적으로 같은 구조이어야 한다. the purpose of 뒤에 securing과 meeting이 and로 연결된 병렬 구조로 올바르게 쓰였다.
④ [문법포인트] **도치** 부정 부사구 In no case가 맨 앞으로 강조되어 나와 도치가 발생했다. 조동사 may가 오고 주어가 왔으므로 동사는 원형으로 와야 한다. 또한 주어와 동사가 의미상 수동의 관계이므로 「be동사의 원형 + p.p.」 형태로 바르게 쓰였다.

정답 ①

6
밑줄 친 부분에 들어갈 말로 가장 적절한 것은?

> Pure Water Solutions: Hello, is this Mr. John Smith's account?
> John Smith: Yes, this is John Smith. What's the matter?
> Pure Water Solutions: It appears your rental fee for the water purifier hasn't been paid for three months.
> John Smith: That's odd. I have it set up for automatic payment.
> Pure Water Solutions: _____.
> John Smith: Oh, you're right. I'll re-establish the automatic payment.
> Pure Water Solutions: Thank you, Mr. Smith. Please settle the overdue amount and reconnect the automatic payment as soon as possible.
> John Smith: Sure, I'll take care of it right away.

① We have a better option for you
② Automatic payment cannot handle the overdue amount
③ You've paid through automatic payment
④ Please check if it has been terminated

어휘

account 계정   appear ~인 것 같다   rental fee 임대료
water purifier 정수기   odd 이상한   automatic payment 자동 결제
re-establish 다시 설정하다   settle 청산하다   overdue 연체된
reconnect 다시 연결하다   take care of ~을 처리하다   handle 처리하다
terminate 해지하다

해석

Pure Water Solutions: 안녕하세요, John Smith 씨 계정인가요?
John Smith: 네, 제가 John Smith입니다. 무슨 일이세요?
Pure Water Solutions: 정수기 임대료가 3개월 동안 지불되지 않은 것 같습니다.
John Smith: 그거 이상하네요. 전 자동 결제를 설정했어요.
Pure Water Solutions : 그것이 해지되었는지 확인 부탁드립니다.
John Smith: 오, 당신 말이 맞아요. 자동 결제를 다시 설정할게요.
Pure Water Solutions: 감사합니다, Smith 씨. 연체 금액을 청산하고 가능한 한 빨리 자동 결제를 다시 연결해 주세요.
John Smith: 물론이죠, 바로 처리하겠습니다.

① 당신을 위한 더 나은 선택지가 있습니다

② 자동 납부로는 연체 금액을 처리할 수 없습니다
③ 자동 결제를 통해 결제하셨습니다

정답 ④

7
The Cheonggyecheon Restoration Project에 관한 다음 글의 내용과 일치하지 않는 것은?

> **Cheonggyecheon Restoration Project**
>
> The Cheonggyecheon Restoration Project in Seoul, South Korea, began in 2003 to revitalize the Cheonggyecheon that flows through the city center. The project aimed to restore the natural environment and cultural heritage of the area. On July 1, 2005, the restored stream was officially opened to the public, marking a significant milestone in urban renewal efforts. The project involved removing an elevated road that had covered the stream and reintroducing natural elements such as plants and fish. Since its completion, Cheonggyecheon has become a popular recreational space for locals and tourists alike, offering a peaceful oasis amidst the bustling city. The restoration has also improved air quality and reduced urban heat island effects in the surrounding areas.

① It took almost 2 years to complete it.
② The restored stream opened to the public on July 1, 2005.
③ It project involved constructing a new elevated road over the stream.
④ Cheonggyecheon has become a popular destination since its restoration.

어휘

restoration 복원   revitalize 재활성화시키다   city center 도심
restore 복원하다   heritage 유산   stream 하천   officially 공식적으로
milestone 이정표   urban 도시의   renewal 재생
elevated road 고가도로   reintroduce 다시 도입하다   completion 완공
recreational 기분 전환의   amidst ~의 한복판에   bustling 붐비는
reduce 감소시키다   urban heat island effect 도시 열섬 효과
complete 완공하다   construct 건설하다   destination 관광지

해석

청계천 복원 사업

대한민국 서울의 청계천 복원 사업은 도심을 흐르는 청계천을 재활성화하기 위해 2003년에 시작되었다. 그 사업은 그 지역의 자연환경과 문화유산을 복원하는 것을 목표로 했다. 2005년 7월 1일, 복원된 하천은 공식적으로 대중에게 공개되었고, 도시 재생의 노력에 있어 중요한 이정표를 세웠다. 그 사업은 청계천을 덮고 있던 고가도로를 없애고 식물과 물고기 같은 자연적인 요소를 다시 도입하는 것을 포함했다. 완공 이후, 청계천은 붐비는 도시 한복판에 평화로운 오아시스를 제공하면서 지역 주민과 관광객 모두에게 인기 있는 기분 전환의 공간이 되었다. 그 복원은 또한 공기의 질을 개선하고 주변 지역의 도시 열섬 효과를 감소시켰다.

① 이 사업은 완공하는 데에 거의 2년이 걸렸다.

② 복원된 하천은 2005년 7월 1일에 대중에게 공개되었다.
③ 이 사업은 하천 위에 새로운 고속도로를 건설하는 것을 포함했다.
④ 청계천은 복원된 이후로 인기 있는 관광지가 되었다.

해설

③ 네 번째 문장에서 청계천을 덮고 있던 고가도로를 없앴다고 했으므로 글의 내용과 일치하지 않는다.
① 첫 번째 문장에서 청계천 복원 계획이 2003년에 시작되었다고 했고, 세 번째 문장에서 2005년에 복원된 하천이 대중에게 공개되었다고 했으므로 글의 내용과 일치한다.
② 세 번째 문장에서 2005년 7월 1일에 복원된 하천이 대중에게 공개되었다고 했으므로 글의 내용과 일치한다.
④ 다섯 번째 문장에서 청계천이 완공 이후 관광객에게도 인기 있는 기분 전환의 공간이 되었다고 했으므로 글의 내용과 일치한다.

정답 ③

8

다음 글에서 필자가 주장하는 바로 가장 적절한 것은?

What we need in education is not measurement, accountability, or standards. While these can be useful tools for improvement, they should hardly occupy center stage. Our focus should instead be on making sure we are educating our youth to be well-equipped to save humanity. We are faced with unprecedented perils, and these perils are multiplying and pushing at our collective gates. We should bolster curriculum that helps young people mature into ethical adults who feel a responsibility to the global community. Without this sense of responsibility we have seen that many talented individuals give in to their greed and pride, and this destroys economies, ecosystems, and entire species. While we certainly should not abandon efforts to develop standards in different content areas, and also strengthen the STEM subjects, we need to take seriously our need for an education centered on global responsibility. If we don't, we risk extinction.

① 급변하는 미래에 대비하기 위해 교육과정을 다양화해야 한다.
② 교육은 지구 공동체에 책임감을 가진 윤리적인 인간을 길러내야 한다.
③ 교육은 미래 산업에 대비한 인재 육성에 앞장서야 한다.
④ 융합 교육 강화를 위한 정책을 조속히 수립해야 한다.

어휘

measurement 측정   accountability 성적 책임   standard 표준
useful 유용한   tool 도구   improvement 향상   occupy 차지하다
center stage 중요한 역할   focus 초점   make sure 반드시 ~하다
well-equipped 준비가 잘 된   humanity 인류
unprecedented 전례 없는   peril 위험   multiply 증가하다
push 밀어붙이다   collective 공동의   bolster 강화하다
curriculum 교육과정   mature 성숙하다   ethical 윤리적인
responsibility 책임감   give in to ~에 굴복하다   greed 탐욕   pride 자만심
destroy 파괴하다   ecosystem 생태계   entire 전체의   species 종

certainly 물론   abandon 포기하다   strengthen 강화하다
STEM 과학, 기술, 공학, 수학 분야: Science, Technology, Engineering, Mathematics의 약자   seriously 진지하게   extinction 멸종

해석

교육에서 우리가 필요로 하는 것은 측정, 성적 책임, 또는 표준이 아니다. 이것들은 향상을 위한 유용한 도구가 될 수 있지만, 중요한 역할을 차지해서는 안 된다. 대신 우리의 초점은 인류를 구하기 위한 준비가 잘 될 수 있도록 우리의 청년들을 교육하는 데 있어야 한다. 우리는 전례 없는 위험에 직면해 있고, 이 위험들은 증가하고 있으며 우리 공동의 문에서 밀어붙이고 있다. 우리는 청년들이 지구촌에 책임을 느끼는 윤리적인 성인으로 성숙해질 수 있도록 돕는 교육과정을 강화해야 한다. 이 책임감 없이 우리는 많은 재능있는 사람들이 자신들의 탐욕과 자만심에 굴복하고 이것이 경제, 생태계, 그리고 전체 종을 파괴하는 것을 보아왔다. 우리는 물론 다른 내용 영역의 표준을 개발하고 STEM 과목을 강화하는 노력을 포기해서는 안 되지만, 우리는 세계적인 책임감 위주의 교육이 필요하다는 것을 진지하게 받아들여야 한다. 그렇지 않으면, 우리는 멸종의 위험에 처하게 된다.

해설

중심 소재는 교육의 초점이고 주제문은 세 번째 문장이다. 우리는 청년들이 인류를 구하기 위한 준비가 될 수 있도록 청년들을 교육하는 것에 중점을 두어야 한다고 설명한다. 글의 도입부에서 측정이나 성적 책임, 표준이 교육에서 중요한 역할을 차지하면 안 된다는 것을 지적하고, 네 번째 문장에서 청년들이 윤리적인 성인으로 성숙할 수 있는 교육과정의 필요성을 강조한다. 그런 다음 부연 설명을 한 뒤 세계적인 책임감 위주 교육의 필요성을 주장하며 글을 마무리 짓는다. 따라서 필자가 주장하는 바로 가장 적절한 것은 ② '교육은 지구 공동체에 책임감을 가진 도덕적 인간을 길러내야 한다.'이다.

정답 ②

9

글의 흐름상 가장 어색한 것은?

School physical education programs should offer a balanced variety of activities that allow young people to develop ability in lifetime activities that are personally meaningful and enjoyable. A balance should exist in any physical education program among team, dual, and individual (lifetime) sports. ① Team sports such as basketball and soccer provide an opportunity for students to develop skills and to enjoy working and competing together as a team. ② However, in many school physical education programs, team sports dominate the curriculum at the expense of various individual and dual sports, like tennis, swimming, badminton, and golf. ③ In such cases, the students lose the opportunity to develop skills in activities that they can participate in throughout their adult lives. ④ Baseball, in particular, is one of the most popular sports frequently broadcast on TV. Only through a balanced program of team, dual, and individual sports is it possible to develop well-rounded individuals.

어휘
physical education 체육   balanced 균형 잡힌   a variety of 다양한
lifetime 평생   personally 개인적으로   meaningful 의미 있는
enjoyable 즐거운   exist 존재하다   dual 2인의   opportunity 기회
compete 경쟁하다   dominate ~의 대부분을 차지하다
curriculum 교육과정   at the expense of ~을 희생하여
participate in ~에 참여하다   throughout ~동안 내내   in particular 특히
frequently 자주   broadcast 방송하다   well-rounded 전인적인

해석
학교 체육 프로그램은 청소년들이 개인적으로 의미 있고 즐거운 평생 활동에서 능력을 개발할 수 있게 하는 균형 잡힌 다양한 활동을 제공해야 한다. 어떤 체육 프로그램에도 팀 스포츠, 2인 스포츠, 개인(평생) 스포츠 간의 균형이 있어야 한다. ① 농구와 축구 같은 팀 스포츠는 학생들이 기술을 개발하고 팀으로서 함께 노력하고 경쟁하는 것을 즐기는 기회를 제공한다. ② 그러나 많은 학교 체육 프로그램에서 팀 스포츠는 테니스, 수영, 배드민턴, 그리고 골프와 같은 다양한 개인 스포츠와 2인 스포츠를 희생해 가며 교육과정의 대부분을 차지한다. ③ 그런 경우, 학생들은 성인 생활 동안 내내 참여할 수 있는 활동들에서 기술을 개발할 기회를 잃게 된다. ④ 특히 야구는 TV에서 자주 방송하는 가장 인기 있는 스포츠 중 하나이다. 팀 스포츠, 2인 스포츠 및 개인 스포츠의 균형 잡힌 프로그램을 통해서만 전인적인 개인을 발달시킬 수 있다.

해설
글의 중심 소재는 학교 체육 프로그램이고 주제문은 첫 번째 문장이다. 학교 체육 프로그램이 팀 스포츠와 개인 및 2인 스포츠를 균형 있게 포함해 학생들이 평생 참여할 수 있는 다양한 활동에서 기술을 개발하고 전인적인 개인으로 성장할 수 있어야 한다는 내용이다. ①은 팀 스포츠의 장점에 관한 내용이고 ②는 팀 스포츠가 대부분을 차지하는 학교 체육 프로그램의 불균형에 관한 내용이다. ③은 그 불균형이 학생들에게 미치는 영향을 언급하고 있고, 마지막 문장은 주제문을 재진술하고 있다. 야구가 TV에서 자주 방송하는 인기 있는 스포츠라고 말하는 ④는 균형 잡힌 학교 체육 프로그램에 관한 글 전체의 흐름에서 벗어난다. 따라서 글의 흐름상 가장 어색한 문장은 ④이다.

정답 ④

10
주어진 문장 다음에 이어질 글의 순서로 가장 적절한 것은?

On December 1, 1955, Rosa Parks took a city bus home from her job at a store in downtown Montgomery, Alabama.

(A) Rosa Parks was arrested, jailed, convicted and fined. She refused to pay. Her experience set off a 382-day boycott of Montgomery city buses.

(B) According to the segregation laws of the day, Rosa Parks, an African American, was required to sit in the back of the bus. She sat in the seats designated for blacks, but when the bus was full, the driver asked her to give up her seat for a white passenger.

(C) However, Rosa Parks kept both her mien and her seat. At last, the driver warned her that he would send for the police. "Go ahead and call them", Parks answered.

① (B) – (A) – (C)   ② (B) – (C) – (A)
③ (C) – (A) – (B)   ④ (C) – (B) – (A)

어휘
downtown 시내   arrest 체포하다   jail 수감하다
convict 유죄 판결을 내리다   fine 벌금을 부과하다   refuse 거부하다
set off ~을 일으키다   boycott 거부 운동   segregation 인종 차별
designated 지정된   give up ~을 포기하다   mien 태도   warn 경고하다
send for ~을 부르다

해석
1955년 12월 1일, 로사 파크스는 앨라배마주 몽고메리 시내에 있는 가게에서 직장에서 집으로 가는 시내버스를 탔다. (B) 그 당시의 인종 차별법에 따르면, 아프리카계 미국인인 로사 파크스는 버스 뒷좌석에 앉아야 했다. 그녀는 그 흑인 지정 좌석에 앉았으나 버스가 만원이 되자 버스 기사는 백인 승객을 위해 자리를 포기하라고 그녀에게 요구했다. (C) 그러나 로사 파크스는 자신의 태도와 자리 모두를 고수했다. 마침내 기사는 경찰을 부르겠다고 그녀에게 경고했다. "가서 경찰을 부르세요"라고 파크스가 대답했다. (A) 로사 파크스는 체포되었고, 수감되었으며, 유죄 판결을 받았고, 벌금을 부과받았다. 그녀는 벌금 내는 것을 거절했다. 그녀의 경험은 385일간의 몽고메리 시내버스 거부 운동을 일으켰다.

해설
이 글은 몽고메리 시내버스 거부 운동이 일어나게 된 경위를 시간 순서에 따라 설명하고 있다. 주어진 문장은 로사 파크스가 시내버스를 탔다는 내용이다. 주어진 문장 뒤에 버스를 타고 나서 일어난 일인 (B)가 와야 한다. (B)는 버스 기사가 백인 승객을 위해 자리를 양보하라고 그녀에게 요구했다는 내용이다. (C)는 However로 시작하며 기사의 요구에도 불구하고 그녀가 자리를 고수했다고 말하므로 다음에 (C)가 오는 것이 자연스럽다. 자리를 고수한 결과가 드러난 (A)가 그 뒤에 이어지는 것이 적절하다. 따라서 정답은 ② (B) – (C) – (A)이다.

정답 ②

DAY 30

01	①	02	③	03	①	04	②	05	④
06	③	07	④	08	②	09	③	10	③

[1~4] 밑줄 친 부분에 들어갈 말로 가장 적절한 것을 고르시오.

1

Loyalty is a(n) _____ characteristic in dogs as they have evolved alongside humans, and formed strong bonds based on mutual trust for a long time.

① inherent
② contradictory
③ alien
④ ancillary

어휘
loyalty 충성심   characteristic 특징   evolve 진화하다
alongside ~와 함께   form 형성하다   bond 유대감   mutual 서로의
trust 신뢰   inherent 내재하는   contradictory 모순되는   alien 이질적인
ancillary 부수적인

해석
개는 인간과 함께 진화하며 오랜 시간 동안 서로의 신뢰에 기반한 강한 유대감을 형성해 왔기 때문에 충성심은 개에게 내재하는 특징이다.

정답 ①

2

Poor sanitation can result in epidemics that can _____ the health of populations. Inadequate provision of food can also result in poor health.

① ensure
② enrich
③ deteriorate
④ improve

어휘
sanitation 위생   result in ~을 초래하다   epidemic 전염병
population 인구   inadequate 불충분한   provision 공급
ensure 보장하다   enrich 질을 높이다   deteriorate 악화시키다
improve 개선하다

해석
좋지 못한 위생은 인구의 건강을 악화시킬 수 있는 전염병을 초래할 수 있다. 불충분한 식량 공급 역시 나쁜 건강을 초래할 수 있다.

정답 ③

3

Based on the project's requirements, the team leader can either approve the submitted proposal or _____ further revisions.

① request
② requested
③ to request
④ requesting

어휘
requirement 필요   approve 승인하다   submit 제출하다
proposal 제안   revision 수정   request 요청하다

해석
그 프로젝트의 필요에 기반하여 팀의 리더는 제출된 제안을 승인할 수도 있고, 추가 수정을 요청할 수도 있다.

해설
[문법포인트] 등위접속사의 병렬 구조 'A 혹은 B'를 의미하는 「either A or B」는 등위상관접속사로, or로 연결된 두 요소 A와 B가 반드시 문법적으로 같은 구조이어야 한다. 빈칸은 approve와 병렬된 요소이므로 똑같이 동사원형이 와야 한다. 따라서 답은 ① request이다.

정답 ①

4

A: Do you want to go eat now?
B: I'd love to, but I have to finish this report first.
A: How long do you think it will take?
B: _____.

① That's asking too much, you know
② Maybe about half an hour or so
③ I'll be there in ten minutes
④ It's getting near tea time

어휘
ask 요구하다   half an hour 30분   or so ~ 정도

해석
A: 지금 식사하러 가시겠어요?
B: 그러고 싶지만, 저는 이 보고서를 먼저 끝내야 해요.
A: 얼마나 걸릴 것 같으세요?
B: 아마 30분 정도 걸릴 것 같아요.

① 그건 무리한 부탁을 하는 거예요, 알잖아요
③ 저는 10분 후에 도착해요
④ 티타임에 가까워지고 있어요

정답 ②

[5~6] 밑줄 친 부분 중 어법상 옳지 않은 것을 고르시오.

5

He had spent years ① poring over old documents and aerial photographs from the region in the belief ② that at least some of the 2,000 ③ who went missing in battles around Fromelles ④ might have buried there. He finally located the site by analysing old aerial photographs from 1920-21.

어휘
pore over ~을 자세히 조사하다   document 문서
aerial photograph 항공 사진   region 지역   belief 믿음   at least 적어도
go missing 행방불명이 되다   bury 묻다
locate ~의 정확한 위치를 찾아내다   site 장소   analyse 분석하다

해석
그는 프로멜 주변 전투에서 행방불명이 된 2천 명 중에서 적어도 일부가 그 지역에 묻혀 있을지도 모른다는 믿음으로 그곳의 오래된 문서와 항공 사진을 수년간 자세히 조사했다. 그는 마침내 1920-21년의 오래된 항공 사진을 분석해 그 장소의 정확한 위치를 찾아냈다.

해설
④ [문법포인트] **능동태 vs. 수동태 구분** the belief와 동격의 that절 내의 동사로, some of the 2,000이 that절 내 주어이다. 주어와 동사 bury의 관계가 수동이고, 목적어가 없으므로 수동태로 써야 한다. 따라서 might have buried를 might have been buried로 고쳐야 한다. 참고로 「might have p.p.」는 '~했을지도 모른다'라는 의미로 지난 일에 대한 추측을 나타낸다. (might have buried → might have been buried)
① [문법포인트] **준동사 주요 표현** '~하는 데 (돈/시간)을 쓰다/낭비하다'는 「spend 시간/돈 (in) -ing」로 나타낸다. 따라서 poring over가 동명사 형태로 바르게 쓰였다.
② [문법포인트] **명사절 접속사의 선택** that절 이하가 완전하고, that절이 추상적인 의미가 있는 명사 belief의 구체적인 내용을 설명해 주고 있다. 따라서 동격의 that이 바르게 쓰였다.
③ [문법포인트] **관계대명사의 선택** 선행사는 the 2,000으로 실종된 군인이므로 사람을 선행사로 하는 관계대명사 who가 바르게 쓰였고, who 뒤의 절에 주어가 없으므로 주격 관계대명사 who가 바르게 쓰였다.

정답 ④

6

Kim, a teenage girl from a ① relatively lower-class family, ② embodies the ideal of self-effacing daughter-in-law in accordance with the Confucian protocol. Pretty and well-educated ③ as she does, she shoulders all the household chores while carefully ④ serving her mother-in-law in the domestic sphere.

어휘
relatively 비교적   lower-class 하류 계층의   embody 구현하다
ideal 이상   self-effacing 자기를 내세우지 않는   daughter-in-law 며느리
in accordance with ~에 따라서   Confucian 유교적인   protocol 의식
shoulder 떠맡다   household chore 집안일   carefully 세심하게
mother-in-law 시어머니   domestic 가정의   sphere 영역

해석
Kim은 비교적 하류 계층 가정의 십 대 소녀로, 유교적 의식에 따라서 자기를 내세우지 않는 이상적인 며느리의 모습을 구현한다. 그녀는 예쁘고 교육을 잘 받았음에도 불구하고 집안일을 모두 떠맡으며 가정에서 시어머니를 세심하게 모신다.

해설
③ [문법포인트] **주요 양보구문** '비록 ~이지만'의 의미인 「형용사+as+주어+동사」의 주요 양보구문으로, 형용사가 동사의 보어 역할을 한다. 따라서 do동사가 아니라 be동사가 되어야 한다. (as she does → as she is)
① [문법포인트] **형용사 vs. 부사** 부사 relatively가 형용사 lower-class를 바르게 수식하고 있다.
② [문법포인트] **주어 - 동사 수 일치** 주어 Kim 바로 뒤에 동격의 명사구가 삽입된 구조이므로 Kim에 수를 일치시킨 단수형 동사 embodies가 올바르게 쓰였다.
④ [문법포인트] **분사구문** 접속사가 생략되지 않은 분사구문으로, serving의 의미상 주어가 she가 동사 serve와 능동의 관계이고, her mother-in-law라는 목적어가 있으므로 현재분사 serving이 바르게 쓰였다.

정답 ③

7

다음 글의 목적으로 가장 적절한 것은?

To: City Events Coordination Office
From: Amanda Collins
Date: July 20
Subject: Request for Promotional Support for Upcoming Charity Bazaar

To whom it may concern

I hope this email finds you well. My name is Amanda Collins, a resident of Elmwood Heights. I appreciate your office's efforts in organizing community events.

I am writing to inform you that our recent promotion of the charity bazaar scheduled for next month has not been very successful. Despite using flyers, social media, and word-of-mouth, the response has been minimal. Without stronger promotion, the event may not achieve its goals.

Given the importance of this bazaar in supporting local charities and fostering community spirit, I kindly request your assistance in boosting our promotional efforts. Any additional resources or strategies from your office would be greatly appreciated. Thank you for your attention, and I look forward to your support.

Sincerely,
Amanda Collins

① 자선 바자회의 일정 변경을 주민들에게 알리려고
② 지역 공동체 행사의 필요성을 강조하려고
③ 자선 행사로 인한 시의 교통 통제를 항의하려고
④ 자선 바자회 홍보에 대한 도움을 요청하려고

어휘
coordination 조정 office 부(서) request 요청 promotional 홍보의
support 지원; 지원하다 upcoming 다가오는 charity 자선
bazaar 바자회 resident 주민 appreciate 감사하다 effort 노력, 활동
organize 준비하다 inform 알리다 recent 최근의 promotion 홍보
scheduled 예정된 flyer 전단 word-of-mouth 입소문 minimal 적은
achieve 달성하다 importance 중요성 foster 조성하다 kindly 진심으로
assistance 도움 boost 증진하다 additional 추가적인 resource 자원
strategy 전략 look forward to ~을 기대하다

해설
수신인: 도시 행사 조정부
발신인: Amanda Collins
날짜: 7월 20일
제목: 다가오는 자선 바자회의 홍보 지원 요청

관계자분께,

잘 지내시죠. 제 이름은 Amanda Collins이고, Elmwood Heights의 주민입니다. 지역사회 행사를 준비하는 부서의 노력에 감사드립니다.

저는 다음 달에 예정된 자선 바자회의 최근 홍보가 그다지 성공적이지 못하다는 것을 알리기 위해 이 글을 씁니다. 전단, 소셜 미디어, 그리고 입소문을 이용했음에도 불구하고 반응이 적습니다. 더 강력한 홍보가 없으면 행사가 목표를 달성하지 못할 수도 있습니다.

지역 자선단체를 지원하고 지역사회 정신을 조성하는 데 있어 이 바자회의 중요성을 고려하여, 저는 우리의 홍보 활동을 증진하는 데 진심으로 도움을 요청합니다. 당신의 부서에서 추가적인 자원이나 전략을 주신다면 매우 감사하겠습니다. 관심을 가져주셔서 감사드리며, 지원을 기대합니다.

진심을 담아,
Amanda Collins

이메일 형식의 글은 보통 제목에 그 목적이 드러나 있다. 제목과 수신인으로 볼 때, 이 글은 도시 행사 조정부에 다가오는 바자회의 홍보를 지원해달라고 요청하는 내용이라고 추측할 수 있다. 세 번째 문단의 첫 번째 문장에 바자회의 홍보 활동을 증진하는 것에 도움을 요청한다고 했으므로 이 글의 목적은 ④ '자선 바자회 홍보에 대한 도움을 요청하려고'이다.

정답 ④

8
다음 글의 내용과 일치하지 않는 것은?

The study of the human mind and behavior has had many prominent practitioners, but no one is more revered than Sigmund Freud. An Austrian physician, he is said to be the father of psychoanalysis. He taught that man has a subconscious mind in which he keeps repugnant memories that come to the surface surreptitiously and motivate behavior. Man often tries to rationalize his actions, when, in reality, they are the result of suppressed memories coming to the surface. Freud's approach to the disturbed person was to attempt therapy by examining the dreams that make cognizant of what the cause of the illness might be.

① Among many eminent practitioners in the study of the human mind and behavior, Freud is the most respected one.
② Freud argued that the repugnant memories are kept in a conscious mind.
③ According to Freud's theory, man's suppressed memories motivate his actions.
④ Freud tried to cure the disturbed people by analyzing their dreams.

어휘
prominent 유명한 practitioner 전문가 revere 존경하다
physician 의사 psychoanalysis 정신 분석 subconscious 잠재 의식적인
repugnant 불쾌한 come to the surface 겉으로 드러나다
surreptitiously 은밀하게 motivate (행동 등의) 원인이 되다
behavior 행동 rationalize 합리화하다 result 결과 suppressed 억눌린
approach 접근법 disturbed 정신적 장애가 있는 attempt 시도하다
therapy 치료 examine 조사하다 cognizant of ~을 인식하는
cause 원인 illness 병 eminent 유명한 respect 존경하다
argue 주장하다 conscious 의식적인 analyze 분석하다

해설
인간의 정신과 행동에 관한 연구는 많은 유명한 전문가가 있었지만, 지그문트 프로이트보다 존경받는 사람은 없다. 오스트리아의 의사인 그는 정신 분석의 아버지로 불린다. 그는 은밀하게 겉으로 드러나 행동의 원인이 되는 불쾌한 기억을 간직하는 잠재 의식적인 마음을 인간이 가지고 있다고 가르쳤다. 인간은 자기 행동을 종종 합리화하려고 하는데, 이때 사실 그 행동들은 겉으로 드러나는 억눌린 기억의 결과이다. 정신적 장애가 있는 사람에 대한 프로이트의 접근법은 병의 원인이 무엇인지 인식하게 만드는 꿈을 조사해 치료를 시도하는 것이었다.

① 인간의 정신과 행동에 관한 연구에 있어서 많은 유명한 전문가 사이에서 프로이트는 가장 존경받는 사람이다.
② 프로이트는 불쾌한 기억들이 의식적인 마음속에 간직된다고 주장했다.
③ 프로이트의 이론에 따르면, 인간의 억눌린 기억은 행동의 원인이 된다.
④ 프로이트는 꿈을 분석해 정신적 장애가 있는 사람들을 치료하려고 했다.

② 세 번째 문장에서 불쾌한 기억은 잠재 의식적인 마음에 있다고 했으므로 글의 내용과 일치하지 않는다.

① 첫 번째 문장에서 인간의 정신과 행동에 관한 연구에 많은 유명한 전문가가 있었지만 프로이트보다 존경받는 사람은 없다고 했으므로 글의 내용과 일치한다.
③ 네 번째 문장에서 인간의 행동은 억눌린 기억의 결과라고 했으므로 글의 내용과 일치한다.
④ 마지막 문장에서 정신적 장애가 있는 사람에 대한 프로이트의 접근법은 꿈을 조사해 치료를 시도하는 것이라고 했으므로 글의 내용과 일치한다.

 ②

9

주어진 글 다음에 이어질 글의 순서로 가장 적절한 것은?

> Calling your pants "blue jeans" almost seems redundant because practically all denim is blue. While jeans are probably the most versatile pants in your wardrobe, blue actually isn't a particularly neutral color.

(A) The natural indigo dye used in the first jeans, on the other hand, would stick only to the outside of the threads. When the indigo-dyed denim is washed, tiny amounts of that dye get washed away, and the thread comes with them.

(B) Ever wonder why it's the most commonly used hue? Blue was the chosen color for denim because of the chemical properties of blue dye. Most dyes will permeate fabric in hot temperatures, making the color stick.

(C) The more denim was washed, the softer it would get, eventually achieving that worn-in, made-just-for-me feeling you probably get with your favorite jeans. That softness made jeans the trousers of choice for laborers.

① (C) – (A) – (B)　　② (C) – (B) – (A)
③ (B) – (A) – (C)　　④ (B) – (C) – (A)

어휘

jeans 데님 바지　redundant 불필요한　practically 사실상
versatile 다용도의　wardrobe 옷장　particularly 특별히　neutral 무난한
indigo 남색　dye 염료　stick 들러붙다　thread 실
commonly 일반적으로　hue 색상　chemical 화학적인　property 특성
permeate 스며들다　fabric 천　temperature 온도　eventually 결국
achieve 이루다　worn-in (닳아서) 착용감이 편안한　softness 부드러움
trouser 바지　laborer 노동자

해설

모든 데님 바지가 사실상 청색이기 때문에 당신의 데님 바지를 '청바지'라고 부르는 것은 거의 불필요한 것 같다. 데님 바지가 옷장에서 가장 다용도인 바지이지만, 파란색은 사실 특별히 무난한 색은 아니다. (B) 왜 이것이 가장 일반적으로 사용되는 색상인지 궁금해한 적이 있는가? 파란색은 파란색 염료의 화학적인 특성 때문에 데님 바지에 선택된 색상이었다. 대부분의 염료는 뜨거운 온도에서 천에 스며들어 색이 들러붙게 할 것이다. (A) 반면에 최초의 데님 바지에 사용된 천연 남색 염료는 실의 겉면에만 들러붙었다. 남색으로 염색된 데님 바지가 세탁될 때, 그 염료의 소량이 씻겨져 나가고 실이 그 염료들과 함께 드러난다. (C) 데님 바지는 세탁될수록 더 부드러워지고, 당신이 아마 가장 좋아하는 데님 바지에서 느끼는 자신만을 위한 느낌인 착용감이 편안한 상태를 결국 이루게 된다. 그 부드러움은 데님 바지를 노동자들이 선택하는 바지로 만들었다.

해설

주어진 문장은 데님 바지의 색인 파란색이 특별히 무난한 색은 아니라고 말하고 있다. 주어진 문장의 파란색을 (B)에서 it으로 받아 파란색이 그 염료만의 특성이 있어 가장 일반적으로 사용되는 색이라 하고, 뜨거운 온도에서 대부분의 염료가 천에 스며드는 일반염료의 특성을 말한다. 그 다음 (A)에서 이 내용을 on the other hand로 받아 반면에 천연 남색 염료는 실의 겉면에만 들러붙는다는 특징과 이 염료는 세탁할 때 조금씩 떨어져 나가 데님 바지가 세탁될 때 실이 드러난다고 하는데, (C)에서 데님 바지가 세탁된 결과를 더 자세히 설명하고 있으므로 글의 올바른 순서는 ③ (B) – (A) – (C)이다.

 ③

10

다음 글의 제목으로 가장 적절한 것은?

> Most research has suggested that marital satisfaction follows the U-shaped configuration. Specifically, marital satisfaction begins to decline just after the marriage, and it continues to fall until it reaches its lowest point following the births of the couple's children. However, at that point, satisfaction begins to grow, eventually returning to the same level that it held before the marriage. Middle-aged couples cite several sources of marital satisfaction. For instance, both men and women typically state that their spouses are "their best friends," and that they like their spouses as people. They also view marriage as a long-term commitment and agree on their aims and goals. Finally, most also feel that their spouses have grown more interesting over the course of the marriage.

① Painful Memories of Marriage
② From Full House to Empty Nest
③ The Ups and Downs of Marriage
④ The Components of a Happy Life

어휘

suggest 제시하다　marital 결혼의　satisfaction 만족도
configuration 배열(형태)　specifically 구체적으로 말하면
decline 하락하다　marriage 결혼　reach 도달하다　birth 출산
eventually 결국　return 돌아가다　middle-aged 중년의　cite 언급하다
source 원인　typically 전형적으로　spouse 배우자
view A as B A를 B로 보다　long-term 장기적인　commitment 헌신
painful 고통스러운　empty 빈　nest 둥지　ups and downs 기복
component 요소

해설

대부분의 연구는 결혼 만족도가 U자형 배열 형태를 따른다고 제시한다. 구체적으로 말하면, 결혼 만족도는 결혼 직후부터 하락하기 시작하며, 부부의 자녀 출산이 따르는 최저점에 도달할 때까지 계속 하락한다. 그러나, 그 시점에서 만족도가 증

가하기 시작하고, 결국 결혼 전과 같은 수준으로 되돌아간다. 중년 부부들은 결혼 만족도의 여러 원인을 언급한다. 예를 들어, 남녀 모두 자신의 배우자가 '가장 친한 친구'이며, 배우자를 사람으로서 좋아한다고 전형적으로 말한다. 그들은 또한 결혼을 장기적인 헌신으로 보고 자신들의 목적과 목표에 의견이 일치한다. 마지막으로, 대부분은 또한 자신의 배우자가 결혼의 과정 동안 더 흥미로워졌다고 느낀다.

① 결혼에 대한 고통스러운 기억들
② 꽉 찬 집에서 빈 둥지로
③ 결혼의 기복
④ 행복한 삶의 요소들

해설
중심 소재는 결혼 만족도이고 첫 문장이 주제문인 대표적인 두괄식 구조의 글이다. 연구의 결과로써 결혼 만족도가 U자 형태라는 사실을 첫 문장에서 언급한 후 두 번째와 세 번째 문장에서 결혼 만족도가 시간이 지나면서 어떻게 변화하는지 설명한다. 또한 네 번째 문장부터는 중년 부부들이 결혼 생활에서 만족을 느끼는 여러 이유를 언급한다. 따라서 ③ '결혼의 기복'이 글의 제목으로 가장 적절하다.

정답 ③

DAY 31

2025 이동기 영어 하루 프로젝트

| 01 | ② | 02 | ① | 03 | ① | 04 | ④ | 05 | ② |
| 06 | ③ | 07 | ④ | 08 | ④ | 09 | ④ | 10 | ③ |

[1~3] 밑줄 친 부분에 들어갈 말로 가장 적절한 것을 고르시오.

1

Despite numerous attempts to persuade him otherwise, his _____ refusal to compromise led to a deadlock in negotiations.

① flexible ② obstinate
③ cooperative ④ compliant

어휘
numerous 수많은 attempt 시도 persuade 설득하다
otherwise 다른 방법으로 refusal 거부 compromise 타협
lead to ~을 초래하다 deadlock 교착 상태 negotiation 협상
flexible 유연한 obstinate 완강한 cooperative 협력하는
compliant 순응하는

해석
다른 방법으로 그를 설득하기 위한 수많은 시도에도 불구하고, 그의 <u>완강한</u> 타협 거부는 협상의 교착 상태를 초래했다.

정답 ②

2

If declines continue at this pace, many endangered species could _____ forever within a few decades.

① vanish ② inhabit
③ prosper ④ expand

어휘
decline 감소 pace 속도 endangered 멸종 위기의 species 종
decade 10년 vanish 사라지다 inhabit 살다 prosper 번영하다
expand 확대되다

해석
이런 속도로 감소가 계속되면, 많은 멸종 위기 종이 수십 년 안에 영원히 <u>사라질</u> 수도 있다.

정답 ①

3

> I didn't know _____ I should do when the deadline was coming close yesterday.

① what　　② that
③ and　　④ which

해석 어제 마감 시간이 다가올 때 무엇을 해야 할 지 몰랐다.

해설

[문법포인트] **명사절 접속사의 선택** 빈칸 뒤에 주어와 동사가 있고 동사 know의 목적어가 없으므로 명사절로 목적어가 되어야 함을 알 수 있다. 빈칸 뒤의 절이 불완전하므로 정답은 ① what이다.

정답 ①

[4~5] 밑줄 친 부분 중 어법상 옳지 않은 것을 고르시오.

4

> In our modern age, we are inundated with ① vast amounts of information that influences our perceptions and decisions daily. It's often said ② that the digital revolution has been both a blessing and a curse, providing unparalleled access to knowledge while also inundating us with choices. The subjectivity of ③ what we perceive will inevitably evolve as long as human perspectives and experiences ④ will continue to diversify.

어휘

modern 현대의　inundate 감당하지 못할 정도로 주다　vast 방대한
influence 영향을 미치다　perception 인식　decision 결정
daily 매일 일어나는　revolution 혁명　blessing 축복　curse 저주
unparalleled 견줄 데 없는　access 접근　choice 선택의 기회
subjectivity 주관성　perceive 지각하다　inevitably 필연적으로
as long as ~하는 한　perspective 관점　diversify 다양해지다

해석 현대에서 우리는 우리의 인식과 결정에 매일 영향을 미치는 방대한 양의 정보를 감당하지 못할 정도로 받는다. 디지털 혁명은 우리에게 선택의 기회에 감당하지 못할 정도로 제공하는 동시에 견줄 데 없는 지식에 대한 접근을 제공하는 축복이자 저주라고 흔히 말한다. 인간의 관점과 경험이 계속 다양해지는 한 우리가 지각하는 것의 주관성은 필연적으로 진화할 것이다.

해설

④ [문법포인트] **시제일치와 예외** as long as는 조건의 부사절 접속사이므로 미래의 will은 현재 시제로 써야 한다. 따라서 will continue를 continue로 고쳐야 한다. (will continue → continue)

① [문법포인트] **명사의 이해** information은 셀 수 없는 명사이므로 양형용사인 amounts of가 바르게 수식하고 있다.

② [문법포인트] **명사절 접속사의 선택** that 이하에 완전한 절이 왔으므로 명사절 접속사 that이 바르게 쓰였다. It은 가주어이고 that이 진주어이다.

③ [문법포인트] **명사절 접속사의 선택** 문장의 동사는 will evolve이고, 주어는 The subjectivity인데, of의 목적어로 절의 형태가 쓰였다. 선행사가 없고, perceive 뒤에 목적어가 없는 불완전한 절이 왔으므로 명사절 접속사 what이 바르게 쓰였다.

정답 ④

5

> After ① decades of double-digit growth, China's economy is slowing. With the nation ② cut back on commodities and imports, countries that depend on Chinese consumption ③ are bracing for impact. And for a generation of Chinese accustomed to torrid growth, the new normal is ④ frightening to behold.

어휘

decade 10년　double-digit 두 자릿수의　growth 성장
slow 속도가 떨어지다　cut back on ~을 줄이다　commodity 원자재
import 수입　depend on ~에 의존하다　consumption 소비
brace for ~에 대비하다　impact 영향　generation 세대
accustomed to ~에 익숙한　torrid 격렬한
new normal 뉴 노멀: 시대 변화에 따라 새롭게 떠오르는 표준　behold 보다

해석 수십 년간의 두 자릿수 성장 이후에, 중국 경제의 속도가 떨어지고 있다. 중국이 원자재와 수입을 줄이는 가운데, 중국 소비에 의존하는 국가들은 영향에 대비하고 있다. 그리고 격렬한 성장에 익숙한 세대의 중국인들에게 뉴 노멀은 보기가 무섭다.

해설

② [문법포인트] **분사구문** with 분사구문은 「with + 목적어 + 목적격보어」의 형태로 쓰며, 목적어와 목적격보어의 관계가 능동이면 목적격보어는 현재분사로 쓰고, 수동이면 과거분사로 쓴다. cut back과 the nation의 관계가 능동이므로 cut을 현재분사 cutting으로 고쳐야 바르다. (cut back → cutting back)

① [문법포인트] **주의할 형용사와 부사** 수 단위명사는 막연하게 큰 수를 의미할 때 복수로 쓴다. 따라서 decades가 복수 형태로 바르게 쓰였다.

③ [문법포인트] **주어 - 동사 수 일치** 주어 countries를 관계대명사 절이 수식하고 있는 형태이므로 주어 countries에 수를 일치시킨 복수형 동사 are가 바르게 쓰였다.

④ [문법포인트] **현재분사 vs. 과거분사** 감정유발동사는 주체가 감정을 일으키면 현재분사, 감정의 대상이 되면 과거분사로 쓴다. the new normal이 감정을 일으키는 뜻이므로 현재분사 frightening이 바르게 쓰였다.

정답 ②

6

밑줄 친 부분에 들어갈 말로 가장 적절한 것은?

> A: That election for the club president stunk.
> B: What do you mean?
> A: There were more votes than voters!
> B: But that's impossible.
> A: Officials said that it's possible.
> B: Did they explain how it's possible?
> A: No. They said there are some things I can't understand.
> B: So _____?
> A: No, that will cost too much money.
> B: That's true, but it's better to have an honest election than to save money.

① did they make a formal apology
② did you report that to the police
③ are they going to hold another election
④ are you going to support the president-elect

어휘

election 선거 president 회장 stink 수상쩍다 vote 표 voter 유권자
official 관계자 explain 설명하다 cost 비용이 들다 honest 정직한
formal 공식적인 apology 사과 report 알리다 support 지지하다
president-elect 회장 당선자

해석

A: 그 클럽 회장 선거는 수상쩍었어요.
B: 무슨 말이에요?
A: 유권자들보다 더 많은 표가 나왔어요!
B: 하지만 그건 불가능해요.
A: 관계자들은 가능하다고 말했어요.
B: 그게 어떻게 가능한지 그들이 설명했어요?
A: 아뇨. 그들은 제가 이해할 수 없는 것들이 있다고 말했어요.
B: 그럼 그들은 또 다른 선거를 할까요?
A: 아닐 거예요, 그건 돈이 너무 많이 들어요.
B: 그렇기는 하지만, 돈을 아끼기보다는 정직한 선거를 하는 게 더 나아요.

① 그들은 공식적인 사과를 했나요
② 당신은 그것을 경찰에 알렸나요
④ 당신은 그 회장 당선자를 지지할 건가요

정답 ③

7

Global Photography Challenge에 관한 다음 글의 내용과 일치하지 않는 것은?

> ### Global Photography Challenge
>
> Calling all photography enthusiasts from around the world! Capture the essence of cultural diversity through your lens in our global photography challenge.
>
> • Theme:
>   "Unity in Diversity: Celebrating Cultures Around the Globe"
> • Photo Submission Deadline: October 10th
> • Prizes:
>   - 1st Place: $200 and a photography equipment voucher
>   - 2nd Place: $100 and a framed print of the winning photograph
> • Details:
>   - Each photo must be accompanied by a brief description highlighting its cultural significance.
>   - Participants may submit up to three photographs.
>   - Submissions must be in digital format(JPEG or PNG) with a minimum resolution of 3,000x2,000 pixels.
>
> Showcase your talent and share the beauty of diversity through photography!

① 1등 수상자는 사진 장비 상품권과 200달러가 수여된다.
② 출품작에 문화적 의미가 담긴 설명을 덧붙여야 한다.
③ 각 참가자는 개인당 3장 이상의 사진을 제출해야 한다.
④ 출품작은 반드시 디지털 형태로 제출되어야 한다.

어휘

photography 사진 enthusiast 애호가 capture 포착하다
essence 본질 cultural 문화적인 diversity 다양성 theme 주제
unity 통일성 celebrate 기념하다 submission 제출 deadline 기한
equipment 장비 voucher 상품권 framed 액자에 넣은 print 사진
accompany 덧붙이다 brief 간단한 description 설명
highlight 강조하다 significance 의미 participant 참가자 format 형식
minimum 최소의 resolution (컴퓨터 화면·프린터 등의) 해상도
showcase 보여주다 talent 재능 share 공유하다

해석

세계 사진 챌린지

세계 곳곳의 모든 사진 애호가를 부릅니다! 우리의 세계 사진 챌린지에서 당신의 렌즈를 통해 문화 다양성의 본질을 포착해 보세요.

• 주제:
'다양성 속의 통일성: 전 세계 문화의 기념'
• 사진 제출 기한: 10월 10일
• 상품:
 - 1등: 200달러 및 사진 장비 상품권

- 2등: 100달러 및 액자에 넣은 수상 사진
• 세부 사항:
  - 각 사진은 문화적 의미를 강조하는 간단한 설명이 덧붙여져야 합니다.
  - 참가자는 최대 세 장의 사진을 제출할 수 있습니다.
  - 제출물은 디지털 형식(JPEG 또는 PNG)으로, 최소 해상도가 3,000×2,000 픽셀이어야 합니다.

여러분의 재능을 선보이고 사진을 통해 다양성의 아름다움을 공유하세요!

해설

③ <세부 사항>의 두 번째 항목에서 참가자는 최대 세 장의 사진을 제출할 수 있다고 했으므로 글의 내용과 일치하지 않는다.
① <상품>에서 1등에게는 200달러와 사진 장비 상품권을 준다고 했으므로 글의 내용과 일치한다.
② <세부 사항>의 첫 번째 항목에서 각 사진은 문화적 의미를 강조하는 간단한 설명이 덧붙여져야 한다고 했으므로 글의 내용과 일치한다.
④ <세부 사항>의 세 번째 항목에서 제출물이 디지털 형식이어야 한다고 했으므로 글의 내용과 일치한다.

정답 ③

8

다음 글의 주제로 가장 적절한 것은?

Although we don't know the full neurological effects of digital technologies on young children's development, we do know that not all screen time is experienced in the same way. For example, reading an e-book, making video calls with grandma, or showing your child a picture you just took of them is not the same as the passive, television-watching screen time that concerns many parents and educators. So, rather than focusing on 'how much' children are interacting with screens, parents and educators are turning their focus instead to 'what' children are interacting with and 'who' is talking with them about their experiences. Though parents may be tempted to hand a child a screen and walk away, guiding children's media experiences helps them build important 21st-century skills, such as critical thinking and media literacy.

① Effects of the Amount of Screen Time on Kids' Social Skills
② The Predictors of Children's Screen Media Addiction
③ Reasons for Children's Preference for Screen Media
④ Importance of What Experiences Kids Have with Screens

어휘

neurological 신경학적인   effect 영향   development 발달
passive 수동적인   concern 걱정하게 만들다   educator 교육자
interact 소통하다   tempt 유혹하다   guide 지도하다   critical 비판적인
media literacy 미디어 정보 해독력: 각종 미디어 정보를 주체성을 갖고 해독할 수 있는 능력   predictor 예측   addiction 중독   preference 선호

해석

우리는 디지털 기술이 어린아이들의 발달에 미치는 완전한 신경학적 영향은 모르지만, 모든 스크린 타임이 같은 방식으로 경험되는 것은 아니라는 사실을 정말로 알고 있다. 예를 들어, 전자책을 읽거나, 할머니와 영상 통화를 하거나, 당신이 방금 찍은 아이 사진을 아이에게 보여주는 것은 많은 부모와 교육자를 걱정하게 하는 수동적인 텔레비전 스크린 타임과 같지 않다. 따라서 아이들이 스크린과 '얼마나 많이' 소통하는지보다 부모와 교육자는 아이들이 그들의 경험에 대해 '무엇'과 소통하고 '누구'가 그들과 이야기하는지에 초점을 대신 돌리고 있다. 부모가 아이들에게 스크린을 건네주고 떠나고 싶은 유혹을 받을지 모르지만, 아이들의 미디어 경험을 지도하는 것은 그들이 비판적인 사고와 미디어 정보 해독력 같은 중요한 21세기 기술을 기르도록 돕는다.

① 스크린 타임의 양이 아이들의 사회성에 미치는 영향
② 어린이 스크린 미디어 중독의 예측 변수
③ 아이들이 스크린 미디어를 선호하는 이유
④ 아이들이 스크린에 대해 어떤 경험을 하는지에 대한 중요성

해설

글의 중심 소재는 스크린이고, 세 번째 문장이 주제문이다. 첫 문장에서 우리가 아직 디지털 기술이 어린아이들의 발달에 어떤 영향을 미치는지 완전히 알지 못하지만, 스크린을 보는 모든 시간이 동일한 영향을 미치지는 않는다는 것을 알고 있다고 말하고, 이후 그에 대해 부연 설명을 한다. 이어 주제문인 세 번째 문장에서 스크린 타임보다는 아이들이 그들의 경험에 대해 소통하는 대상의 중요성을 강조하였다. 이어 네 번째 문장은 아이들의 이러한 미디어 경험을 지도하는 것의 중요성에 관한 내용이다. 따라서 글의 주제로 가장 적절한 것은 ④ '아이들이 스크린에 대해 어떤 경험을 하는지에 대한 중요성'이다.

정답 ④

9

글의 흐름상 가장 어색한 것은?

When we were infants, we were tuned in to the signals from our body that told us when to eat and when to stop. We had an instinctive awareness of what foods and how much food our body needed. ① As we grew older, this inner wisdom became lost in a bewildering host of outer voices that told us how we should eat. ② We received conflicting messages from our parents, from our peers, and from scientific research. ③ These messages created a confusion of desires, impulses, and aversions that have made us unable to just eat and to eat just enough. ④ They have helped us see things in our right perspectives, thus giving us an insight into the world. If we are to return to a healthy and balanced relationship with food, it is essential that we learn to turn our awareness inward and to hear again what our body is always telling us.

어휘

infant 유아   be tuned in to ~에 주의를 기울이다   signal 신호
instinctive 본능적인   awareness 의식   inner 내면의   wisdom 지혜
lost 사라진   bewildering 갈피를 못 잡게 만드는   a host of 많은

receive 받다   conflicting 상반되는   confusion 혼란   impulse 충동
aversion 혐오감   perspective 관점   insight 통찰력   essential 필수적인

해석

우리가 유아였을 때, 우리는 언제 먹어야 하고 언제 멈춰야 하는지를 말해주는 우리 몸의 신호에 주의를 기울이고 있었다. 우리는 몸이 어떤 음식을 얼마나 필요로 하는지에 관한 본능적인 의식을 가지고 있었다. ① 우리가 나이가 들면서 우리에게 어떻게 먹어야 하는지 말해주는 갈피를 못 잡게 만드는 많은 외부 목소리 속에서 이 내면의 지혜는 사라지게 되었다. ② 우리는 부모, 친구들, 그리고 과학 연구로부터 상반되는 메시지를 받았다. ③ 이러한 메시지들은 우리를 단지 먹을 수 없고 충분히 먹을 수 없게 만든 욕망, 충동, 그리고 혐오감의 혼란을 만들었다. ④ 그것들은 우리가 올바른 관점으로 사물을 보도록 도와주었고, 따라서 세상에 대한 통찰력을 우리에게 주었다. 우리가 음식과 건강하고 균형 잡힌 관계로 돌아가려면, 우리의 의식을 내부로 돌리고 우리의 몸이 우리에게 항상 말하고 있는 것을 다시 듣는 것을 배우는 것이 필수적이다.

해설

글의 중심 소재는 음식에 대한 내면의 신호이고, 마지막 문장이 주제문인 미괄식 구조이다. 건강한 식습관을 되찾기 위해서 다시 내면의 신호에 귀 기울이는 것이 중요하다고 강조한다. 글의 서두에서 우리가 음식에 관한 본능적인 의식을 가지고 있었다고 언급하고, ①, ②, ③은 그 내면의 지혜를 많은 외부의 목소리로 인해 상실하게 된 과정과 결과를 설명하고 있다. 반면 ④는 메시지들에 대한 긍정적인 설명을 하고 있으므로 내면의 지혜에 대한 내용이 아니므로 글의 흐름과 어긋난다. 따라서 글의 흐름상 가장 어색한 문장은 ④이다.

정답 ④

10

다음 문장이 들어갈 위치로 가장 적절한 것은?

It is now clear, from the results of the first research studies of this subject, dating from the 1960s, that all of these opinions are wrong.

Sign language is a real language, yet there are many misconceptions about its structure and function. (①) The first step in considering the nature of sign language is to eradicate the traditional misconceptions. (②) Popular opinions about the matter are quite plain: sign language is not a real language but little more than a system of sophisticated gesture; signs are simply pictorial representations of external reality; and because of this, there is just one sign language, which can be understood all over the world. (③) To sign is to use the hands in a conscious, "verbal" manner to express the same range of meaning as would be achieved by speech. (④) Sign language must be recognized as a unique means of communication with linguistic diversity and complexity.

어휘

clear 명확한   subject 주제   date from ~부터 시작되다
sign language 수화   misconception 오해   structure 구조

function 기능   consider 고려하다   nature 본질   eradicate 없애다
traditional 전통적인   popular 대중들의   quite 꽤   plain 분명한
little more than ~에 지나지 않는   sophisticated 복잡한   gesture 몸짓
pictorial 그림 같은   representation 표현   external 외부의   reality 현실
sign 수화를 하다   conscious 의식적인   verbal 언어적인   manner 방식
range 범위   achieve 이루다   speech 말하는 말   recognize 인정하다
unique 고유한   means 수단   communication 의사소통
linguistic 언어적인   diversity 다양성   complexity 복잡성

해석

수화는 실제 언어이지만 그 구조와 기능에 관해 많은 오해가 있다. (①) 수화의 본질을 고려하는 첫 번째 단계는 그 전통적인 오해를 없애는 것이다. (②) 이 문제에 관한 대중들의 의견은 꽤 분명하다: 수화가 실제 언어가 아닌 복잡한 몸짓 체계에 지나지 않는다는 것; 수화가 단순히 외부 현실의 그림 같은 표현이라는 것; 그리고 이 때문에 전 세계 어디에서나 이해될 수 있는 하나의 수화만 존재한다는 것이다. (③) 1960년대부터 시작되는 이 주제에 관한 최초의 연구 결과에 따르면, 이 모든 의견이 틀렸다는 것은 이제 명확하다. 수화를 하는 것은 말하는 말로 이루어질 수 있는 것과 같은 범위의 의미를 표현하기 위해 의식적이고 '언어적인' 방식으로 손을 사용하는 것이다. (④) 수화는 언어적 다양성과 복잡성을 지닌 고유한 의사소통 수단으로 인정받아야 한다.

해설

주어진 문장은 this subject에 관한 연구 결과에 따라 all of these opinions가 틀렸다고 한다. 주어진 문장의 앞에서는 이 의견들이 언급되고, 뒤에서는 그 주제에 대한 새로운 의견이 이어질 것으로 예측할 수 있다. ③의 앞에서 수화에 대한 잘못된 통념들이 언급되어 있고, ③의 뒤에 수화에 대한 올바른 시각을 제시하고 있으므로 주어진 문장은 ③에 들어가는 것이 가장 적절하다.

정답 ③

DAY 32

01	①	02	④	03	①	04	②	05	③
06	④	07	③	08	②	09	③	10	①

[1~3] 밑줄 친 부분에 들어갈 말로 가장 적절한 것을 고르시오.

1

> The two research teams decided to _____ on the project by combining their complementary skills to achieve innovative outcomes.

① collaborate ② contest
③ compete ④ specialize

어휘
combine 결합하다 complementary 상호 보완적인 achieve 이루다
innovative 혁신적인 outcome 결과 collaborate 협업하다
contest 경쟁을 벌이다 compete 경쟁하다 specialize 전공하다

해석
두 연구팀은 혁신적인 결과를 이루기 위해 상호 보완적인 기술을 결합해 프로젝트에서 협업하기로 했다.

정답 ①

2

> Because updating the website would incur a lot of financial costs, the company normally does not update it till it becomes absolutely _____.

① sensible ② genuine
③ contemporary ④ obsolete

어휘
incur 발생시키다 financial 재정적인 cost 비용 normally 보통
absolutely 완전히 sensible 분별 있는 genuine 진짜의
contemporary 현대의 obsolete 구식의

해석
웹사이트를 업데이트하는 것은 많은 재정적 비용을 발생시키기 때문에 그 회사는 보통 웹사이트가 완전히 구식이 될 때까지 업데이트하지 않는다.

정답 ④

3

> It is because of their unwavering support _____ I have been able to pursue my dreams with confidence.

① that ② whose
③ how ④ for

어휘
unwavering 변함없는 support 지지 pursue 좇다
confidence 자신감

해석
내가 자신 있게 꿈을 좇을 수 있었던 것은 그들의 변함없는 지지 때문이다.

해설
[문법포인트] 강조 빈칸 이하에 완전한 절이 왔고, 주어 It과 빈칸 사이에 강조 대상으로 부사구(전치사구)가 들어간 강조 구문이다. 「It + 강조 대상 + that + 나머지」의 형태인 It ~ that 강조 구문이 되어야 한다. 따라서 ① that이 정답이다.

정답 ①

4

밑줄 친 부분 중 어법상 옳지 않은 것은?

> If you're the type of person who almost always ① has hand sanitizer on you, you're going to love this Nano Pure protectant spray. Not only ② it kills ③ 99 percent of germs on contact, but it's also the only product of its kind ④ that coats your skin with a barrier that lasts 24 hours.

어휘
sanitizer 세정제 protectant 보호제 germ 세균 contact 접촉
product 제품 coat 덮다 barrier 방벽 last (~동안) 지속되다

해석
만약 당신이 항상 손 세정제를 가지고 다니는 유형의 사람이라면, 당신은 이 Nano Pure 보호제 스프레이를 사랑할 것이다. 그것은 접촉 시 99퍼센트의 세균을 죽일 뿐만 아니라 24시간 동안 지속되는 방벽으로 당신의 피부를 덮는 유형으로는 유일한 제품이다.

해설
② [문법포인트] 도치 부정부사 Not only가 문두에 온 구문이므로, 「부정부사 + 동사 + 주어」의 형태로 고쳐야 한다. 일반동사의 경우 「do/ does/ did + 주어 + 동사원형」의 형태로 써야 하므로 it kills를 does it kill로 고쳐야 한다. (it kills → does it kill)

① [문법포인트] 주어 – 동사 수 일치 주격 관계대명사 who가 사용된 관계사절 내의 동사이다. 관계사절 내의 동사는 선행사에 수 일치를 해야 하므로 선행사 the type of person에 수 일치한 단수형 동사 has가 바르게 쓰였다.

③ [문법포인트] 명사의 이해 명사 percent는 단수와 복수가 같은 형태이므로 복수라고 해서 복수의 어미인 –s 또는 –es를 붙이지 않는다. 따라서 percent가 단수형으로 바르게 쓰였다.

④ [문법포인트] 관계대명사의 선택 that 이하에 주어가 없으므로 주격 관계대명사 자리이고, 선행사는 its kind이다. 관계대명사 that은 소유격을 제외한 다

른 관계대명사를 대신해 쓸 수 있으므로 바르게 쓰였다.

정답 ②

5

밑줄 친 부분 중 어법상 옳은 것은?

> Download speed ① is mattered most when it comes ② to enjoy what you might consider "passive" content, like streaming TV, downloading huge files, or browsing social media. The faster your download rate is, ③ the more data you can utilize — perfect for high-definition content ④ what requires a steady download stream to maximize picture quality.

어휘

matter 중요하다 when it comes to ~에 관한 한 consider 여기다
passive 수동적인 browse 검색하다 rate 속도 utilize 활용하다
perfect 적합한 high-definition 고화질의 require 요구하다
steady 안정적인 maximize 극대화하다 quality 품질

해석

다운로드 속도는 스트리밍 TV, 대용량 파일 다운로드 또는 소셜 미디어 검색과 같은 당신이 '수동적' 콘텐츠로 여기는 것을 즐기는 것에 관한 한 가장 중요하다. 당신의 다운로드 속도가 빠를수록 당신은 더 많은 데이터를 활용할 수 있다 — 사진의 품질을 극대화하기 위해 안정적인 다운로드 스트리밍을 요구하는 고화질 콘텐츠에 적합하다.

해설

③ [문법포인트] 비교 사용 표현 'S'가 V' 하면 할수록, S는 더욱 V하다'의 의미가 「The 비교급 S'+V', the 비교급 S+V」의 형태로 바르게 쓰였다.

① [문법포인트] 능동태 vs. 수동태 구분 matter는 자동사이므로 수동태로 쓸 수 없다. 따라서 is mattered를 matters로 고쳐야 한다. (is mattered → matters)

② [문법포인트] 전치사의 목적어 when it comes to는 '~에 관한 한'의 뜻으로, to는 전치사이다. 전치사 to의 목적어로 동명사가 와야 하므로 to enjoy를 to enjoying으로 고쳐야 한다. (to enjoy → to enjoying)

④ [문법포인트] 관계대명사의 선택 명사절 접속사가 들어갈 수 없는 자리이다. 선행사를 수식하고 절 안에서 주어 역할을 하는 주격 관계대명사 which 또는 that으로 고쳐야 한다. (what → that)

정답 ③

6

밑줄 친 부분에 들어갈 말로 가장 적절한 것은?

> Rachel Miller: Did you go to Chloe Davis's concert yesterday?
> Jack Brown: It was incredible. I even joined her online fan club.
> Rachel Miller: That must have been amazing. I'm so bummed I missed it.
> Jack Brown: You're such a big fan. We'll have to go together next time for sure.
> Rachel Miller: _____?
> Jack Brown: I'm afraid I can't; recording wasn't allowed.
> Rachel Miller: That's disappointing.

① Can I join you when you go to her concert next time
② Can you buy tickets for me next time so that I will record the concert
③ Was there anyone who recorded the whole concert for her fans
④ Will you send the videos if you managed to record any from the concert

어휘

incredible 굉장한 join 가입하다, 함께 하다 bummed 슬픈
big fan 열성 팬 for sure 반드시 afraid 유감인 recording 녹화
allow 허용하다 disappointing 실망스러운 record 녹화하다
whole 전체의 manage 해내다

해석

Rachel Miller: 어제 Chloe Davis의 콘서트에 갔어?
Jack Brown: 정말 굉장했어. 난 그녀의 온라인 팬클럽에도 가입했어.
Rachel Miller: 정말 멋졌겠다. 난 놓쳐서 너무 슬퍼.
Jack Brown: 넌 정말 열성 팬이구나. 우린 다음에 반드시 같이 가야겠다.
Rachel Miller: 콘서트에서 조금이라도 녹화한 영상이 있으면 보내줄 수 있니?
Jack Brown: 유감스럽게도 그럴 수가 없어; 녹화가 허용되지 않았거든.
Rachel Miller: 그거 실망스럽다.

① 다음에 네가 그녀의 콘서트에 갈 때 함께 가도 되니
② 내가 콘서트 녹화를 할 수 있도록 다음에 날 위한 티켓을 사줄 수 있니
③ 그녀의 팬들을 위해 콘서트 전체를 녹화한 사람이 있었니

정답 ④

7

밑줄 친 부분에 들어갈 말로 가장 적절한 것은?

> One of the most satisfactory aspects of using essential oils medicinally and cosmetically is that they enter and leave the body with great efficiency, leaving no toxins behind. The most effective way to use essential oils is not orally, as one might think, but by external application or inhalation. The methods used include body oils, compresses, cosmetic lotions, baths, hair rinses, inhalation (by steam, direct from the bottle or from a tissue), perfumes, room sprays, and a whole range of room methods. Although under supervision the essential oils can be prescribed for oral ingestion, this is, in fact, their least effective mode of entry. It is because they pass through the digestive system, where they come into contact with digestive juices and

other matter which affect their chemistry. This limitation also applies to any chemical medications. The _____ makes the essential oils of special benefit to patients whose digestive systems have, for whatever reason, been impaired.

① complex composition of aromas
② condensed nutritional value
③ flexibility of medicinal use
④ mood enhancing ability

어휘

satisfactory 만족스러운 medicinally 약용으로 cosmetically 화장용으로
enter 들어가다 with efficiency 효율적으로 toxin 독소
effective 효과적인 orally 경구로 external 외부의 application 바르기
include 포함하다 compress 압박 cosmetic 화장용의 rinse 헹구기
stream 증기 perfume 향수 supervision 감독 prescribe 처방하다
ingestion 섭취 entry 투입 pass through ~을 통과하다
digestive system 소화 기관 come into contact with ~와 접촉하다
digestive juice 소화액 matter 물질 affect 영향을 미치다
chemistry 화학적 성질 limitation 제한 apply 적용되다
chemical 화학의 medication 약물 (be) of benefit to ~에게 유익하다
patient 환자 impair 손상시키다 complex 복잡한 composition 구성
aroma 향기 condensed 농축된 nutritional 영양의 flexibility 유연성
mood 기분 enhance 향상시키다

해석

에센셜 오일을 약용 및 화장용으로 사용하는 것의 가장 만족스러운 측면 중 하나는 체내에 매우 효율적으로 들어오고 나가며 독소를 남기지 않는다는 것이다. 에센셜 오일을 사용하는 가장 효과적인 방법은 사람들이 생각할 수 있는 것처럼 경구로 사용하는 것이 아니라, 외부에 바르거나 흡입을 통한 것이다. 사용되는 방법은 바디 오일, 압박법, 화장용 로션, 목욕, 머리 헹굼 용, 흡입(증기를 통해, 직접 병이나 화장지에서), 향수, 실내 스프레이, 그리고 다양한 실내 방법을 포함한다. 에센셜 오일은 감독하에 경구 섭취하도록 처방될 수 있지만, 사실 이것은 가장 효과적이지 않은 투입 방법이다. 왜냐하면 그것들(에센셜 오일)이 소화 기관을 통과하면서, 그곳에서 소화액과 그것의 화학적 성질에 영향을 미치는 다른 물질과 접촉하기 때문이다. 이러한 제한은 또한 어떤 화학 약물에도 적용된다. 의약적 사용의 유연성은 소화 기관이 어떤 이유로든 손상된 환자에게 에센셜 오일이 특별하게 유익하도록 한다.

① 향기의 복잡한 구성
② 농축된 영양 가치
④ 기분을 향상시키는 능력

해설

중심 소재는 에센셜 오일이고, 첫 문장에서 에센셜 오일의 가장 효과적인 사용법이 외부에 바르는 것이나 흡입하는 것이라고 말하고, 두 번째 문장에서 에센셜 오일의 다양한 사용법을 언급한다. 이후 에센셜 오일 경구 섭취의 비효율성을 이야기하며 소화 기관과 소화액에 영향을 미칠 수 있기 때문이라고 한다. 빈칸이 있는 마지막 문장은 빈칸이 소화 기관에 문제가 있는 환자에게 에센셜 오일이 유익하도록 해준다고 했다. 따라서 빈칸에 들어갈 말로 가장 적절한 말은 경구 섭취 외에도 다른 방법이 있다는 의미를 내포하는 ③ '의약적 사용의 유연성'이다.

정답 ③

8

다음 글의 목적으로 가장 적절한 것은?

To: All Rock Climbing Club Members
From: Sarah Thompson, Club Manager
Date: June 28
Subject: Club Renovations and Temporary Closure Announcement

Dear Club Members,

As we strive to provide you with the best experience possible, we continuously look for ways to enhance our facilities and services. Your enthusiasm and support for the club are truly appreciated, and we aim to keep meeting your expectations.

We would like to inform you that the club will be closed for three days next week for some necessary renovations. These improvements are aimed at enhancing the safety and enjoyment of our climbing walls and facilities. During this time, the club will not be accessible for any activities. We apologize for any inconvenience this may cause and appreciate your understanding and patience.

Thank you for your continued support. We are excited about the upgrades and believe they will significantly enhance your climbing experience. Please feel free to reach out with any questions or concerns. We look forward to welcoming you back to a refreshed and improved club soon!

Warm regards,

Sarah Thompson
Club Manager
Rock Climbing Club

① 암벽 등반 동호회의 회원 모집을 홍보하려고
② 암벽 등반 동호회관의 일시적인 폐쇄 일정을 알려주려고
③ 암벽 등반 동호회 시설 이용 방법을 안내하려고
④ 장비 교체를 위한 동호회 회원들의 기부를 요청하려고

어휘

rock 암벽 climbing 등반 club 동호회, 동호회관 member 회원
manager 운영자 renovation 보수 temporary 일시적인 closure 폐쇄
announcement 안내 strive 노력하다 continuously 지속적으로
enhance 향상시키다 facility (pl.) 시설 enthusiasm 열정 support 지원
appreciate 감사하다 aim 목표로 하다 meet 부응하다
expectation 기대 inform 알리다 necessary 불가피한
improvement 개선 사항 enjoyment 즐거움 accessible 이용할 수 있는
apologize 사과하다 inconvenience 불편 patience 인내
upgrade 개선 significantly 크게 reach out 연락하다
welcome 맞이하다 refreshed 상쾌한

해석
수신인: 암벽 등반 동호회 회원 전원
발신인: Sarah Thompson, 동호회 운영자
일시: 6월 28일
제목: 동호회관 보수와 일시적인 폐쇄 안내

동호회 회원님들께,

저희는 가능한 최상의 경험을 제공하기 위해 노력하면서 시설과 서비스를 향상시킬 방법을 지속적으로 모색하고 있습니다. 동호회에 대한 귀하의 열정과 지원에 진심으로 감사드리며, 저희는 귀하의 기대에 계속 부응하는 것을 목표로 하고 있습니다.

몇 가지 불가피한 보수를 위해 다음 주에 3일간 동호회관이 휴관함을 알려드립니다. 이러한 개선 사항은 등반 벽과 시설의 안전과 즐거움을 높이기 위한 것입니다. 이 기간에 동호회는 어떠한 활동도 할 수 없습니다. 이것이 일으킬 수 있는 불편에 사과드리고 여러분의 이해와 인내에 감사드립니다.

여러분의 지속적인 지원에 감사드립니다. 저희는 개선에 대해 흥분하고 있으며 그것들이 여러분의 등반 경험을 크게 향상시킬 것이라고 믿습니다. 질문이나 우려 사항이 있으면 언제든지 연락하십시오. 저희는 곧 상쾌하고 개선된 동호회관으로 당신을 맞이하기를 기대합니다!

감사합니다,

Sarah Thompson
동호회 운영자
암벽 등반 동호회

해설
메일 형식의 글은 제목에 목적이 드러난 경우가 많은데, 메일의 제목으로 볼 때 이 메일은 동호회관 보수 작업으로 인해 동호회관을 일시적으로 폐쇄한다는 것을 회원들에게 알리는 글임을 예상할 수 있다. 또한 두 번째 문단의 첫 번째 문장에 보수로 다음 주에 3일간 동호회관이 휴관함을 알린다는 말이 있으므로 글의 목적은 ② '암벽 등반 동호회관의 일시적인 폐쇄 일정을 알려주려고'이다.

정답 ②

9

주어진 글 다음에 이어질 글의 순서로 가장 적절한 것은?

A recent conference at a top British university brought together leading AI researchers and humanities scholars to discuss AI's philosophical questions.

(A) Those consequences are myriad, poorly understood, and evolving rapidly. AIs now make significant decisions that impact our lives, there is also growing evidence that they aren't ready to shoulder all the responsibilities they are being given.

(B) Unfortunately, the engineers described their work in precise, dense terms, mostly skipping over its implications. The scholars, too, critiqued the descriptions rather than tackling the implications; some were even skeptical of AI.

(C) This is unfortunate because we are in urgent need of new perspectives on AI. Public discussion is dominated by fears of job loss and other negative impacts. Meanwhile, machine learning applications integrate quietly into daily life, often without thorough consideration of its consequences.

① (B) – (A) – (C)
② (C) – (B) – (A)
③ (B) – (C) – (A)
④ (C) – (A) – (B)

어휘
conference 학회   bring together ~을 모으다   leading 선도적인
AI(Artificial Intelligence) 인공지능   humanities 인문학   scholar 학자
philosophical 철학적인   consequence 결과   myriad 무수함
evolve 진화하다   rapidly 빠르게   significant 중요한   evidence 증거
shoulder 맡다   responsibility 책임   unfortunately 불행히도
engineer 공학자   describe 설명하다   precise 정밀한   dense 난해한
term 용어   skip 건너뛰다   implication 결과   critique 비판하다
description 설명   tackle 다루다   skeptical 회의적인
unfortunate 유감스러운   urgent 시급한   in need of ~을 필요로 하는
perspective 관점   discussion 토론   dominate 지배하다
meanwhile 한편   application 응용 프로그램   integrate 통합되다
thorough 철저한   consideration 고려

해석
영국의 최고 대학에서 열린 최근의 학회는 인공지능의 철학적인 문제를 논의하기 위해 선도적인 인공지능 연구자들과 인문학자들을 한데 모았다. (B) 불행히도 그 공학자들은 그들의 작업을 정밀하고 난해한 용어로 설명했고, 그것의 영향은 대부분 건너뛰었다. 학자들 역시 영향을 다루기보다는 그 설명들을 비판했고; 일부는 심지어 인공지능에 대해 회의적이었다. (C) 이는 우리가 인공지능에 관한 새로운 관점을 시급히 필요로 하고 있기 때문에 유감스러운 일이다. 대중적인 토론은 일자리 상실과 다른 부정적인 영향에 대한 두려움에 지배되었다. 한편 기계 학습 응용 프로그램은 종종 그것의 결과들에 대한 철저한 고려 없이 일상생활에 조용히 통합된다. (A) 그 결과들은 무수히 많고, 잘 이해되지 않으며, 빠르게 진화하고 있다. 인공지능은 이제 우리의 삶에 영향을 미치는 중요한 결정을 내리지만, 그들에게 주어지고 있는 모든 책임을 맡을 준비가 되어 있지 않다는 증거도 점점 많아지고 있다.

해설
주어진 문장은 인공지능의 철학적 문제를 논의하려고 인공지능 연구자들과 인문학자들이 모였다고 한다. (B)는 'Unfortunately'로 시작하고, AI researchers를 the engineers로 받아서 학회 참여자들의 설명과 태도를 부정적으로 말하고 있다. 이어서 (C)에서 (B)의 내용을 This로 받아 유감스럽다고 말하고, 인공지능에 대한 대중의 두려움에도 불구하고 인공지능이 그 결과에 대한 깊은 고려 없이 일상생활에 통합된다고 한다. 그다음 (A)에서 그 결과들을 Those consequences로 받아서 결과에 대해 부연하고 있다. 따라서 정답은 ③ (B) – (C) – (A)이다.

정답 ③

10
다음 글의 주제로 가장 적절한 것은?

While mindfulness meditation is generally safe, concerns arise from its side effects like panic attacks and psychosis, which are seldom reported and poorly understood in academic studies. Critics argue the rapid adoption of mindfulness by organizations and educational systems may inappropriately shift societal issues to individuals. That is, they suggests that personal stress is due to a lack of meditation rather than addressing systemic causes like environmental pollution or workplace demands. Critics suggest that mindfulness may make individuals more compliant with adverse conditions instead of empowering them to seek change. Despite these concerns, the critique isn't against mindfulness itself but against its promotion as a universal solution by entities resistant to change. For a more thorough understanding of mindfulness' benefits and risks, long-term and rigorously controlled studies are essential.

* psychosis: 정신병

① the criticism regarding the safety and societal implications of the widespread adoption of mindfulness meditation
② the social and national measures which are taken to relieve personal stress and prevent social and cultural confusion
③ the basic elements of mindfulness that must prioritize the resolution of social problems rather than individual problems
④ the disadvantages that individuals and societies face due to the meditation performed improperly and the lack of meditation

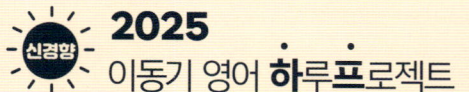 

2025 이동기 영어 하루프로젝트 — 문법강화

Study Plan

WEEK 1
- Day 01 /10
- Day 02 /10
- Day 03 /10
- Day 04 /10

WEEK 2
- Day 05 /10
- Day 06 /10
- Day 07 /10
- Day 08 /10

WEEK 3
- Day 09 /10
- Day 10 /10
- Day 11 /10
- Day 12 /10

WEEK 4
- Day 13 /10
- Day 14 /10
- Day 15 /10
- Day 16 /10

WEEK 5
- Day 17 /10
- Day 18 /10
- Day 19 /10
- Day 20 /10

WEEK 6
- Day 21 /10
- Day 22 /10
- Day 23 /10
- Day 24 /10

WEEK 7
- Day 25 /10
- Day 26 /10
- Day 27 /10
- Day 28 /10

WEEK 8
- Day 29 /10
- Day 30 /10
- Day 31 /10
- Day 32 /10

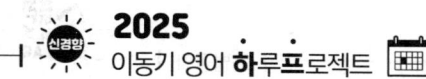

Day 01

[1 ~ 3] 밑줄 친 부분에 들어갈 말로 가장 적절한 것을 고르시오.

1. The _____ ruins provide valuable insights into the architecture and culture of early civilizations.

   ① ancient
   ② luxurious
   ③ anxious
   ④ rational

2. Our democracy could falter because citizens are not exercising their right to vote and they are becoming more _____ to elections.

   ① heedful
   ② ardent
   ③ indifferent
   ④ unequaled

3. The number of mansions located in the coastal regions _____ as wealthy individuals look for properties with stunning ocean views.

   ① has grown
   ② have grown
   ③ having grown
   ④ to have grown

4. 밑줄 친 부분 중 어법상 옳지 않은 것은?

   Travelers and locals alike are ① fascinated by the unique blend of history and modernity that popular destinations offer. But travelers often have difficulty ② navigate unfamiliar cities without a guide. Guided tours are usually led by experienced professionals, ③ all of whom possess extensive knowledge about the area's attractions. As a result, visitors can gain a deeper understanding and appreciation of the culture and history of the places ④ which they explore.

5. 밑줄 친 부분 중 어법상 옳지 않은 것은?

   Machine learning lets a computer continually (A) to adapt itself to your inputs so (B) it can keep improving its results. Another excellent example of this is found in Apple's new iPhone operating system. (C) Engineering with what Apple bills as more "proactive" intelligence, iOS 9 pushes apps (D) that you often use in certain situations to your lock screen for your easy access. So if you tend to listen to podcasts on your commute to work, it might suggest you (E) open Stitcher every morning around the time you leave home.

   ① (B), (D)
   ② (A), (C)
   ③ (B), (C), (D)
   ④ (A), (C), (E)

6. 밑줄 친 부분에 들어갈 말로 가장 적절한 것은?

   A: Why are you late? We were supposed to start 10 minutes ago.
   B: I met a foreigner on the way, and he asked me how to get to Seoul Station.
   A: That shouldn't have taken so long.
   B: He couldn't speak English, so I ended up taking him there myself.
   A: _____.
   B: What's that?
   A: It changes languages for you.
   B: Oh, really? That means I can communicate with people even if I don't know their language.

   ① He must be very grateful that you took him there
   ② It took longer than you usually expected
   ③ You should have studied other languages harder
   ④ Next time, try using a translation app

7. K-Food Festival Nuknuk에 관한 다음 글의 내용과 일치하지 않는 것은?

K-Food Festival Nuknuk

Seoul City is excited to announce the launch of the "K-Food Festival Nuknuk" at Sejong-ro Park, a fun event showcasing a wide variety of delicious Korean dishes. Formerly known as the "Han River Moonlight Market," this revamped festival offers a chance for locals and tourists to enjoy tasty food from sixteen handpicked food trucks. With its friendly name, "Nuknuk" invites everyone to experience the welcoming atmosphere of Seoul while trying out different Korean foods. The festival is also a great opportunity for visitors from other countries to discover and enjoy Korean cuisine. With easy payment options and simple kiosk services for ordering, "K-Food Festival Nuknuk" promises a fun and hassle-free dining experience for everyone.

① It is held at Sejong-ro Park.
② It was previously titled the Han River Moonlight Market.
③ It exclusively targets foreign tourists, excluding local residents.
④ It offers convenient payment methods and user-friendly kiosk services.

8. 다음 글의 제목으로 가장 적절한 것은?

One of Socrates' students, the Greek philosopher Plato, became a leading advocate for censorship after his teacher's death. In his philosophical treatise *The Republic*, Plato advocated the strict censorship of literary materials for children, arguing that early exposure to fiction can cause children to overly identify with fictional characters and subsequently imitate their worst characteristics. Thus, Plato contended that it was society's moral obligation to exercise control over everything children see, hear, or read. This theme of guardianship over the innocence of youth is one that has been repeatedly supported by advocates of censorship even up to the modern day.

① Pros and Cons of Censorship
② Why Was Plato for Censorship?
③ Censorship Affects the Educational System
④ Socrates' Influence on Plato's View of Censorship

9. 밑줄 친 부분에 들어갈 말로 가장 적절한 것은?

Like in other businesses, one of the important aspects of establishing a professional reputation in an online business is to _____. For example, a contents writer may have an interest in project management (a common career move for many contents writers); however, that does not necessarily mean that this person has the skills and experience to take on a huge content management project right off the bat. There is a huge difference between writing or editing content and managing a team of writers, developers, and others in order to get that content to users. Perhaps this writer needs to learn from an already experienced project manager, taking on some of the less important tasks while learning the ins and outs of project management. There is nothing wrong about admitting that you should learn more — in fact, it is a trait that many employers often look for.

① meet people directly as well as to meet them online
② work independently rather than as a part of a team
③ be aware of your limitations, while striving to go beyond them
④ put your polished skills into practice when put on a task

10. 주어진 문장이 들어갈 위치로 가장 적절한 것은?

On the other hand, a marine mammal trainer may study and utilize knowledge from marine biology like anatomy, physiology or behavior.

We often hear people say, "I want to be a marine biologist so I can train dolphins." (①) While it is true that some marine biologists do train dolphins, the job descriptions for a marine biologist and a marine mammal trainer are really quite different. (②) A marine biologist is someone who studies, observes, or protects marine organisms. (③) Generally, very few of these scientists train living marine mammal species themselves. (④) A marine mammal trainer is actually taught to specialize in each of these fields.

Day 02

[1 ~ 3] 밑줄 친 부분에 들어갈 말로 가장 적절한 것을 고르시오.

1. Under certain circumstances, it may be necessary to _____ sensitive information such as social security numbers or medical records to protect individual privacy.

   ① omit
   ② insert
   ③ locate
   ④ confuse

2. He struggled early in his life and was _____ in school by other students because of his foreign accents. This caused him to plunge into depression, and by the time he was eight years old, he decided to stand up for himself.

   ① egged on
   ② picked on
   ③ turned on
   ④ ripped off

3. The way you perceive the world is connected to _____, as different eye colors can affect light sensitivity and visual clarity.

   ① your eyes are which color
   ② which color your eyes are
   ③ which color are your eyes
   ④ are which color your eyes

4. 밑줄 친 부분 중 어법상 옳은 것은?

   ① American government should <u>make easier</u> for illegal immigrants to become citizens.
   ② Even if you are not hired permanently, the people you meet at your internship may <u>affect to</u> your future career.
   ③ You had better not suddenly get into a quarrel, for fear that <u>you should not</u> repent afterward.
   ④ Science has enabled us <u>to achieve</u> an understanding of nature and an ability to manipulate it.

5. 밑줄 친 부분 중 어법상 옳지 않은 것은?

   A chemical plant explosion that ① <u>occurring on</u> November 13 in the northwest province of Jilin has severely polluted one of China's ② <u>biggest</u> rivers, causing water supplies for millions of people ③ <u>to be cut</u> and pollution fears ④ <u>to spread</u> not only in the city but also in neighboring Russia.

6. 밑줄 친 부분에 들어갈 말로 가장 적절한 것은?

   A: I hear that *Batman* is supposed to be good. Do you want to go see it tomorrow?
   B: I'd like to, but I have a previous engagement with family tomorrow.
   A: We can watch the late show. I think it starts after 9.
   B: Isn't that too late? I go to bed at 10 every day.
   A: _____
   B: What do you mean by that?
   A: You seem to want to refuse everything I say.

   ① I forgot the storyline of Batman.
   ② Then I will buy tickets in advance.
   ③ Since when do you sleep that early?
   ④ When would be convenient for you?

7. 다음 글의 제목으로 가장 적절한 것은?

   Many children with dyslexia lose confidence and suffer from low self-esteem at school because they find learning in class slow and difficult. They may think of themselves as stupid. They can lose their motivation to learn, and fall behind their peers. When this happens, some students misbehave to avoid showing that they can't do the work. They are often making more effort than other students when reading and writing, even if this doesn't show in their work. So be careful not to label students as lazy. By reacting in the wrong way to students' problems, teachers may make things worse. It's important to be clear with students that dyslexia doesn't mean people can't succeed at school or in life. Dyslexia is not linked to low intelligence. Many people with dyslexia have great strengths — they can be effective verbal communicators, visually talented, or able to think more creatively than others.

   * dyslexia: 난독증

   ① The Pros and Cons of Dyslexia
   ② Dyslexic Children: Learning Challenges and Strengths
   ③ Dyslexia and the Need for Teacher Training
   ④ Dyslexia Is Just an Excuse for Laziness

8. Nature Photography Contest에 관한 다음 글의 내용과 일치하지 않는 것은?

Announcing the Nature Photography Contest!

Celebrate the beauty of nature through the lens of your camera with our photography competition!

Competition Details
- Theme: Capturing Nature's Splendor
- Deadline: June 30
- Eligibility: Open to all photography enthusiasts aged 18 and above.
- Photography Workshop: All participants will have the chance to attend a workshop led by renowned nature photographers.

How to Participate
- Capture stunning images inspired by the theme.
- Submit your entries via email to submissions@naturephotocontest.org.
- Include your name, contact information, and a brief description of each photo.

Don't miss this chance to showcase your talent and immerse yourself in the beauty of the natural world!

① 자연의 아름다움을 사진으로 찍는 대회이다.
② 나이와 상관없이 누구나 참여할 수 있다.
③ 참가자는 누구나 유명 사진작가의 워크숍에 참여할 수 있다.
④ 이메일로 사진을 제출하면 된다.

9. 글의 흐름상 가장 어색한 것은?

A basic fact about negotiation is that you are dealing not with abstract representatives of the "other side," but with human beings. They have emotions, deeply held values, and different backgrounds and viewpoints; and they are unpredictable. So are you. This human aspect of negotiation can be either helpful or disastrous. ① The process of working out an agreement may produce a psychological commitment to a mutually satisfactory outcome. ② A working relationship where trust, understanding, respect, and friendship are built up over time can make each new negotiation smoother and more efficient. ③ On the other hand, people have egos that are easily threatened. ④ When someone channels ego into developing a stronger sense of self, it's quite empowering. They see the world from their own personal vantage point, and they frequently confuse their perceptions with reality. They often misunderstand what you mean and you often misunderstand what they mean.

10. 주어진 글 다음에 이어질 글의 순서로 가장 적절한 것은?

Dinosaurs dominated the world 65 million years ago, until a comet 6 miles in diameter streaking 20 miles per second slammed into the Earth. The catastrophic collision instantaneously plunged the world into a very dark and cold nuclear winter that lasted for 12 months.

(A) Their flexibility allowed them to survive the Armageddon caused by the comet, and when the dust finally settled, the early mammals crawled out of their burrows, squinted at the warm sun, and evolved to become the dominant creatures of the Earth.

(B) They, though large and powerful, were cold-blooded and hairless, and proved incapable of adjusting to the radical climate changes including a sudden and sharp drop in temperature, and thus quickly died off in a mass extinction.

(C) In contrast, a group of small, furry, warm-blooded creatures (early mammals and our distant ancestors) proved to be superbly adjustable to the drastic changes.

① (B) − (A) − (C)   ② (B) − (C) − (A)
③ (C) − (A) − (B)   ④ (C) − (B) − (A)

Day 03

[1 ~ 3] 밑줄 친 부분에 들어갈 말로 가장 적절한 것을 고르시오.

1. Even if you cannot get into the room prior to the interview, you can at least become familiar with the building and its surroundings. The more you _____ yourself with the setting, the less novel it will be, and the more at ease you should feel.

① wander   ② invigorate
③ acquaint ④ improvise

2. The sudden price increase was attributed to a _____ rise in production costs for the company's latest product.

① monotonous ② grateful
③ steep   ④ discerning

3. You think it is not surprising that technological advancements continue to shape our daily lives, _____?

① is it   ② don't you
③ isn't it   ④ do you

[4 ~ 5] 밑줄 친 부분 중 어법상 옳은 것을 고르시오.

4. Government policies ① designed to address pressing national issues such as healthcare, education, and economic stability. With the nation's leaders ② prioritizing sustainable development and social welfare, these policies aim ③ improving overall quality of life. The challenges faced by developing countries are often more complex and multifaceted than ④ that of industrialized nations. Effective solutions require comprehensive strategies and collaborative efforts from various sectors of society.

5. The storm was ① such intense that it knocked out power across the entire city. Unless the utility companies ② doesn't work quickly, residents will be without electricity for several days. Officials suggested that emergency shelters ③ be prepared to accommodate those ④ affecting. The community rallied together to support each other during this challenging time.

6. 밑줄 친 부분에 들어갈 말로 가장 적절한 것은?

Customer: Hi, I'm trying to order the new sneakers, but something seems to be wrong. 10:42

Service Center: Hi there! It looks like those sneakers are sold out, which is why your order isn't going through. 10:42

Customer: Oh, I see. _____? 10:43

Service Center: We're not sure about the exact date, but we can send you a text message as soon as we restock. Does that sound good? 10:44

Customer: Yes, that would be perfect. Thank you! 10:45

Service Center: Great! We'll notify you as soon as they're available again. Have a good day! 10:45

Customer: Thanks, you too! 10:46

① Could you notify me if the sneakers are ordered already
② Will you text me if they are sold out or not
③ Do you have another model available in a different color
④ Do you know when you'll have more in stock

7. 다음 글의 목적으로 가장 적절한 것은?

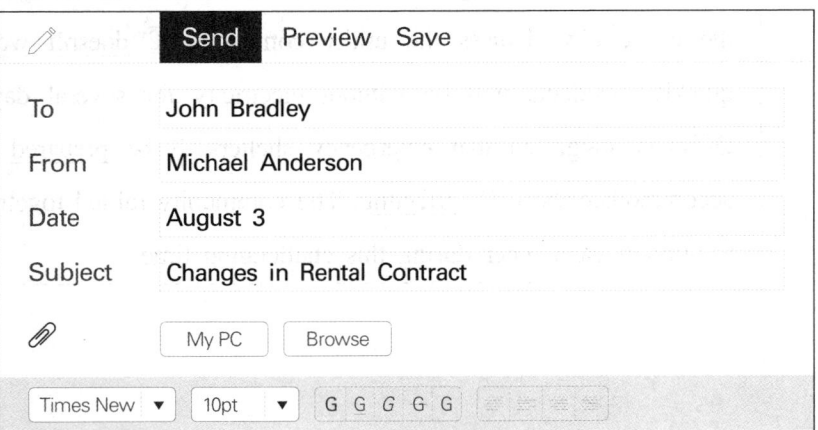

Dear John and Jane,

I am writing to inform you about an important update regarding your rental agreement. As you know, I strive to maintain a fair and competitive rental rate while ensuring the property is well-maintained and comfortable for you.

Starting August 1, there will be a 5% increase in the monthly rental fee for the apartment at 123 Elm Street. This adjustment is necessary due to increased maintenance costs and recent property improvements, which are essential to keeping the living environment up to standard.

I understand that any increase in expenses can be challenging, and I appreciate your understanding and cooperation in this matter. If you have any questions or would like to discuss this further, please do not hesitate to reach out. Thank you for your continued tenancy and for being such valued residents.

Best regards,
Michael Anderson

① 임대료의 인상을 통보하려고
② 아파트의 임대 만기를 연장하려고
③ 건물 보수 공사 일정을 알리려고
④ 임대 계약 해지를 요청하려고

8. 주어진 문장이 들어갈 위치로 가장 적절한 것은?

These freedoms are, on the other hand, somewhat illusory, since in a capitalist society it is difficult to survive without paid work and little choice of work or employer may be available.

Wage labor is both free and unfree. (①) Unlike slaves, who are forced to work by their owners, wage laborers can decide where they work and for whom. (②) Unlike the serfs in feudal society, who were tied to their lord's land, they can move freely and seek work whenever they choose. (③) Wage laborers are also subject to tight control by the employer and, as we saw in the cotton mills, capitalist production meant a new kind of disciplined and continuous work. (④) Workers had become 'wage slaves'.

9. 밑줄 친 부분에 들어갈 말로 가장 적절한 것은?

It is a common misconception among many musicians and non-musicians alike that _____. This is not surprising as it is natural to associate music with the sounds that create the melody, rather than with the quiet spaces between the notes. Because rests are silent, people often misinterpret these empty spaces as unimportant. But, imagine what would happen if a song was made up of only notes, and no rests. Aside from the point that the power and effect it has fade away, there would be a wall of sound with no reference point or discernible backbone to the music. This is because the spaces between the sounds provide a baseline and contrast for the piece, and give music structure and texture. In fact, it is a common saying among experienced musicians that a full measure of rest can hold more music than a full measure of blistering notes.

① notes are more important than rests
② rests provide a direct reference point to music
③ silence is no less meaningful than sound in music
④ melody is nothing more than a collection of sounds

10. 다음 글의 제목으로 가장 적절한 것은?

When we think of the people who make our lives miserable by spreading malicious viruses, most of us imagine an unpopular teenage boy, brilliant but geeky, venting his frustrations from the safety of a suburban bedroom. Actually, these stereotypes are just that — stereotypes — according to Sarah Gordon, an expert in computer viruses and security technology. Since 1992, Gordon has studied the psychology of virus writers. "A virus writer is just as likely to be the guy next door to you," she says. The virus writers Gordon has come to know have varied backgrounds; while predominantly male, some are female. Some are deeply involved in academic activities, while others are athletic. Many have friendships with members of the opposite sex, good relationships with their parents and families; most are popular with their peers. They don't spend all their time in the basement. One virus writer volunteers in his local library, working with elderly people. One of them is a poet and a musician, another is an electrical engineer, and others work for a university quantum physics department.

① Unmasking Virus Writers
② Virus Writers: Gender and Class
③ Underground Virus Writers
④ Mysterious Activities by Virus Writers

Day 04

[1 ~ 3] 밑줄 친 부분에 들어갈 말로 가장 적절한 것을 고르시오.

1. Despite the objections, the team leader continued to _____ on adhering to the original project timeline.

   ① insist
   ② move
   ③ admit
   ④ blame

2. He seems to invest heavily in a relationship, at least in the beginning, in the name of helping the other but it always turns out that this is not so _____ because he is looking for a strong return on his emotional investment.

   ① hostile
   ② accidental
   ③ mitigating
   ④ altruistic

3. The ancient feast _____ a variety of roasted meats, fresh fruits, hearty breads, and exotic spices brought by traders.

   ① was consisted
   ② was consisted of
   ③ consisted of
   ④ consisted

4. 밑줄 친 부분에 들어갈 가장 적절한 것은?

   A: I am dropping off my prescription to get it filled.
   B: You can come back in twenty minutes, and it will be ready.
   A: If I couldn't wait, could the prescription be mailed to me?
   B: Yes, you can have it delivered or filled at any location.
   A: When should I take this medication?
   B: You need to take it at bedtime.
   A: What are the side effects of this medication?
   B: _____.

   ① Don't mix alcohol with this medication
   ② You can take it with or without food
   ③ I believe the 45-day effective date is reasonable
   ④ You might feel a little dizzy at first, but it should pass

5. 밑줄 친 부분 중 어법상 옳지 않은 것은?

   ① I made a request that <u>there be</u> an FBI investigation regarding this matter.
   ② It depends on our sales achievements <u>whether we can get</u> a huge bonus or not.
   ③ <u>When conducted</u> experiments, scientists should always be careful to avoid bias.
   ④ Science is making the future, and nations are busy <u>making future scientists</u>.

6. 밑줄 친 부분 중 어법상 옳은 것은?

   The authorities said the investigation began after a witness saw several small buses ① <u>to pull up</u> to a gas station last month in East Tyrol, Austria, and ② <u>dispose of</u> a large cardboard box containing syringes and other ③ <u>medical equipments</u>, as well as handwritten records ④ <u>detailed</u> doping regimens.

7. Passport Service of Consulate General of Korea in Atlanta 에 관한 다음 글의 내용과 일치하지 않는 것은?

   Passport Service of Consulate General of Korea in Atlanta

   The Republic of Korea has recently implemented an upgraded electronic passport (e-passport) system aimed at enhancing security measures. Starting from July 2008, all newly issued and renewed passports will be e-passports, incorporating advanced features to safeguard personal information and facilitate smoother international travel. To apply for an e-passport, applicants must personally visit the consulate to complete an application form and undergo fingerprinting. Required documents include the original passport along with a photocopy of the photo page, two Korean-standard passport photos measuring 3.5cm × 4.5cm and a processing fee of $53.00 in cash. Due to high demand, processing typically takes 3-4 weeks, after which applicants must return to the consulate to sign and collect their new passports. Alternatively, applicants may opt to receive their passports by mail, provided they provide a postage-paid Express mail envelope.

   *consulate general: 총영사관

   ① The republic of Korea begins to issue e-passports in July 2008.
   ② Applicants must visit the consulate for fingerprinting and application.
   ③ Processing time for e-passports is typically 3-4 weeks.
   ④ As mail service is unavailable, e-passports must be collected in person.

8. 밑줄 친 (A), (B)에 들어갈 말로 가장 적절한 것은?

When plants were first grouped together, it was merely for convenience. Even today, plants may be categorized together in unnatural groupings in order to make them easier to identify. __(A)__, some wildflower books arrange together all white-flowered species or all yellow-flowered species. However, such groupings do not reflect natural relationships and make it difficult to recognize family characteristics. We don't infer that all persons with red hair are more closely related to each other than they are to those with dark hair; likewise, all long-haired dogs are not more closely related to each other than they are to short-haired dogs. Modern botanists, __(B)__, try to group plants according to their natural relationships.

	(A)	(B)
①	For example	moreover
②	For example	therefore
③	In contrast	however
④	In contrast	therefore

9. 주어진 글 다음에 이어질 글의 순서로 가장 적절한 것은?

Usually three or four weeks before Valentine's Day, you begin to see too many reminders of this only-for-lovers holiday almost everywhere.

(A) Shops want you to buy a gift for your Valentine, and restaurants hope that you will treat yourself and your Valentine to an expensive dinner.
(B) Another example of Valentine's Day reminders is seeing the commercials on TV.
(C) For example, you see red hearts and cupids in every shop and restaurant.

① (A) − (B) − (C)
② (A) − (C) − (B)
③ (C) − (A) − (B)
④ (C) − (B) − (A)

10. 다음 글의 요지로 적절한 것은?

Although Albert Einstein's Theory of Relativity revolutionized physics, his mathematical models were based on the erroneous assumption that the universe is static — all the components are fixed in time and space. In order to maintain this view, when Einstein's equations predicted a universe in flux, he invented the "cosmological constant" to maintain the supposed constancy of the universe. Within ten years, the astronomer Edwin Hubble discovered that the universe was expanding, causing Einstein to abandon the idea of the cosmological constant. Almost a century later, physicists have discovered that some unknown force is apparently pushing the universe apart, leading some scientists to conclude that Einstein's "cosmological constant" may in fact exist.

* cosmological constant: 우주 상수(常數)

① The observations of Hubble severely damaged the Theory of Relativity.
② One of Einstein's most significant discoveries was the cosmological constant.
③ Einstein's Theory of Relativity is fundamentally flawed.
④ The cosmological constant, while erroneously derived, may actually play a part in describing the universe.

Day 05

[1 ~ 3] 밑줄 친 부분에 들어갈 말로 가장 적절한 것을 고르시오.

1. The community's strength lies in its ability to _____ the diverse talents and perspectives of its members, fostering a spirit of collaboration and innovation.

   ① disgrace ② unite
   ③ restrict ④ halt

2. In a sustained opinion ecosystem, a healthy exchange of opinions takes place. In fact, _____ opinions are often a hallmark of a healthy opinion ecosystem. Such environments encourage individuals to express their true opinions as part of a healthy and open debate.

   ① unanimous ② exclusive
   ③ confidential ④ divergent

3. The new neighbor appeared friendly and _____, greeting everyone with a smile and offering to help with anything they needed.

   ① kind ② kindly
   ③ kindness ④ for kindness

4. 밑줄 친 부분에 들어갈 말로 가장 적절한 것은?

   A: Rachel, I heard you got your gym membership card renewed.
   B: Yes, I lost my old card, so I went to the gym and got a replacement.
   A: Actually, I lost mine too, so I need to do the same.
   B: Oh, _____.
   A: But I heard they'll take a new one for you at the gym.
   B: Not anymore. So be sure to bring one before you go.
   A: Thanks for letting me know.

   ① you should bring a photo for a new membership card
   ② to get a replacement, you have to pay for it
   ③ you had better be careful not to lose it again
   ④ you can use mine if you need to go the gym

[5 ~ 6] 밑줄 친 부분 중 어법상 옳지 않은 것을 고르시오.

5. Dragons, fairies, giants, mermaids, and unicorns of ancient mythologies ① have fascinated people for centuries. These legendary beings, which populate many cultural tales, embody humanity's deepest fears and aspirations. Mermaids, in particular, ② are often referred to mysterious and enchanting sea dwellers. ③ If it were not for these enduring myths, much of our cultural heritage and imagination would be ④ vastly different.

6. The drought of 1930, ① which parched the fields of 1,057 counties in twenty-three states with severe reactions in the early months of 1931, was ② the greatest calamity of its kind in the country's history. Official records and ③ preceding traditions reveal ④ comparable nothing to it in extent. It brought famine to the doors of millions and created a national emergency.

7. Stirring Cup User's Manual에 관한 다음 글의 내용과 일치하지 않는 것은?

   Stirring Cup User's Manual

   USAGE INSTRUCTIONS

   1. INSERTING BATTERIES:
      - Open the battery compartment located at the bottom of the cup.
      - Insert two AAA batteries, ensuring they are inserted in the correct polarity (+/−).
      - Close the battery compartment securely.

   2. ACTIVATING THE STIRRING FUNCTION:
      - Press the power button located on the handle to turn on the stirring function.
      - The stirring mechanism will start automatically, stirring your beverage evenly.

   3. SETTING THE TIMER:
      - To set the timer for automatic stirring, press the timer button and use the arrow buttons to adjust the desired stirring duration.
      - Press the timer button again to confirm the setting.

   4. USING THE CUP:
      - Pour your beverage into the cup, ensuring it does not exceed the maximum fill line.
      - Press the power button to activate the stirring function as needed.

   CAUTION: Do not use abrasive cleaners or immerse the cup in water.

   ① 두 개의 AAA의 배터리가 필요하다.
   ② 음료를 섞으려면 손잡이에 있는 버튼을 누르면 된다.
   ③ 자동 젓기를 할 경우, 원하는 젓기 시간 조정이 가능하다.
   ④ 방수 기능이 있어 컵을 물에 담가 두어도 된다.

8. 다음 글의 주제로 가장 적절한 것은?

The state of California plans to build a nuclear waste disposal site in the California desert. This proposed plan is being met with challenges on all sides. Economist Lisa Shue thinks the site is unnecessary. "With the advances in recycling and new compacting technologies, our other waste sites are not even in full use." Shue argues that existing sites should be developed before new ones are built. Furthermore, environmentalists are asking that all waste sites be tested for leaks and other safety tests be carried out. Developers in the California desert also resist the plans for the site. Most builders in the area would prefer to have the land developed for homes.

① environmental dangers of nuclear waste disposal sites
② economic growth in the California desert
③ opposition to a planned nuclear waste disposal site
④ technological advancements in recycling and compacting

9. 밑줄 친 부분에 들어갈 말로 가장 적절한 것은?

In one experiment researchers had people sit at computers and review two online articles describing opposing theories of learning. One article laid out an argument that "knowledge is objective"; the other made the case that "knowledge is relative." Each article was set up in the same way, with similar headings, and each had links to the other article, allowing a reader to jump quickly between the two to compare the theories. The researchers hypothesized that people who used the links would gain a richer understanding of the two theories and their differences than would people who read the pages sequentially, completing one before going on to the other. They were wrong. The test subjects who read the pages linearly actually scored considerably higher on a subsequent comprehension test than those who clicked back and forth between the pages. _____, the researchers concluded.

① The links helped to organize information
② Using the links got in the way of learning
③ Attitude was more important than knowledge
④ The more links, the higher level of popularity

10. 주어진 글 다음에 이어질 글의 순서로 가장 적절한 것은?

"Begin with the End in Mind" is based on the principle that all things are created twice. There's a mental or first creation, and a physical or second creation to all things.

(A) If you want a family-centered home, you plan a family room where it would be a natural gathering place. You plan sliding doors and a patio for children to play outside. You work with ideas. You work with your mind until you get a clear image of what you want to build.

(B) Take the construction of a home, for example. You design it in every detail before you ever hammer the first nail into place. You try to get a very clear sense of what kind of house you want.

(C) Then you reduce it to blueprint and develop construction plans. All of this is done before the earth is touched. If not, then in the second creation, the physical creation, you will have to make expensive changes that may double the cost of your home.

① (A) - (C) - (B) ② (B) - (A) - (C)
③ (B) - (C) - (A) ④ (C) - (B) - (A)

Day 06

[1 ~ 2] 밑줄 친 부분에 들어갈 말로 가장 적절한 것을 고르시오.

1. The scientist conducted multiple experiments to ensure the results were _____ and reliable for the research study.

   ① portable ② temporary
   ③ vain ④ accurate

2. The _____ between her lively personality, which filled the room with energy, and his reserved manner, was evident in every interaction they had.

   ① contrast ② likeness
   ③ isolation ④ collapse

3. 밑줄 친 (A), (B)에 들어갈 말로 가장 적절한 것은?

   The teacher suggested __(A)__ that he __(B)__ a break to alleviate stress and improve focus on studies.

	(A)	(B)
①	him	take
②	to him	take
③	him	takes
④	to him	takes

4. 밑줄 친 부분에 들어갈 말로 가장 적절한 것은?

   A: We have to finish the project by Friday. We'd better move quickly.
   B: _____? Didn't you hear that the presentation was cancelled, did you?
   A: What? I didn't know that. Who did you hear it from?
   B: Tom told me about it.

   ① What's the rush
   ② What are friends for
   ③ Are you here on business
   ④ How are you getting along

[5 ~ 6] 밑줄 친 부분 중 어법상 옳은 것을 고르시오.

5. ① Our trained staff are the people to rely when it comes to moving house.
   ② Lifestyle strategies are to keep brains healthy, which also might push back the onset of dementia.
   ③ While a candy bar may give you an instant burst of energy, it usually leaves you feel tired quite quickly.
   ④ Before using your card, please read the enclosed material described your rights and responsibilities.

6. Snowbasin Resort is dealing with ① dozen of upset customers who had their cars ② towed away on Christmas Eve. The county sheriffs towed the ③ illegal parked cars ④ because of they were blocking snowplows from clearing the roadway.

7. 다음 글의 목적으로 가장 적절한 것은?

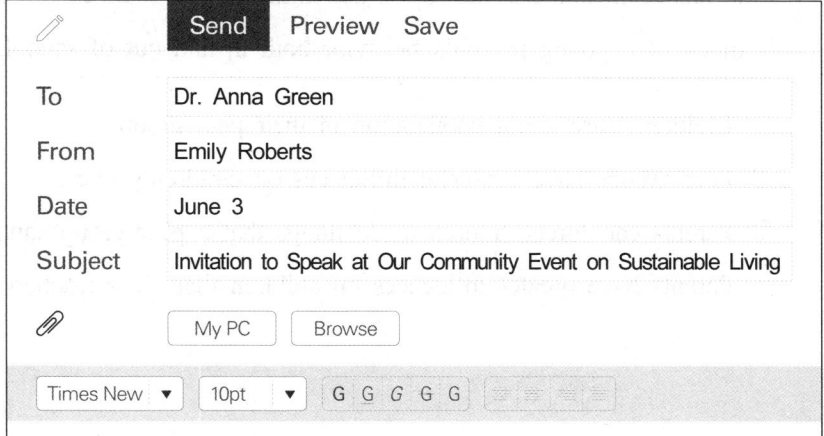

Dear Dr. Green,

I hope you're doing well. I am writing to extend an invitation for you to speak at an upcoming event we are hosting for our residents. In our ongoing efforts to enhance the living experience within our community, we are committed to providing opportunities for learning and enrichment.

We would be honored to have you as our guest speaker for an event focused on sustainable living. The event is scheduled for June 15, at 6:00 PM and will take place in our community hall. Given your expertise and contributions to the field of environmental sustainability, we believe your insights and practical tips on how to live more sustainably would greatly benefit our residents.

We hope you can join us for this special event. Please let us know if you are available and if there are any specific arrangements or requirements you might need. We look forward to the possibility of welcoming you to our community.

Best regards,
Emily Roberts

① 특별 강연을 해줄 것을 요청하려고
② 아파트의 주민 행사를 알리려고
③ 아파트 정책 변경을 공지하려고
④ 행사의 자원봉사 참여를 부탁하려고

8. 다음 글의 요지로 가장 적절한 것은?

Whereas family relationships usually constitute a child's first experience of group life, peer-group interactions soon begin to make their powerful socializing effects felt. From playgroup to teenage clique, the peer group affords young people many significant learning experiences such as how to achieve status in a circle of friends. Peers are equals in a way parents and their children or teachers and their students are not. A parent or teacher sometimes can force young children to obey rules they neither understand nor like, but peers do not have formal authority to do this; thus the true meaning of exchange, cooperation, and equity can be learned more easily in the peer setting. Peer groups increase in importance as the child grows up and reach maximum influence in adolescence, by which time they sometimes dictate much of a young person's behavior both in and out of school.

① Children learn about cooperation in their peer groups.
② Peer groups have powerful influences on children's lives.
③ Parents can force children to do things that a peer group cannot.
④ Parents have greater influences on children than their teachers do.

9. 주어진 문장이 들어갈 위치로 가장 적절한 곳은?

Removing lignin makes the wood white, so researchers added acrylic to the wood to allow light to pass through.

Wood sheds its reputation for being traditional or old-fashioned as scientists introduce "transparent wood," which is setting a new standard for energy-efficient materials. (①) Presenting the new material at the American Chemical Society Spring 2019 National Meeting & Exposition, the team of scientists unveiled the innovative type of wood that could pave the way to unparalleled energy efficiency in design and architecture. (②) To create the transparent wood, researchers chemically removed lignin — from samples of commercial balsa wood. (③) Lignin is a structural polymer in plants and can be found in the cell walls, blocking 80 to 95 percent of light from passing through. This alone, however, didn't result in a transparent material. (④) Not only did this create a see-through material, but one that was twice as strong as Plexiglass, the researchers found.

* lignin: 목질소
* Plexiglass: 플렉시글라스: 특수 아크릴 수지

10. 다음 글에서 전체 흐름과 관계없는 문장은?

Our answer to the "How am I doing?" question depends on our own past experiences, aspirations, and expectations. ① However, the question is virtually never asked or answered in a social vacuum. ② "How am I doing?" almost always carries "compared to others" in parentheses. ③ Social comparison provides an objective standard of one's actions and therefore can criticize task-oriented people. ④ Many experiences are ambiguous enough that we are not completely sure what to make of them. Is a B+ a good grade on an exam? It is possible to derive approximate answer to question like this, but the approximate answer is not good enough without looking around others.

Day 07

[1 ~ 3] 밑줄 친 부분에 들어갈 말로 가장 적절한 것을 고르시오.

1. I suggest that you _____ the information on the website to ensure it reflects the most recent changes.

   ① represent   ② conceal
   ③ spread   ④ update

2. Her intelligence is her most admirable _____, which contributed greatly to her success in academia.

   ① fatigue   ② confession
   ③ attribute   ④ custom

3. When she felt nervous, she pretended _____ by maintaining steady eye contact with those around her.

   ① being confident   ② to be confident
   ③ be confident   ④ her being confident

4. 밑줄 친 부분 중 어법상 옳지 않은 것은?

   The Grand Canyon ① has been a natural wonder since ancient times. Scientists are busy ② studying its geological formations to understand the Earth's history. Many visitors, ③ captivating by its breathtaking beauty, come from all over the world to witness it firsthand. The Grand Canyon continues ④ to inspire awe and appreciation for the majesty of nature.

5. 밑줄 친 부분 중 어법상 옳은 것은?

   A mobile security researcher has uncovered a flaw that leaves ① as much as 95% of Android devices — that's 950 million gadgets — ② exposing to attack. The computer bug, ③ nicknamed "Stagefright" after a vulnerable media library in the operating system's open source code, may be one of ④ the worst Android security hole discovered to date. It affects Android versions 2.2 and on.

6. 밑줄 친 부분에 들어갈 말로 가장 적절한 것은?

   Student: Hi, I'm trying to apply for the summer school program, but I'm having trouble. 10:42

   University: Hello! It looks like the class you're trying to enroll in is full, which is why you can't apply. 10:42

   Student: Oh, I see. Is there any chance I can still get in, maybe on a waiting list? 10:43

   University: Unfortunately, we don't have a waiting list for this class. However, you might want to check if there are other classes available. 10:44

   Student: _____. 10:45

   University: If you need any further assistance, feel free to reach out. Have a great day! 10:45

   ① If so, please let me be put on the waiting list
   ② I heard there are some other available classes instead
   ③ That's disappointing, but I'll take a look
   ④ I am lucky to have the chance to enroll in what I want

7. 다음 글의 주제로 가장 적절한 것은?

   Role theory takes the view that consumer behavior resembles actions in a play. As people act out different roles, they sometimes alter their consumption decisions depending on the "play" they are in. The criteria that they use to evaluate products and services in one of their roles may be quite different from those used in another role. In many cases, the purchaser and the user of a product might not be the same person, as when a parent picks out clothes for a teenager. In other cases, another person may act as an influencer, providing recommendations for or against certain products without actually buying or using them.

   ① the purchasing power of teenagers
   ② the behavior of consumers in different roles
   ③ the quality of products and services
   ④ the recommendation of products and services

8. Wrist Doctor 9988에 관한 다음 글의 내용과 일치하지 않는 것은?

Wrist Doctor 9988

Wrist Doctor 9988 is a health initiative launched by the Seoul Metropolitan Government in 2021 to encourage healthy lifestyles among its residents. This program has become widely popular, attracting approximately 450,000 participants each year. Users of Wrist Doctor 9988 receive a specially designed wristband that tracks daily activities such as steps taken, calories burned, and sleep patterns. The wristband syncs with a mobile app where users can view their activity data and receive personalized health tips and insights. This technology helps individuals monitor their fitness goals and make informed decisions about their health. By promoting physical activity and providing easy access to health information, Wrist Doctor 9988 aims to improve overall well-being and create a healthier community in Seoul.

① It was launched by the Seoul Metropolitan Government.
② About 450,000 people participate in the program each year.
③ Each participant receives a wristband to monitor daily activities.
④ Mobile app development is currently underway and will launch soon.

9. 밑줄 친 부분에 들어갈 말로 가장 적절한 것은?

Researchers asked college student volunteers to think through a fantasy version of an experience (looking attractive in a pair of high-heeled shoes, winning an essay contest, or getting an A on a test) and then evaluated the fantasy's effect on the subjects and on how things unfolded in reality. When participants envisioned the most positive outcome, their energy levels, as measured by blood pressure, dropped, and they reported having a worse experience with the actual event than those who had conjured more realistic or even negative visions. To assess subjects' real life experiences, the researchers compared lists of goals that subjects had set for themselves against what they had actually accomplished and also relied on self-reports. "When we fantasize about it — especially when you fantasize something very positive — it's almost like you are actually living it," says one of the study's co-authors. That _____, draining the incentive to "get energized to go and get it," she explains.

① prompts you into assessing the real life as it is
② turns a rosy dream into an actual accomplishment
③ renders your goal independent of the fantasy world
④ tricks the mind into thinking the goal has been achieved

10. 주어진 글 다음에 이어질 글의 순서로 가장 적절한 것은?

Experienced travel agents of yesterday are being rapidly replaced by new ones who have less firsthand knowledge of destinations. What this new breed faces is clients who do not know much about geography but have leisure time and money at their disposal. The solution is to equip these less knowledgeable travel agents with computer and video technology to help them match clients with right destinations.

(A) The client then views video programs on those destinations that seem most appealing, and finalizes his or her vacation plan. This way, travel agencies use modern technology to compensate for the inexperience of many agents on their payroll.

(B) Responses collected are fed into a computer program to produce a list of suggested destinations and itinerary options matched to the client's preferences.

(C) The key is to ask a client about his or her preferred vacation in mind. Included might be specific requests the representatives of which are "I don't like to pack and unpack repeatedly," or "I don't like to quickly move around and see many things."

① (A) − (B) − (C)   ② (A) − (C) − (B)
③ (B) − (C) − (A)   ④ (C) − (B) − (A)

Day 08

[1 ~ 3] 밑줄 친 부분에 들어갈 말로 가장 적절한 것을 고르시오.

1. The team's hard work and dedication _____ the foundation of their success in the competition.

   ① exacerbated   ② undermined
   ③ constituted   ④ postponed

2. To attempt to _____ you is to attempt to motivate you to perform some behavior by threatening you. However, it is not desirable that your will is lost or replaced by mine.

   ① please   ② coerce
   ③ reimburse   ④ confirm

3. When she was faced with unexpected medical expenses that she couldn't afford to cover, she regretted _____ all her savings on unnecessary purchases.

   ① spend   ② spent
   ③ to spend   ④ spending

4. 밑줄 친 부분에 들어갈 가장 알맞은 것은?

   A: Which one do you want, this one or that one?
   B: _____.
   A: Are you sure?
   B: Yes, I'm not picky.
   A: Don't blame me if you end up not liking it.

   ① Neither is good to me
   ② Both are in vain
   ③ I barely made it
   ④ Either will be fine

[5 ~ 6] 밑줄 친 부분 중 어법상 옳은 것을 고르시오.

5. ① Products such as appliances, furniture, and sporting goods <u>are often referred as</u> hard goods.
   ② I typed <u>such fast</u> that some people told me go on television shows.
   ③ Many farmers were waiting for their turn, <u>some having</u> a great deal of arable land and comparatively little grass.
   ④ Some people are very busy and do not have time to eat at home so they have no choice <u>but eating</u> while commuting.

6. Nurses were warned never to leave patients ① <u>unattended</u> with thermometers in place unless they were certain that it was safe ② <u>leaving</u> a patient unsupervised or that the patient could be trusted to be left alone. Although clinical thermometry did not create the view ③ <u>what</u> patients were themselves often unreliable partners in restoring them back to health, it reinforced and extended the view of thermometry as a practice ④ <u>what</u> depended on the cooperation of the patient.

7. Seoul Youth Video Creators의 모집 공고에 관한 글의 내용과 일치하지 않는 것은?

   Call for Applications: Seoul Youth Video Creators!

   Are you a young content creator passionate about sharing Seoul's policies and events with fellow citizens? Join us in producing engaging short-form videos tailored to the interests of our community!

   • Duration: July 2025 - December 2025 (6 months)
   • Activities: Creating short-form video content on various city policies, cultural events, and municipal issues and uploading produced content to your personal channels.

   Benefits:
   • Financial support: KRW 550,000 per short-form video.

   Eligibility:
   • Born between January 1, 1985, and December 31, 2004.
   • Have a minimum of 10,000 YouTube subscribers or 50,000 Instagram followers.

   Application Period: June 10, 2025, to June 23, 2025 (14 days)

   How to Apply: Online application via this link

   Selection: 15 channels will be chosen based on subscriber count, channel activity, and content creation ability, with priority given to creators managing multiple platforms.

   ① 자신이 만든 쇼트 영상을 개인 SNS 채널에 업로드해야 한다.
   ② 나이와 상관없이 누구나 지원할 수 있다.
   ③ 만 명 이상의 유튜브 구독자나 5만 명 이상의 인스타그램 팔로워가 있어야 한다.
   ④ 여러 개 플랫폼을 운영하면 선정에 우선권을 갖게 된다.

8. 주어진 문장이 들어가기에 가장 적절한 것은?

> On the other hand, many of the germs that live in or on the bodies of all animals, including humans, are not simply parasitic, but contribute important protective, stimulant or nutritional effects.

Whatever the benefit to a virus of a long-lived host, there is no guarantee that hosts have mechanisms for increasing longevity that the virus could exploit. Nor need host longevity be an advantage. (①) The interests of the virus depend on its life-cycle strategy, and some viruses are only released on the death of the host. (②) In fact, many parasites actually force their host to attack other potential hosts or to be killed or eaten so that the parasites are passed on. (③) In some ways, this can be seen as a form of life extension, because removing the germs could have drastic, possibly fatal effects on the host. (④) Extreme examples include endosymbiont root fungi in orchids, or mitochondria in our cells. Without them, orchids and humans would not survive.

* endosymbiont: (다른 생물의 체내에) 공생하는

9. 밑줄 친 부분에 들어갈 말로 가장 적절한 것은?

> For people of any age there is a need to _____.
> The daily tasks and routines we undertake each day may not appear to be making a contribution to the quality of our life, and we often regard some of them as irksome. But they are an integral part of the driving force of our existence. Humans are designed to be mentally and physically active creatures. The things we have to do or we choose to do will usually be a mix of routines, duties, interests and leisure pursuits. Whether they are pleasurable, satisfying or boring, they are significant components in the structure of our lives. When we wake up in the mornings, we know what we're likely to be doing that day. There will probably be plans for other days ahead. The conception of our existence is built around future activities.

① be occupied in purposeful activity
② split tasks across different time frames
③ pursue both mental and physical health
④ take time to ponder upon their existence

10. 다음 글의 요지로 가장 적절한 것은?

> No matter how satisfying our work is, it is a mistake to rely on work as our only source of satisfaction. Just as humans need a varied diet to supply a variety of needed vitamins and minerals to maintain health, so we need a varied diet of activities that can supply a sense of enjoyment and satisfaction. Some experts suggest that one can start by making an inventory — a list of the things you enjoy doing, your talents and interests, and even new things that you think you might enjoy if you tried them. It may be gardening, cooking, a sport, learning a new language, or volunteer work. If you shift your interest and attention to other activities for a while, eventually the cycle will swing again, and you can return to your work with renewed interest and enthusiasm.

① 다양한 비타민 섭취를 통해 건강한 삶을 유지할 수 있다.
② 성공적인 직장 생활은 일 자체를 즐김으로써 이루어진다.
③ 만족스러운 삶을 위해서는 일 외의 다양한 활동이 필요하다.
④ 직장과 가정생활의 조화가 업무 효율성을 높이는 지름길이다.

Day 09

[1 ~ 4] 밑줄 친 부분에 들어갈 말로 가장 적절한 것을 고르시오.

1. The employees were stressed and tired from continuously working overtime for weeks and finally managed to _____ the workload evenly to resolve the work overload.

   ① advertise
   ② split
   ③ heighten
   ④ accumulate

2. Although scorpion stings can be devastatingly painful, they are not usually _____ to humans.

   ① lenient
   ② latent
   ③ lethargic
   ④ lethal

3. The lack of funding and resources prevented the public parks _____ adequately, which led to overgrown vegetation and deteriorating facilities.

   ① from being maintained
   ② to be maintained
   ③ from maintaining
   ④ to maintain

4. A: Hey, I heard you're really into photography.
   B: Yes, I love capturing moments through my camera. It's my passion. Do you enjoy photography as well?
   A: I do enjoy it, but _____.
   B: In that case, have you considered using a photo organization app?
   A: A photo organization app? What does it do?
   B: It's like a digital album. You can categorize your photos and even add tags to them.
   A: That sounds useful. It could be a great way to manage and find specific photos easily.

   ① Most of the time, I rely on a filtering app to take photos
   ② I typically take photos with my phone rather than a camera
   ③ I am not taking enough photos to organize
   ④ I find it hard to organize all the photos I take

[5 ~ 6] 밑줄 친 부분 중 어법상 옳지 않은 것을 고르시오.

5. Among those who attended the conference last week ① were experts in artificial intelligence, neuroscience, and environmental science. They spent several days ② exchanging ideas and discussing groundbreaking research in their respective fields. They immersed ③ themselves fully in the discussions, ④ which they pushed the boundaries of knowledge and innovation.

6. Had the atomic bomb turned out ① to be something as ② cheap and easy manufactured as a bicycle or an alarm clock, it might ③ have plunged us back into barbarism, but it might, on the other hand, have meant the end of national sovereignty and of the highly centralized police state. If it is a rare and ④ costly object as difficult to produce as a battleship, it is likelier to put an end to large-scale wars at the cost of prolonging indefinitely a 'peace that is no peace'.

7. 다음 글의 목적으로 가장 적절한 것은?

To	Captain James Harris
From	The Residents of Maplewood Apartments
Date	June 3
Subject	Heartfelt Thanks for Your Heroic Actions

Dear Captain Harris,

We hope this message finds you well. As the residents of Maplewood Apartments, we are writing to express our deepest gratitude for your courageous actions during the recent fire in our building on May 28, 2024. Your bravery and quick response were nothing short of heroic.

We owe our lives to your prompt intervention and the dedicated efforts of your team. Without your swift action, the outcome could have been disastrous. You not only saved our homes but also provided us with a sense of security and hope in an incredibly frightening situation.

Thank you once again for your exceptional service and bravery. We are forever grateful for your selflessness and commitment to protecting our community. Please extend our heartfelt thanks to the entire team at the station.

With sincere appreciation,
The Residents of Maplewood Apartments

① 화재 시 대처 방법을 안내하려고
② 화재 방지 시설물의 강화를 요청하려고
③ 화재 시 주민들을 도운 것을 감사하려고
④ 소방서 견학을 요청하려고

8. 다음 글의 제목으로 가장 적절한 것은?

The Yurok Indians are a tribe living on salmon that swim out of the ocean into their rivers. Before the season the salmon begin running, the Yurok build a dam to trap the fish in order to ensure a good catch for the winter. The building of this dam is preceded by much ritual. There are mass enactments of the tribal myths, purification baths, fasting from certain foods, and a taboo against certain kinds of incontinent talk. The dam itself is a fairly complex technological achievement; but for the Yurok the rituals are as much part of the whole technique of hunting as the act of building or preparing of the nets. All their inherited ways teach them the wisdom of not separating men from the nature within which they move. Consequently, the whole hunt is not a sheer self-assertion of the human will against nature.

* detente: 긴장 완화

① The Hunting Culture of the Yurok Indians
② The Technological Achievements of the Yurok Indians
③ The Social Structure of the Yurok Indians
④ The Environmental Awareness of the Yurok Indians

9. 주어진 글 다음에 이어질 글의 순서로 가장 적절한 것은?

Tattoos date back many thousands of years. The earliest human remains with evidence of tattoos have various dots and small crosses on his lower back, knee, and ankles.

(A) Written records indicate that these frozen creatures were of high birth, possibly nobility. Meanwhile, the Greeks and Romans utilized tattoos to represent belonging, either to a particular god's cult or as a slave to a master.

(B) This practice changed, however, when Constantine became emperor. His devotion to Christianity led to banning tattoos as he believed they marred what God had created in his image. Soon it was only criminals and slaves who were tattooed to mark their status.

(C) These somewhat random dots and crosses are believed to have been applied to relieve pain in these locations. In central Asia, individuals have been found preserved in ice with representations of mythical creatures on their skin.

① (A) − (B) − (C) ② (A) − (C) − (B)
③ (C) − (A) − (B) ④ (C) − (B) − (A)

10. 글의 흐름상 가장 어색한 것은?

For the New World as a whole, the Indian population decline in the century or two following Columbus's arrival is estimated to have been as large as 95 percent. The main killers were Old World germs to which Indians had never been exposed, and against which they therefore had neither immune nor genetic resistance. ① Smallpox, measles, influenza and typhus competed for the top rank among the killers. ② For example, in 1837, the Mandan Indian tribe, with one of the most elaborate cultures in our Great Plains, contracted smallpox from a steamboat traveling up the Missouri River from St. Louis. ③ The Mandan survived mainly by hunting, farming and gathering wild plants, though some food came from trade. ④ The population of one Mandan village plummeted from 2,000 to fewer than 40 within a few weeks.

Day 10

[1 ~ 4] 밑줄 친 부분에 들어갈 말로 가장 적절한 것을 고르시오.

1.
> She made a significant _____ of giving up her career to care for her aging parents full-time.

① sacrifice ② promotion
③ exposition ④ punishment

2.
> It is highly likely that movies based on true stories are often _____ to leave out all the boring details and deliver messages that are encouraging and uplifting.

① reinstated ② prolonged
③ abbreviated ④ retained

3.
> To my surprise, it only cost _____ my shoes repaired at the local shoe repair shop.

① me 5 dollars to have
② 5 dollars me to have
③ for me with 5 dollars to have
④ 5 dollars to have me

4.
> A: You know we have to go to a museum to write a report, right?
> B: Yeah. I've narrowed the choices down to these five.
> A: Oh, they all seem interesting. I like this one the most.
> B: But the teacher told us to include photos in the report. We need to go somewhere photos are allowed.
> A: Aha! What about this one? The coffee museum sounds fun.
> B: But I don't want to spend more than 10 dollars for admission.
> A: Okay. _____.
> B: Fine. Then let's go to that museum.

① We need to put money away
② That leaves us with just one option
③ We still have many options
④ I'd rather give up taking pictures

5. 밑줄 친 부분 중 어법상 옳은 것은?

① Child Support Law stems from the legal right of every child <u>to be taken care</u> by their own parents.
② The more intense the headache and the longer its duration, <u>the little</u> the degree of relief the patient experienced.
③ <u>There being</u> no further questions or comments, the special meeting was adjourned at 2:45 p.m.
④ <u>Every doctor and every nurse are</u> responsible for ensuring patient safety.

6. 밑줄 친 부분 중 어법상 옳지 않은 것은?

> A drone ① <u>captured</u> footage of a woman ② <u>surrounding</u> by some killer whales as she was swimming off the beach. Her husband said she was out for a swim by herself last week when she found ③ <u>herself</u> with unexpected company. He told a reporter ④ <u>what</u> was happening in the moments in detail.

7. "Don't Worry, Be Hechi!" 캠페인에 관한 다음 글의 내용과 일치하는 것은?

> ### "Don't Worry, Be Hechi!"
>
> The "Don't Worry, Be Hechi!" campaign marks the beginning of the second "Create Your Own Hechi" Content Competition, organized by the Seoul Metropolitan Government. Following its first tremendous success with over 14,000 entries, this new competition introduces a dance video category alongside original song and animation segments. Participants of all ages and from any country are encouraged to showcase their creativity, with the option to incorporate AI in the original song and animation categories. Whether choreographing to the lively "Hechi Song" or exploring themes of joy and happiness, contestants can demonstrate their artistic talents. They can submit their work from on May 29 to celebrate Seoul's beloved characters, Hechi and Soul Friends, and highlight the city's rich cultural diversity and innovative spirit through creative expressions.

① It marks the first competition of the "Create Your Own Hechi" series.
② Participants must be from Seoul to enter the competition.
③ There is no option to incorporate AI in the competition.
④ Submissions for the new competition begin on May 29.

8. 다음 글에 나타난 필자의 주장으로 가장 적절한 것은?

A planning discussion can be fairly complex and fast-paced, causing us to forget things. Its solution is to take the time to summarize what is supposed to be done. That is, you'd better double-check if the other will do what is supposed to be done and get an affirmative answer. Then you could further ask him whether there is anything else that you haven't talked about that might cause a problem. When you ask for the other person's input, it can help bring to light issues that might otherwise cause problems. The real power of this question is that you're checking for commitment. When the other person eventually says, "I'll do it," that person is much more likely to live up to the agreement. Never walk away from a crucial confrontation satisfied with a vague nod. If you care about gaining genuine commitment, give the other person the opportunity to say yes to a very specific agreement.

① Plan your work with a long-term perspective.
② Have a tolerant attitude towards mistakes at work.
③ Assign tasks after full consideration of the competencies of each employee.
④ Gain commitment of the other person through a clear task verification.

9. 밑줄 친 부분에 들어갈 말로 가장 적절한 것은?

Often in social scientific research, even where evidence is used, it is not used in the correct way for adequate scientific testing. In much of social science, evidence is used only to affirm a particular theory — to search for the positive instances that uphold it. But these lead to the familiar dilemma in the social sciences, where we have two conflicting theories, each of which can claim positive empirical evidence in its support but which come to opposite conclusions. How should we decide between them? Here the scientific use of evidence may help. For what is distinctive about science is the search for negative instances — the search for ways to falsify a theory, rather than to confirm it. The real power of scientific testability is negative, not positive. Testing allows us not merely to confirm our theories but to _____.

① ignore the evidence supporting them
② falsify them by using positive empirical evidence
③ reject those that lack negative instances
④ weed out those that do not fit the evidence

10. 주어진 문장이 들어갈 위치로 가장 적절한 것은?

However, elevated levels and/or long term exposure to air pollution can lead to more serious symptoms and conditions affecting human health.

A variety of air pollutants have known or suspected harmful effects on human health and the environment. In most areas of Europe, these pollutants are principally the products of combustion from space heating, power generation or motor vehicle traffic. (①) Pollutants from these sources may not only prove a problem in the immediate vicinity of these sources but can travel long distances. (②) Generally if you are young and in a good state of health, moderate air pollution levels are unlikely to have any serious short term effects. (③) This mainly affects the respiratory and inflammatory systems, but can also lead to more serious conditions such as heart disease and cancer. (④) People with lung or heart conditions may be more susceptible to the effects of air pollution.

Day 11

[1 ~ 3] 밑줄 친 부분에 들어갈 말로 가장 적절한 것을 고르시오.

1. Despite the harsh conditions, the hikers managed to _____ the long journey and reach their destination safely.

   ① endure ② conceal
   ③ replace ④ quit

2. You eat in order to _____ your energy resources by keeping your cells supplied with proteins, sugars, fats, electrolytes, and vitamins.

   ① relieve ② process
   ③ replenish ④ reprimand

3. The ancient manuscript was _____ book of all the rare volumes in the library.

   ① more precious ② as precious
   ③ most preciously ④ the most precious

[4 ~ 5] 밑줄 친 부분 중 어법상 옳지 않은 것을 고르시오.

4. ① Freed of regular exercise, individuals may experience a decline in both physical fitness and mental well-being. ② Whether they engage in jogging, swimming, or yoga, maintaining a consistent workout routine can significantly boost overall health. The more varied the activities, ③ the greater the benefits, as different exercises target various muscle groups and provide diverse cardiovascular challenges. Regular physical activity not only enhances strength and endurance but also ④ supporting cognitive function and emotional resilience.

5. In some cases UN missions have more to do with executing inadequate mandates rather than with ① how long it takes to gather forces together. Once a standing army exists, it may be more likely to be used, often inappropriately. Also, a rapid response time may deprive the parties concerned ② with the opportunity to solve the problems by themselves. Currently the time ③ that it takes to gather and insert a UN force might provide a period ④ in which the warring groups feel compelled to negotiate with each other.

6. 밑줄 친 부분에 들어갈 말로 가장 적절한 것은?

Emma: Hi, I'd like to order a bouquet for my mom's birthday. 10:42

Flower Shop: Hi! We'd love to help. What kind of flowers are you looking for? 10:42

Emma: She loves roses and lilies. Can you do a mix of those? 10:43

Flower Shop: Absolutely! Would you like to include a message with the bouquet? 10:44

Emma: Yes, please. Can you add a card that says, "Happy Birthday, Mom! Love you lots!"? 10:45

Flower Shop: Of course! _____? 10:45

Emma: Her birthday is this Friday, so could you deliver it in the morning? 10:46

Flower Shop: No problem! We'll have it delivered Friday morning. Thank you for your order, Emma! 10:46

① Why don't you add a short message with the bouquet
② When would you like the bouquet to be delivered
③ Who would you like the bouquet to be delivered to
④ What day works best for you to buy a bouquet

7. Latte Art Course에 관한 글의 내용과 일치하지 않는 것은?

Latte Art Course

Learn how to make beautiful latte art from a pro barista!

Looking for a hands-on way to perfect your coffee-making skills? Join our courses to enjoy an interactive session, and delve deeper into your love for coffee under the guidance of our expert barista. In just two hours, you'll master milk steaming and pouring two unique latte art designs, which will empower you to create beautiful patterns at home with confidence and skill.

Date: June 30, 2024
Time: 10 a.m. - 12 p.m.
Location: Kiss the Hippo Coffee, 51 Margaret Street

Registration & Fee
• Register online at www.kissthehippocoffee.com
• $45 per person (cost of ingredients included)

Notes
• If you don't show up for your workshop or cancel later than 48 hours before your workshop, we won't be able to offer a refund or reschedule for another day due to limited space.

① 두 가지의 라테 아트 디자인을 배울 수 있다.
② 수업 시간은 두 시간이다.
③ 수업료는 개인당 45달러이다.
④ 취소 시 어떤 경우라도 환불은 불가능하다.

8. 글의 흐름상 가장 어색한 것은?

Researchers used the wills of 2,000 Englishmen, from squires to shepherds around 1600 to figure out how reproductive and economic success were linked. They concluded that wealth, not social status, was the best predictor of the number of surviving children. ① Overall, the rich were leaving twice as many children as the poor; survival of the fittest here meant survival of the richest. ② This meant downward social mobility, as the poor failed to reproduce themselves and the rich produced surplus children who were then forced to take over the occupations of the poor. ③ Once rich people's children get biological advantages over other children, basic notions of human equality go out the window. ④ The more abundant children of the rich had to slide down the social hierarchy to find work, bringing with them bourgeois values. Consequently, today's population is largely descended from the economic upper classes of the Middle Ages.

9. 주어진 문장이 들어갈 위치로 가장 적절한 것은?

Two of them, the ATLAS and CMS detectors, are very similar and can run the same class of experiments.

The Large Hadron Collider, the most powerful particle collider in the world, was built to test theories of particle physics. (①) In particular, it was used to prove the existence of the Higgs Boson, a new type of particle that helps explain why things have mass. (②) The Collider is based at the CERN Laboratory and contains four types of detectors. (③) Having more than one detector carry out the same tests gives scientists the ability to cross-check results and identify any anomalies in the data they generate. (④)

10. 다음 글의 제목으로 가장 적절한 것은?

Everyone knows what the *Mona Lisa* and Michelangelo's *David* look like — or do we? They are reproduced so often that we may feel we know them even if we have never been to Paris or Florence. Each has countless spoofs — *David* in boxer shorts or the *Mona Lisa* with a mustache. Art reproductions are ubiquitous. We can now sit in our pajamas while enjoying virtual tours of galleries and museums around the world via the Web and CD-ROM. We can explore genres and painters and zoom in to scrutinize details. The Louvre's Website offers spectacular 360-degree panoramas of artworks like the *Venus de Milo*. Such tours may become ever more multi-sensory by drawing on virtual reality technology, which includes things like goggles and gloves. Lighting and stage set designers, like architects, already use this technology in their work.

① Art: More Widely Accessible Than Ever!
② Why Are Virtual Artworks So Popular?
③ Should We Ban Art Reproductions?
④ Secrets of Vanished Galleries and Museums

Day 12

[1~4] 밑줄 친 부분에 들어갈 말로 가장 적절한 것을 고르시오.

1. Clean water was so _____ in the arid region that people had to rely on deliveries from neighboring towns.

   ① plentiful ② scarce
   ③ tenacious ④ distinctive

2. To get a high score in GRE, you just need to _____ words you learned before, memorize new vocabulary, and then practice solving questions.

   ① see eye to eye ② brush up on
   ③ refrain from ④ crack down on

3. The teacher heard the students in the playground _____ out each other's names while they were playing games and enjoying their break time.

   ① called ② to be called
   ③ calling ④ to call

4. A: This bus goes all the way to Santa Anita mall, right?
   B: Yes, it'll take us there.
   A: Are you positive?
   B: I know it does. _____

   ① I catch this bus a lot.
   ② Do you know where we get off at?
   ③ It's in the middle of the parking lot.
   ④ I am very optimistic by nature.

[5~6] 밑줄 친 부분 중 어법상 옳지 않은 것을 고르시오.

5. ① My mother might have lived if she had been given medication.
   ② A friend of mine bought a used car only to waste his money.
   ③ The rescue team pulled the woman from the snowdrift which she was stuck.
   ④ With skilled workers remaining in the workforce longer, economic productivity went up.

6. So many problems can be avoided by slowing down and ① carefully considering how to proceed in any given situation. Generally we have more time than we usually allot ② ourselves to make decisions and draw conclusions. We ought to pause for a moment in order to reconsider actions that could ③ be caused serious consequences. Putting on the mental brakes can stop you, for example, ④ from reacting in anger to someone on the road — a situation that can lead to danger.

7. 다음 글의 목적으로 가장 적절한 것은?

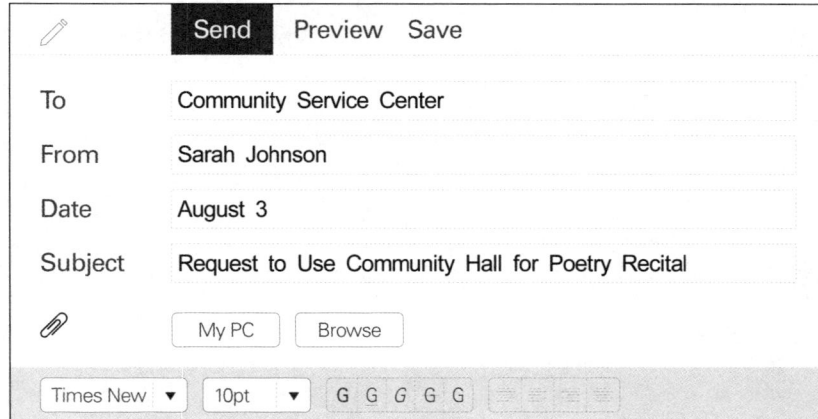

Dear Community Service Center,

I'm Sarah Johnson, a resident of Maplewood Apartments. I'm writing to request permission to use the community hall for a poetry recital on July 10, 2024, from 6:00 PM to 8:00 PM. This event aims to bring our community together through the shared enjoyment of poetry.

We assure compliance with all regulations and will ensure the hall is left in its original condition. Your support in granting permission for this cultural gathering would be greatly appreciated by myself and fellow residents.

Thank you for considering my request. Looking forward to your response.

Best regards,
Sarah Johnson

① 시설 보수로 인한 휴무일을 공지하려고
② 주민센터 직원들의 행사 도움을 요청하려고
③ 시 낭송회에 초대하려고
④ 주민센터 시설 사용 허가를 받으려고

8. 다음 글의 주제로 가장 적절한 것은?

According to an F.B.I. assessment, a recent rise in electronic attacks against government and military computer networks in the U.S. is the work of pro-Iraqi hackers, based on which they warn intelligence agencies of a "potential crisis" in national security. That is, the attacks, which have been relatively limited so far, are likely to grow more widespread as tension over a possible war with Iraq grows. American intelligence analysts say they have long been concerned by the notion that Al Qaeda could use computers to wage terror, in which case the consequences would be unimaginable. Experts say the link between Iraq and computer hacking may have been underestimated by the authorities and poses a growing threat to U.S. security, and are calling for appropriate action at the national level.

① A warning of potential electronic terrorism
② Al Qaeda's international computer networks
③ A new assessment of innovative computer technology
④ Computer hacking in American intelligence organizations

9. 주어진 문장 다음에 이어질 글의 순서로 가장 적절한 것은?

The word "Holocaust," from the Greek words "holos" (whole) and "kaustos" (burned), was historically used to describe a sacrificial offering burned on an altar.

(A) To Adolf Hitler, the main culprit of the genocide, Jews were an inferior race, an alien threat to German racial purity and community.
(B) Since 1945, the word has taken on a new and horrible meaning: the mass murder of some 6 million European Jews, as well as millions of others, including Gypsies and homosexuals, by the German Nazi regime during the Second World War.
(C) Therefore, after years of Nazi rule in Germany, during which Jews were consistently persecuted, Hitler's "final solution" — now known as the Holocaust — came to fruition under the cover of world war.

* genocide: 대량 학살

① (A) − (B) − (C) ② (B) − (A) − (C)
③ (B) − (C) − (A) ④ (C) − (A) − (B)

10. 글의 흐름상 가장 어색한 것은?

The dweller in northern countries goes into raptures over the fresh green leaves of the trees in spring. ① The desert dweller, on the other hand, composes poems about green trees and grass and running water whatever the season. ② Yet the dweller in the tropics, who is constantly surrounded by luxuriant vegetation, sees nothing remarkable or interesting about green trees, and still less about running water. ③ He cannot understand why poets trouble to write about them. ④ There are some travelers who adapt themselves so successfully to foreign customs and habits that they feel no barriers to cultural differences. It seems to be a fact that familiarity breeds contempt, and that those who seek excitement and romance cannot see it at home, under their noses, but only in distant lands.

Day 13

[1 ~ 3] 밑줄 친 부분에 들어갈 말로 가장 적절한 것을 고르시오.

1. The _____ goal of the project is to improve efficiency, while the secondary goal is to reduce costs.

① unstable ② suspicious
③ alternative ④ primary

2. A(n) _____ may be involved in almost any field. One may endow a scholarship fund; another may give money to expand a library; still another may leave a generous sum to a hospital in her will.

① orator ② benefactor
③ broker ④ cluster

3. Although the company implemented safety protocols, recent accidents _____ concerns about workplace conditions and employee welfare.

① have been raised ② have arisen
③ have risen ④ have raised

4. 밑줄 친 부분 중 어법상 옳은 것은?

Hunters and gatherers are not merely primitive people ① who ways of life no longer hold any interest for us. Studying their cultures ② allow us to see more clearly ③ that some of our institutions are far from ④ to be natural features of human life.

5. 밑줄 친 부분에 들어갈 말로 가장 적절한 것은?

James Parker: Did you hear about our boss getting promoted and moving to another department? 10:42

Laura Mitchell: Yeah, I heard! Do you know who our new boss will be? 10:42

James Parker: I saw it on the company intranet. Our new boss will be Sarah Johnson. 10:43

Laura Mitchell: Do you know when she's supposed to start? 10:44

James Parker: _____. 10:45

Laura Mitchell: Got it. Thanks for the info, James! 10:45

James Parker: No problem! Let's see how things go with the new boss. 10:46

Laura Mitchell: Definitely, fingers crossed! 10:46

① She will apply for the promotion opportunity soon
② She is starting to gather information for the new project
③ She will move to another department by next week
④ As far as I heard, she'll be here in a week

6. 밑줄 친 부분 중 어법상 옳은 것은?

Decades of deforestation ① have been resulted in a significant loss of biodiversity in forest ecosystems. Industrial activities have caused severe environmental degradation and habitat destruction ② to accelerate at an alarming rate. Traditional methods of sustainable forestry, which indigenous communities used to rely on, ③ is now under threat. Consequently, efforts to protect and restore forests have become more urgent ④ as ever before.

7. Visa-Free Travel for Koreans to Japan에 관한 다음 글의 내용과 일치하지 않는 것은?

Visa-Free Travel for Koreans to Japan

Koreans have long enjoyed visa-free travel to Japan for up to 90 days, a policy aimed at fostering tourism and cultural exchange between the two nations. However, during the COVID-19 pandemic, Japan temporarily suspended this privilege, imposing strict entry restrictions to manage the virus. By 2022, with improved conditions and higher vaccination rates, Japan lifted the travel ban and reinstated visa-free access for Korean visitors. This decision was widely praised by travelers and businesses alike, breathing new life into tourism and enhancing economic cooperation between South Korea and Japan. Since May 2023, travelers have not been required to provide negative COVID-19 test results or undergo quarantine upon arrival. Overall, the resumption of visa-free travel is expected to further strengthen the cultural bonds between the people of Korea and Japan.

① Koreans could visit Japan visa-free for up to 90 days before COVID-19.
② Japan suspended visa-free access for Koreans during COVID-19.
③ The resumption of visa-free travel was welcomed by travelers and businesses.
④ COVID-19 testing and quarantine are still required if considered necessary.

8. 다음 글의 제목으로 가장 적절한 것은?

In one study, fourteen-month-olds watched an adult experimenter bend over and activate a light by pressing a button with her head. For some of the infants, the adult's hands were bound by a blanket. The babies were then given the light switch to play with. Infants who saw the adult whose arms were bound activated the light switch with their hands because they understood that the adult was unable to use their hands. However, if they were the ones who saw that the adult's hands were free, then the infants bent over and activated the button with their heads, too. They must have reasoned that it was important to use the head and not the hands. Infants were not simply copying the actions but rather repeating the intended goal.

① Infants' Ability to Understand Why Beyond How
② Infants' Unconditional Imitation of Adults
③ Infants Get Satisfaction from Bodily Movements
④ What the Body Language Means to Adults

9. 밑줄 친 부분에 들어갈 말로 가장 적절한 것은?

The word euthanasia means "good death" or "mercy killing". But the name does not fit the act. When one person assumes the right to take the life of another, there is no goodness or mercy involved. No one has the right to decide when a life should end. Life is our most precious gift and we cannot fling that gift away when it suits us. Refusing to assistance from machinery that maintains respiration is one thing, but asking to die is another. That's why the book *Final Exit* is such a disgrace to the publishing industry. The book suggests that we as individuals have the right to plan our own death; to decide, in effect, that _____. Yet that decision — to decide when life ends — lies in God's hands, not in ours. Jack Kevorkian, the man who championed an individual's right to take his or her life, didn't do the public a service by making headlines aiding and abetting suicide. Instead, he encouraged others to believe that they too can choose when to die. That choice, however, is not ours to make.

① we are tired of living
② we are afraid of death
③ we aspire to be healthy
④ we are in the hands of God

10. 주어진 글 다음에 이어질 글의 순서로 가장 적절한 것은?

Observations are not always undertaken with a clear sense of what data may be relevant. On a long and rough sea voyage in 1882, many of the ship's passengers were afflicted with seasickness.

(A) James speculated that seasickness must be due to some temporary disturbance of the inner ear, a problem to which the deaf mutes were not sensitive at all. Later experimentations, some of which were carried out by James, confirmed this speculation.

(B) However, it was James's unique insight into this observation that ultimately highlighted the broader implications of his findings. This crucial clue about the cause of seasickness came thanks to James's ability to see the importance of something interesting that others had overlooked.

(C) One who was not was the American philosopher and psychologist, William James. James had the great good fortune to notice that 15 of the passengers, all of whom were deaf and mute, were completely unaffected.

① (A) − (C) − (B)
② (B) − (C) − (A)
③ (C) − (A) − (B)
④ (C) − (B) − (A)

Day 14

[1 ~ 3] 밑줄 친 부분에 들어갈 말로 가장 적절한 것을 고르시오.

1. The once vibrant river had become _____, its waters barely moving and emitting an unpleasant odor.

① fresh
② rapid
③ turbulent
④ stagnant

2. Anytime you smell fuel while driving, you should quickly _____ to the side of the road, and check to see if your fuel cap is loose or missing. If the cap is okay, then for your own safety, have your car towed to the nearest repair shop and have it inspected.

① hold over
② come over
③ pull over
④ take over

3. The fire extinguishers _____ every 3 months since the new safety regulations were implemented last year.

① have been checked
② have checked
③ were checked
④ checked

4. 밑줄 친 부분 중 어법상 옳지 않은 것은?

This award goes to a museum ① which contributes most directly to ② attract audiences and satisfy its visitors with unique atmosphere, imaginative interpretation and presentation, and a creative approach to education and social responsibility. Past winners have been both ③ large and small museums, but all developed the most creative interactive exhibitions ④ that have changed the standards of quality in museums within Europe.

5. 밑줄 친 부분에 들어갈 말로 가장 적절한 것은?

A: You look down. Are you having a rough day?
B: I had words with my roommate last night.
A: Was it a serious one?
B: No, it was minor, but we haven't talked ever since.
A: That's not good.
B: I know. I'm going to talk it through over a can of beer tonight.
A: A can of beer? _____
B: You think? Then I'll prepare a bottle of great wine.

① You must have run out of beer.
② I would do the same if I were you.
③ Why don't you have another beer?
④ Beer is not going to cut it.

6. 밑줄 친 부분 중 어법상 옳은 것은?

① His book was laughed by critics for being too unrealistic considering the level of contemporary technology.
② They reminisced about the time when they used to spend their summers exploring different countries and cultures.
③ Since they are no longer working members of the British royal family, they've had to become financial independent.
④ The biology professor explained students what happens in the brain when they smell something.

7. Family Reading Night에 관한 다음 글의 내용과 일치하지 않는 것은?

Family Reading Night at Universe Elementary School

Join us for a delightful evening of family reading at Universe Elementary School!

Date: Friday, October 15

Time: 7 p.m. - 9 p.m.

Location: Universe Elementary School Library

Enjoy a cozy night of reading together as a family! Immerse yourselves in captivating stories and explore new worlds through books, all in a warm and inviting atmosphere.

Guidelines:
- Children must be accompanied by a parent or guardian.
- Feel free to bring your favorite books or choose from our library selection.
- Please respect quiet reading time and follow the guidance of our friendly librarians.

Registration:
- Sign up at www.universe.edu/familyreading by October 8.
- Families who register by September 30 will receive free bookmarks and snacks.

Don't miss out on this wonderful opportunity to bond over books and create cherished memories with your family. We look forward to welcoming you to Universe Elementary School's Family Reading Night!

① 초등학교 도서관에서 개최된다.
② 어린이는 반드시 부모님이나 보호자와 함께 와야 한다.
③ 개인적으로 책을 가져오는 것은 금지된다.
④ 9월 30일까지 등록하면 책갈피와 간식이 제공된다.

8. 다음 글에서 필자가 주장하는 바로 가장 적절한 것은?

Are there any animals that you really don't like? Say, worms or the moles that make tunnels in the lawn where you play ball? If you stop to think about these creatures, they all play an important part in nature. Earthworms are terrific soil builders and truly a gardener's best friend. And moles? Well, they can be a nuisance, but they do aerate the soil with their tunneling. What about plants? Even unwelcome plants like poison ivy and nettles provide food and shelter for many animals. Take a moment to imagine what would happen to the affected parties if certain creatures didn't exist.

① It is urgent to protect endangered species.
② Do your part to care for the clean environment.
③ We should show respect for all animals and plants.
④ We need to know how to deal with troublesome creatures.

9. 밑줄 친 부분에 들어갈 말로 가장 적절한 것은?

Carrying capacity is the number of individuals that the local resources can sustain. Individuals in a population that has exceeded the carrying capacity of its habitat may die as a result of overshooting the carrying capacity of their habitat. However, certain animals and plants have a built-in sense of carrying capacity, so that instead of overshooting and having a die-off, they remain within the limits of their habitat's ability to support them. Lake trout, for instance, stop breeding at a rapid rate when the population density increases too dramatically. Although this is the result of individual responses to chemical signals from other trout rather than their thought-out response, the result is that population numbers may _____ for extended periods. No matter what number of lake trout a pond is stocked with in the beginning, the population will increase until it reaches a particular density, then level off at about the same number.

① remain steady   ② be countless
③ fall to zero   ④ rise quickly

10. 주어진 문장이 들어갈 위치로 가장 적절한 것은?

Both groups were then placed in the same escape-avoidance condition: they could avoid the shock if they jumped over a barrier after hearing a tone.

Perhaps the most dramatic evidence that organisms can be aware of the contingency (or lack thereof) between their behavior and reinforcement is found in the experiments on learned helplessness. In a prototypical experiment by Seligman and Maier, dogs were given painful shocks at unpredictable intervals. (①) A control group of dogs could avoid the shocks by pressing a lever, whereas the experimental group had no means at all to escape the shock. (②) Thus one group of dogs learned a behavior that would eliminate shock, whereas the other did not. (③) Dogs in the control group, which could control their shock in the first phase, readily learned to jump over the barrier. (④) In contrast, the experimental dogs whined and yelped but made no attempt to escape the shock. They had learned that nothing they could do would prevent the shock — that there was no contingency between their behavior and receiving shock.

* contingency: 우연성

Day 15

[1 ~ 3] 밑줄 친 부분에 들어갈 말로 가장 적절한 것을 고르시오.

1. She was _____ to learn new skills because she believed they would enhance her career prospects.

   ① unlikely ② hesitant
   ③ reluctant ④ keen

2. The smell of freshly baked bread was _____ throughout the neighborhood, enticing everyone to visit the local bakery.

   ① indispensable ② scarce
   ③ pervasive ④ coherent

3. The city council expected that during the winter season, there _____ higher energy consumption due to heating demands and increased traffic congestion during snowfall.

   ① will be ② would be
   ③ were ④ is

[4 ~ 5] 밑줄 친 부분 중 어법상 옳지 않은 것을 고르시오.

4. As climate change causes temperatures ① to rise around the world, it should come as no surprise ② which the warm-water coasts in the Middle East could be the first ③ to experience brutal combinations of heat and humidity. The conditions would not be ④ constant, but spikes would become increasingly common.

5. Brands are turning up online, but many are still failing to truly harness the power of social media. Simply being the conditions ① where your potential customers hangs out ② isn't enough. Marketers need to better understand ③ what consumers want from them in these crowded environments, learn how to inspire action in a space where attention is the currency, connect their digital experience to the physical one, and ④ adapting their strategies accordingly. Those who master it can steal a march on competitors and keep pace with the digital revolution.

6. 밑줄 친 부분에 들어갈 말로 가장 적절한 것은?

> **Jessica Smith**: Hey, what time should we meet at the airport tomorrow? 10:42
>
> **Tim Johnson**: The flight departs at 10:45. 10:42
>
> **Jessica Smith**: Alright, let's meet by 8:00 AM in front of the check-in counter. 10:43
>
> **Tim Johnson**: _____? 10:44
>
> **Jessica Smith**: Good idea! That way, we can choose our seats and save some time to settle in. 10:45
>
> **Tim Johnson**: Agreed. So, let's aim to see each other around 8:30 AM. That should give us enough time to drop off our bags. 10:45
>
> **Jessica Smith**: Great, see you then! 10:46

① How about we use the self-check-in kiosk
② Don't you think we need more time to drop off our bags
③ Why are you in such a rush
④ What do we need to do to choose our own seats

7. 밑줄 친 부분에 들어갈 말로 가장 적절한 것은?

Many businesses hire new workers through internships through which the companies offer full-time positions to a certain portion. In this way, companies can identify potential employees who receive training and gain experience through the probation period. Every year, tens of thousands of young Koreans enter into exploitive work arrangements, working overtime and mostly doing menial works for little or no pay, because they consider it as a rite of passage to be admitted into the white-collar world. These desperate job seekers can barely complain or speak up against their poor working conditions, _____.

① but heavy strains and worries are what torment these young people most
② so internship can work as a system to find potential future hires for employees
③ for disobedience could jeopardize possible job opportunities
④ and what follows is a rightful reward due to fierce competitions among them

8. 다음 글의 목적으로 가장 적절한 것은?

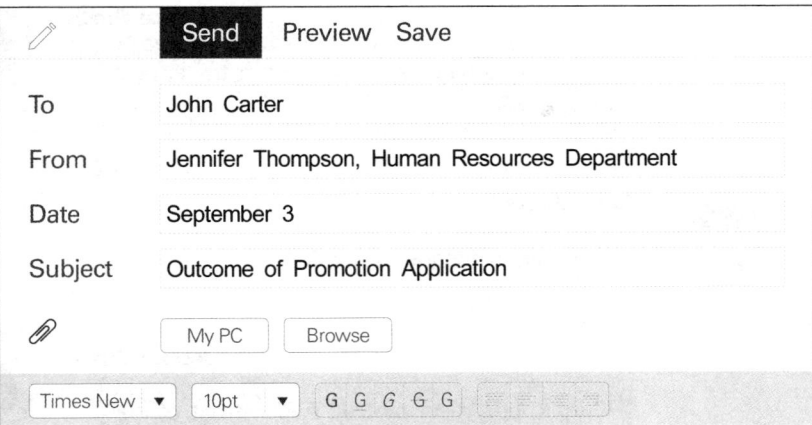

Dear Mr. Carter,

I am writing to inform you about the outcome of your recent application for the Senior Marketing Associate position. After thorough consideration and evaluation, we regret to inform you that your application was not successful.

We understand that this news may be disappointing, and we want to assure you that the decision was made after careful review of all applicants' qualifications and performance. While you were not selected for this promotion, your dedication and contributions to the team are valued and appreciated.

If you would like to discuss feedback on your application or have any questions, please do not hesitate to reach out. We encourage you to continue striving for professional growth and development within the company. Thank you for your ongoing commitment and contributions.

Best regards,
Jennifer Thompson
Human Resources Department

① 승진 지원 요건을 안내하려고
② 프로젝트에서 제외되었음을 알리려고
③ 부서 이전을 공지하려고
④ 승진에서 탈락되었음을 통보하려고

9. 주어진 문장이 들어갈 위치로 가장 적절한 것은?

The success of Apple's iPod and iTunes, YouTube, and Netflix, along with the continuing integration of television and computers, has dramatically shifted demand for the recording and movie industries.

In some cases changes in technology have shifted customer demand for certain product categories. News is one well-known example, where traditional newspapers are slowly disappearing while online and mobile news continue to grow. (①) Now, many newspaper companies have folded and some are on the brink of folding, while others have cut publication to only a few days per week. (②) Another example is the explosive growth in the digital distribution of music and video. (③) Hollywood film studios are grappling with soft demand in theaters and the declining popularity of DVDs, as customers increasingly look for online movie options or for other forms of entertainment such as video games. (④) Further, Blockbuster video faces an uncertain future after a $374 million loss and a 26 percent decline in mail-order rentals in 2008.

10. 다음 글의 내용과 일치하지 않는 것은?

According to Piaget, cognitive development occurs from two processes: adaptation and equilibrium. Adaptation involves the child's changing to meet situational demands. Adaptation involves two sub-processes: assimilation and accommodation. Assimilation is the application of previous concepts to new concepts. An example is the child who refers to a whale as a "fish." Accommodation is the altering of previous concepts in the face of new information. An example is the child who discovers that some creatures living in the ocean are not fish, and then correctly refers to a whale as a "mammal." Equilibrium is the search for "balance" between self and the world, and involves the matching of the child's adaptive functioning to situational demands. Equilibrium keeps the infant moving along the developmental pathway, allowing him or her to make increasingly effective adaptations.

① Cognitive development takes place in the processes of adaptation and equilibrium.
② Assimilation is a process of applying existing ideas to new ideas.
③ Accommodation is the process of modifying new concepts in terms of current concepts.
④ Equilibrium involves seeking a "balance" between oneself and the environment.

Day 16

[1 ~ 3] 밑줄 친 부분에 들어갈 말로 가장 적절한 것을 고르시오.

1. The project was _____ due to unexpected supply chain disruptions caused by the global pandemic.

① accelerated ② practiced
③ recognized ④ delayed

2. No matter how much alike the dispositions of a couple are, sooner or later they will discover lots of differences. Thus, you should learn to meet the other party halfway. Although you have your ideas, learn to _____ yourself to the thoughts of your life partner.

① consolidate ② accommodate
③ elucidate ④ maintain

3. The Great Wall of China _____ over centuries, making it one of the most impressive historical events in human civilization.

① was built ② had built
③ has been built ④ built

4. 밑줄 친 부분 중 어법상 옳지 않은 것은?

① <u>Had it not been for</u> COVID-19, this transition would have taken 10 years.
② I wasn't feeling well, <u>nor wasn't I</u> in the mood to go out.
③ In California, where there are many foreign workers, he is <u>by far the most popular</u>.
④ Had you taken the quality of the product into consideration, you <u>wouldn't have bought</u> it.

5. 밑줄 친 부분 중 어법상 옳지 않은 것은?

A dog's brain is specialized for identifying scents. The percentage of the dog's brain that is devoted ① <u>to analyzing</u> smells is actually ② <u>40 times higher</u> than ③ <u>a human</u>. It's been estimated ④ <u>that</u> dogs can identify smells somewhere between 1,000 to 10,000 times better than nasally challenged humans can.

6. 밑줄 친 부분에 들어갈 말로 가장 적절한 것은?

A: What are you doing this weekend?
B: I am not sure. What are you doing?
A: I was thinking of maybe taking a drive to the beach. Would you be interested in joining me?
B: _____

① I'm too tired to join you.
② Can I have a rain check?
③ Sure, count me out!
④ But I have a fear of heights.

7. 다음 글의 목적으로 가장 적절한 것은?

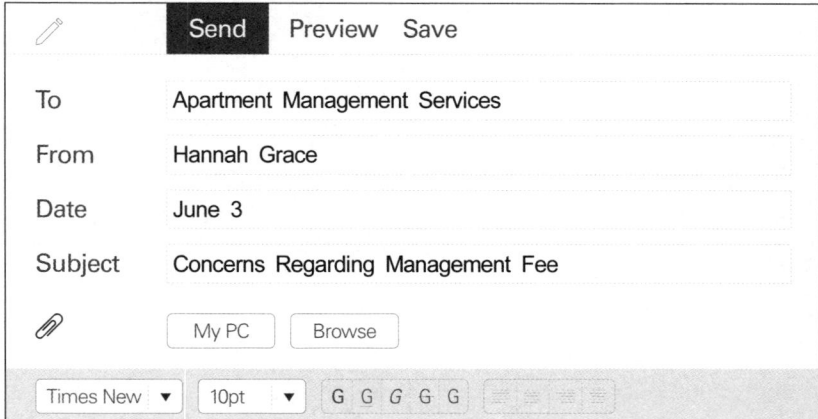

Dear Apartment Management Services,

I hope this email finds you well. I'm writing to address a concern regarding the management fee for my apartment, unit 204, at Harmony Place Apartments. Upon reviewing my recent statements, I've noticed a discrepancy suggesting an overcharge of $50 this month.

I request a detailed breakdown of the management fee and an explanation for this discrepancy. Additionally, I appreciate a review of my account to ensure accurate charges for all services.

Thank you for your attention to this matter. I look forward to resolving this issue promptly and appreciate your cooperation in ensuring transparency and accuracy in our financial transactions.

Best regards,
Hannah Grace

① 관리소에 이사 날짜를 통지하려고
② 아파트 관리소 직원 채용에 지원하려고
③ 관리비 과다 청구에 대해 항의하려고
④ 시설물 관리를 요청하려고

8. 주어진 문장 다음에 이어질 글의 순서로 가장 적절한 것은?

In group discussion situations, the presence of a blocker can actually make the decision making process more rational and less likely to go off the tracks.

(A) Historically, the word is originated in the Vatican to refer to a priest assigned to argue against the canonization of a papal candidate. The priest assigned to represent the devil's position brought balance to the debate of the papal nominee.

(B) This blocker who argues against a cause or position often for the sake of argument, even though he may actually agree with the argument himself, is called a 'devil's advocate.'

(C) In other words, the discussion of the points made by the priest can add perspective to the debate.

* canonization 시성(諡聖): 성인으로 공표하는 일

① (A) − (C) − (B) ② (B) − (A) − (C)
③ (B) − (C) − (A) ④ (C) − (B) − (A)

9. 밑줄 친 부분에 들어갈 말로 가장 적절한 것은?

As head coach of the Pittsburgh Steelers, I didn't do very much differently from one year to the next. One thing I learned — and I learned it early — was not to single out a player for blame in public. I once made the mistake of saying Mel Blount had missed an assignment on a key play. It was written up in the papers, and the fans booed Mel for the rest of the season. I made sure I never did that again. When I felt the need to criticize a player, as often as possible I tried to do it in private. I didn't like doing it in front of the other players, and most of all, I didn't want it in the newspapers. I tried to keep that stuff and anything else negative _____.

① open to criticism ② as a reminder of the game
③ settled on its own ④ behind closed doors

10. 다음 글의 주제로 적절한 것은?

The dictionary emphasizes the trivial matters of language. The precise spelling of a word is relatively trivial because, however the word is spelled, it nevertheless remains only an approximation of the spoken word. "A machine chose the chords" is a correctly spelled English sentence, but what is written as "ch" is spoken with the three different sounds. In addition, all dictionaries give a distorted view of a language because of their alphabetical organization. This organization emphasizes the prefixes, which come at the beginning of words, rather than the suffixes, which come at the end. Yet, in English and in many other languages, suffixes have more effect on words than do prefixes. Finally, an adequate dictionary usually takes at least a decade to prepare, and by the time it has been completed it is the dictionary of a changed language, simply because the meanings of words do not stay the same from year to year.

① 사전의 문제점
② 사전의 편찬 과정
③ 사전에 대한 인식 변화
④ 사전과 학습자의 인지 전략

Day 17

[1 ~ 3] 밑줄 친 부분에 들어갈 말로 가장 적절한 것을 고르시오.

1. Instructors sometimes need to work a side job to complement their income since teaching is not highly _____.

   ① advisable
   ② lucrative
   ③ imminent
   ④ voluntary

2. Despite facing numerous challenges, the community demonstrated remarkable _____ in rebuilding after the natural disaster.

   ① bankruptcy
   ② hazard
   ③ resilience
   ④ fatigue

3. As soon as the environmental impact assessment _____, the government will begin the construction of the new park in the city center.

   ① will complete
   ② completes
   ③ will be completed
   ④ is completed

[4 ~ 5] 밑줄 친 부분 중 어법상 옳지 않은 것을 고르시오.

4. No sooner ① the rain had stopped than the sun emerged, brightening the sky with its warmth. The tranquility of the moment was ② even more profound than expected, creating a peaceful ambiance over the landscape. ③ Despite earlier threats of storms, the scene now radiated a serenity, as if the weather ④ had been peaceful.

5. Employees at 3M were asked if they could think of a use for a weak adhesive which, ① provided it did not get dirty, could be reused. One suggestion was that it could be applied to a piece of paper to use as a bookmark that would stay in place in a book. Another use ② was found when the product was attached to a report that was ③ to be sent to a colleague with a request for comments on the report; the colleague made his comments on the paper ④ attaching to the report and returned the report. The idea for Post-it Notes was born.

6. 밑줄 친 부분에 들어갈 말로 가장 적절한 것은?

> **Emily Johnson**
> Hi, I ordered a desk from you and I'm waiting for the delivery.
> 10:42

> **Home Furnishings**
> Hi, how can I assist you?
> 10:42

> **Emily Johnson**
> I am asking if there is any chance of getting it earlier?
> 10:43

> **Home Furnishings**
> I'm afraid we can't deliver it sooner than scheduled.
> 10:44

> **Emily Johnson**
> _____?
> 10:45

> **Home Furnishings**
> Our delivery schedule is fixed to ensure efficient logistics.
> 10:45

> **Emily Johnson**
> Alright, I'll wait for the scheduled delivery then.
> 10:46

> **Home Furnishings**
> Thanks for understanding. Let us know if you need anything.
> 10:46

① Aren't you ready for the delayed delivery
② Will you deliver other furnishings earlier
③ Can I cancel my order for the desk now
④ Is there a specific reason for that

7. Inter-Library Loan에 관한 다음 글의 내용과 일치하는 것은?

Inter-Library Loan in the City Libraries

This city's libraries have established an efficient inter-library loan system to enhance access to a diverse range of resources. This system allows library members to borrow books and materials from different libraries within the network, significantly expanding the availability of resources. To use the inter-library loan system, one must first obtain a membership card from their preferred library and ensure they have no record of overdue items at the time they want to use the service. Users can request items online, and the libraries coordinate to ensure prompt delivery to the user's preferred library location. Additionally, this service is free, making it accessible to all library members. The inter-library loan system not only supports academic and research needs but also fosters a culture of reading and knowledge-sharing among the general public.

① No membership card is needed for the inter-library loan system.
② Overdue items don't impact inter-library loan service eligibility.
③ Inter-library loan requests are made online for user convenience.
④ The inter-library loan system does not meet academic and research needs.

8. 다음 글의 주제로 가장 적절한 것은?

The Internet has turned into a new platform for art, with hundreds of sites offering works that range from original paintings and sculptures to prints of movie stars. From unknown artists hoping to be discovered, to well-financed art "portals" to private galleries, everyone seems to be vying for a piece of virtual art space. Many gallery owners say the web is an ideal way to reach a wider market. "I have made a few sales to people who have never even been in my gallery, let alone in my state," said Joyce Robins, owner of a gallery in Santa Fe, New Mexico. Many online artists and dealers say the marriage between art and the Internet was inevitable. However, the popularity of web-based auction sites has also created avenues not only for art collectors and sellers but also for unprecedented opportunities for scam artists to pass off fraudulent works on a new, unsophisticated audience.

① new channels for artworks
② discounts on online art
③ computer art for beginners
④ fraud investigation of art dealers

9. 밑줄 친 부분에 들어갈 말로 가장 적절한 것은?

Have you ever heard anyone say about a dog, "Well, he earns a lot and lives in a beautiful house, but he's not very happy"? One reason most dogs are much happier than most people is that dogs are not affected by external circumstances the way people are. I notice that whether it's pouring outside or the temperature hits -10 degrees, my dogs, Mango and Lemon, are still so excited to go out for a stroll. As soon as I open the front door to take a peek outside, they are beside me like a flash, standing expectantly, ready for the outdoor activity. I usually wait for a break in the downpour, and then we all dash out together. The fact the ground is wet, and there are mud puddles dotting the landscape _____. While I am carefully picking my way around the wet spots, the dogs are joyfully splashing right through them, not minding the fact that their paws and faces are getting dirty with the mud.

① motivates the dogs to prance about
② means nothing to the dogs
③ puts the dogs in a plight
④ makes the dogs wander on a rainy day

10. 주어진 문장 다음에 이어질 글의 순서로 가장 적절한 것은?

When Kathrine Switzer became the first woman to enter the Boston Marathon in 1967, she knew she'd be chasing history. She didn't expect to be on the verge of being chased off.

(A) To mark the 50th anniversary of her barrier-breaking run, Switzer, now 70, plans to repeat the 26.2-mile journey this month.
(B) Switzer was at mile two when race manager John Jock Semple, infuriated by a woman sneaking in the male-only marathon, ran up and tried to shove her off the course, yelling, "Get the hell out of my race!"
(C) But with the help of more enlightened competitors, she fended off Semple and finished in just over four hours.

① (A) − (B) − (C) ② (A) − (C) − (B)
③ (B) − (A) − (C) ④ (B) − (C) − (A)

Day 18

[1 ~ 3] 밑줄 친 부분에 들어갈 말로 가장 적절한 것을 고르시오.

1. Despite the formidable _____, she approached the match with determination and strategy.

   ① opponent
   ② colleague
   ③ observer
   ④ negotiator

2. Known for her _____ and persuasive speeches, she is the current Prime Minister of New Zealand. She is also noted for being open and likable, but critics say that makes her a weak leader.

   ① deplorable
   ② eloquent
   ③ clumsy
   ④ greedy

3. To reduce energy consumption and promote sustainability, solar panels _____ on the roof of the building next month.

   ① were installed
   ② are installed
   ③ will be installed
   ④ will install

[4 ~ 5] 밑줄 친 부분 중 어법상 옳지 않은 것을 고르시오.

4. I ① convinced that taking up gardening would be a relaxing hobby. I bought some seeds and started preparing my backyard for planting. No sooner had I planted the seeds ② than it started raining heavily. The next morning, I saw tiny sprouts ③ emerging from the soil, leaving me feeling accomplished and excited. Now, I am hopeful that I ④ will have grown a beautiful garden by the end of the summer.

5. One of the most unhealthy habits professionals have today is bragging about ① how little sleep they get. While it is admirable that a person is willing to put their body and mind through a 48-hour work marathon, it is outright foolish. Successful entrepreneurs like Arianna Huffington and Marc Andreessen ② make a priority to get a full night's rest. Workers ③ who consistently burn the midnight oil burn out. Furthermore, overworked professionals tend to be ④ less productive than their peers.

6. 밑줄 친 부분에 들어갈 가장 적절한 것은?

   A: We have a new client, and they want a complete redesign of their brand identity within two weeks. Think we can handle that?
   B: Two weeks? That's pretty tight. What kind of changes are they looking for?
   A: They want a new logo, website, and all marketing materials.
   B: Wow, that's a lot. _____.
   A: Great, because they're offering double our usual rate for this project.
   B: Double? Consider it done!

   ① But I think we can manage if we prioritize
   ② But they could extend the deadline if we insist
   ③ And we have another project to finish first
   ④ And we're short-handed right now

7. Handmade Jewelry Design Competition에 관한 다음 글의 내용과 일치하는 것은?

   Handmade Jewelry Design Competition

   Take the opportunity to design unique handmade jewelry pieces for the latest collection of "Crafted Elegance"! Show your creativity and craftsmanship in this exciting competition.

   Deadline: July 31, 5:00 p.m.

   Participants: Riverside County residents only

   Details:
   - Our company name "Crafted Elegance" should appear on the design.
   - The competition theme is "Nature's Inspirations."
   - Entries (PDF format only) should be submitted by email to designsubmissions@craftedelegance.com.

   Evaluation Criteria:
   - Originality
   - Aesthetic Appeal
   - Craftsmanship

   Awards:
   - 1st place: $1,500
   - 2nd place: $750
   - 3rd place: $400

   The first-place winner's design will be featured in our next collection launch.

   Please visit www.craftedelegance.com to learn more about the competition.

   ① 전국적으로 누구나 참여할 수 있는 대회이다.
   ② 개최 회사의 이름이 디자인에 드러날 필요는 없다.
   ③ PDF 파일을 인쇄하여 우편 접수가 가능하다.
   ④ 1등 작품은 다음 출시될 컬렉션에서 선보이게 된다.

8. 다음 글의 제목으로 가장 적절한 것은?

Even though media coverage of sports is carefully edited and represented in total entertainment packages, most of us believe that when we see a sport event on television, we are seeing it "the way it is." We don't usually think that what we see, hear, and read is a series of narratives and images selected for particular reasons and grounded in the social worlds and interests of those producing the event, controlling the images, and delivering the commentary. Television coverage provides only one of many possible sets of images and narratives related to an event, and there are many images and messages that audiences do not receive. If we went to an event in person, we would see something quite different from the images selected and presented on television, and we would develop our own descriptions and interpretations, which would be very different from those carefully presented by media commentators.

① Can We Get Better at Sports Just by Watching?
② Televised Sports: A Partial Reflection of a Sports Event
③ Sports Can Tear Down Social Barriers
④ How Media Limits the Popularity of Some Sports

9. 주어진 문장이 들어갈 위치로 가장 적절한 것은?

He left out the pockmarks, fleshed out his cheeks, gave the president a pink skin, and put him on a full wig, as we see him on the $1 bill.

It wasn't the first time, or the last, that the president's physical condition was kept secret. It was a tradition that stretched back to the days of George Washington. (①) As a teenager Washington contracted rickets, which left him with a sunken torso: Most of his clothing was padded to hide the effects. (②) While still a teenager he contracted smallpox on a trip to Barbados, which left his face and body pockmarked. His hearing and eyesight began to fail during his presidency and his full head of hair, once fiery red, became a thing of history before his presidency. (③) Portraitist Gilbert Stuart had actually taken quite a bit of artistic license when he pictured George Washington. (④) That's how the country remembers its first president; the public good would not have been served if the reality had been general knowledge.

* pockmark: 마맛자국; 마맛자국을 내다
* rickets: 구루병

10. 글의 흐름상 가장 어색한 문장은?

Children can benefit from learning how to use context clues and guessing the meaning from the context. ① This is a strategy that children can use when they encounter unfamiliar words. ② Conversely, some researchers point out that in addition to teaching how to use context clues, children also need to be taught that context clues do not always help readers to understand the meanings of unfamiliar words. ③ An example would be having a child choose between the words enormous and giant in a sentence about sandwiches. ④ Children need to be taught that there are times when they will not be able to figure out the meaning from context clues.

Day 19

[1 ~ 3] 밑줄 친 부분에 들어갈 말로 가장 적절한 것을 고르시오.

1. Her dedication and hard work allowed her to _____ all expectations and achieve remarkable success in her career.

   ① submit
   ② suggest
   ③ surpass
   ④ supervise

2. Data in the 21st century is largely _____, because it is so easily produced: a machine creates it, uses it for a few seconds and overwrites it as new data arrives.

   ① lasting
   ② momentary
   ③ flexible
   ④ infectious

3. Nelson Mandela _____ people worldwide for his unwavering commitment to justice and reconciliation in South Africa.

   ① is looked up to by
   ② is looked up by
   ③ is looked by
   ④ is looked up to

[4 ~ 5] 밑줄 친 부분 중 어법상 옳지 않은 것을 고르시오.

4. The presidential candidate's plan would expand healthcare options through both the Veterans Affairs(VA) system ① and outside healthcare providers. The ② existing system only allows those who cannot get an appointment within 30 days or those ③ living 40 miles or more from a VA health facility ④ receiving outside care.

5. After treatment, 56% of dogs ① exhibiting aggression towards other dogs in the household could be together ② when supervised. Cases of household aggression ③ in which the attacking dog was younger than its target, a person had been bitten, or the owner could not predict aggressive episodes were less likely to improve than ④ that in which these situations did not occur.

6. 밑줄 친 부분에 들어갈 말로 가장 적절한 것은?

   A: Have you decided on taking any summer courses this year?
   B: Yeah, I'm thinking about taking a couple. How about you?
   A: I'm considering one in economics to lighten the load for next semester.
   B: That's smart. I might do a language course to fulfill a requirement.
   A: _____?
   B: Yeah, there's French and Spanish. I'm leaning towards Spanish.
   A: Nice! Spanish sounds like a great choice. Maybe I should think about it too.

   ① Have you looked into which languages are offered
   ② Which language course do you prefer, French or Spanish
   ③ Don't you need to take economics as well
   ④ What other requirements do you have besides the language course

7. 다음 글의 목적으로 가장 적절한 것은?

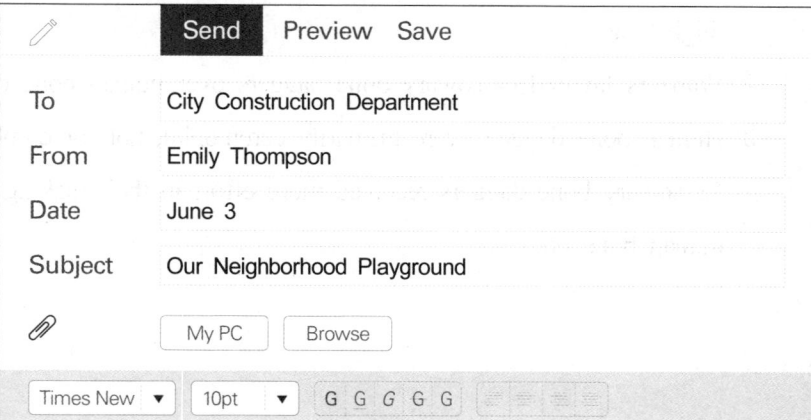

To Whom It May Concern,

I hope you're doing well. As a resident of Lakeside Community, I'm reaching out about a pressing matter regarding our neighborhood playground. It's become apparent that the playground equipment is outdated and urgently requires remodeling.

The safety of our children is paramount, and the current state of the playground poses potential hazards. Therefore, I'm kindly requesting your assistance in renovating the playground to ensure a safe and enjoyable environment for our community's children.

Investing in this renovation not only prioritizes safety but also enhances our community's quality of life. Your support in addressing this matter promptly is greatly appreciated.

Best regards,
Emily Thompson

① 아파트 단지 내 놀이터 설치를 건의하려고
② 놀이터 리모델링을 요청하려고
③ 놀이터를 주차장으로 바꾸도록 제안하려고
④ 놀이터에서 나는 소음에 대해 항의하려고

8. 다음 글의 내용과 일치하는 것은?

Ancient New Guinea warriors on the South Pacific Island meticulously crafted human bone daggers from their dead fathers' thigh bones, preferring them over blades made from cassowary bones. These human bone daggers were the weapon of choice for stabbing enemies in the neck for immediate killing. For enemies they preferred to eat, these daggers were used to stab the hip joints, knees, or ankles, ensuring the victims were subdued but alive until the cannibal feast. In unfortunate instances, warriors also used these daggers to kill their wounded comrades who could not return home. The New Guinea warriors adorned these weapons with sophisticated hand carvings and wore them as jewelry or armbands for easy access during fights. Great respect was given to these human bone daggers, and they were designed to last longer than cassowary bone weapons, with more time and skill invested in their creation.

* cassowary: 화식조: 주로 뉴기니에서 발견되는 타조 비슷한 새

① New Guinea warriors fashioned daggers from their dead fathers' thigh bones.
② Warriors favored cassowary bone daggers over human bone ones.
③ Human bone daggers were primarily ceremonial, not for combat.
④ Cassowary bone daggers received more effort in their making than human bone ones.

9. 주어진 문장이 들어갈 위치로 가장 적절한 것은?

Economics is no exception in this regard.

Every field of study has its own language and its own way of thinking. (①) Mathematicians talk about axioms, integrals, and vector spaces. Psychologists talk about ego, id, and cognitive dissonance. Lawyers talk about venue, torts, and promissory estoppel. (②) Supply, demand, elasticity, comparative advantage, consumer surplus, deadweight loss — these terms are part of the economist's language. (③) In the coming chapters, you will encounter many new terms and some familiar words that economists use in specialized ways. At first, this new language may seem needlessly arcane. (④) But as you will see, its value lies in its ability to provide you with a new and useful way of thinking about the world in which you live.

* promissory estoppel: 금반언 원칙: 먼저 한 주장에 반대되는 진술을 뒤에 하는 것을 금지함

10. 다음 글의 제목으로 가장 적절한 것은?

The definition of success for many people is one of acquiring wealth and a high material standard of living. It is not surprising, therefore, that people often value education for its monetary value. The belief is widespread that the more schooling people have, the more money they will earn when they leave school. This belief is strongest regarding the desirability of an undergraduate university degree or a professional degree such as medicine or law. The money value of graduate degrees in 'nonprofessional' fields such as art, history, or philosophy is not as great. In the past, it was possible for workers with skills learned in vocational schools to get a high-paying job without a college education. Increasingly, however, the advent of new technologies has meant that more and more education is required to do the work.

① The Monetary Value of Education
② Educational Belief and Success
③ College Degree and Job Market
④ Higher Education in the Age of Technology

Day 20

[1 ~ 3] 밑줄 친 부분에 들어갈 말로 가장 적절한 것을 고르시오.

1.
Despite the glowing reviews, she remained _____ about the new product's benefits until she tried it herself.

① skeptical   ② optimal
③ ignorant   ④ earnest

2.
Neurobiologists have tried to _____ the mysteries behind dreams, and in more recent research, they finally have been able to come up with a few explanations on how dreams are created and if they have a specific purpose.

① emulate   ② decipher
③ fantasize   ④ eject

3.
When the project deadline arrived, he was made _____ all the necessary data and information to complete the task assigned by his supervisor.

① collect   ② to collect
③ collected   ④ collecting

4. 밑줄 친 부분에 들어갈 말로 가장 적절한 것은?

A: Are you going to attend the career fair this weekend?
B: I'm not sure yet. I'm still working on my résumé.
A: Are you serious? Why don't you ask for assistance from the student career center.
B: I've already visited there. But it wasn't that helpful.
A: _____.
B: That would be great! I'll send you an email with my résumé.

① Everything is gonna be alright in the end
② Meeting with a career counselor was my best choice
③ I think you cannot make it until the career fair
④ I can go over your résumé if you want

5. 밑줄 친 부분 중 어법상 옳지 않은 것은?

It cost me over $1,500 ① to get my files back. When they came back, they were not organized in a way ② that made sense to me. Instead of the names I had given these thousands of files, they had new names and strange numbers. ③ That literally took me weeks to go through them all and put them back together. Many of the files were fine but there ④ were quite a few that were still corrupted and unusable.

6. 밑줄 친 부분 중 어법상 옳은 것은?

Finding friends ① to play outdoors is usually more straightforward and leads to stronger bonds and shared memories. With the computer ② turned off, children are more likely to engage in physical activities like running, jumping, and exploring, ③ which is essential for their development. Moreover, outdoor play encourages a deeper connection with nature, fostering an appreciation for the environment and ④ promote overall well-being.

7. T-money에 관한 다음 글의 내용과 일치하는 것은?

T-Money: Convenient Transit Payment

The T-money system is a convenient and efficient payment method widely used for public transportation. It is a rechargeable smart card that can be used on buses, subways, taxis, and even some convenience stores, making it a versatile tool for both locals and tourists. Users simply tap their T-money card on the designated reader when boarding, which ensures a seamless and quick transaction. The card can be easily recharged at subway stations, convenience stores, and through mobile apps, providing flexibility and ease of use. Additionally, T-money offers discounts for transfers between buses and subways, encouraging the use of public transportation. This system not only streamlines the payment process but also helps reduce cash handling and boarding times. Overall, the T-money system significantly enhances the convenience and efficiency of transportation.

① T-money transactions require entering a PIN when passengers board.
② It can be used exclusively for public transportation.
③ T-money cards can be rechargeable only through mobile apps.
④ It offers discounts for transfers between buses and subways.

8. 다음 빈칸에 들어갈 말로 가장 적절한 것은?

_____ occurs in everyday life, and affects how we see the world around us. For example, in the documentary film *Beyond the Call* by Adrian Belie, there is a scene in which a group of Cambodian men are playing soccer. The players ran around kicking the ball toward their opponents' goal. Suddenly, Robert, one of the characters, noticed that one of the players had only one leg, an unfortunately common sight in Cambodia. Still, it was inspiring to see the man be able to play soccer despite his amputation. Then, slowly, it dawned on Robert that all the players had only one leg! It was a revelation! What at first appeared to be a routine soccer match turned out to be an extraordinary game. We can probably think of a similar situation in our life. It happens when we fail to notice some details that are in plain sight.

① Blindness caused by inattention
② Performance-oriented attitude
③ Perceiving physical limitations
④ An unexpected disaster

9. 다음 글의 주제로 가장 적절한 것은?

It turns out that the secret behind our recently extended life span is not due to genetics or natural selection, but rather to the relentless improvements made to our overall standard of living. From a medical and public health perspective, these developments were nothing less than game-changing. For example, major diseases such as smallpox, polio, and measles have been eradicated by mass vaccination. At the same time, better living standards achieved through improvements in education, housing, nutrition, and sanitation systems have substantially reduced malnutrition and infections, preventing many unnecessary deaths among children. Furthermore, technologies designed to improve health have become available to the masses, whether via refrigeration to prevent spoilage or systemized garbage collection, which in and of itself eliminated many common sources of disease.

① demand for establishing better medical infrastructure
② ways to raise public awareness of sanitation
③ factors contributing to longer life expectancy
④ effects of improved nutrition on child growth

10. 주어진 글 다음에 이어질 글의 순서로 가장 적절한 것은?

Now we stand at the edge of a turning point as we face a coming wave of technology that includes both advanced AI and biotechnology. Never before have we witnessed technologies with such transformative potential, promising to reshape our world in ways that are both awe-inspiring and daunting.

(A) With AI, we could create systems that are beyond our control and find ourselves at the mercy of algorithms that we don't understand. With biotechnology, we could manipulate the very building blocks of life, potentially creating unintended consequences for both individuals and entire ecosystem.

(B) With biotechnology, we could engineer life to tackle diseases and transform agriculture, creating a world that is healthier and more sustainable. But on the other hand, the potential dangers of these technologies are equally vast and profound.

(C) On the one hand, the potential benefits of these technologies are vast and profound. With AI, we could unlock the secrets of the universe, cure diseases that have long eluded us and create new forms of art and culture that stretch the bounds of imagination.

* elude: (사물이) ~에게 이해되지 않다

① (B) - (A) - (C)   ② (B) - (C) - (A)
③ (C) - (A) - (B)   ④ (C) - (B) - (A)

Day 21

[1 ~ 3] 밑줄 친 부분에 들어갈 말로 가장 적절한 것을 고르시오.

1. She eagerly _____ her birthday, counting down the days until she could celebrate with friends and family.

   ① forbade   ② anticipated
   ③ withdrew   ④ invalidated

2. It is essential that the new employees _____ comprehensive orientation to familiarize himself with company policies and procedures.

   ① undergoes   ② will undergo
   ③ undergo   ④ must undergo

3. Even adults like to _____ their cars or impress people with how much they know. Nature is filled with creatures that like to do things to get attention.

   ① show off   ② take off
   ③ put off   ④ call off

[4 ~ 5] 밑줄 친 부분 중 어법상 옳지 않은 것을 고르시오.

4. He urged that the new government ① offer the halal meat and halal products export sector a level playing field with other export sectors to win a prominent place in the ② billions of dollars of international market. The halal industry is a fast emerging business in the world, attracting both Muslims and non-Muslims. He said halal food is consumed not only by 1.5 billion Muslims around the world but also ③ by at least 500 million non-Muslims, ④ that shows that there is a big scope to enter the halal food industry to tap the world market.

5. Experts cautioned that the portion of Americans with diabetes was still more than double ① what it was in the early 1990s. They said progress had been uneven. Educated Americans have seen improvements, for example, while the rates for the less educated have flattened but not declined. The number of new cases ② is dropping for whites, the 2014 data show, but the change has not been ③ statistically significant for blacks or Hispanics, ④ despite both show a downward trend.

6. 밑줄 친 부분에 들어갈 말로 가장 적절한 것은?

David Kim: Hi, I want to convert 1,000,000 won to dollars. 10:42

Global Bank: Sure. Do you have your transaction ID? The total amount in dollars is approximately $850. 10:42

David Kim: Thanks. So, I just need to send 1,000,000 won to my dollar account? 10:43

Global Bank: No, there's a fee. For 1,000,000 won, the fee is 10,000 won. 10:44

David Kim: Is there a fee for this transaction? 10:45

Global Bank: Yes, there is a fee for currency conversion. 10:45

David Kim: _____? 10:46

Global Bank: It's cheaper to transfer funds using our app yourself than through a person. 10:46

David Kim: Good to know. Thanks! 10:46

① Does the fee increase with the transaction amount
② Why didn't you mention the transaction fee
③ Is there any way to reduce the fee
④ Do you have an app for me to use

7. Soccer Marathon for a Cause에 관한 다음 글의 내용과 일치하는 것은?

Soccer Marathon for a Cause

Participate in the exciting soccer marathon organized by Riverside Community Center! This event benefits Hope Children's Foundation.

Event Details:
- Date & Time: Sunday, August 15, 4:00 p.m.
- Location: Riverside Sports Complex

How to Enter:
- Form a team of four players.
- Contribute a $150 entry fee per team as a donation.

Activities:
- Challenge last year's winning team to a match where the first team to score 5 goals wins.
- For an additional $30 donation, receive a special coaching session from experienced soccer coaches.

Note:
- All necessary equipment will be provided.

Register now by clicking here!

① 4팀까지만 참여가 가능하다.
② 작년 우승 팀과 경기하여 먼저 5골을 넣으면 이긴다.
③ 150달러를 기부하면 전문 코치들의 수업을 들을 수 있다.
④ 장비는 개별적으로 준비해야 한다.

8. 주어진 문장 다음에 이어질 글의 순서로 가장 적절한 것은?

A lawyer's dog, running around town unleashed, heads for a butcher shop and steals a roast.

(A) The butcher goes to the lawyer's office and asks, "if a dog running unleashed steals a piece of meat from my store, do I have a right to demand payment for the meat from the dog's owner?"

(B) The lawyer, without a word, writes the butcher a check for $8.50. The butcher, having a feeling of satisfaction, leaves. Three days later, the butcher finds a bill from the lawyer: $100 due for a consultation.

(C) The lawyer answers, "Absolutely." "Then you owe me $8.50. Your dog was loose and stole a roast from me today," says the butcher.

① (A) − (B) − (C)   ② (A) − (C) − (B)
③ (B) − (A) − (C)   ④ (C) − (B) − (A)

9. 밑줄 친 부분에 들어갈 말로 가장 적절한 것은?

Suppose you're playing a coin toss game with a fair coin and you are trying to predict the next outcome, heads or tails, after the coin has been tossed 8 times. Remarkably, the coin has come up heads on each toss, a run of 8 heads. If you're like most people, you'll have a feeling that tails is more likely on the ninth toss and you'd probably even bet some money on the prediction of tails. Another example of this feeling is the common, but incorrect advice about how to gamble: "When you're in Las Vegas and you see a roulette wheel come up with a run of eight reds, bet black. You're sure to win." There is even a rationale for this belief: Nine heads (or reds) in a row is very rare; the odds are strongly against this happening, so if you're looking at 8 in a row, it's very unlikely you'll get 9 in a row. This rationale is an error called the gambler's fallacy — the notion that _____ if they have not occurred for a while.

① gamblers bet on rare events
② events do not flow through series
③ chances of random events mature
④ games tend to be more aggressive

10. 다음 글의 제목으로 가장 적절한 것은?

The customer who went into a retail store owned by an independent businessman was sure to get personal attention: his individual purchase was important to the owner of the store; he was received like somebody who mattered; his wishes were studied; the very act of buying gave him a feeling of importance and dignity. How different is the relationship of a customer to a department store! He is impressed by the vastness of the building, the number of employees, the profusion of commodities displayed; all this makes him feel small and unimportant by comparison. As an individual he is of no importance to the department store. There is nobody who is glad about his coming, and nobody who is particularly concerned about his wishes. The act of buying has become similar to going to the post office and buying stamps.

① Historical Background of Department Store
② A Change in the Position of the Customers
③ Importance and Dignity of Customers in Our Era
④ Understanding Department Store and Its Customers

Day 22

[1 ~ 3] 밑줄 친 부분에 들어갈 말로 가장 적절한 것을 고르시오.

1. The company plans to _____ its new product line next month to capture a larger market share.

   ① withhold   ② ruin
   ③ interrupt   ④ launch

2. Some of these metals appear to be _____ in the sense that there are no known substitutes for them in their current functional uses.

   ① uninterrupted   ② unintentional
   ③ irreplaceable   ④ irresponsible

3. Researching _____ information before making a decision can lead to more informed and thoughtful choices.

   ① quite a few   ② a number of
   ③ a variety of   ④ a great deal of

[4 ~ 5] 밑줄 친 부분 중 어법상 옳지 않은 것을 고르시오.

4. Many take ① it for granted that success comes effortlessly, failing to appreciate the dedication required to achieve it. Those who have dedicated themselves ② to master their craft understand the persistence and resilience necessary for excellence. The path to mastery ③ is paved with countless hours of practice, setbacks, and continuous learning, ④ all of which shape a person's journey toward expertise.

5. The euro is a survivor. The new currency, ① bringing into being on January 1st 1999, has defied early critics, who thought it doomed to failure. It has emerged from its turbulent teenage years intact, cheating a near-death experience, the debt crisis of 2009-12. It is now more popular ② than ever with the public. But fundamental tensions attended its birth. If Europe's single currency ③ is to survive a global slowdown or another crisis, it will require a remodelling that politicians seem unwilling or unable ④ to push ahead with.

6. 밑줄 친 부분에 들어갈 말로 알맞은 것은?

   A: George, how is your chicken?
   B: My chicken tastes all right, but it is pretty dry. How is your fish?
   A: Mine is pretty dry too.
   B: It's almost as if this food has been sitting a little too long. It doesn't seem fresh.
   A: Yes, it also seems that way to me.
   B: I don't usually complain, but I think that _____.
   A: I agree. Maybe he can bring us some better food.

   ① the chef was too busy to take care of our table
   ② this restaurant was not a good choice
   ③ we should mention this to the waiter
   ④ this is the worst restaurant I've ever had

7. 다음 글의 목적으로 가장 적절한 것은?

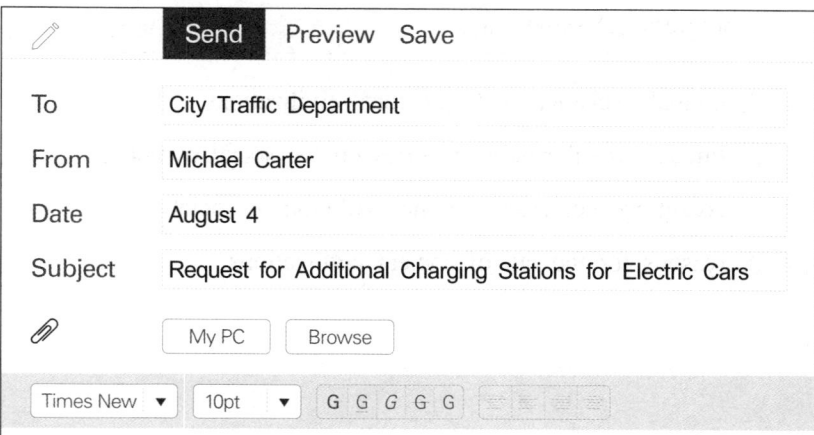

Dear City Traffic Department,

I trust this email finds you well. As a concerned citizen and advocate for sustainable transportation, I am writing to bring to your attention the growing need for additional charging stations for electric cars in our public parking lots.

The transition to electric vehicles is steadily increasing, and as a result, there is a high demand for accessible charging infrastructure. Currently, the limited number of charging stations available in our public parking lots often leads to congestion for electric car owners.

To alleviate this issue and encourage the adoption of electric vehicles, I urge the City Traffic Department to consider the installation of more charging stations across our city's parking facilities. By expanding the availability of charging infrastructure, we can support the transition to cleaner transportation options and contribute to a more sustainable future for our city.

Thank you for your attention to this matter.

Sincerely yours,
Michael Carter

① 공용 주차장 확장을 건의하려고
② 전기차 충전소 숫자를 늘릴 것을 요청하려고
③ 친환경 자동차 선택에 대한 혜택을 요청하려고
④ 공공 기관의 친환경 자동차 사용을 건의하려고

8. 다음 글의 주제로 가장 적절한 것은?

> For a long time, anthropologists believed that all human societies would progress through a known series of phases of evolution; this was the concept of unilineal, or one way social evolution. The stages were Savagery (marked by simple, low population societies with low grade technologies), Barbarism (marked by slightly more complex, medium population societies with medium grade technologies), and Civilization (marked by massive populations and high technologies). But anthropology and archaeology have shown that this hierarchy just isn't true. Modern traditional Arctic people continue to forage for their daily subsistence and keep their populations low, and their society has evolved into a full-blown civilization. Because some societies actually did go from foraging to farming, you may be inclined to think that every society should. The truth is that not all societies progress the same way.

① mutual exchanges between local civilizations
② limitations of existing theories on the social evolution
③ conditions necessary for the evolution of society
④ reasons for the fall of ancient civilizations

9. 밑줄 친 부분에 들어갈 가장 적절한 것은?

> The trend to more and more thinness as an ideal has coincided with the rise of women as an economically powerful group. There are more young, single women with "disposable income" to spend money on themselves. They are ready to spend on their body, because they easily feel that they are "losing their looks" through drudgery and age. The easiest way to sell people something is to convince them they need it, so the advertisements insult the most common shape of women as unsightly or unwanted. Not much money can be made by telling women there isn't anything wrong with them and they don't need to buy anything to fix it. So the "You're too fat" message is _____.

① not fact but marketing
② improving women's self-image
③ causing women to gain weight
④ based on genuine health concerns

10. 주어진 문장이 들어갈 위치로 가장 적절한 것은?

> Rather, waves fill regions of space, and their evolutions in time are not described by simple trajectories.

> Broadly speaking, a wave is a disturbance that propagates through space. (①) Most waves move through a supporting medium, with the disturbance being a physical displacement of the medium. (②) The time dependence of the displacement at any single point in space is often an oscillation about some equilibrium position. For example, a sound wave travels through the medium of air, and the disturbance is a small collective displacement of air molecules — individual molecules oscillate back and forth as the wave passes. (③) Unlike particles, which have well-defined positions and trajectories, waves are not localized in space. (④) Nevertheless, some waves are more localized than others, and so it is useful to distinguish two broad classes.
>
> *disturbance: 외란; 外亂, 제어의 상태를 교란시키도록 하는 외적 작용
> *oscillation: 진동

Day 23

[1 ~ 3] 밑줄 친 부분에 들어갈 말로 가장 적절한 것을 고르시오.

1. Given the circumstances, it seemed _____ to postpone the event until a later, more suitable time. This allows for better preparation and a smoother execution.

   ① irrational
   ② theoretical
   ③ reasonable
   ④ voluntary

2. The leadership of the republic considered the political protest to be a threat to the state. The young people's demonstration was mercilessly _____ by the police and special units using clubs and dogs.

   ① relieved
   ② fortified
   ③ suppressed
   ④ encouraged

3. His colleagues found it natural _____ on leadership roles due to his strong communication skills and ability to inspire others.

   ① for him to take
   ② him to take
   ③ for him taking
   ④ he to take

[4 ~ 5] 밑줄 친 부분 중 어법상 옳지 않은 것을 고르시오.

4. Since TV commercials became common, symbols ① have become important elements in the language of advertising, not so much because they carry meanings of their own, ② or because we bring meaning to them. One example ③ is provided by the campaign ④ begun in 1978 by Somerset Importers for Johnnie Walker Red Scotch. Their agency produced ads that made heavy use of the color red.

5. Those who made to-do lists before bed ① were able to fall asleep nine minutes faster than those who wrote about past events. The quality of the lists mattered, too; the more tasks and ② the more specific the to-do lists were, the faster the writers fell asleep. The study authors figure that writing down future tasks ③ unloading the thoughts, so you can stop ④ turning them over in your mind.

6. 밑줄 친 부분에 들어갈 말로 가장 적절한 것은?

   A: Hello, Professor. I'm keen on enrolling in your course.
   B: What's the matter?
   A: I really want to take your course, but it looks like I can't enroll.
   B: _____!
   A: Is there any chance you could increase the enrollment limit?
   B: I'll check into it. I can't guarantee anything, though.
   A: Thank you so much.

   ① It's possible that the course is already full
   ② There is a chance for my course to be canceled
   ③ The number of courses openning this semester increased.
   ④ You should work hard and stay committed

7. TOPIK에 관한 다음 글의 내용과 일치하지 않는 것은?

   TOPIK

   The Test of Proficiency in Korean (TOPIK) is a widely recognized language proficiency test designed for non-native speakers wishing to assess their Korean language skills. Administered by the National Institute for International Education (NIIED), TOPIK is held multiple times a year and is available both within Korea and internationally. The test is divided into two levels: TOPIK I, which covers basic language skills, and TOPIK II, which assesses intermediate to advanced proficiency. It evaluates listening, reading, and writing abilities in Korean, providing a comprehensive measure of a candidate's command of the language. TOPIK scores are often required for university admissions, employment, and visa applications in Korea, making it an essential credential for foreigners aiming to integrate more fully into Korean society.

   ① It assesses non-native speakers' Korean language skills.
   ② It is often essential for university admissions and employment in Korea.
   ③ It is administered exclusively in Korea six times a year.
   ④ It evaluates listening, reading, and writing abilities in Korean.

8. 다음 글의 제목으로 가장 적절한 것은?

The human brain wants to stay where it is, in the comfort zone. If we stay in our comfort zone, we don't have to struggle to survive. We minimize the risk to our survival by staying where we know we are safe. I often explain to my MBA students that the reason they take the same seat in class every week is that we are, at our core, instinctual animals. Once we have chosen a seat and made it through class safely without being attacked, the part of our brain responsible for our survival tells us that our best option is to repeat that behavior, because in a way it is the most economical use of our energy. As part of its strategy for survival, our brain wants to conserve energy, so once we sit in a particular spot and know that it's safe, we will subconsciously want to sit there every time and avoid having to reevaluate the safety of a new spot.

① Humans' Survival Strategy: Sticking to Where We Feel Safe
② Comfort Zone: A Fundamental Limitation on Our Ability
③ Brain's Role as an Efficient Regulator of Instinct
④ How to Use a Brain to Its Maximal Capacity

9. 주어진 글 다음에 이어질 글의 순서로 가장 적절한 것은?

A 2006 study in the *Journal of Experimental Social Psychology* tested subjects on their ability to detect a lie. Subjects in a negative mood from watching a sad film were far more likely to detect lies than those in a good mood from watching a comedy clip.

(A) In other words — and, really, this is kind of a bummer — you're a better human lie detector when you're not happy.
(B) The conclusion? Being in a bad mood increased judges' skepticism toward the targets and improved their accuracy in detecting deceptive communications, while judges in a positive mood were more trusting and gullible.
(C) It doesn't end there. According to pair of studies, feeling happy can decrease, and feeling bad can increase, our accuracy as eyewitnesses, our ability to communicate strategically (like when we're trying to persuade), and our likelihood to avoid errors in judgment.

① (B) − (A) − (C) ② (B) − (C) − (A)
③ (C) − (A) − (B) ④ (C) − (B) − (A)

10. 글의 흐름상 가장 어색한 것은?

According to government figures, the preponderance of jobs in the next century will be in service-related fields, such as health and business. ① Jobs will also be plentiful in technical fields and in retail establishments, such as stores and restaurants. ② The expansion in these fields is due to several factors: an aging population, numerous technical breakthroughs, and our changing lifestyles. ③ However, people still prefer the traditional types of jobs which will be highly-paid in the future. ④ So the highest-paying jobs will go to people with degrees in science, computers, engineering, and health care.

Day 24

[1 ~ 3] 밑줄 친 부분에 들어갈 말로 가장 적절한 것을 고르시오.

1. To enhance efficiency, we must _____ all available tools and technologies effectively in our operations.

   ① seal
   ② suspend
   ③ utilize
   ④ inhibit

2. I'll get to _____ my interview skills and recast myself in the marketplace so I can finally shape what I do, and get paid what I'm worth.

   ① make up to
   ② brush up on
   ③ steer clear of
   ④ come up with

3. The study group meets _____ because it gives members ample time to prepare and review materials before each session.

   ① every another month
   ② every other month
   ③ every two week
   ④ every second weeks

4. 밑줄 친 부분 중 어법상 옳은 것은?

   A number of challenges facing environmental sustainability ① await for urgent attention from global leaders. Addressing climate change, biodiversity loss, and resource depletion among ② other issue demands immediate action. The time when nations can delay impactful measures to mitigate these threats ③ are running out. Bold and collaborative efforts are essential to secure a sustainable future ④ for generations to come.

5. 밑줄 친 부분 중 어법상 옳지 않은 것은?

   Most of the learning goals of clinical medicine ① are the ability to interact effectively with patients and other medical colleagues. Thus, a medical student might be graded on his/her ability to be personable and could be graded down in this area if he/she ② were considered rude or difficult to interact with. A student in entry level science courses is responsible for mastering academic skills and content. And no matter ③ how rude or difficult this person is, he/she should not be graded down because of it. On the other hand, a student in a course ④ which one of the learning goals is the ability to work and create knowledge in collaboration with other students, might be graded on his/her ability to collaborate.

6. 밑줄 친 부분에 들어갈 말로 가장 적절한 것은?

   A: Do you need help with something?
   B: I don't know where to get my ballot.
   A: I can help you with that. I'm working here today.
   B: That's wonderful. Thank you.
   A: Can I see your ID, please?
   B: I have it right here.
   A: Here's your ballot.
   B: _____?
   A: All you have to do now is vote.
   B: Okay, wish me luck.

   ① How does the voting process work
   ② Can I get my ID back
   ③ What am I supposed to do now
   ④ Can you do something for me

7. Summer Dance Showcase에 관한 다음 글의 내용과 일치하지 않는 것은?

   Summer Dance Showcase

   If dance is your passion, join us for an electrifying showcase at our venue, Dance Fusion Studio.

   Details:
   - This showcase welcomes dancers of all ages and levels.
   - Categories include solo, duet, and group performances in various dance styles.
   - Performances must be stage-ready: costumes and music prepared.
   - Each participant may showcase up to 2 performances.
   - Registration deadline is July 15.
   - The showcase will be held on August 10 through August 15.

   We prioritize the safety of your performances, but we cannot be held liable for any unforeseen circumstances during the showcase!

   For more details, contact Emily Johnson at 555-789-1234.

   ① 참가 연령과 댄스 수준에 제한이 없다.
   ② 솔로와 듀엣, 그룹 등 다양한 댄스를 선보일 수 있다.
   ③ 모든 참가자는 2개 이상의 공연을 선보여야 한다.
   ④ 발표회는 총 6일간에 걸쳐서 열린다.

8. 밑줄 친 부분에 들어갈 말로 가장 적절한 것은?

For several years much research in psychology was based on the assumption that human beings are driven by base motivations such as aggression, egoistic self-interest, and the pursuit of simple pleasures. Since many psychologists began with that assumption, they inadvertently designed research studies that supported their own presuppositions. Consequently, the view of humanity that prevailed in psychology was that of a species barely keeping its aggressive tendencies in check and managing to live in social groups more out of motivated self-interest than out of a genuine affinity for others or a true sense of community. Both Sigmund Freud and the early behaviorists led by John B. Watson believed that humans were motivated primarily by _____. From that perspective, it was believed social interaction was possible only by exerting control over those baser emotions.

*affinity: 친밀감

① selfish drives
② rational thoughts
③ social punishments
④ ethical ideas

9. 다음 문장이 들어갈 위치로 가장 적절한 것은?

This applies not only to goods and services but also to labour, money, and capital.

Markets, like merchants, are nothing new, but they are central to a capitalist society in a quite new and more abstract way. (①) This is because production and consumption are divorced — people do not consume what they produce or produce what they consume — and are linked only through the markets where goods and services are bought and sold. (②) Instead of being a place where you can buy some extra items that you do not produce yourself, markets become the only means by which you can obtain anything. (③) They are no longer located just in market-places but exist wherever buyers and sellers make their exchanges and, nowadays, this commonly means in some electronic space where prices are listed and deals registered. (④) The wage, that is, the price, for labour is established on a labour market, where employers compete for labour and workers compete for jobs. Money itself is bought and sold on currency markets. The ownership of companies is bought and sold in stock exchanges.

10. 다음 글의 주제로 가장 적절한 것은?

The railroad was the first institution to impose regularity on society, or to draw attention to the importance of precise timekeeping. For as long as merchants have set out their wares at daybreak and religious services have begun on the hour, people have been in rough agreement with their neighbors as to the time of day. The value of this tradition is today more apparent than ever. Were it not for public acceptance of a single yardstick of time, social life would be unbearably chaotic: the massive daily transfers of goods, services, and information would proceed in fits and starts; the very fabric of modern society would begin to unravel.

① People's agreement on the measurement of time is essential for the functioning of society.
② Certain activities have to be conducted in time.
③ Modern society judges people by the times they conduct certain activities.
④ The traditions of society are timeless.

Day 25

[1 ~ 3] 밑줄 친 부분에 들어갈 말로 가장 적절한 것을 고르시오.

1. The engineers needed to _____ a new strategy to tackle the unexpected challenges they encountered during the project.

① suppress ② devise
③ inhibit ④ suspend

2. Because of her _____ character, she easily makes friends and knows all the details of the rumors around her. But, little does she know that there is a rumor about her floating all around the town.

① loquacious ② careful
③ introverted ④ reserved

3. It is important to have trustworthy friends _____ when you face adversity or seek support in times of need.

① relying on ② relying
③ to rely ④ to rely on

4. 밑줄 친 부분 중 어법상 옳지 않은 것은?

The data suggests that a little planning ahead and ① turning off the TV while we eat ② could ultimately be good for our eating habits. In addition ③ to consider specific food choices, ④ it also may be important to consider the context of mealtimes in developing dietary messaging and guidelines.

5. 밑줄 친 부분 중 어법상 옳은 것은?

The President of Eritrea told crowds he ① was robbed the Nobel Peace Prize, recently awarded to the Ethiopian Prime Minister, claiming he deserved it more. The Prime Minister ② was awarded the Nobel Peace Prize for his efforts in ending a border conflict with Eritrea in 2018. Before a peace deal between the two ③ signed, ④ thousand of lives were lost, families were separated for over twenty years, and trade on the border was frozen.

6. 밑줄 친 부분에 들어갈 말로 가장 적절한 것은?

Alice Thompson 10:42
Did you buy the textbook for our economics class?

Ben Johnson 10:42
Oh, I didn't know we needed to buy it. When did the professor mention this?

Alice Thompson 10:43
Last Friday.

Ben Johnson 10:44
I missed that class because of a family emergency.

Alice Thompson 10:45
I'm ordering it online.

Ben Johnson 10:45
_____?

Alice Thompson 10:46
Sure, great idea. We can save on the delivery fee if we split it.

Ben Johnson 10:46
That's exactly what I was thinking.

Alice Thompson 10:46
I'll message you when the book arrives.

① Why didn't you let me know about it
② Can you order one for me too
③ Will you buy me the textbook
④ How about buying it at the campus book store

7. Ernest Rutherford에 관한 다음 글의 내용과 일치하지 않는 것은?

Physicists are notoriously scornful of scientists from other fields. When the great Austrian physicist Wolfgang Pauli's wife left him for a chemist, he was staggered with disbelief. "Had she taken a bullfighter, I would have understood," he remarked in wonder to a friend. "But a chemist..." It was a feeling Ernest Rutherford would have understood. "All science is either physics or stamp collecting," he once said, in a line that has been used many times since. There is a certain engaging irony, therefore, that his award of the Nobel Prize in 1908 was in chemistry, not physics. Rutherford was a lucky man — lucky to be a genius, but even luckier to live at a time when physics and chemistry were so exciting and so compatible (his own sentiments notwithstanding). Never again would they quite so comfortably overlap.

① His wife left him for a chemist.
② He believed physics was superior to other sciences.
③ He was awarded the Nobel Prize.
④ In the days of him, physics and chemistry were compatible.

8. 다음 글의 요지로 가장 적절한 것은?

Mount Vesuvius near Pompeii began to erupt in the year 79 and wiped out the entire town within the next 25 hours. Hundreds of years later, archaeologists excavated Pompeii and found everything and everyone had been perfectly preserved by the volcano's ash. The excavations of Pompeii have revealed a great deal about the behavior of the volcano. By analyzing data, scientists have concluded that the eruption changed large portions of the area's geography. Meteorologists have also concluded that Vesuvius caused a huge tidal wave that affected the world's climate. In addition, archaeologists have been able to study the skeletons of victims and to draw conclusions about the diet and habits of the residents. The eruption of Mount Vesuvius and its tragic consequences have led to providing various scientific branches with a wealth of data about the effects that volcanoes can have on the surrounding area.

① Studies of volcanoes have influenced the researches of human history.
② The study of Mount Vesuvius has enabled volcanologists to predict eruptions.
③ The information collected during the excavations has helped the restoration of the buildings in Pompeii.
④ The excavations of Pompeii have provided much information on many scientific fields.

9. 주어진 문장이 들어갈 위치로 가장 적절한 것은?

However, there are now a lot of issues with the current application of unmanned distribution.

The city lockdown policy during COVID-19 has facilitated the rapid growth of numerous takeaways, vegetable shopping, community group buying, and other businesses. (①) Last-mile delivery became an important livelihood support during the epidemic. (②) At the same time, as viruses can be transmitted through aerosols, the need for contactless delivery for last-mile delivery has gradually increased, thus accelerating the use of unmanned logistics to some extent. (③) For example, the community space is not suitable for the operation of unmanned delivery facilities due to the lack of supporting logistics infrastructure. (④) In addition, the current technology is unable to complete the delivery process and requires the collaboration of relevant space as well as personnel to help dock unmanned delivery nodes.

* last-mile delivery: 최종 단계의 배송

10. 다음 글의 목적으로 가장 적절한 것은?

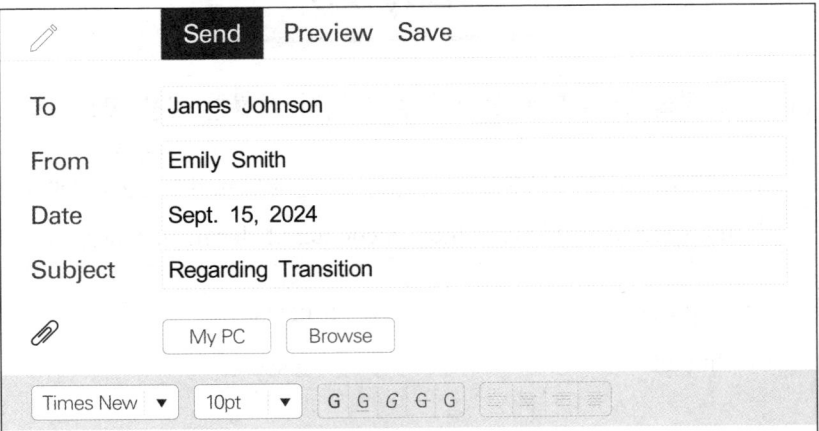

Dear Mr. Johnson,

I hope this email finds you well. I am writing to formally announce my resignation from my position as Marketing Coordinator in the Marketing Department, effective October 30, 2024.

I have accepted an offer at another company that presents me with new challenges and opportunities for growth, which align more closely with my long-term career objectives.

I want to express my sincere gratitude for the support and opportunities for development that you and the team have provided me with during my time here. I have truly enjoyed working with such a dedicated and talented group of individuals.

Thank you for your understanding and support during this transition period. I am committed to ensuring a smooth handover of my responsibilities and will do everything possible to assist with the transition process.

Best regards,
Emily Smith

① 프로젝트에 도움받은 것에 대해 감사함을 전하려고
② 회사의 다른 지점으로 발령을 요청하려고
③ 다른 회사로 이직하게 되었음을 알리려고
④ 승진 심사에 지원하려고

Day 26

[1 ~ 3] 밑줄 친 부분에 들어갈 말로 가장 적절한 것을 고르시오.

1. Despite her substantial income, she lived a _____ lifestyle by carefully budgeting and saving for the future.

   ① frugal
   ② luxurious
   ③ affluent
   ④ impolite

2. As soon as the new medical marijuana law goes into effect next month, doctors will be able to prescribe marijuana to patients whose symptoms could be _____ and who could be put at ease by the action of the drug.

   ① alleviated
   ② magnified
   ③ straightened
   ④ exacerbated

3. The historic building, _____ in the early 1800s, remains a symbol of the town's rich architectural heritage and cultural significance.

   ① found
   ② founded
   ③ founding
   ④ having found

4. 밑줄 친 부분 중 어법상 옳지 않은 것은?

   Merely possessing talent without diligent effort often proves ① of no use. Many individuals aiming for greatness push ② themselves hard, recognizing that success is often the result of perseverance and determination. ③ Considering that those who persevere despite challenges are more likely to achieve their goals, such individuals will ④ be looked up to their peers for their determination and achievements.

5. 밑줄 친 부분 중 어법상 옳은 것은?

   Anyone who wishes to develop his or her ability has many options ① to choose from them; however, the best results ② are always occurred when we are with like-minded people. Learning any type of new skills or improving upon existing ones ③ seem always very daunting ④ and requires that we work outside our comfort zones.

6. 밑줄 친 부분에 들어갈 가장 적절한 말은?

   A: Hi. How can I help you?
   B: Well, I'm in town visiting relatives for a few days, and I need to get some things done while I'm here.
   A: Sure. What do you need?
   B: I need to get my hair cut and have my new pants hemmed.
   A: OK. Here's a map of the town. There's a good hair salon here, which is just a block away. And there's a tailor shop right next to the hair salon. Is there anything else?
   B: _____.
   A: No problem. There's a reliable mechanic a few blocks away.

   ① No, that's all I want to know right now
   ② No, I'm sorry to keep bothering you
   ③ Yes, I want you to come with me to the tailor shop
   ④ Yes, I'll also need to have my car serviced before my long drive home

7. Subway Korea에 관한 다음 글의 내용과 일치하지 않는 것은?

   Use Subway Korea

   Subway Korea is an essential app for navigating Korea's bustling cities effortlessly. It provides comprehensive subway system maps, timetables and key transfer points for five major cities, including Seoul. Users can easily plan their route by selecting their starting and ending stations, which allows the app to calculate the best path, whether it's the fastest or involves the fewest transfers. In addition to route planning, Subway Korea offers transfer details, fare information, and estimated travel times, further improving user convenience. For those enjoying late-night activities, the app provides estimated arrival times and the schedule for the last bus or subway, ensuring a secure journey home. With precise stop schedules and exit directions, Subway Korea is an invaluable tool for anyone touring or commuting in Korea's urban areas and it is highly recommended for both residents and tourists alike.

   ① Users can plan routes by selecting departure and destination stations.
   ② The app determines the best routes solely based on travel time efficiency.
   ③ It offers transfer information, fares, and estimated travel times.
   ④ The app displays late-night public transport schedules for safe travel.

8. 다음 글의 주제로 가장 적절한 것은?

Conditioning occurs indirectly, which adds to its impact on us. Let's say that you watch another person exposed to a certain stimulus. Even if you don't come in direct contact with the stimulus, you learn to respond emotionally to it just by observing the emotional reactions of another person to it. Such learning might affect feelings in many situations. Children who learn to fear thunder by watching their parents react to it have undergone similar conditioning. If a horror movie can affect us, we might expect the emotional response of parents, friends, and relatives to it to have even more impact. How, for instance, does a city child learn to fear snakes and respond emotionally to mere pictures of them? Being told that "snakes are dangerous" may not explain the child's emotional response. More likely, the child has observed others reacting fearfully to the word snake or to snake images on television.

① impact of language on one's emotional experience
② age differences in the development of the conditioned response
③ others' emotional response that affects the process of conditioning
④ sure-fire ways to deal with irrational fears of snakes

9. 주어진 글 다음에 이어질 글의 순서로 가장 적절한 것은?

According to the 13th-century poet Layamon, King Arthur ordered "The Round Table" to be built by a famous Cornish carpenter, who somehow made the table capable of seating 1,600 men.

(A) Their expeditions developed in a magical realm of wonder: where fairy women tested the nobility of the knights by offering them seemingly impossible tasks, and strange creatures lurked in the shadows of a vast forest.

(B) When having rid the land of monsters, dragons, and evil customs, they undertook the greatest task of all — the quest for the Holy Grail from which many did not return.

(C) Other stories suggest it was Merlin, the king's magician, who made it and sent out a call to the bravest and truest knights to join the table. Some 150 knights sat at the table and went off on adventures.

① (A) − (B) − (C) ② (A) − (C) − (B)
③ (C) − (A) − (B) ④ (C) − (B) − (A)

10. 글의 흐름상 어색한 문장은?

In April 1833, the German Prince Maximilian set out to study the Plains Indians in the western United States. ① The prince left St. Louis and sailed up the Missouri River. On the boat with Prince Maximilian were his two trained pet bears, a music box, and a thermometer to record the daily temperature in his journal. ② The prince also brought helpers along with him. One of the helpers was a Swiss artist named Karl Bodmer. ③ Bodmer's job was to draw and paint all of the sights and people that the prince wrote about. Bodmer's paintings and Maximilian's journal record the lives and habits of the Plains Indians. ④ Prince Maximilian sailed for America from Holland with great expectations. Bodmer's artwork and Maximilian's writing are being kept at the National Museum.

Day 27

[1 ~ 3] 밑줄 친 부분에 들어갈 말로 가장 적절한 것을 고르시오.

1. It never occurred to me that he might have come from a(n) _____ family because he wore the same clothes all the time and seemed stingy. It was only after I physically saw his palace-like house that I realized his family is well-off.

① mediocre ② opulent
③ miserly   ④ evil

2. The novel lacked _____; the plot jumped between different timelines without clear connections between events.

① amazement   ② imagination
③ discrepancy ④ coherence

3. The renowned author's latest novel left her readers _____ with its predictable storyline and shallow character development.

① disappoint   ② disappointment
③ disappointed ④ disappointing

[4 ~ 5] 밑줄 친 부분 중 어법상 옳지 않은 것을 고르시오.

4. Among other popular courses ① is learning how to write and ② deliver a speech and honing the skill ③ to get the audience ④ fully engaged.

5. The heiress of Korea's largest flagship carrier unnecessarily delayed a flight while ① insulting and shoving its crew. Some people doubted ② whether she put the plane in real danger or tried to change its route. Any little compassion left was shattered, however, after it became known ③ that the disgraced executive's younger sister had vowed to "take revenge" against ④ whomever helped to throw her big sister into the crisis, through a posting on the company website.

6. 밑줄 친 부분에 들어갈 말로 가장 적절한 것은?

A: Hey, you're late today. What happened?
B: I'm really sorry. I was stuck in traffic on the way here.
A: Again?
B: Yeah, at this time of day, the roads are always packed.
A: _____.
B: I'll make sure to do that starting tomorrow.
A: Alright, just make sure this doesn't become a habit.
B: I understand. I'll make up for the lost time during my shift.

① You must have been trapped in the traffic
② The road construction is causing the issue these days
③ It is true it's always congested around this time
④ That's why you should have left earlier

7. Summer Baking Workshop Series에 관한 다음 글의 내용과 일치하는 것은?

Summer Baking Workshop Series

Join us for a delightful baking workshop series at Baker's Haven Kitchen. Learn the art of baking delicious treats over three sessions.

- Session 1: Basics of Baking - Saturday, June 18, 10 a.m.
- Session 2: Cake Decorating - Saturday, June 25, 10 a.m.
- Session 3: Bread Making - Saturday, July 2, 10 a.m.

These workshops are designed for beginners, so no prior baking experience is necessary.
- Cost: $30 per session (includes all ingredients, instruction, and tasting samples)
- Spaces are limited, so secure your spot early. Pre-registration required.

Additional Details:
- Each participant will receive a recipe booklet to take home, featuring the recipes covered in each session.
- Participants are encouraged to bring an apron and a container to carry their baked creations in.

For more details and registration, please visit www.bakershavenkitchen.com.

① 초보부터 숙련자까지 누구나 수강할 수 있다.
② 3개의 수업에 대한 전체 수강료는 30달러이다.
③ 수강생에게는 배웠던 조리법이 담긴 책자가 제공된다.
④ 앞치마를 포함한 모든 준비물이 제공된다.

8. 다음 글의 제목으로 가장 적절한 것은?

Fortunately, it is only through fantasy that we can see what the destruction of the scholarly and scientific disciplines would mean to mankind. From history, we can learn what their existence has meant. The sheer power of disciplined thought has brought about all the great intellectual and technological advances in every branch of human endeavor. Practically, the ability of the man trained to exercise this power effectively about problems for which he was not specifically trained is proved by examples without number. The real evidence for the value of disciplined thought lies in history and in the biographies of men who have met the valid criteria of greatness. These support overwhelmingly the claim of defenders of disciplined thought that it can equip a man with fundamental powers of decision and action, applicable not only to petty little worries but to all the great and varied concerns of human life.

① The Value of a Disciplined Mind
② The Advance of the Human Race
③ Facts vs. Fantasies
④ The Power of Technology

9. 밑줄 친 부분에 들어갈 말로 가장 적절한 것은?

Perhaps the single most important change during the last two decades is _____. Rather than businesses having the ability to manipulate customers via technology, customers have come to be able to manipulate businesses because of their access to information, the ability to comparison shop, and the control they have over spending. Individual consumers and business customers can compare prices and product specifications in a matter of minutes. In many cases, customers are able to set their own prices, such as purchasing airline tickets at Priceline.com. Customers can now interact with one another, as merchants such as Amazon and eBay allow customers to share opinions on product quality and supplier reliability. As power continues to shift to customers, marketers have little choice but to ensure that their products are unique and of high quality, thereby giving customers a reason to purchase their products and remain loyal to them.

① the advances in computer and information technology
② the ways that marketers reach potential customers
③ the shift in power from marketers to consumers
④ the availability of options to choose from

10. 주어진 문장이 들어갈 위치로 가장 적절한 것은?

Most scientists believe, for example, that all matter is composed of curious particles called quarks.

Despite the prevailing conception of science as being concerned only with facts, science seems to be full of opinions and interpretations. (①) Moreover, the development of scientific theories is seldom a process of first observing a lot of facts and then making straightforward generalizations from these observations. (②) Richard Feynman, a Nobel Prize winner in physics, emphasized the importance of imagination and guessing in science. (③) The existence of quarks was first hypothesized in 1963. But no scientist has ever seen a quark. So why do they believe that quarks exist? (④) They believe it because some ingenious scientists invented quarks, noticing that if quarks did exist, they could explain some other puzzling things.

Day 28

[1 ~ 3] 밑줄 친 부분에 들어갈 말로 가장 적절한 것을 고르시오.

1. The artist used vibrant colors and bold strokes to _____ a sense of energy and excitement in the painting.

   ① surrender   ② enervate
   ③ extinguish   ④ convey

2. Unlike her brother who is industrious and hardworking, she is a(n) _____ person whose only hobby is watching TV all day long like a couch potato.

   ① meticulous   ② versatile
   ③ indolent   ④ hostile

3. The latest smartphone model is _____ than its predecessors due to its innovative features and improved performance.

   ① very popular   ② too more popular
   ③ very more popular   ④ much more popular

4. 밑줄 친 부분 중 어법상 옳지 않은 것은?

   Miaoli County's Liu Cheng-hung, No. 3 in the local leader approval rankings, ① has adopted a result-oriented governing style. A scholar who ② used to working side by side with Liu compares him with the ancient Chinese General Cao Cao, who was believed ③ to reward his soldiers according to their performance and ④ to set clear goals.

5. 밑줄 친 부분 중 어법상 옳은 것은?

   ① Asking to describe their favorite travel destination, many people choose places like Paris, Rome, or Tokyo, ② which is renowned for their rich history, cultural attractions, and vibrant nightlife. These cities ③ have captivated tourists since the beginning of modern tourism in the late 16th century, ④ offered a blend of old-world charm and contemporary allure.

6. 밑줄 친 부분에 들어갈 말로 가장 적절한 것은?

   A: Hey, what a surprise! What are you doing here?
   B: I'm here to celebrate that you are having your first solo piano recital.
   A: That's very kind of you! How was it?
   B: I'm tone-deaf but I'm sure that it was the best recital I've ever attended.
   A: That's flattering. Hey, please come to my wrap-up party tonight if you can.
   B: Thanks. _____.
   A: I will text you the time and place then.

   ① I already have a plan
   ② I think I can make it
   ③ I hope you don't get me wrong
   ④ It took a long time to get here

7. 다음 글의 목적으로 가장 적절한 것은?

   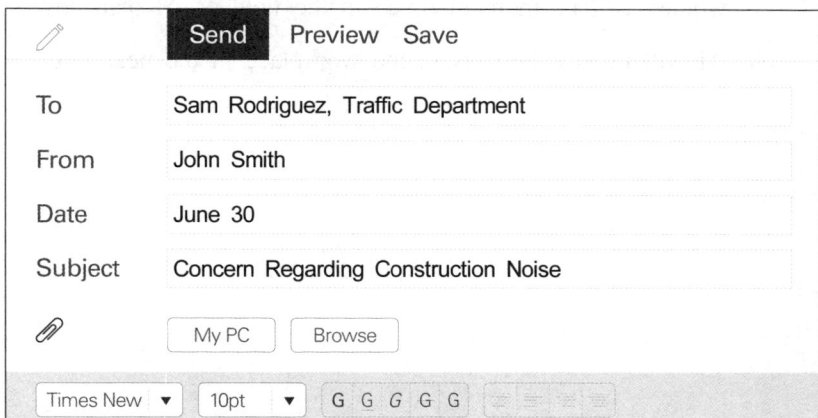

   Dear Mr. Rodriguez,

   I am writing to bring to your attention the significant noise disturbance caused by the ongoing construction work on the highway adjacent to our residential area.

   The noise from the construction site has become increasingly disruptive, especially during early mornings and late evenings, making it difficult for residents to sleep or carry out daily activities in peace.

   I kindly request that the traffic department take immediate action to address this issue and implement measures to minimize the noise pollution generated by the construction activities.

   Thank you for your attention to this matter. I trust that the department will work swiftly to alleviate the noise disturbance and ensure a more peaceful living environment for all residents in the area.

   Sincerely,
   John Smith

   ① 공사 지점에서 나는 소음 해결을 요청하려고
   ② 고속도로 정체에 대한 해결 방안을 제시하려고
   ③ 도시 내 교통 부서의 인사 이동을 공지하려고
   ④ 공사로 인한 도로의 교통 통제 시간을 알려주려고

8. 밑줄 친 부분에 들어갈 말로 가장 적절한 것은?

Women are significantly affected by the development of artificial intelligence (AI), which could widen a disproportion of male to female employees if actions relating to the issue are not carried out. Despite statistics showing that the economic opportunity gap between men and women narrowed slightly in 2018, _____, largely due to the growth of AI. The use of AI in certain jobs has impacted many roles traditionally held by women. Women also continue to be underrepresented in industries that utilize science, technology, engineering, and mathematics skills. This affects their presence in the booming field of AI. Currently, women make up 22% of AI professionals, a gender gap three times larger than other industries.

① there are fewer women than men joining the workforce
② the employment gap between men and women will decrease
③ women will be more involved in the field of AI than now
④ AI will replace humans in the workplace in the near future

9. 다음 글의 제목으로 가장 적절한 것은?

Air pollution levels in Thailand's Bangkok have risen for the last few weeks in the rankings of Asia's most polluted cities. The national rainmaking agency flew sorties over Bangkok for the first time ever this week to wash away the haze. The sight of skyscrapers shrouded in fog and pedestrians wearing masks isn't ideal for a country that relies on tourism for economic growth. Thailand's health ministry has attributed the rise to several factors including vehicular emissions, smoke from the burning of waste and unusual weather patterns. In the past few days, some schools reduced outdoor playtime and officials warned people who may be particularly sensitive to pollution to be cautious. Thai officials have expressed concern about the smog but see it as temporary and don't expect an impact on the country's tourism boom.

① The Growing Threat of Asian Air Pollution
② A Spike in Air Pollution in Bangkok
③ How Bad Air Is Killing Thailand's Tourism
④ The Most Visited Attractions in Bangkok

10. 주어진 문장 다음에 이어질 글의 순서로 가장 적절한 것은?

We come to know and relate to the world by way of categories.

(A) The notion of an animal species, for instance, might in one setting best be thought of as described by folklore and myth, in another as a detailed legal construct, and in another as a system of scientific classification.

(B) Ordinary communication is the most immediate expression of this faculty. We refer to things through sounds and words, and we attach ideas to them that we call concepts.

(C) Some of our categories remain tacit; others are explicitly governed by custom, law, politics, or science. The application of category systems for the same things varies by context and in use.

*tacit: 암묵적인, 무언의

① (B) − (A) − (C)   ② (B) − (C) − (A)
③ (C) − (A) − (B)   ④ (C) − (B) − (A)

Day 29

[1 ~ 2] 밑줄 친 부분에 들어갈 말로 가장 적절한 것을 고르시오.

1. After the lunch break, they will _____ the meeting to discuss the remaining agenda items.

① prescribe ② investigate
③ resume ④ discontinue

2. The harder you work on your studies, _____ achieve your academic goals.

① the more you are likely to
② the more likely you are to
③ the more likely to you are
④ the more you are to likely

3. 밑줄 친 부분에 공통으로 들어갈 말로 가장 적절한 것은?

- All the firemen were rushing to get ready to leave the firehouse. They were checking their supplies, making sure the fire engines had all the equipment needed to _____ the fire.
- Club owners would often _____ a signboard advertising that week's or evening's performances, and some printed flyers or even monthly schedules.

① turn off ② hold off
③ put out ④ take out

[4 ~ 5] 밑줄 친 부분 중 어법상 옳지 않은 것을 고르시오.

4. Football remains much more ① dangerously than soccer when it comes to head injuries. Football causes a total of more than 40% of total high school sports concussions in the U.S., according to previous research ② published in the *Journal of Athletic Training*. Despite the finding, there ③ are many benefits to playing the sport, as long as parents and school officials work to make participation ④ safer.

5. Everyone has duties to the community ① which the free and full development of his personality is possible. In the exercise of his rights and freedoms, everyone shall be subject only to such limitations ② as are determined by law solely for the purpose of securing due recognition and respect for the rights and freedoms of others and ③ meeting the just requirements of morality, public order and the general welfare in a democratic society. In no case may these rights and freedoms ④ be exercised contrary to the purposes and principles of the United Nations.

6. 밑줄 친 부분에 들어갈 말로 가장 적절한 것은?

Pure Water Solutions
Hello, is this Mr. John Smith's account?
10:42

John Smith
Yes, this is John Smith. What's the matter?
10:42

Pure Water Solutions
It appears your rental fee for the water purifier hasn't been paid for three months.
10:43

John Smith
That's odd. I have it set up for automatic payment.
10:44

Pure Water Solutions
_____.
10:45

John Smith
Oh, you're right. I'll re-establish the automatic payment.
10:45

Pure Water Solutions
Thank you, Mr. Smith. Please settle the overdue amount and reconnect the automatic payment as soon as possible.
10:46

John Smith
Sure, I'll take care of it right away.
10:46

① We have a better option for you
② Automatic payment cannot handle the overdue amount
③ You've paid through automatic payment
④ Please check if it has been terminated

7. The Cheonggyecheon Restoration Project에 관한 다음 글의 내용과 일치하지 않는 것은?

Cheonggyecheon Restoration Project

The Cheonggyecheon Restoration Project in Seoul, South Korea, began in 2003 to revitalize the Cheonggyecheon that flows through the city center. The project aimed to restore the natural environment and cultural heritage of the area. On July 1, 2005, the restored stream was officially opened to the public, marking a significant milestone in urban renewal efforts. The project involved removing an elevated road that had covered the stream and reintroducing natural elements such as plants and fish. Since its completion, Cheonggyecheon has become a popular recreational space for locals and tourists alike, offering a peaceful oasis amidst the bustling city. The restoration has also improved air quality and reduced urban heat island effects in the surrounding areas.

① It took almost 2 years to complete it.
② The restored stream opened to the public on July 1, 2005.
③ It involved constructing a new elevated road over the stream.
④ Cheonggyecheon has become a popular destination since its restoration.

8. 다음 글에서 필자가 주장하는 바로 가장 적절한 것은?

What we need in education is not measurement, accountability, or standards. While these can be useful tools for improvement, they should hardly occupy center stage. Our focus should instead be on making sure we are educating our youth to be well-equipped to save humanity. We are faced with unprecedented perils, and these perils are multiplying and pushing at our collective gates. We should bolster curriculum that helps young people mature into ethical adults who feel a responsibility to the global community. Without this sense of responsibility we have seen that many talented individuals give in to their greed and pride, and this destroys economies, ecosystems, and entire species. While we certainly should not abandon efforts to develop standards in different content areas, and also strengthen the STEM subjects, we need to take seriously our need for an education centered on global responsibility. If we don't, we risk extinction.

① 급변하는 미래에 대비하기 위해 교육과정을 다양화해야 한다.
② 교육은 지구 공동체에 책임감을 가진 윤리적인 인간을 길러내야 한다.
③ 교육은 미래 산업에 대비한 인재 육성에 앞장서야 한다.
④ 융합 교육 강화를 위한 정책을 조속히 수립해야 한다.

9. 글의 흐름상 가장 어색한 것은?

School physical education programs should offer a balanced variety of activities that allow young people to develop ability in lifetime activities that are personally meaningful and enjoyable. A balance should exist in any physical education program among team, dual, and individual (lifetime) sports. ① Team sports such as basketball and soccer provide an opportunity for students to develop skills and to enjoy working and competing together as a team. ② However, in many school physical education programs, team sports dominate the curriculum at the expense of various individual and dual sports, like tennis, swimming, badminton, and golf. ③ In such cases, the students lose the opportunity to develop skills in activities that they can participate in throughout their adult lives. ④ Baseball, in particular, is one of the most popular sports frequently broadcast on TV. Only through a balanced program of team, dual, and individual sports is it possible to develop well-rounded individuals.

10. 주어진 문장 다음에 이어질 글의 순서로 가장 적절한 것은?

On December 1, 1955, Rosa Parks took a city bus home from her job at a store in downtown Montgomery, Alabama.

(A) Rosa Parks was arrested, jailed, convicted and fined. She refused to pay. Her experience set off a 382-day boycott of Montgomery city buses.

(B) According to the segregation laws of the day, Rosa Parks, an African American, was required to sit in the back of the bus. She sat in the seats designated for blacks, but when the bus was full, the driver asked her to give up her seat for a white passenger.

(C) However, Rosa Parks kept both her mien and her seat. At last, the driver warned her that he would send for the police. "Go ahead and call them", Parks answered.

① (B) − (A) − (C)   ② (B) − (C) − (A)
③ (C) − (A) − (B)   ④ (C) − (B) − (A)

Day 30

[1 ~ 4] 밑줄 친 부분에 들어갈 말로 가장 적절한 것을 고르시오.

1. Loyalty is a(n) _____ characteristic in dogs as they have evolved alongside humans, and formed strong bonds based on mutual trust for a long time.

   ① inherent ② contradictory
   ③ alien ④ ancillary

2. Poor sanitation can result in epidemics that can _____ the health of populations. Inadequate provision of food can also result in poor health.

   ① ensure ② enrich
   ③ deteriorate ④ improve

3. Based on the project's requirements, the team leader can either approve the submitted proposal or _____ further revisions.

   ① request ② requested
   ③ to request ④ requesting

4. A: Do you want to go eat now?
   B: I'd love to, but I have to finish this report first.
   A: How long do you think it will take?
   B: _____.

   ① That's asking too much, you know
   ② Maybe about half an hour or so
   ③ I'll be there in ten minutes
   ④ It's getting near tea time

[5 ~ 6] 밑줄 친 부분 중 어법상 옳지 않은 것을 고르시오.

5. He had spent years ① poring over old documents and aerial photographs from the region in the belief ② that at least some of the 2,000 ③ who went missing in battles around Fromelles ④ might have buried there. He finally located the site by analysing old aerial photographs from 1920-21.

6. Kim, a teenage girl from a ① relatively lower-class family, ② embodies the ideal of self-effacing daughter-in-law in accordance with the Confucian protocol. Pretty and well-educated ③ as she does, she shoulders all the household chores while carefully ④ serving her mother-in-law in the domestic sphere.

7. 다음 글의 목적으로 가장 적절한 것은?

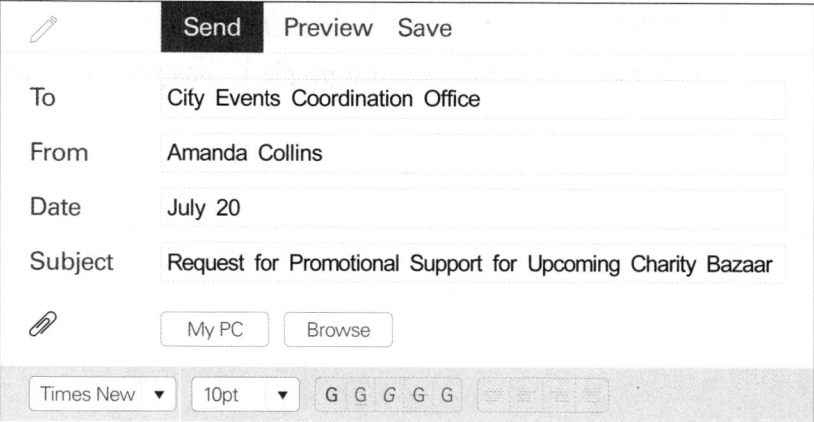

To whom it may concern

I hope this email finds you well. My name is Amanda Collins, a resident of Elmwood Heights. I appreciate your office's efforts in organizing community events.

I am writing to inform you that our recent promotion of the charity bazaar scheduled for next month has not been very successful. Despite using flyers, social media, and word-of-mouth, the response has been minimal. Without stronger promotion, the event may not achieve its goals.

Given the importance of this bazaar in supporting local charities and fostering community spirit, I kindly request your assistance in boosting our promotional efforts. Any additional resources or strategies from your office would be greatly appreciated. Thank you for your attention, and I look forward to your support.

Sincerely,
Amanda Collins

① 자선 바자회의 일정 변경을 주민들에게 알리려고
② 지역 공동체 행사의 필요성을 강조하려고
③ 자선 행사로 인한 시의 교통 통제를 항의하려고
④ 자선 바자회 홍보에 대한 도움을 요청하려고

8. 다음 글의 내용과 일치하지 않는 것은?

> The study of the human mind and behavior has had many prominent practitioners, but no one is more revered than Sigmund Freud. An Austrian physician, he is said to be the father of psychoanalysis. He taught that man has a subconscious mind in which he keeps repugnant memories that come to the surface surreptitiously and motivate behavior. Man often tries to rationalize his actions, when, in reality, they are the result of suppressed memories coming to the surface. Freud's approach to the disturbed person was to attempt therapy by examining the dreams that make cognizant of what the cause of the illness might be.

① Among many eminent practitioners in the study of the human mind and behavior, Freud is the most respected one.
② Freud argued that the repugnant memories are kept in a conscious mind.
③ According to Freud's theory, man's suppressed memories motivate his actions.
④ Freud tried to cure the disturbed people by analyzing their dreams.

9. 주어진 글 다음에 이어질 글의 순서로 가장 적절한 것은?

> Calling your pants "blue jeans" almost seems redundant because practically all denim is blue. While jeans are probably the most versatile pants in your wardrobe, blue actually isn't a particularly neutral color.

(A) The natural indigo dye used in the first jeans, on the other hand, would stick only to the outside of the threads. When the indigo-dyed denim is washed, tiny amounts of that dye get washed away, and the thread comes with them.
(B) Ever wonder why it's the most commonly used hue? Blue was the chosen color for denim because of the chemical properties of blue dye. Most dyes will permeate fabric in hot temperatures, making the color stick.
(C) The more denim was washed, the softer it would get, eventually achieving that worn-in, made-just-for-me feeling you probably get with your favorite jeans. That softness made jeans the trousers of choice for laborers.

① (C) − (A) − (B)   ② (C) − (B) − (A)
③ (B) − (A) − (C)   ④ (B) − (C) − (A)

10. 다음 글의 제목으로 가장 적절한 것은?

> Most research has suggested that marital satisfaction follows the U-shaped configuration. Specifically, marital satisfaction begins to decline just after the marriage, and it continues to fall until it reaches its lowest point following the births of the couple's children. However, at that point, satisfaction begins to grow, eventually returning to the same level that it held before the marriage. Middle-aged couples cite several sources of marital satisfaction. For instance, both men and women typically state that their spouses are "their best friends," and that they like their spouses as people. They also view marriage as a long-term commitment and agree on their aims and goals. Finally, most also feel that their spouses have grown more interesting over the course of the marriage.

① Painful Memories of Marriage
② From Full House to Empty Nest
③ The Ups and Downs of Marriage
④ The Components of a Happy Life

Day 31

[1 ~ 3] 밑줄 친 부분에 들어갈 말로 가장 적절한 것을 고르시오.

1. Despite numerous attempts to persuade him otherwise, his _____ refusal to compromise led to a deadlock in negotiations.

   ① flexible
   ② obstinate
   ③ cooperative
   ④ compliant

2. If declines continue at this pace, many endangered species could _____ forever within a few decades.

   ① vanish
   ② inhabit
   ③ prosper
   ④ expand

3. I didn't know _____ I should do when the deadline was coming close yesterday.

   ① what
   ② that
   ③ and
   ④ which

[4 ~ 5] 밑줄 친 부분 중 어법상 옳지 않은 것을 고르시오.

4. In our modern age, we are inundated with ① vast amounts of information that influences our perceptions and decisions daily. It's often said ② that the digital revolution has been both a blessing and a curse, providing unparalleled access to knowledge while also inundating us with choices. The subjectivity of ③ what we perceive will inevitably evolve as long as human perspectives and experiences ④ will continue to diversify.

5. After ① decades of double-digit growth, China's economy is slowing. With the nation ② cut back on commodities and imports, countries that depend on Chinese consumption ③ are bracing for impact. And for a generation of Chinese accustomed to torrid growth, the new normal is ④ frightening to behold.

6. 밑줄 친 부분에 들어갈 말로 가장 적절한 것은?

   A: That election for the club president stunk.
   B: What do you mean?
   A: There were more votes than voters!
   B: But that's impossible.
   A: Officials said that it's possible.
   B: Did they explain how it's possible?
   A: No. They said there are some things I can't understand.
   B: So _____?
   A: No, that will cost too much money.
   B: That's true, but it's better to have an honest election than to save money.

   ① did they make a formal apology
   ② did you report that to the police
   ③ are they going to hold another election
   ④ are you going to support the president-elect

7. Global Photography Challenge에 관한 다음 글의 내용과 일치하지 않는 것은?

   Global Photography Challenge

   Calling all photography enthusiasts from around the world! Capture the essence of cultural diversity through your lens in our global photography challenge.

   - **Theme:**
     "Unity in Diversity: Celebrating Cultures Around the Globe"
   - **Photo Submission Deadline**: October 10th
   - **Prizes:**
     - 1st Place: $200 and a photography equipment voucher
     - 2nd Place: $100 and a framed print of the winning photograph
   - **Details:**
     - Each photo must be accompanied by a brief description highlighting its cultural significance.
     - Participants may submit up to three photographs.
     - Submissions must be in digital format(JPEG or PNG) with a minimum resolution of 3,000x2,000 pixels.

   Showcase your talent and share the beauty of diversity through photography!

   ① 1등 수상자는 사진 장비 상품권과 200달러가 수여된다.
   ② 출품작에 문화적 의미가 담긴 설명을 덧붙여야 한다.
   ③ 각 참가자는 개인당 3장 이상의 사진을 제출해야 한다.
   ④ 출품작은 반드시 디지털 형태로 제출되어야 한다.

8. 다음 글의 주제로 가장 적절한 것은?

Although we don't know the full neurological effects of digital technologies on young children's development, we do know that not all screen time is experienced in the same way. For example, reading an e-book, making video calls with grandma, or showing your child a picture you just took of them is not the same as the passive, television-watching screen time that concerns many parents and educators. So, rather than focusing on 'how much' children are interacting with screens, parents and educators are turning their focus instead to 'what' children are interacting with and 'who' is talking with them about their experiences. Though parents may be tempted to hand a child a screen and walk away, guiding children's media experiences helps them build important 21st-century skills, such as critical thinking and media literacy.

① Effects of the Amount of Screen Time on Kids' Social Skills
② The Predictors of Children's Screen Media Addiction
③ Reasons for Children's Preference for Screen Media
④ Importance of What Experiences Kids Have with Screens

9. 글의 흐름상 가장 어색한 것은?

When we were infants, we were tuned in to the signals from our body that told us when to eat and when to stop. We had an instinctive awareness of what foods and how much food our body needed. ① As we grew older, this inner wisdom became lost in a bewildering host of outer voices that told us how we should eat. ② We received conflicting messages from our parents, from our peers, and from scientific research. ③ These messages created a confusion of desires, impulses, and aversions that have made us unable to just eat and to eat just enough. ④ They have helped us see things in our right perspectives, thus giving us an insight into the world. If we are to return to a healthy and balanced relationship with food, it is essential that we learn to turn our awareness inward and to hear again what our body is always telling us.

10. 다음 문장이 들어갈 위치로 가장 적절한 것은?

It is now clear, from the results of the first research studies of this subject, dating from the 1960s, that all of these opinions are wrong.

Sign language is a real language, yet there are many misconceptions about its structure and function. (①) The first step in considering the nature of sign language is to eradicate the traditional misconceptions. (②) Popular opinions about the matter are quite plain: sign language is not a real language but little more than a system of sophisticated gesture; signs are simply pictorial representations of external reality; and because of this, there is just one sign language, which can be understood all over the world. (③) To sign is to use the hands in a conscious, "verbal" manner to express the same range of meaning as would be achieved by speech. (④) Sign language must be recognized as a unique means of communication with linguistic diversity and complexity.

Day 32

[1 ~ 3] 밑줄 친 부분에 들어갈 말로 가장 적절한 것을 고르시오.

1. The two research teams decided to _____ on the project by combining their complementary skills to achieve innovative outcomes.

① collaborate ② contest
③ compete ④ specialize

2. Because updating the website would incur a lot of financial costs, the company normally does not update it till it becomes absolutely _____.

① sensible ② genuine
③ contemporary ④ obsolete

3. It is because of their unwavering support _____ I have been able to pursue my dreams with confidence.

① that ② whose
③ how ④ for

4. 밑줄 친 부분 중 어법상 옳지 않은 것은?

If you're the type of person who almost always ① has hand sanitizer on you, you're going to love this Nano Pure protectant spray. Not only ② it kills ③ 99 percent of germs on contact, but it's also the only product of its kind ④ that coats your skin with a barrier that lasts 24 hours.

5. 밑줄 친 부분 중 어법상 옳은 것은?

Download speed ① is mattered most when it comes ② to enjoy what you might consider "passive" content, like streaming TV, downloading huge files, or browsing social media. The faster your download rate is, ③ the more data you can utilize — perfect for high-definition content ④ what requires a steady download stream to maximize picture quality.

6. 밑줄 친 부분에 들어갈 말로 가장 적절한 것은?

Rachel Miller: Did you go to Chloe Davis's concert yesterday? 10:42

Jack Brown: It was incredible. I even joined her online fan club. 10:42

Rachel Miller: That must have been amazing. I'm so bummed I missed it. 10:43

Jack Brown: You're such a big fan. We'll have to go together next time for sure. 10:44

Rachel Miller: _____? 10:45

Jack Brown: I'm afraid I can't; recording wasn't allowed. 10:45

Rachel Miller: That's disappointing. 10:46

① Can I join you when you go to her concert next time
② Can you buy tickets for me next time so that I will record the concert
③ Was there anyone who recorded the whole concert for her fans
④ Will you send the videos if you managed to record any from the concert

7. 밑줄 친 부분에 들어갈 말로 가장 적절한 것은?

One of the most satisfactory aspects of using essential oils medicinally and cosmetically is that they enter and leave the body with great efficiency, leaving no toxins behind. The most effective way to use essential oils is not orally, as one might think, but by external application or inhalation. The methods used include body oils, compresses, cosmetic lotions, baths, hair rinses, inhalation (by steam, direct from the bottle or from a tissue), perfumes, room sprays, and a whole range of room methods. Although under supervision the essential oils can be prescribed for oral ingestion, this is, in fact, their least effective mode of entry. It is because they pass through the digestive system, where they come into contact with digestive juices and other matter which affect their chemistry. This limitation also applies to any chemical medications. The _____ makes the essential oils of special benefit to patients whose digestive systems have, for whatever reason, been impaired.

① complex composition of aromas ② condensed nutritional value
③ flexibility of medicinal use ④ mood-enhancing ability

8. 다음 글의 목적으로 가장 적절한 것은?

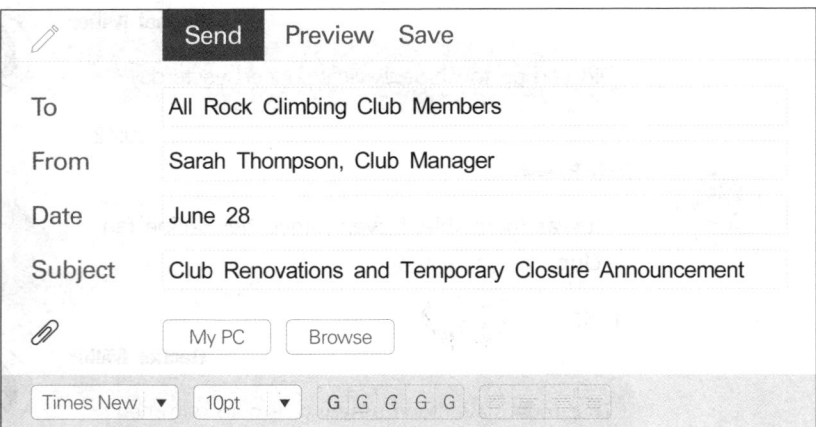

Dear Club Members,

As we strive to provide you with the best experience possible, we continuously look for ways to enhance our facilities and services. Your enthusiasm and support for the club are truly appreciated, and we aim to keep meeting your expectations.

We would like to inform you that the club will be closed for three days next week for some necessary renovations. These improvements are aimed at enhancing the safety and enjoyment of our climbing walls and facilities. During this time, the club will not be accessible for any activities. We apologize for any inconvenience this may cause and appreciate your understanding and patience.

Thank you for your continued support. We are excited about the upgrades and believe they will significantly enhance your climbing experience. Please feel free to reach out with any questions or concerns. We look forward to welcoming you back to a refreshed and improved club soon!

Warm regards,

Sarah Thompson
Club Manager
Rock Climbing Club

① 암벽 등반 동호회의 회원 모집을 홍보하려고
② 암벽 등반 동호회관의 일시적인 폐쇄 일정을 알려주려고
③ 암벽 등반 동호회 시설 이용 방법을 안내하려고
④ 장비 교체를 위한 동호회 회원들의 기부를 요청하려고

9. 주어진 글 다음에 이어질 글의 순서로 가장 적절한 것은?

A recent conference at a top British university brought together leading AI researchers and humanities scholars to discuss AI's philosophical questions.

(A) Those consequences are myriad, poorly understood, and evolving rapidly. AIs now make significant decisions that impact our lives, there is also growing evidence that they aren't ready to shoulder all the responsibilities they are being given.

(B) Unfortunately, the engineers described their work in precise, dense terms, mostly skipping over its implications. The scholars, too, critiqued the descriptions rather than tackling the implications; some were even skeptical of AI.

(C) This is unfortunate because we are in urgent need of new perspectives on AI. Public discussion is dominated by fears of job loss and other negative impacts. Meanwhile, machine learning applications integrate quietly into daily life, often without thorough consideration of its consequences.

① (B) − (A) − (C)　　② (C) − (B) − (A)
③ (B) − (C) − (A)　　④ (C) − (A) − (B)

10. 다음 글의 주제로 가장 적절한 것은?

While mindfulness meditation is generally safe, concerns arise from its side effects like panic attacks and psychosis, which are seldom reported and poorly understood in academic studies. Critics argue the rapid adoption of mindfulness by organizations and educational systems may inappropriately shift societal issues to individuals. That is, they suggests that personal stress is due to a lack of meditation rather than addressing systemic causes like environmental pollution or workplace demands. Critics suggest that mindfulness may make individuals more compliant with adverse conditions instead of empowering them to seek change. Despite these concerns, the critique isn't against mindfulness itself but against its promotion as a universal solution by entities resistant to change. For a more thorough understanding of mindfulness' benefits and risks, long-term and rigorously controlled studies are essential.

*psychosis: 정신병

① the criticism regarding the safety and societal implications of the widespread adoption of mindfulness meditation
② the social and national measures which are taken to relieve personal stress and prevent social and cultural confusion
③ the basic elements of mindfulness that must prioritize the resolution of social problems rather than individual problems
④ the disadvantages that individuals and societies face due to the meditation performed improperly and the lack of meditation